Jürgen Dieckert

Touren-Buch Skandinavien

Herausgegeben von Adi Kemmer

Vierte erweiterte und
aktualisierte Auflage 2005

DÄNEMARK

SCHWEDEN

NORWEGEN

FINNLAND

SERVICE

IMPRESSUM

4. Auflage 2005

[**Herausgeber, Chefredakteur**] Adi Kemmer

[**Autoren**] Jürgen Dieckert (Ltg.), Michael Adler, Jürgen Bartosch, Sabine Karg, Ralf Schröder, Eicke Schüürmann

[**Redaktion**] Redaktionsbüro Berse + Dieckert

[**Art Direction/DTP**] Thomas Hiebsch

[**Redaktionelle Mitarbeit**] Heike Neumann, Hans-Gerhard Erfurth

[**Fotos**] Jürgen Dieckert, Jürgen Bartosch, Rolf Ansorge, Ralf Schröder, Pietro Zollino, Michael Adler

[**Kartografie**] Hallwag Kümmerly + Frey AG, CH-3322 Schönbühl-Bern, Leitung: Peter Niederhauser

[**Koordination, Schlussredaktion**] Erika Wouda

[**Druck**] Benteli Hallwag AG, CH-3084 Wabern-Bern

Dieses Buch wurde auf chlorfrei gebleichtem Papier gedruckt.

[**Stand**] März 2005

ADI KEMMER

EIN STÜCK FREIHEIT

Der hohe Norden liegt weiter im Trend: Immer mehr Reisemobilisten zieht es nach Skandinavien. Die meisten von ihnen wollen Natur pur erleben, träumen von weiten, unbesiedelten Regionen, von herben Landschaften mit besonderem Charme. Das Reisemobil, so haben uns unzählige Nordlandfahrer bestätigt, ist die ideale Basis für bekennende Nordlichter und solche, die es werden wollen.

Vielleicht ist dies auch einer der Gründe, warum die ersten drei Ausgaben dieses Touren-Buchs so schnell vergriffen waren, denn spezifische Reisemobil-Tourentipps für Fahrten jenseits der ausgetretenen Touristenpfade sind ohnedies Mangelware. Also haben wir für Sie abermals alle Routen exakt geprüft und die Service-Informationen auf den neuesten Stand gebracht. Die Stellplatz-Tipps aus Dänemark zum Beispiel, vom dänischen Reisemobilclub DACF eigens zusammengetragen, sind vollkommen überarbeitet, weil sich gerade hier viel getan hat.

Aber auch eine ganz neue Tour haben wir eingebracht – sie führt ins schwedische Västergötland, eine noch kaum bekannte Bilderbuch-Landschaft zwischen dem Väner- und dem Vätter-See. Schließlich wurde die Straßenkarte von Hallwag – im zweiten Teil dieses Bandes – gründlich überarbeitet.

Geblieben ist indes der Wunsch, Ihnen die schönsten Seiten des hohen Nordens zu präsentieren, eine vielseitige Mischung aus Klassikern und Geheimtipps, aus weiträumigen Entdeckungstouren und authentischen Städte-Portraits. Gehen Sie mit uns auf Tuchfühlung mit dem Polarkreis, folgen Sie den Spuren des Weihnachtsmanns in Jütland, erkunden Sie Gotland, die größte Ostseeinsel oder fahren Sie durch das größte Seengebiet Europas – spannende und authentische Reisereportagen weisen Ihnen den lohnenden Weg.

Die meisten von ihnen entstammen der Feder von Jürgen Dieckert, seit vielen Jahren Reisechef von *promobil.* Er macht keinen Hehl aus seiner Vorliebe für den hohen Norden, selbst wenn es ihn – beruflich – immer wieder auch in südliche Gefilde treibt. In Skandinavien aber, bevorzugt in Schweden und Finnland, fühlt er sich am wohlsten. Und deshalb ist dieser Band auch sein persönliches Plädoyer für Reisemobil-Touren Richtung Norden. Profitieren Sie von seinen zahllosen Insider-Tipps!

Auch wenn Reisemobilisten ideale Bedingungen vorfinden – bedenken Sie, dass in Skandinavien die Diskussion über die sanften und weniger sanften Seiten des Massentourismus in vollem Gange ist. Tragen Sie deshalb mit Ihrem Verhalten bitte dazu bei, dass es nicht zu weiteren Restriktionen kommt. Wir als Reisemobilisten halten dabei gleich mehrere Trümpfe in der Hand, vorausgesetzt, wir beachten die Spielregeln, haben Respekt vor Mensch und Natur.

Entdecken Sie mit diesem Touren-Buch einige der letzten Paradiese Europas. Wir führen Sie hin!

Ein Ozean aus **Sand**

Kilometerlange Sandstrände, weitläufige Dünen, mittelalterliche Städtchen und das Legoland machen die sommerliche Reise nach Jütland zu einem Erlebnis.

1 Dänemark: **Jütland (1)**

Strände, Dünen, Campingland

Das kann ja heiter werden: Ein stabiles Hoch sei über dem dänischen Festland vor Anker gegangen, verkündet der Wetterfrosch im Autoradio kurz vor der dänischen Grenze die frohe Botschaft. Auch in den nächsten Tagen herrsche in Jütland eitel Sonnenschein. Der strahlend blaue Himmel, nur wenige Schönwetterwölkchen und ein laues Lüftchen lassen die Bedenken hitzehungriger Frankreichfans schmelzen wie das dänische Eis in der lachenden Sommersonne.

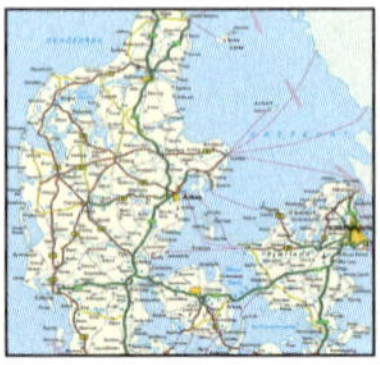

Diese Region finden Sie im Kartenteil auf den Seiten 6, 7, 10, 11.

Schon Ribe, die alte Bischofsstadt kurz hinter der dänischen Grenze, begrüsst die Urlauber mit einer malerischen Altstadt. Ein Labyrinth von schmalen Gassen mit farbenfrohen Häusern und gelegentlichen Einsprengseln von Fachwerkbauten empfängt sie auf dem Weg ins Zentrum. Bis auf eine Handvoll hitzeresistenter Italiener sind die wärmespeichernden Gassen verwaist, Eis- und Straßencafés im historischen Zentrum zu Füßen des Doms dagegen bis auf den letzten Platz besetzt.

Einen Vorgeschmack auf die kulinarischen Begleiterscheinungen der Reise trägt der Wind von den allgegenwärtigen Würstchenbuden herüber, deren Spezialitäten sich wie ein roter Faden durch den Speiseplan der nächsten Wochen ziehen: Pølser. Gegrillt, gekocht, fritiert, mit Senf, Gurken, Zwiebeln oder doch lieber als Hot dog? Die Auswahl an Variationen ist kaum zu überschauen und eine ewige Herausforderung an den kleinen Hunger zwischendurch.

Ribe ist zu Recht stolz auf seinen schönen Stadtkern, dessen Schmuckstück die Fachwerkbauten in der Sonderportsgade sind. Das Rathaus von 1496 beherbergt ein waffenstarrendes Schuldgefängnis, in dem das Schwert des letzten Henkers von der schneidenden Gerechtigkeit früherer Zeiten kündet. Doch als größte Attraktion lockt der Dom aus dem zwölften Jahrhundert – nicht nur wegen seines 800 Jahre alten Querschiffs und der Apsis. Vielmehr ziehen die frischen Temperaturen zwischen den dicken Mauern selbst eingefleischte Kirchen- und Kulturmuffel in das sehenswerte Gotteshaus – eine weitsichtige Entscheidung. Denn vom Aussichtsgang des 53 Meter hohen Turms lässt sich bereits das erste Ziel der Jütland-Rundreise ahnen: die Nordsee.

Etwa auf Höhe der kleinen Insel Fanø, wenige Kilometer nördlich der Hafenstadt Esbjerg, beginnen die breiten Sandstrände, die wie ein goldgelbweißes Band die Nordseeküste Jütlands zieren. In diesem Meer aus Sand und

Dank seiner malerischen Altstadt zählt das Städtchen Ribe zu den Touristenmagneten in Dänemark. ▶

Breite Strände und weite Dünen machen den Urlaub an der Jammerbucht reizvoll.

Dünen laden Dutzende von Campingoasen Reisemobilfahrer zu Rast und Erholung ein – darunter auch viel prämierte Plätze der Fünf-Sterne-Kategorie.

Die Campinganlagen liegen meist direkt im welligen Dünengelände und sind allesamt so weitläufig, dass auch durchreisende Urlauber in der Regel ein freies Plätzchen finden. Schnell sind Handtuch und Sonnenöl zur Hand, ein kurzer Fußmarsch auf dem Trampelpfad durch die Dünen, und dann kennen Wasserratten kein Halten mehr.

In Windeseile rauschen sie über den breiten Sandstrand und lassen sich erleichtert in die Wellen fallen. Mehr noch, in den weitläufigen Dünen findet sich auch in der Hochsaison noch ein abgeschiedenes Fleckchen für ungestörte Sonnenbäder. Allein hier, an der westlichsten Ecke Dänemarks um Blåvand, Vejers Strand und Henne Strand, liegen acht Campingplätze – acht von über 520 Anlagen (siehe auch Auswahl ab Seite 166).

Als Reiseroute durch das kleine Königreich bietet sich die „Margeriten-Route“ an. Die rund 3500 Kilometer lange Ferienstraße durchzieht auf landschaftlich reizvollen Nebenstrecken ganz Dänemark. In Oksbøl stoßen Reisemobil-Touristen auf die braun-weiß-gelben Schilder mit der Blume, die ihnen den Weg zu den schönsten Flecken des dänischen Festlandes weisen.

Wasser auf beiden Seiten bestimmt das Landschaftsbild am Ringkøbing Fjord. Die Straße 181 balanciert auf der Landenge Holmsland Klint gen Norden, eingeschlossen von einer langen Kette bizarr geformter Dünenhügel zur Linken und dem blau glitzernden Fluten des Binnenmeers zur Rechten.

Frischer Fisch, die eigentliche Spezialität der dänischen Küche, kommt in Hvide Sande an Land. Das Städtchen liegt etwa auf der Hälfte der Landzunge und ist einer der wichtigsten Fischereihäfen Jütlands. Mit ein wenig Glück landet gerade ein Kutter seinen Fang an, und schon ist das Abendessen gerettet.

LAND & LEUTE

Dank kilometerlanger Strände und zahlreicher Campingplätze erweist sich Jütland als Hochburg auch für mobile Urlauber, Wassersportler und Badenixen. Viele Stellplätze auf Bauernhöfen erhöhen den Reiz der Ferien auf dem dänischen Festland.

SEHEN & ERLEBEN

Seltene Orchideen, fleischfressende Pflanzen, ein wilder Dünenwald und die karge Heide machen die Insel Læsø für Naturfreunde reizvoll. Das Eiland liegt im Kattegat, war im Mittelalter eine wichtige Stätte der Salzsiederei und lockt auch mit einem echten Piratenschatz (www.toppenafdanmark.dk).

ESSEN & TRINKEN

Eine hervorragende Küche bietet der „Sønderho Kro“ auf der Insel Fanø. Mittags gibt es dänische Kost, abends eine französisch angehauchte Küche. Serviert werden Produkte der Insel wie Lamm, Käse, Beeren, Fisch und Kräuterschnaps. Regelmäßig Fährverkehr nach Esbjerg (www.sonderhokro.dk).

1 Dänemark: **Jütland (1)**

Strände, Dünen, Campingland

Dorsch mit Dampfkartoffeln und Senfsauce erfreut sich als vermeintlich dänisches Nationalgericht bei vielen Urlaubern großer Beliebtheit – man muss es wohl mal probiert haben. Doch auch Aal, Hering, Hecht und Heilbutt, Makrelen und Schollen stehen allerorten auf der Speisekarte – für die Liebhaber von frischem Fisch erweist sich das kleine Dänemark als unwiderstehlich große Versuchung.

Wie ein Fisch im Wasser fühlen sich am Limfjord besonders Angler, Radfahrer, Paddler und Surfer. Mit seinen zahllosen Inseln, Buchten und Campingplätzen gehört das 180 Kilometer lange Wassersystem zu den reizvollsten Landschaften im Norden Jütlands.

Größere Bekanntheit besitzt die Jammerbucht. Berühmt ist der sichelförmige Meerbusen wegen seiner ausladenden Dünenwälle und der schönsten Sandstrände Jütlands. Berüchtigt war dieser Küstenabschnitt vor allem unter Seefahrern, die bei stürmischem Wetter oft genug vergeblich versuchten, Skagen zu umrunden und hier strandeten.

Auf dem Trockenen liegt auch eine kleine Flotte bunt bemalter Fischkutter. Doch diese Schiffe gehören zu Løkken wie der feinweiße Sand zu einer Eieruhr. Einen Hafen besitzt der Ort nicht, und so ziehen die Fahrensleute ihre Kutter einfach auf den Strand, an dem sich gleich daneben viele Urlauber in der Sonne aalen. Beim Faulenzen tauchen gelegentlich vage Erinnerungen an den großstädtischen Verkehrsbrei auf. Denn in Løkken können Autofahrer mit ihrem Vehikel auf einer autobahnbreiten Sandpiste gleich hinter den Wellen spazierenfahren – selbst mit einem tonnenschweren Reisemobil. Nachts allerdings ist das Befahren des Strandes gefährlich und daher streng verboten.

Løkken mit seiner quirligen Innenstadt, den Bars, Restaurants, Diskotheken und den vielen Campingplätzen ist so etwas wie die Touristenmetropole Nordjütlands. Ruhiger und familiärer geht es dagegen im nahen Badeort Lønstrup zu. Ganz in der Nähe fordern die Sanddünen von Rubjerg Knude den Sportsgeist der Urlauber heraus. Rund 90 Meter hoch ragen sie direkt am Meer empor – ein steiler Aufstieg auf sandigem Boden, bei dem der Schritt schwer und der Atem knapp wird. Doch der schweißtreibende Aufstieg lohnt sich.

Vom Kamm der Sandberge aus wirken die Segelboote und Personenwagen am Strand wie Spielzeugmodelle aus seligen Kindertagen. Und selbst der nahe Leuchtturm ragt nur noch so gerade eben mit seiner roten Spitze über den mächtigen Sandhaufen.

Sand begleitet die Urlauber auch auf der weiteren Reise. Sand sitzt in den Schuhen, Sand knirscht zwischen den Zähnen, kriecht natürlich auch in die

Wilde Piraten und kunstvoll gebaute Miniaturstädte bewundern die Besucher im Legoland. ▶

Polster, und selbst durch die Ritzen der Einbauschränke des Reisemobils findet der feine Flugsand seinen Weg bis in die allerletzte Ecke des Wagens.

Sand markiert auch Grenen, den nördlichsten Zipfel Jütlands bei Skagen. In einem nicht enden wollenden Strom ziehen Touristen zum Treffpunkt von Nord- und Ostsee. Von rechts kommen die kabbeligen Wellen des Kattegats und mischen sich mit dem Salzwasser des Skagerraks. Das Ganze wirkt reichlich unspektakulär, und so stehen viele Menschen ein wenig ratlos in der Sonne herum, bis ein Foto das denkwürdige Ereignis für die Lieben daheim festhält.

Als Mitbringsel besitzen die weltberühmten Kümmelschnäpse aus dem nahen Aalborg größere Wirkung. Als „Jubi" preisen Liebhaber scharfer Sachen den goldgelben Aquavit, der von hier aus seinen Siegeszug in die Wirtshäuser dieser Welt antrat. Die Stadt lässt sich nicht lumpen und empfängt amüsierwillige Fremde mit einer Zahl von Gaststätten, die in Dänemark wohl nur noch Kopenhagen überbieten kann.

▲
Der gut 50 Meter hohe Dom aus dem zwölften Jahrhundert ist das Wahrzeichen der sehenswerten Altstadt von Ribe.

SEHEN & ERLEBEN

Horsens erlebt jedes Jahr im August das größte Mittelalter-Festival Europas. Ritter und edle Fräulein, Bauern, Handwerker und Dirnen versetzen die Innenstadt in die Zeit vor 500 Jahren. Ein Ritterturnier, eine Tafel und eine Hochzeit sind zwei weitere Höhepunkte des Festivals (www.middelalderfestival.dk).

WANDERN & RADELN

Exotischen Zauber erleben Spaziergänger bei einem Bummel durch den japanischen Garten in Hammerum bei Herning. Bäume, Pflanzen, Skulpturen, Seen und Wasserläufe in der 3000 Quadratmeter großen Anlage versetzen die Besucher für Stunden nach Fernost.

PROMOBIL-TIPP

Europas größtes Meerwasseraquarium in Hirtshals besticht mit Seehundfarm, Fischen und Meerestieren. Mikroorganismen lassen sich unter dem Mikroskop, die Meeresbewohner im Riesenaquarium beobachten (www.north-sea-museum.dk).

Alt und neu liegen auch in Århus dicht beieinander. Dänemarks zweitgrößte Stadt bezirzt ihre Besucher mit einem Charme, der so gar nicht zum Klischee der ach so kühlen Nordlichter passen will. Dicht an dicht drängen sich die Menschen zum Beispiel im Garten des Freilichtmuseums „Den Gamle By" und verbreiten dabei eine bierselige Gemütlichkeit, die sonst wohl eher in Bayern zu Hause ist. In einem Teil ihres Stadtparks versammelten die Stadtväter 75 alte Häuser aus allen Landesteilen. Kein Zweifel: Ob Badeländer, Freizeitparks oder Museen – das kleine Königreich besitzt einen Schatz von Attraktionen. Eine echte Perle bildet den krönenden Abschluss der Reise, Legoland.

Kleine Jungs können sich hier nach Herzenslust austoben, größere genießen das angenehme Alibi, das ihnen der eigene Nachwuchs verschafft. Rund 42 Millionen der leuchtend bunten Bausteinchen türmten die Dänen hier zu Häusern und Figuren auf, errichteten Städte und Schiffe en miniature – bis hin zum knallroten Postkasten, der hier natürlich auch aus den kleinen Klötzen besteht. Und wenn die Kids in der „Baustelle" des Freizeitparks ihrer Fantasie freien Lauf lassen können, geht auch für sie über Jütland die Sonne auf.

Dänemark: **Jütland (1)**

Strände, Dünen, Campingland

Route

Die vorgeschlagene Tour folgt im wesentlichen dem Küstenverlauf. Die Fahrt beginnt an der Westküste bei Ribe, verläuft über Esbjerg, Blåvand, Ringkøbing und Hanstholm zunächst nach Løkken und dann bis an die Nordspitze bei Skagen. Über Aalborg, Randers, Århus und Billund geht die Tour weiter Richtung Süden, um dann bei Flensburg wieder Deutschland zu erreichen.

Stellplätze

Dank einer Initiative des Dänischen Reisemobil-Clubs DACF gibt es mittlerweile ein Angebot von mehr als 200 Stellplätzen außerhalb von Campinganlagen, vor allem auf Bauernhöfen und in Sportboothäfen in Jütland. Der Großteil der Stellplätze befindet sich auf dem Festland. Eine aktuelle Liste dieser Plätze finden Sie ab Seite 34 in diesem Band.

Camping

Jütland besitzt ein ausgezeichnetes und dichtes Netz von Campingplätzen, die sich vor allem auch auf Kinder eingerichtet haben. Die meisten der Anlagen befinden sich am Meer, viele liegen sehr schön in den Dünen. Einen guten Überblick über das Angebot gibt die Broschüre „Camping in Dänemark“, die das Dänische Fremdenverkehrsamt in Hamburg jährlich neu herausgibt.
Blåvand: Hvidbjerg Strand Camping. Weitläufiges Gelände auf der Landseite von Deich und Düne. Animation, öffentliches Hallenbad, sehr gute Sanitärausstattung (siehe: Seite 168).
Henneby: Henneby Camping. Teils ebenes, teils welliges Sand- und Wiesengelände zwischen Feldern und Wald, sehr gute Sanitärausstattung.
Hvide Sande: Nordsø Camping. Langgestrecktes Gelände zwischen der Straße und den Dünen, dahinter liegt ein 80 Meter breiter Sandstrand. Animation für Kinder (siehe: Seite 168).
Klim Strand: Klim Strand Camping. Modernes Ferienzentrum mit guten Möglichkeiten zur aktiven Freizeitgestaltung, Animation und komfortabler Sanitärausstattung (siehe: Seite 167).
Ry: Birkhede Camping. Von Wald umgebenes Areal mit mehreren Geländestufen und einem Naturstrand (siehe: Seite 168).

Sehenswertes

Århus: Museumsdorf „Den Gamle By“ in einem Teil des Stadtparks mit über 75 Häusern, einem Museum, einer Brauerei, Biergärten, zwei Mühlen, Patrizierhäusern und einer Apotheke (www.dengamleby.dk).
Billund: Erlebnispark „Legoland“ mit zahlreichen Attraktionen für große und kleine Besucher und

▲
Die Stellplätze am Strand von Løkken sind selbst im liberalen Dänemark nur am Tag nutzbar.

einer Spielwerkstatt für Kinder. Geöffnet Mitte März– Ende Oktober 10–18/20 Uhr, im Sommer auch bis 21 Uhr (www.lego.com).
Kolding: Blumenstadt mit dem größten botanischen Garten in Nordeuropa. Der Geographische Garten besitzt Pflanzen aus allen Kontinenten, rund 100 Rosenarten, 65 Kräutersorten und die größte Sammlung von Rhododendren in Skandinavien.
Limfjord: Landschaftlich reizvoller, 180 Kilometer langer Meeresarm im Nordwesten Jütlands.
Mols Bjerge: Mit 137 Metern höchste Erhebung auf der Halbinsel Djursland an der Ostküste.
Ribe: Sehr schöne Altstadt mit gepflegten Fachwerkhäusern, Dänemarks ältestem Rathaus, ehemaligem Schuldgefängnis, Dom mit 53 Meter hohem Turm (sehr schöne Aussicht über Stadt und Wattenmeer). Rekonstruierte Wikingersiedlung mit Häusern, Höfen und Werkstätten zwei Kilometer südlich der Stadt.
Ringkøbing: Hafenstadt am gleichnamigen Fjord mit schönem Zentrum. In der Nähe liegt der Fischerort Hvide Sande; Fischauktion in der Fischhalle.
Skagen: Beliebter Urlaubsort mit guten Möglichkeiten zum Amüsement. In der Nähe liegt die Landspitze Grenen, an der sich Nord- und Ostsee treffen.

Aktivitäten

Baden: Jütland besitzt eine Fülle sehr schöner Sandstrände. Sehr beliebt sind die breiten und pieksauberen Küstenabschnitte bei Vejers Strand und Blåvand nördlich von Esbjerg sowie die feinsandigen Strände weiter im Norden an der Jammerbucht.
Radfahren: Jütland eignet sich dank der flachen Landschaft und des ausgezeichneten Streckennetzes sehr gut für Rad-Touristen.
Wassersport: Landschaftlich reizvoll und ein Paradies für Paddler, Segler, Surfer und Schwimmer ist der Limfjord im Nordwesten. Der Meeresarm zieht sich von Thyborøn an der Nordsee bis nach Hals am Kattegat. Besonders reizvoll sind die Inseln und Buchten.

Bücher & Karten

Empfehlenswert für Reisen nach West-Jütland ist vor allem das sehr informative Buch von Roland Hanewald, „Dänemarks Nordseeküste“, Reise-Know-How Verlag Peter Rump, Bielefeld, 2004, 12,50 Euro.

WEITERE INFORMATIONEN

Turistgruppen Vestjylland, Torvet 5, D-6830 Nørre-Nebel,
Telefon 00 45/75 28 74 00, Fax 00 45/75 28 86 76,
E-Mail info@visitwestjutland.com, Internet www.visitwestjutland.com
Midt Nord Turisme, Skeelslund, DK-9440 Åbybro,
Telefon 00 45/96 96 12 00, Fax 00 45/98 24 47 74,
E-mail: info@midt-nord-turisme.dk, Internet www.visitnord.dk

2 Jütland (2)

Ein Land wie **Weihnachten**

Auf bunten Märkten, in Kerzenwerkstätten und in einem kleinen Kinderparadies macht Süd-Jütland geheime Adventsträume wahr. Sogar der Weihnachtsmann ist mit dabei.

2

Dänemark: **Jütland (2)**

Vom Bauernhof zum Weihnachtsparadies

Bayern ist überall – selbst im Hohen Norden sind die weiß-blauen Landesfarben einfach nicht zu übersehen. Sie schmücken den riesigen Maibaum an der Einfahrt zu Kristianshåb, dem Autocamperplatz von Peter Engel-Arlt in der Nähe von Bylderup Bov in Jütland. Mit Glögg, der verführerisch duftenden dänischen Glühwein-Variante, Plätzchen und Waffeln rüstet sich der Gastgeber alljährlich auf den Ansturm zur Adventsfeier im weihnachtlich dekorierten „Stüberl" des ehemaligen Bauernhofs. Ein Waldspaziergang steht am ersten Advent auf dem Programm, dazu gehört das Sammeln von Tannenzweigen für einen Kranz und ein dänisches Buffet.

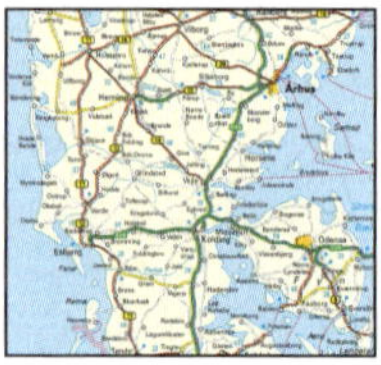

Diese Region finden Sie im Kartenteil auf Seite 6.

Nicht nur deshalb besitzt der Hof in Dänemark Seltenheitswert – Stellplätze außerhalb von Campingplätzen sind in vielen Landesteilen immer noch selten. „Ich hatte einfach die Nase voll", erzählt der gebürtige Weilheimer. „Jahrelang habe ich als Tontechniker beim Bayerischen Fernsehen alles miterlebt, den Papstbesuch, zig Live-Übertragungen, alles." Dann reichte es Engel. Mit seiner dänischen Frau baute der Reisemobilfahrer den Bauernhof in Süd-Jütland zu einem Autocamperplatz um. Inmitten von Feldern und Wiesen finden ihre Gäste einen ruhigen Stellplatz samt Ent- und Versorgung, Grill- und Spielplatz, Sanitäranlagen und Aufenthaltsraum.

Kristianshåb eignet sich damit sehr gut als Ausgangspunkt für eine Tour durch das dänische Weihnachtsland. Erst vor einigen Jahren breiteten sich Weihnachtsmärkte und -veranstaltungen auch jenseits der deutschen Grenze aus – aber mit deutlich dänischem Einschlag.

In Vinderup etwas weiter im Norden Jütlands erwacht das Museumsdorf Hjerl Hede zu vorweihnachtlichem Leben. Über 40 Häuser – Laden, Gasthof, Zwergschule, Schmiede – bilden hier eine ländliche Gemeinde. Wie vor 150 Jahren sind an den Adventswochenenden die Vorbereitungen vor dem Fest zu erleben. Schweine und Gänse werden geschlachtet, Brauerei und Brennerei laufen auf Hochtouren, und der Duft des Weihnachtsgebäcks liegt über dem ganzen Dorf.

Als Hauptstadt des vorweihnachtlichen Geschehens aber gilt Tønder. Klein, gemütlich, überschaubar ist das Zentrum des Grenzorts ohnehin, in der Adventszeit aber tragen die Straßen und Häuser winterlichen Putz, und auf dem Marktplatz stehen die Hütten, an denen Weihnachtsschmuck aus vielen Teilen Skandinaviens zu haben ist: Keramik und Töpferwaren aus den Werkstätten der Umgebung, dicke Kerzen, aus Stroh geflochtene Jul-Böcke aus Schweden, Waffeln und Würste.

Der Weihnachtsmann höchstselbst residiert in einem eigenen Büro, dem Postkontor. Mit vorsichtigen Schritten

Warmes Kerzenlicht und heißer Glögg lassen der Kälte keine Chance. ▶

Eine Bimmelbahn ist die Attraktion des Adventsmarktes in Tønder.

schleichen sich die kleinen Marktbesucher an den Schalter heran und betrachten den Mann in Rot mit großen Augen. Ganz Mutige schieben ihm sogar einen kleinen Brief zu – ihren Wunschzettel.

Sehnsüchte lassen sich auch in „Det gamle Apotek“ stillen, in der alten Apotheke von Tønder. Der Name täuscht, das Geschäft am Marktplatz hat sich längst auf Kunsthandwerk spezialisiert und zeigt im Keller eine Weihnachtsausstellung – eine ständige Verführung zum Sehen, Schwärmen, Kaufen.

Charme besitzt auch der Nachbarort Møgeltønder, den Landeskenner als das Dorf mit der schönsten Dorfstraße Dänemarks rühmen. Die Slotsgade, eine kopfsteingepflasterte Lindenallee, zieht sich vom alten Schloss derer von Schackenborg bis zur Kirche – gesäumt von reetgedeckten Häusern aus dem 18. Jahrhundert im friesischen Stil und mit dänischen Fahnen. Weithin bekannt wurde das Dorf durch Prinz Joachim. Der jüngste Sohn der Königin zog 1995 mit seiner Gemahlin Alexandra in das Barockschloß ein – zum Leidwesen vieler Gourmets, die sich den berühmten Schlosskrug und seine weithin bekannte Küche nun mit einer Flut von Touristen teilen müssen.

Ein Geheimtipp verbirgt sich dagegen im Osten Jütlands. Im winzigen Ort Krusmølle versteckt sich das Weihnachtsparadies von Nina und Henrik Loff in einer liebevoll umgebauten alten Wassermühle. Beim Dorf Felsted unweit der Straße von Aabenraa nach Sønderborg liegt das Anwesen, das sich von Ende November an als Paradies für kleine und große Kinder entpuppt. Auf dem Speicher wartet ein zauberhaftes Sammelsurium von Wichteln, Engel, Glaskugeln und feinem Weihnachtsschmuck auf Neugierige und Käufer.

Vorne im Anwesen lockt ein Café mit knusprigen Waffeln und heißem Glögg, dahinter eine Theke, an der die zuckerliebenden Kleinen sich in die Kunst des Bonbonherstellens einweihen lassen. Und ganz am Ende findet sich eine Kerzengießerei, in der sie sich ihre eigenen Lichter ziehen können. Wer nicht warten will, bis ihm ein Licht aufgeht: Die Kerzen gibt’s auch fertig zu kaufen.

LAND & LEUTE

Heide und Moor, Felder, Wald und lange Strände bestimmen die Landschaft im dänischen Grenzland zum Süden. Zur Badesaison kommen viele Urlauber, ruhiger sind Frühling und Herbst, mit weihnachtlichen Reizen lockt der Winter.

ESSEN & TRINKEN

Ganz ohne Alkohol kann der dänische Glögg zubereitet werden. Das beliebte Wintergetränk ist dann eine heiße Mischung aus Trauben-, Johannisbeer- und Apfelsaft, gewürzt mit Nelken, Zimt und Anis.

PROMOBIL-TIPP

Ein attraktiver Ausflug führt zum Kloster Løgum nördlich von Tønder. An der ehemaligen Zisterzienserabtei beeindruckt nicht nur die schlicht-schöne Bauweise, sie hat auch das größte Glockenspiel Skandinaviens. Geöffnet ist sie von Mai bis September 10–17, So 12–17 Uhr, im Winter 10–16 Uhr.

Dänemark: **Jütland (2)**

Vom Bauernhof zum Weihnachtsparadies

Route

Tønder liegt nur ein paar Kilometer hinter der deutsch-dänischen Grenze an der Straße Nr. 11, östlich davon ist Bylderup Bov zu finden. Felsted liegt an der Abfahrt Nr. 71 der E 45 von Flensburg. Das Museumsdorf Vinderup befindet sich im Norden Jütlands, nördlich von Holstebro.

Stellplätze

Als Ausgangspunkt für diese Tour bietet sich der ganzjährig geöffnete Stellplatz von Peter Engel an. **Bylderup Bov:** Kristianshåb, Kristianshåbvej 5, DK-6372 Bylderup-Bov, Tel. 00 45/74 76 16 16, Fax 00 45/74 76 15 16, www.kristianshaab.dk. Gebühr: 10 Euro pro Mobil und 2 Erwachsene inkl. Dusche, Ent- und Versorgung, Strom pro Tag: 3 Euro.

Sehenswertes

Aabenraa: Bürgerhäuser aus dem 18. Jahrhundert in der Slotsgade, Museum zur Schifffahrtsgeschichte mit Flaschenschiffen und Souvenirs aus aller Welt, geöffnet 13–16 Uhr, im Sommer ab 10 Uhr, Mo geschlossen. **Tønder:** Schöne alte Häuser, ehemaliges Klöppelzentrum, Stadtmuseum im ehemaligen Schloss mit Silberarbeiten, Spitzen, größte skandinavische Kachelsammlung. Geöffnet von Mai bis Oktober 10–17 Uhr, von November bis April 13–17 Uhr, Mo geschlossen. **Vinderup:** Sehenswerte Kirche mit dem bedeutendsten Goldaltar Dänemarks. Freilichtmuseum Hjerl Hede mit über 40 Gebäuden. An den Adventswochenenden vorweihnachtliche Veranstaltungen (www.hjerlhede.dk).

Aktivitäten

Wandern: Moorlandschaft Kongens Mose bei Kloster Løgum.

Essen & Trinken

Tønder: Café Vor Bager, Vestergade 8. Nettes Café mit Bäckerei. **Styrtom: „Sølyst Kro“** etwas außerhalb von Åbenrå, Flensborgvej 164. Gute dänische Küche in gemütlicher Atmosphäre (www.soelystkro.dk).

Bücher & Karten

Als Standardwerk zu den kulturgeschichtlichen Aspekten gilt der „Baedeker Allianz Reiseführer Dänemark“, Mairs Geographischer Verlag, Ostfildern, 2005, 19,95 Euro. Ebenfalls empfehlenswert: Hans Klüche, „Richtig Reisen Dänemark“, Dumont-Verlag, Köln, 2004, 22,50 Euro.

WEITERE INFORMATIONEN

Aabenraa Turistbureau,
H.-P.-Hanssens Gade 5, DK-6200 Aabenraa,
Telefon 00 45/74 62 35 00, Fax 00 45/74 63 07 44,
E-mail info@visitaabenraa.dk, Internet www.visitaabenraa.dk

3 Lolland, Falster, Møn

Zu Gast im **Süden**

Flach, geteert und gut beschildert sind die Fahrradrouten auf Dänemarks südlichsten Inseln – Lolland, Falster und Møn. Das Beste: Sie führen zu noch weitgehend unbekannten Ferienzielen.

3

Dänemark: **Lolland, Falster, Møn**

Inselspringen mit dem Fahrrad

Kilometerlang einsame Felder, nur ein schmales Asphaltband schlägt eine Weggerade durch buttergelbes Korn. Hie und da stechen rote Mohnflecken am Feldesrand heraus, in weiter Ferne schaufeln sich Windkraftanlagen durch tiefes Himmelsblau. Außer dem gleichmäßigen Säuseln des Fahrtwinds ist allenfalls noch das Schleifen der Fahrradkette am Schutzblech zu vernehmen, während Naturtouristen die Idylle Dänemarks auf Drahteseln entdecken.

Insgesamt 3500 Kilometer Fahrradwege stecken die zehn nationalen Radrouten in ganz Dänemark ab. Ihre Beschilderung zeigt ein weißes Fahrrad auf blauem Grund, darunter steht die Routennummer. Außerdem können sich die Radler auf vielen regionalen Fährten tummeln und eine wachsende Zahl von Tagesstrecken erstrampeln. Alles in allem bietet das fahrradfreundliche Nachbarland etwa 9000 Kilometer ausgeschilderte Radwege, ein kleines Königreich für Pedalurlauber.

Ganz am südlichen Rand dieses Zweiradparadieses liegt eine vom großen Tourismus bisher vernachlässigte Region, die „Dänische Südsee“ mit ihren drei Inseln Lolland, Falster und Møn. Die meisten Urlauber kennen sie nur als lästige Durchgangsstation auf dem Weg in den Hohen Norden – und das haben die niedlichen Dänemarkhäppchen wirklich nicht verdient. Denn drei nationale Fahrradrouten beginnen oder enden auf Lolland, Falster und Møn, und diese drei Eilande sind mehr als nur eine kurze Stippvisite wert.

Diese Region finden Sie im Kartenteil auf den Seiten 2, 3.

Unerwartetes gehört durchaus zum Reiseprogramm, selbst Exotisches kommt gelegentlich vor. Zebras stolzieren über den Rasen, Lamas schieben gemächlich den Unterkiefer hin und her, und Paviane schnappen frech nach den Spaghetti, mit denen die Besucher locken. Im Safaripark Knuthenborg lebt Dänemarks größter Bestand an exotischen Tieren, auf einer Fläche von 660 Hektar und in einer landschaftlich reizvollen Umgebung. Satt blüht der lila-rote Rhododendronwald im Frühjahr. Die nationale Fahrradroute 9 führt von Rødby, dem bekannten Fährhafen auf Lolland, in nördlicher Richtung zum etwa 20 Kilometer entfernten Maribo.

Von dort bringt ein Abstecher die Safaribesucher nach Bandholm zum Landschaftspark. In dem im 19. Jahrhundert angelegten Schlossgarten treffen sich Familien zum Picknick, Kinder vergnügen sich auf kleinen Lokomotiven und Wassernilpferden, toben über den Spielplatz oder bestaunen das Vogelparadies. Die Savanne jedoch ist

Wo die Fahrradwege am Wasser enden, hilft oft genug ein freundlicher Fährmann weiter. ▶

◀ Die flachen Straßen auf den Inseln in der Dänischen Südsee eignen sich denkbar gut für Fahrradtouren.

nur mit dem Auto zu besichtigen – die Königstiger sind alles andere als zahm. Zurück auf dem Fahrrad geht es auf der Route 8 ab Sakskøbing Richtung Osten nach Toreby und weiter nach Nykøbing auf der Insel Falster.

Spezielle Radwege gibt es auf dieser etwa 15 Kilometer langen Strecke nicht, glücklicherweise ist die Straße nur wenig von Autos befahren. Dennoch wollen die dortigen Touristiker das Angebot für Fahrradurlauber weiter verstärken und auch auf kleineren Nebenstrecken attraktive Tagestouren aufzeigen.

Kulinarisches kommt dabei auch nicht zu kurz – schließlich ist Dänemark auch für seine gemütliche Landgasthöfe bekannt, die alten „Kröge“ und das süffige Bier. Für den Gerstensaft im Mittelalterzentrum in Nykøbing ist Søren Lise zuständig. Seit vielen Jahren braut der Däne das Bier, genau wie im 14. Jahrhundert, ohne Kohlensäure. Eingehüllt in sein grünes Obergewand aus Leinen, den Filzhut auf dem Kopf, führt Søren aber auch interessierte Besucher durch das Dorf, in dem er lebt und arbeitet. In einer historischen Werkstatt schmiedet sein Kollege Waffen, nebenan klopft ein Schuster lederne Sohlen an Stiefel.

Das Mittelalterzentrum wurde aus archäologischen Funden rekonstruiert. Im Hafen liegen alte Handelsschiffe, Fischerjollen und Flusskähne, auf der Werft entstehen neue Boote nach alten Vorbildern. Inzwischen richteten die Mitarbeiter eine Färberei ein, um den Dorfplatz reihen sich Verkaufsbuden, in den Höfen gackern die Hühner. Höhepunkt für „Mittelaltler“ wie für Besucher sind die Ritterturniere und der Einsatz der Katapulte, mächtiger Steinschleudern, die den Seeweg um den Guldborgsund beherrschten.

Als ausgesprochen friedlich erweist sich eine Radelstrecke entlang der Ost-

LAND & LEUTE

Lolland, Falster und Møn liegen ganz im Süden Dänemarks. Die Inseln sind fast überall flach und ideal zum Radfahren geeignet, dazu gibt es schöne Badestrände und eine Reihe spannender Freizeitangebote für die ganze Familie.

SEHEN & ERLEBEN

Bei Marielyst auf Falster erstrecken sich herrliche Sandstrände – im Hochsommer eine gute Alternative zum Radeln. Ebenfalls auf Falster zieht sich der steinlose Sandstrand von Gedser bis Hesnaes. Weitere schöne Badeplätze liegen an der Südküste von Lolland sowie im Südosten der Insel Møn.

ESSEN & TRINKEN

Traditionen werden auf Falster auch im Kulinarischen in Ehren gehalten. Eine feine Küche pflegt in Nykøbing das „Czarene Hus2“ in der Langgade 2 in einem Fachwerkhaus von 1690. Kleiner und uriger, aber mindestens ebenso einladend zeigt sich die Kneipe „Marine Stuen“ in der Kirkestraede 2a.

3

Dänemark: **Lolland, Falster, Møn**

Inselspringen mit dem Fahrrad

küste von Falster. Von dem verschlafenen Hafenstädtchen Stubbekøbing geht es etwa 30 Kilometer südlich zum Badeort Marielyst.

Die regionale Route mit der Nummer 45 ist ein Bonbon für Naturliebhaber und Ausblickfreunde, zumeist rollen die Räder auf Waldwegen und schmalen Pfaden entlang des Sandstrands mit herrlichem Blick auf die Küste.

Kleine Holzboote liegen am Ufer, Pfähle ragen aus dem Meer, am Horizont verschwimmen Himmel und Wasser. Diese Aussicht hat in den dreißiger und vierziger Jahren zahlreiche Maler zu Landschaftsbildern inspiriert.

Nicht still steht auf den dänischen Inseln natürlich auch die Luft. Sprich: Der Wind weht, und zwar stetig. Wohl ist er von Mai bis September nicht so kräftig wie in den Wintermonaten, aber ganz ruht er nie. Im Mai kommt er häufig von Osten, von Juni bis September eher aus westlicher Richtung.

Deshalb können Fahrradtouren trotz der flachen Landschaft ganz schön in die Waden gehen. Für Untrainierte und gemütliche Freizeitradler sind Tagesausflüge mit nicht zuviel Kilometern angesagt: Es empfehlen sich zum Beispiel die kürzeren Streckenabschnitte auf der Insel Møn. Jede der hiesigen Touren ist etwa 30 Kilometer lang.

Die Orange Tour führt durch das Kreideklippengebiet ganz im Osten der Insel und verbindet die Orte Busene, Mandemark, Klintholm Hafen, Magleby und Sømarke. Von Magleby erschließt sich über einen Feldweg Møns Klint, ein einzigartiges Naturspektakel und eine Touristenattraktion zugleich. Die über 100 Meter hohen Kreidefelsen erheben sich blendend weiß über die Ostsee. Der Klint entstand vor etwa 75 Millionen Jahren in der Kreidezeit. Noch heute ist die Kreide nicht zur Ruhe gekommen, daher ist bei der Besichtigung einige Vorsicht geboten. Der berühmteste Punkt von Møns Klint, Sommerspiret, stürzte erst 1988 ab.

Bis Liselund führt der Strand in den Norden, auch auf dem Fahrrad geht's die Straße entlang zum Liselund Slot. Dieses Lustschlösschen und den dazugehörenden romantischen Garten sollte kein „Südseeurlauber“ links liegen lassen. Durch den phantasievollen Garten schlängeln sich Spazierwege zwischen Seen und Kanälen, laden das chinesische Teehaus, die Schweizer Hütte und das Norwegerhaus zur Bewunderung ein. Das alte Schloss ist mit dunklem Reet gedeckt, im neuen Schloß befinden sich ein Hotel und ein Restaurant.

Die Bezeichnungen der Zimmer – „H. C. Andersen“, „Prinzessin auf der Erbse“ und „Däumelinchen“ – sind dem berühmten dänischen Märchendichter gewidmet und so kunstvoll ausgewählt, wie das exquisite Essen im Restaurant zubereitet wird. Gleich am Treppenaufgang öffnet sich der Salon mit Blick über die Veranda auf den Garten. Diese Aussicht und die hervorragenden dänischen Spezialitäten mit einem Sahnehäubchen französischer „Haute cuisine“ haben sich sportliche Inselradler nach ihren Touren denn auch redlich verdient.

SEHEN & ERLEBEN

Ein Veranstaltungshöhepunkt entlang der Küste und in den Städten ist Sankthansaften, der Tag Johannes des Täufers am 23. Juni. Diese Mittsommernacht feiern die Dänen mit Umzügen und fröhlichen Straßen- und Nachbarschaftsfesten, an den Stränden leuchten weit die imposanten Johannisfeuer.

WANDERN & RADELN

Schöne Spazierwege führen über die Klippen und durch den hügeligen Wald bei den berühmten Kreidefelsen von Møns Klint auf der Insel Møn. Auf zwei steilen Treppen läßt sich der Strand erreichen. Wer Glück hat, findet im Sand sogar versteinerte Muscheln und Schneckenhäuser.

PROMOBIL-TIPP

Waldemar Atterdag errichtete anno 1362 den 33 Meter hohen Gänseturm bei Vordingborg auf der Insel Seeland als Teil einer Burganlage. Der besterhaltene Mittelalterturm des gesamten Nordens ist heute ein beliebter Aussichtspunkt für Touristen.

Route

Ein weißes Fahrrad auf blauem Grund kennzeichnet die nationalen und regionalen Fahrrad-Routen. Tour 9 führt auf Lolland von Rødby nach Maribo, Länge ca. 20 km. Auf der nationalen Route 8 geht es in Richtung Nordosten und bei Norreballe auf der regionalen Route 39 weiter zum Safaripark bei Bandholm, Länge zirka 10 km. Anschließend führt die Route 8 über Sakskøbing nach Toreby und Nykøbing auf Falster, Länge etwa 15 km. Ein Abstecher erschließt die Küste südlich von Stubbekøbing, Länge ungefähr 30 km. Die Orange Route auf Møn verbindet die östlichen Küstenorte, Länge zirka 30 km.

Stellplätze

Die dänischen Inseln sind für Reisemobil-Touristen nach wie vor ein heißes Pflaster. Selbst der Dänische Reisemobilclub DACF nennt in seiner Liste (ab Seite 34) nur wenige Alternativplätze.

Sehenswertes

Bandholm/Falster: Safaripark Knuthenborg nördlich von Maribo mit über 800 frei herumlaufenden Tieren. Geöffnet täglich 9–18 Uhr, im Juli 9–20 Uhr (www.knuthenborg.dk).
Nykøbing/Falster: Mittelalterzentrum, Ved Hamborgskoven 2. Saison 1. 5.–30. 9., tgl. 10–16 Uhr (www.middelaldercentret.dk).
Stubbekøbing/Falster: Fähre nach Bogø. Hier steht die älteste Kirche der Insel.
Møn: Møns Klint (Kreidefelsen).

Aktivitäten

Radeln: Reizvolle Ausflüge, gute Lagerplätze und Umsteigemöglichkeiten ins Kanu zeichnen die Sundrute am Guldbergsund aus. Eine kostenlose Karte gibt es bei der Turistinformation Nykøbing.
Wandern: Schöne Spazierwege auf der Insel Bogø im Wald namens Østerskov.

Bücher & Karten

Der Inselwelt des kleinen Königreichs widmet sich Alexander Geh, „Dänische Inseln", Regenbogen-Verlag, Konstanz, 2003, 16,80 Euro. Einen Überblick über das Radlerland Dänemark mit vielen Streckenvorschlägen in Jütland und auf den größeren Inseln gibt Wolfgang Kettler (Hrsg.) in seinem Buch „Dänemark per Rad", Kettler-Verlag, Neuenhagen, 2005, 12,80 Euro.

WEITERE INFORMATIONEN

Østdansk Turisme – Seeland, Mon, Lolland-Falster, Østergågade 5,1, DK-4800 Nykøbing F., Telefon 00 45/54 86 13 48, Fax 00 45/54 85 40 16 E-Mail info@visiteastdenmark.com, www.eastdenmark.com.

4 Bornholm

Die **Perle** in der Ostsee

Weißer Sandstrand, grüne Radwege und echte Gastfreundschaft: Die dänische Insel Bornholm bezaubert als gemütliches und vielfältiges Ferienziel – nicht nur für Familien.

Dänemark: **Bornholm**

Entdeckungstouren auf der Sonneninsel

4

Würziger Rauch quillt in dicken Schwaden aus der vorsichtig geöffneten Tür der Räucherkammer hervor, raubt Räuchermeister und Gehilfen gleichermaßen den Atem. Schemenhaft schillern goldbraune Köstlichkeiten durch den dicken Qualm, fein säuberlich auf einer Eisenstange aufgereiht. Jetzt muss alles sehr schnell gehen. Flinke Hände hüllen die Heringe in Papier und legen sie sorgsam in flache Holzkisten. Im Verkaufsraum nebenan scharen sich schon die erwartungsfreudigen Kunden. Direkt aus dem Rauch, nur mit grobem Salz bestreut und dazu noch ein Bier – so mögen die Bornholmer ihren „Bornholmer" am liebsten.

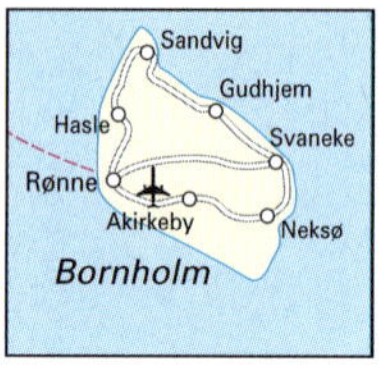

Diese Region finden Sie im Kartenteil auf Seite 9.

Der Räucherhering ist eine der kulinarischen Spezialitäten auf der dänischen Ostseeinsel. Dabei ist das Verfeinern und Konservieren der Fische mit Rauch gar keine Bornholmer Erfindung. Schottische Seeleute hatten das Räuchern im 19. Jahrhundert auf die vorgelagerten Inseln Christiansø und Frederiksø gebracht. Dort schauten sich die einheimischen Fischer die Technik für den Hausgebrauch ab. Im Jahr 1886 eröffnete dann die erste kommerzielle Heringsräucherei der Gebrüder Koch in Gudhjem auf der Insel Bornholm.

Bald darauf schossen auf der Insel die markanten, trichterförmigen Räucherschornsteine wie Pilze aus dem Boden. Heute hängen die Dänen auch Dorsche und Lachse, Forellen, Aale und Krabben über die schwelende Glut. Traditionsbewusste Räuchermeister schwören dabei auf Eichenholz – nur so kommt ihrer Überzeugung nach das feine Aroma der Bornholmer Räucherwaren zustande.

Wer es ganz genau wissen will: In der Museumsräucherei im Westküstenort Hasle können Besucher jeden Handgriff beim dreistündigen, oft auch noch längeren Räucherprozess mit eigenen Augen verfolgen. Anschließend dürfen sie die köstlich duftenden Fische natürlich auch probieren. Den etwas strengen Geruch in ihrer Kleidung nehmen sie dafür gern in Kauf.

Ein klein bißchen vergessen liegt die Insel Bornholm in der Ostsee, ungefähr auf halber Strecke zwischen Rügen und Südschweden. Der große Tourismus hat das winzige Eiland bisher immer noch umsegelt. Von großen Hotelanlagen blieb der die Insel weitgehend verschont. Lediglich Ferienhäuser und einige Campingplätze verstecken sich in dem Waldstreifen.

„Fast wie in der Karibik – tiefblaues Meer und weißer Sand, soweit das Auge reicht!" Der Strand an der Südküste erzeugt bei Bornholm-Neulingen oft ungläubiges Staunen und Bewunderung. Die beste Aussicht über die stille Landschaft aus Dünen und Meer garantiert die Plattform des 40 Meter hohen Leuchtturms am Südzipfel der Insel.

Auch wenn hier statt exotischer Palmen nordeuropäische Strandkiefern rauschen, der ungewöhnlich feine Sand

Der Strand im Süden der Insel ist wie geschaffen für faule Urlaubstage. Nur die Wassertemperaturen bleiben ganzjährig frisch. ▶

Die früheren Rettungswege rund um die Insel sind heute fest in der Hand von Wanderern.

weckt tatsächlich Südseegefühle. Hier ist ein prima Ferienrevier zum Baden und Faulenzen, zum Burgenbauen und Muschelsammeln, auch wenn die Temperaturen der Ostsee weit hinter karibischen Verhältnissen zurückbleiben.

Immerhin, urigen Charme gibt es durchaus. Abends heizt Live-Musik die Stimmung in „Sørens Værtshus" an, einem einfachen, rot getünchten Haus in Snogebæk nordöstlich von Dueodde. Windgegerbte Fischer und bunt gekleidete Urlaubsgäste sitzen zusammen in der Dorfschenke, tauschen Tageserlebnisse aus und probieren fantasievolle Getränke. Ein „Renner" ist der U-Boot-Drink, eine fulminante Seebärenmischung aus Bier und Magenbitter.

Snogebæk ist auch ein gutes Pflaster für Kunsthandwerker. Charlie Meaker, ein britischer Glasbläser, eröffnete Mitte der siebziger Jahre die erste „Glaspusteri" auf Bornholm. Wenn die glühenden Glasklumpen aus dem über 1000 Grad heißen Ofen gezogen werden, spüren die Besucher etwas von der Faszination des transparenten Stoffes.

Viele Glasbläser-Lehrlinge aus aller Welt pilgerten schon zur Snogebæk Glashytte und lernten das Metier vom Meister. Einige der Künstler sind sogar gleich ganz auf der Insel geblieben und

LAND & LEUTE

Sympathische Insel mit weiten Sandstränden, gemütlichen Wanderwegen, grünen Radrouten und familiengerechten Freizeitangeboten. Beste Badezeit ist im Juli und August, die Ostsee erwärmt sich aber auch im Hochsommer kaum über 17 °C.

SEHEN & ERLEBEN

Anfang Juli steigt die Tierschau auf der Almendinger Trabrennbahn, ein ursprüngliches Volksfest, bei dem die ganze Insel auf den Beinen ist. Ebenfalls Anfang Juli schmückt sich Åkirkeby zum Blumenfest. Mitte Juli findet dann das bunteste und lustigste unter den Hafenfesten der Insel in Snogebæk statt.

ESSEN & TRINKEN

Eine gute Gelegenheit, die geschmackliche Bandbreite der Fischspezialitäten auszukosten, ist das Fischbuffet in der Gudhjem Røgeri. Hier gibt es zum Beispiele Heringe, Makrelen, Dorsch und Lachs, eingelegt, gebacken und geräuchert. Dazu schmecken Kartoffelsalat und Bornholmer Landzwiebeln.

haben auf Bornholm ihre eigenen Ateliers gegründet. Ob in Svaneke bei Pernille Bülow oder an der Straße nach Gudhjem bei Baltic Sea Glass, wie in der Werkstatt von Charlie Meaker in Snogebæk ist Zuschauen überall erwünscht.

„Mitmachen ist bei uns die Hauptsache", meint auch Niels Erik Rasmussen, der Leiter von Bornholms Middelaldercenter. Die von einem Verein getragene Einrichtung offeriert ein buntes Programm für alle Vergangenheitsliebhaber. Höhepunkt ist der immer im Juli steigende historische Markt.

„Aus ganz Europa kommen die Teilnehmer", schwärmt Niels. „Wir bauen ein richtiges mittelalterliches Lager mit Zelten, Feuerstellen und Tieren. Alte Handwerke leben auf, Markthändler verkaufen Lederwaren, Schmuck und Wollkleidung. Und für unsere Zuschauer gibt es historische Theateraufführungen und spannende Ritterkämpfe."

Zuvor entstanden in Østerlars mehrere Hütten mit Werkstätten aus vergangenen Jahrhunderten. Daneben grasen alte Haustierrassen – Schafe und Pferde, Ziegen und Kühe. In diesem Ambiente dürfen die Besucher nun töpfern und weben oder als Nachwuchs-Robin-Hoods auf der Trainingsbahn das Bogenschießen lernen. „Das Middelaldercenter soll kein staubtrockenes Museum sein, sondern ein historisches Erlebniszentrum", gibt Niels Rasmussen klar die Richtung vor. „Unsere Besucher sollen spüren: Diese Zeit war gar nicht so finster, wie man oft glaubt, sondern vielmehr bunt und lebenslustig."

Auch Dramatisches gerät auf Bornholm nicht so leicht in Vergessenheit. Abgehackte Schreie, splitternde Planken, das Reißen von Segeln und Tauwerk und über allem das Toben und Heulen des Sturms in pechschwarzer Nacht – all das spielt sich oft in der Fantasie der Wanderer ab, die auf dem nordwestlichen Küstensteig bei Vang unterwegs sind und die Schautafeln in einer alten Schutzhütte betrachten.

Die „Earl of Zetland", ein schnittiger Dreimaster, lief im Jahre 1905 auf die Klippen auf. In einer waghalsigen Aktion konnte die Küstenwache alle 19 Besatzungsmitglieder heil an Land bringen. Dabei bewährte sich der für heutige Betrachter etwas primitiv wirkende Raketenapparat. Mit dessen Hilfe schossen die Retter ein Tau über den Havaristen, mutige Seeleute befestigten es am Mast, und in einem daran befestigten Rettungsstuhl schwebten sie einer nach dem anderen ans sichere Ufer.

Ein Einzelfall war das Drama in dieser Unglücksnacht freilich nicht. In 100 Jahren strandeten genau 202 Schiffe zwischen Skovly und Vang im Nordwesten von Bornholm. Der alte Küstensteig, auf dem früher die Rettungspatrouille

Die Bornholmer sind wahre Meister im Herings räuchern. Diese Technik der Zubereitung haben die Dänen einst von den Schotten gelernt. ▶

marschierte, leitet heute Wanderer und Spaziergänger auf abwechslungsreichen Wegen am Inselrand entlang.

Auch im Inneren von Bornholm locken zauberhafte Routen zu Wanderungen, etwa durch die Felsenschlucht des Ekkodalen oder durch die Paradiesbakkerne, die paradiesischen Hügel.

Bornholm, es gibt keinen Zweifel, lässt sich wunderbar erkunden, auch ohne das Reisemobil zu bewegen. Für längere Ausflüge bietet sich vor allem das Rad an. Grüne Wegweiser führen die Radler weitab vom Autoverkehr zu allen interessanten Punkten der Insel. Dabei erweisen sich die Touren keineswegs als einfache Flachstrecken. So eben, wie die Insel auf den ersten Blick erscheinen mag, ist sie in Wirklichkeit nicht.

Steigungen und Gegenwind können das Vorankommen ganz schön schwierig gestalten. Doch auch dann winkt Rettung. Wem's zuviel wird, der kann auf einen der roten Busse umsteigen. Die Nahverkehrslinien fahren in jede Inselecke und transportieren die Räder kostenlos auf dem Heckständer mit.

▲ **Ein abendlicher Spaziergang am Hafen weckt gerade in den langen und hellen Sommernächten romantische Gefühle.**

SEHEN & ERLEBEN

Das Erlebniscenter „NaturBornholm" vermittelt eine Fülle von Erlebnissen und Wissen über die Natur der Insel und ihre Entstehungsgeschichte. Als lebensgroßes Modell ist der Sauropterygier zu sehen. Lebendige Krokodile repräsentieren das Leben aus der Historie (www.naturbornholm.dk).

WANDERN & RADELN

Die Hochheide Rutsker Højilyng bei Krashave ist ein urwüchsiges Naturschutzgebiet mit schönen Wanderwegen, seltsamen Findlingsanhäufungen und Wackelsteinen, die der Stärkste nicht von der Stelle bewegen kann – eine angenehme Unterbrechung vom Faulenzen am Sandstrand.

PROMOBIL-TIPP

Eine Besonderheit Bornholms sind die Küstenpfade, die einst zur Rettung von Seeleuten dienten. Heute bilden die Steige ein Wanderwegenetz fast rund um die Insel. Wer des Laufens müde wird, fährt mit dem Bus zum Ausgangspunkt der Tour zurück.

Rund 15 000 Menschen, etwa ein Drittel der Bevölkerung von Bornholm, leben um den Store Torv, den großen Marktplatz von Rønne. Kein Hochhaus verstellt hier den Blick, der alte Leuchtturm und die blaugraue Spitze der ehrwürdigen Nicolaikirche behaupten nach wie vor die Lufthoheit. Am späten Nachmittag, wenn der Sonnenball unwiderruflich dem Horizont entgegenstrebt, ergießt sich goldenes Licht über bunte Häuser und verwinkelte Gassen.

Ein kleiner Plausch an der Straßenecke, eine verführerische Schleckerei in Form des köstlich-cremigen Softeises – damit entfaltet die überschaubare Inselhauptstadt Rønne ihren eher dörflichen Charme. Sanft fallen die Straßenzüge mit ihren farbenfrohen Häuschen zum Hafenbecken hin ab, in dem zu jeder Tageszeit ein reges Ein- und Auslaufen herrscht. Auch die großen weißen Fährschiffe starten hier, mit denen die Urlauber aus Schweden und Deutschland wieder nach Hause fahren.

Vom Achterdeck des Dampfers schweifen dann die wehmütigen Blicke der Bornholmurlauber zurück über die Häuserzeilen. Ein Mann an der Reling spricht schließlich aus, was viele Passagiere denken: „Nächstes Jahr kommen wir wieder auf die Perle der Ostsee."

Dänemark: **Bornholm**

Entdeckungstouren auf der Sonneninsel

Route

Die Reederei Bornholmstraffiken verbindet den Fährhafen Saßnitz (Mukran) auf Rügen mit Rønne auf Bornholm. Ein Preisbeispiel: Der Super-Spar-Tarif für ein bis zu acht Meter langes Reisemobil und bis zu fünf Personen kostet bei ausgewählten Abfahrten in der Hauptsaison 207 Euro für die einfache Fahrt (Saison 2005). Infos, Buchungen über Scandlines, Telefon 0 18 05/72 26 35 46 37, www.scandlines.de.

Stellplätze

Stellplätze für Reisemobile sind auf Bornholm noch rar, der dänische Reisemobil-Club (DACF) nennt in seinem Camper Guide nur wenige Alternativplätze zu Campinganlagen – ab Seite 34.

Camping

Rund 20 Campinganlagen finden sich zum Großteil an der Südküste mit ihren Sandstränden. Im Inselinneren und auf der Nordseite dagegen ist die Auswahl gering. Empfehlenswert sind:
Åkirkeby: Åkirkeby Camping. Naturnaher Platz im Inselinneren. Geöffnet von Mitte Mai bis Mitte September.
Allinge: Lyngholt Familiencamping. Im Norden der Insel, Pool, Sauna, Fitneßraum. Geöffnet von Anfang Mai bis Mitte September.
Dueodde: Bornholms Familiencamping. Gemütlicher Platz in einem Kiefernwald mit direktem Zugang zum Sandstrand, Sauna und Solarium. Geöffnet von Anfang Mai bis Mitte September.
Gudhjem: Sannes Familiencamping. Kleiner, familiärer Platz im Osten, direkt am Meer, erstklassige Einrichtungen mit Pool und Sauna, terrassiertes Gelände. Geöffnet von März bis Anfang Oktober (siehe: Seite 171).
Hasle: Hasle Familiencamping. Kinderfreundlicher Platz im Westen, Strandnähe. Geöffnet von Anfang Mai bis Ende September.

Sehenswertes

Gudhjem: Gemütliches Hafenstädtchen mit engen Gassen und bunten Häusern. Im Hafen Räucherei, Glasbläserwerkstatt. Windmühle in der Nähe der Durchgangsstraße. Bootsausflug auf die „Erbseninsel" Christiansø.
Hammershus: Beeindruckende Burgruine in phantastischer Lage auf einem Felsen, besonders malerisch in der Abendstimmung, Eintritt frei. Unterhalb der Ruine liegt der imposante Kamelfelsen.
Hasle: Interessante Museumsräucherei. Geöffnet von Mai bis Oktober täglich 10–18 Uhr.
Helligdomsklipperne bei Rø: Zerklüfteter Küstenabschnitt mit Klippen und Grotten. Besonders spektakulär vom Boot aus, Rundfahrten ab Gudhjem.
Melsted: Landwirtschaftsmuseum in traditionellem Bauernhof mit Tieren und alten Geräten, viele Mitmachangebote für Kinder. Geöffnet von Mai bis September Di–So, 10–17 Uhr.
Østerlars: Größte Rundkirche, außergewöhnliche Taufkapelle.
Rønne: Gemütliche Inselhauptstadt Bornholms mit zahlreichen verwinkelten Altstadtgassen.

▲
Für die trutzigen, weißgekalkten Kirchen aus dem Mittelalter ist die Insel Bornholm bekannt.

Marktplatz mit Geschäften und einladenden Cafés. Keramikmuseum Hjorths Stentoj in der Krystalgade in einem denkmalgeschützten Fabrikgebäude. Geöffnet 13–17 Uhr, im Sommer ab 10 Uhr, Mo geschlossen.
Snogebœk: Eher unscheinbares Fischerdorf, aber mit ursprünglichen Kneipen und Kunsthandwerkstätten: Sørens Værtshus, Traktørstedet Æblehaven, Glasbläserei von Charlie Meaker.

Aktivitäten

Baden: Schönster Sandstrand im Süden der Insel bei Dueodde.
Einkaufen: Wochenmarkt in Rønne, Mi, Sa 8–12.30 Uhr.
Radfahren: Vorbildlich ausgeschilderte Radwege führen meist weitab vom übrigen Verkehr durch die zauberhafte Landschaft. Mit Steigungen und Gegenwind rechnen!
Spaß mit Kindern: Brændesgårdshaven bei Svaneke, gemütlicher Familienvergnügungspark in schöner Umgebung. Geöffnet von Mai bis September.
Wandern: Zahlreiche markierte Routen im Waldgebiet Almendingen, z. B. durchs Ekkodalen oder zum Aussichtsturm Kongemindet. Oder durch das Døndal an der Nordostküste zum höchsten Wasserfall Dänemarks.

Essen & Trinken

Bornøe, Kirkepladsen, Allinge. Nettes Restaurant mit gutem gegrilltem Lachs.
Brasserie Truberg, Havnepromenaden 2 B, Neksö. Café und Esslokal, sehr lecker: Fischterrine und Steinbutt, mittags Buffet.
Café au lait, Snellemark 3, Rønne. Ruhige Weinbar und Gartencafé.
Ellas Konditori und Restaurang: Strandgade 42, Sandvig. Exzellente Kuchen und Snacks, zauberhafte Stube und Garten.
Perronen: Munch Petersensvej 3, Rønne. Nettes Café mit charmanter Atmosphäre.

Bücher & Karten

Handlich und informativ: Sabine Neumann, Horst Schwartz, „Bornholm“, Dumont, Köln, 2005, 12 Euro. Bekannt für seine Insider-Tipps und den Kartenteil: Bernd Schiller, „Marco Polo Bornholm“, Mairs Geographischer Verlag, Ostfildern, 2003, 7,95 Euro.

WEITERE INFORMATIONEN

Bornholm Velkomstcenter, Nordre Kystvej 3, DK-3700 Rønne, Telefon 00 45/70 23 20 77, Fax 00 45/56 95 95 68, E-Mail info@bornholm.info, Internet www.bornholminfo.dk

Das Hoch im **hohen Norden**

Dänemark macht mobil: Der dänische Reisemobilclub DACF organisiert im Königreich mehr als 200 Stellplätze, Versorgungs- und Entsorgungsanlagen sowie Gasstationen.

Kleines Königreich ganz groß. Lange Zeit galt Dänemark unter den Freunden des freien Übernachtens mit dem Reisemobil als überaus schwierige Adresse: Verbotsschilder in vielen Urlaubsorten und Ticket verteilende Ordnungshüter vermiesten so manchem Reisemobilfahrer die Urlaubsfreude. Seit kurzem aber macht das Nachbarland große Schritte nach vorn.

Denn auf eine Initiative des dänischen Reisemobilclubs Dansk Autocamper Forening (DACF) geht ein Netz von Stellplätzen zurück, das auch Reisemobilfahrer seit einigen Jahren nutzen können. Hintergrund des Projektes: Bereits in den vergangenen Jahren offerierten dänische Campingplatzbetreiber so genannte Quick-Stop-Plätze – vergünstigte Stellplätze auf einem separaten Teil des Campingplatzes, die aber nur vom späten Abend bis zum frühen Morgen benutzt werden konnten.

Das Angebot fand nicht den gewünschten Anklang, und so suchten die dänischen Clubmitglieder nach Alternativen. Fündig wurden sie vor allem bei Landwirten. Die meisten Stellplätze, die der DACF in seinem jährlich neu aufgelegten „Camper Guide" empfiehlt – siehe dazu auch die Tabelle auf den folgenden Seiten –, befinden sich auf Bauernhöfen. Die Gebühr beträgt in der Regel um die 50 dänische Kronen, knapp sieben Euro pro Nacht und Mobil.

Attraktive Alternativen bieten einige Sportboothäfen, die ebenfalls gebührenpflichtige Stellplätze ausweisen, die aber meistens nur in der warmen Jahreszeit zu nutzen sind. Mit einem müssen Reisemobil-Touristen bei diesen Stellplätzen zumindest in der Anfangsphase noch rechnen: Die Fluktuation ist noch recht hoch. Stellplätze, die es im Frühjahr noch gab, waren Ende des Sommers bereits wieder verschwunden.

Speziell angelegte Reisemobilhäfen wie in deutschen oder französischen Ferienregionen sind in Dänemark noch die Ausnahme. Lediglich die Hauptstadt Kopenhagen weist mit dem Euro Park Autocamping einen Platz samt Ent- und Versorgungseinrichtung sowie Stromanschlüssen aus. Dazu gibt es noch einige öffentliche Parkplätze sowie Ent- und Versorgungsanlagen und Gasstationen bei Tankstellen.

Entscheidend für die Zukunft des Projektes sind die Erfahrungen der Dänen mit ihren mobilen Gästen. Egon Nowak, bis vor kurzem Chef des DACF, macht die Grenzen dieser neuen Übernachtungsmöglichkeiten deutlich: „Laut Verkehrsministerium ist eine einzelne Übernachtung in Verbindung mit Parken nicht verboten, falls es keine Beschränkung durch Schilder oder Ortsbestimmungen gibt." Der DACF hofft nicht nur in diesem Punkt auf die Einsicht der Reisemobilisten.

Nochmal Egon Nowak: „Wollen Sie Tisch, Stühle oder Markisen benutzen, dann ist es Camping, und wenn Sie campieren möchten, dann fahren Sie bitte die Camping-, Quick-Stop- oder Bauernhofplätze an." Folgerichtig interpretiert der DACF das Parken recht eng: „Parken ist das Abstellen des Fahrzeugs auf vier Rädern und der Aufenthalt innerhalb des Fahrzeugs."

Bylderup Bov: Einen ruhig gelegenen Bauernhof verwandelte Peter Engel in den Autocamperplatz Kristianshåb.

JÜTLAND

AMT SÜD-JÜTLAND

AABENRAA: Bauernhof Nielsen, Lundtoftevej 20.
Parkplatz am Lystbådehavn, Sønder Havnevej 2
Gas **Info-Teria Årslev Rasteplads,** Motorvej E 45 Nord
AGERSKOV: Bauernhof Vestergaard, Gl. Tøndervej 16, Rangstrup
BREDEBRO: Bredebro Kig-Nøj Camping (Quick Stop), Borgvej 13
BYLDERUP BOV: Auto-Camper- Park, Kristianshåbvej 5
Bauernhof Boskov, Kvænholtvej 15
Privatparkplatz Villads Andersen, Lille Knivsvej 25
GRAM: Bauernhof Maigaard, Stampermøllevej 11
Bauernhof Annemettes Bondegård, Ribelandevej 18
Fischereibetrieb Hansen, Folevej 16
HADERSLEV: Bauernhof Iwers, Sønderballe Hoved 36, Sønderballe
Privatparkplatz Mie & Egon Nowak, Fjelstrup 37
HØJER: Bauernhof Nickel Jensen, Hvidstrengsvej 4, Daler
NORDBORG: Bauernhof Pommersgård, Færgevej 50 Mjels
V+E **PADBORG: Q8-Tankstelle,** Motorvej E 45 Nord, Frøslev, **Q8-Tankstelle,** Motorvej E 45 Süd, Frøslev
RØDDING: Parkplatz Niels Brændekilde ApS, Jels-Krydset 59, Haderslevvej 59
RØDEKRO: Angelsee Rødekro Lystfiskeri, Østermarksvej 3–5
SØNDERBORG: Parkplatz A. & P. Hansen, Rufasvej 2, Avnbøl
V+E **DK-Tankstelle,** Dybbølsgade 43
TOFTLUND: Bauernhof Enemark, Ribevej 23
Gas **Q8-Tankstelle,** Sdr. Løgum Kandevej 26, Jejsing
Shell-Tankstelle, Sønder Landevej 8
TØNDER: Bauernhof Dornhøh, Flensborg Landevej 26, Jeysing
Gas **VOJENS: Statoil Motorvej-Center Ustrup Ost,** Ustrup Rasteplads
Gas **VOJENS: Statoil Motorvej-Center Ustrup West,** Ustrup Rasteplads

AMT RIBE

BILLUM: Bauernhof Sørensen, Vesterhavsvej 34
GRINDSTED: Parkplatz an der Bibliothek, Tinghusgade 16
Gas **Statoil-Tankstelle,** Jorden Rundt 2
HOLSTED: Parkplatz OK-Benzin, Energivej 2
V+E **Statoil-Tankstelle,** Østergade 36
NR. NEBEL: Bauernhof Knud Pedersen, Gl. Lundevej 1, Lunde
RIBE: Bauernhof Federsen, Roagervej 183
Angelsee Storkesøen, Haulundvej 164
Bauernhof Christensen, Hillerup, Sønderskiftevej 9
V+E **Q8-Tankstelle,** Trojelsvej 24
Gas **Q8-Tankstelle,** Hovedgade 55
VARDE: Parkplatz an der Schwimmhalle, Lerpøtvej 55
Bauernhof Christensen,

Knoldeflodvej 60
Bauernhof Stilbjerg, Ringkøpingvej 143
VORBASSE: Bauernhof B. & E. Poulsen, Nebelvej 44

AMT RINGKØBING

ENGESVANG: Bøllingsø Camping (Quick Stop), Kragelundvej 5
HADERUP: Bauernhof Andersen, Forbækvej 20
HARBOØRE: Vesterhavs Camping, Flyholmvej 36
KIBÆK: Bauernhof Grønlandslund, Vistelhøjvej 2, Skarrild
Bauernhof Tranekær, Ronnumvej 8, Kartoft
LEMVIG: Bauernhof Majdal, Agerskovvej 6, Hygum
Bauernhof Reenberg, Brydeboelvej 19, NR Lem
RINGKØBING: Bauernhof Vestkystens Angus, Heagergård, Heager Engvej 4
V+E **Q8-Tankstelle**, Herningvej 53
Gas **STADIL: Bauernhof Vestermark**, Bjerregårdsvej 15,
STRUER: Bauernhof Jacobsen, Hestbækvej 27
SUNDS: Sunds Sø Camping, Søgårdsvej 2
TARM: Bauernhof Andersen, Blåkildevej 41
THYBORØN: Thyborøn Camping (Quick Stop), Idrætsvej 3
VILDBJERG: Bauernhof Preben Kjær, Østergade 60
Gas **VINDERUP: Statoil-Tankstelle**, Søndergade 51–53

AMT VIBORG

BEDSTED:
Bauernhof Gudnæsgård 12, Thy
Bauernhof Vesterbrogaard, Brogaardvej 7
BJERRINGBRO: Bauernhof Den Gamle Skole, Mågårdsvej 1, Gerning
Bauernhof Torben Hvas, Løvskal Landevej 69
HANSTHOLM:
Hanstholm Camping (Quick Stop), Hamborgvej 95
HURUP: Bauernhof Sørensen, Helligsøvej 32
KARUP: Bauernhof Nygård, Koldkurvej 13, Hagebro
Bauernhof Lund Jensen, Åhusevej 10
KJELLERUP: Bauernhof Lyngså, Æghgøjvej 4, Vandet
NYKØBING M.: Bauernhof Ejerslev, Strandvænget 77
REDSTED: Bauernhof Nygaard, Glomstrupvej 42, Mors
ROSLEV: Junget Strand Camping (Quick Stop), Junget Gårdvej 3
SKALS: Camping Ulbjerg (Quick Stop), Skråhedevej 6

Aabenraa: Am Sportboothafen dürfen Reisemobile von Mai bis September über Nacht vor Anker gehen. ▶

SKIVE: Bauernhof Davidsen, Vesterbørtingvej 14
SNEDSTED: Bauernhof Frode Nielsen, Østerstrandvej 1, Skyrum
Bauernhof Kaj Foget, Skyrumvej 195
VIBORG: Bauernhof Kristansminde, Jegstrupvej V 114

AMT NORD-JÜTLAND

ARDEN: Bauernhof Andersen, Lille Ardenvej 5–7
ASAA: Parkplatz Erik Kreutz, Østkystvej 511, Sørå
Gas **AALBORG: Statoil-Tankstelle**, Jyllandsgade 22
BINDSLEV: Bauernhof Margit & Carl Jensen, Stenbæk Hovedgård
BROVST: Bauernhof Lunde, Fosdalvej 15
Gas **Q8-Tankstelle**, Østergade 68
BRØNDERSLEV: Bauernhof Enggården, Starengvej 208–210
Gas **Q8-Tankstelle**, Tolstrupvej 17
BÆLUM: Bauernhof Karsten Henriksen, Haelskovvej
FARSØ: Myrhøj Camping, Løgstørvej 69, Strandby
FJERRITSLEV: Angelsee Gøttrup Fiskepark, Gøttrupvej 115
V. Thorup Camping (Quick Stop) Thistedvej 546
Gas **Q8-Tankstelle**, Vestergade 28
FREDERIKSHAVN: Bauernhof Christiansen, Vasenvej 40, Kvissel
Svalereden Camping & Hytteby, Frederikshavnvej 112a, Sæby
Gas **GISTRUP: Shell-Tankstelle**, Gunderup
HIRTSHALS: Bauernhof Åbyen, Skagensvej 1
Tornby Strand Camping (Quick Stop), Strandvejen 13
V+E Gas **Q8-Tankstelle**, Østergade 59
HJØRRING: Bauernhof Larsen, Rakkebyholmvej 260
HOBRO: Bauernhof Højgård, Kleitrupvej 12
Bauernhof Valsegård, Tingmosevej 22
LØKKEN: Bauernhof Svendsen, Lyngbyvej 86
Grønhøj Strand Camping, Kettrupvej 125
Josefines Camping (Quick Stop), Søndergade 57
Rolighed Camping (Quick Stop), Grønhøj Strandvej 35
Gas **Q8-Tankstelle**, Løkkenvej 911, Furreby
Statoil-Tankstelle, Ny Strandvej 15
PANDRUP: Angelsee Blokhus Fiskepark, Kvorupvej 89
SINDAL: L.-K.-Hytter & Camping (Quick Stop), Gaden 91
Sindal Camping (Quick Stop), Hjørringvej 125, Rute 35
Tolne Camping (Quick Stop), Stenderupvej 86
STORVORDE: Dokkedal Camping (Quick Stop), Kystvej 118
Gas **STØVRING: Shell-Tankstelle**, Hobrovej 14
V+E **SULDRUP: Q8-Tankstelle**, Autobahn-Rastanlage Him-Ost
Statoil-Tankstelle, Autobahn-Rastanlage Him-West
V+E **SÆBY: Q8-Tankstelle**,
TYLSTRUP: Bauernhof Jensen, Harestien 15
ØSTERVRÅ: Bauernhof Hejslet, Vrængemosevej 86

AMT ÅRHUS

AUNING: Bauernhof Harry Kvist, Møllesmindevej 12
V+E **EBELTOFT: Q8-Tankstelle**, Jernbanegade 22
EGÅ: Bauernhof Rishøjgaard, Mejlbyvej 136
Sportboothafen Egå Marina, Egåhavvej 35
FÅRVANG: Bauernhof Ny Toftgård, Trehøjevej 31, Horn
GRENÅ: Bauernhof Jensen, Laenvej 24, Glesborg
Bauernhof Hansen, Veggerslevvej 21, Voldby
Gas **Q8-Tankstelle**, Århusvej 86
HAMMEL: Hammel Kommunes Campingplads, Thorsvej
HINNERUP: Haar Camping (Quick Stop), Tåstrupvej 16, Haar
Gas **Q8-Tankstelle**, Navervej 2
KNEBEL: Bauernhof Kongsgård, Brorsbergvej 2, Helgenæs
MALLING: Ajstrup Strand Camping (Quick Stop), Ajstrup Strandvej 81
MUNDELSTRUP: Info-Teria Blankhøj, Motorvej E 45 Nord
Info-Teria Pedersminde, Motorvej E 45 Süd
RANDERS: Bauernhof Toftagergaard, Engtoften 23, Læsten
Info-Teria Gudenå-West, Motorvejen 901
Info-Teria Gudenå-Ost, Motorvejen 902
RY: Holmens Camping

(Quick Stop), Klostervej 148
SILKEBORG: Sejs Bakker Camping (Quick Stop), Borgdalsvej 15–17
SKANDERBORG: Q8-Tankstelle, Banegårdsvej 57
Hydro-Texaco-Tankstelle, Ejer Bavnehøj-West, Tebstrup
Statoil-Tankstelle, Ejer Bavnehøj-Ost, Motorvej E 34
Q8-Tankstelle, Nørregade 33
SOLBJERG: Parkplatz Karen & Evan Rasmussen, Tisetvej 22, Tiset

AMT VEJLE

BREDSTEN: DK-Tankstelle, Billundvej 25, Ny Nørup
BRÆDSTRUP: Bauernhof Gammelgård, Valbækvej 2
EGTVED: Parkplatz Kristjansen, Baunehøj 110, V. Nebel
FREDERICIA: Bauernhof Bjerregaard, Håstrupvej 109
Parkplatz am Lystbådehavn, Strandvej
Shell-Tankstelle Skærup-West, Klattrup Bygade 6
HORNSYLD: Bauernhof Andersen, Bjerrevej 377
HORSENS: Bauernhof Bent Flemming Andersen, Pøtvej 4, Glud
Sportboothafen, Lystbådehavn, Jens Hjernøes Vej
T. C. Auto-Vask A/S, Silkeborgvej 132, Lund
JUELSMINDE: Bauernhof Torben Krog, Åstrupvej 52
KOLDING: Angelsee Hvilsted Lystfiskersø, Gl. Esbjergvej 338
Info-Teria Hylkedal Øst, Kolding Motorvej Øst
SKANDERBORG: Angelsee Fiskerbyen Voervadsbro, Holmedal 6, Voervadsbro
STOUBY: Parkplatz Vrigstedshus, Vrigsted
VAMDRUP: Bauernhof Jacobsen, Tøndervej 27, Bastrup
Bauernhof Mastrup, Gåskærlund, Gåskærgårdsvej 3
Bauernhof Kildegaard, Gåskærvej 12, Gåskær
VEJLE: Shell-Tankstelle, Skærup Ø, Kappelagervej 46

FÜNEN

AMT FÜNEN

FERRITSLEV: Parkplatz Jørgen Christensen, Rolfesvej 45, Rolfsted
FÅBORG: Parkplatz Bent Hesby, Kukkenbjerg
GISLEV: Bauernhof Damgården, Dongsvej 12, Dong
GLAMSBJERG: Bauernhof Hansen, Akkerupvej 3, Højrup

Agerskov: Typisch für einen Stellplatz in Dänemark ist der Bauernhof der Familie Vestergaard vor den Toren von Løgumkloster. ▶

Camping Hjemstavnsgården, Klaregade 15, Gummerup

HESSELAGER: Bauernhof Jørgensen, Stenmurervejen 14, Lundeborg

LANGESKOV: Bauernhof Rosenlund, Langeskovvej 46, Urup

MIDDELFART: Bauernhof Munkgården, Hovedvejen 103, Kauslunde

Bauernhof Sørensen, Bøgelundsgyden 15

V+E **NYBORG: Q8-Tankstelle**, Vestergade 18

V+E **NØRRE AABY: Info-Teria**, Lillebælt-West, Motorvej Lillebælt

Info-Teria, Lillebælt-Ost, Østergade 13

RINGE: Bauernhof Krogensgaard, Krogen 5, Lørup

STENSTRUP: Parkplatz Åse & Nils Erik Christensen, Pilegårdsvej 36, Hundtofte

Bauernhof Tronbjerggård, Højbjergvej 13

ULLERSLEV: Bauernhof Andersen, Nyborgvej 29

V+E **VISSENBJERG: Q8-Tankstelle**, Motorvejen Kildebjerg, Nord 1

Motorvejsanlæg, Motorvejen Kildebjerg Syd 2

Gas **Q8-Tankstelle**, Middelfartvej 1

SEELAND

AMT WESTSEELAND

GØRLEV: Reersø Camping, Skansvej 2, Reersø

JYDERUP: Parkplatz Birte & Per Stig Jensen, Buerupvej 10

KORSØR: Sportboothafen Korsør Lystbådehavn, Sylowsvej 10

V+E **Frakørslen mod**, Halsskov Odde

MUNKE BJERGBY: Parkplatz Poulsen, Døjringevej 40 A

SKÆLSKØR: Skælskør Havn, Havnevej 20

SORØ: Angelsee Lundhøj Søpark, Lundhøjvej 5

V+E **Statoil-Tankstelle**, Østmotor-vej, Rastplatz Nord

Hydro-Texaco-Tankstelle, Trafikcenter, Vestmotorvej, Rastplatz Süd

ST. FUGLEDE: Bauernhof Christiansen, Søvang 7

AMT ROSKILDE

HUNDIGE: Mågen & Hejren, Parkplatz Hundige Havn, Havnevej 24

V+E **KARLSLUNDE: Texaco-Tankstelle**, Karlslunde Rastplatz E 20 Nord

Shell-Tankstelle, Karlslunde Rastplatz E 20 Süd

LL. SKENSVED Landbomuseum, Lundekrog, Ejbvej 32

Bauernhof Svend Riisgaard, Rigbergvej 5 A

AMT FREDERIKSBORG

HUMLEBÆK: Bauernhof Valdemar de Vinge, Storemosen 3

V+E **HØRSHOLM: Q8-Tankstelle**, Frederiksborgvej, Isterød

JÆGERSPRIS: Bauernhof Nyvangsgården, Toftegårdsvej 81, Kyndby

Gas **MARBÆk: Parkplatz Lystbådehavn**, Klaus Sonne, Strandlystvej 26D

DÄNISCHE SÜDSEE

AMT STORSTRØM

ASKØ: Bauernhof Erlang Nielsen, Kornemadevej 14, Askø

V+E **FARØ: Info-Teria Farø**, E 47 Nord/Süd, Bogø By

V+E **GEDSER: Q8-Tankstelle**, Gedser Landevej 58

NAKSKOV: Albuen Camping, Vesternæsvej 70, Ydø

NR. ALSLEV: Bauernhof Gårdbutik, Skovby Tværvej 35

Fischereibetrieb Jacobsen, Godthåbvej 15, Alstrup

STEGE: Bauernhof Elmelunde, Elmelundevej 19

Bauernhof Skovgaard Jensen, Klintevej 101, Keldby

V+E **TAPPERNØJE: Statoil-Tankstelle**, Sneserevej 60

V+E **Haar Benzin Tappernøje**, Sneserevej Ost 60

VESTERBORG: Bauernhof Duesminde, Bøllesmindevej 19

VESTERBORG: Bauernhof Håkonsson, Hjeringe-Huse 17

BORNHOLM

AMT BORNHOLM

ALLINGE: Bauernhof Lundegård, Rosengade 17

V+E **Parkplatz Shell-Tankstelle**, Borrelungvej 1A

PEDERSKER: Bauernhof Henri Sonne, Baunevej 5

Königliches **Land**

Wer bei Reisen im Nachbarland mit seinem Reisemobil nicht unangenehm auffallen möchte, sollte einen Blick auf die wichtigsten Verkehrsvorschriften und Regeln werfen.

Auskunft

Touristische Informationen verschickt das Informationsbüro Visit Denmark, Glockengießerwall 2, 20095 Hamburg, Telefon 0 18 05/32 64 63, Fax 0 40/ 65 03 19 30, E-Mail daninfo@ visitden mark.com, www.visitdenmark.com. Auf den Internet-Seiten gibt es eine Möglichkeit, Prospekte und Broschüren zu Städten und Regionen sowie Spezialgebieten wie Angeln, Radeln oder Golfen zu bestellen. Im Begrüßungszentrum Frøslev an der A 7 (E 55) gibt es ebenfalls touristische Informationen.

Reisezeit

Dänemark ist ein klassisches Reiseziel für die warme Jahreszeit. Typisch für das Klima sind Westwinde und schnelle Wetterveränderungen. Die Möglichkeiten zum Schwimmen und zum Wassersport sind ausgezeichnet: Rund 5000 Kilometer der insgesamt 7300 Kilometer langen Küste sind zum Baden geeignet. Dänemark ist auch als kinderfreundliches Familien-Urlaubsland zu empfehlen: Spielplätze, Babywickelräume und Rücksichtnahme auf den Nachwuchs sind im Land selbstverständlich. Vor- und Nachsaison bieten sich für aktive Urlauber an, die das ausgezeichnete Radwegenetz oder die guten Möglichkeiten zum Angeln, Reiten und Paddeln nutzen wollen.

Einreise

Bürger aus EU-Staaten und der Schweiz benötigen bei der Einreise nach Dänemark einen Personalausweis, der noch mindestens drei Monate gültig ist, oder einen Reisepass. Kinder brauchen einen Kinderausweis, wenn sie nicht im Reisepass der Eltern eingetragen sind. Notwendige Kraftfahrzeug-Dokumente: Führerschein, Fahrzeugschein, Nationalitätskennzeichen. Die grüne Versicherungskarte wird empfohlen, ist im Land aber nicht vorgeschrieben.

Straßenverkehr

Das dänische Straßennetz ist auch abseits der Autobahnen sehr gut und auch mit längeren Reisemobilen ohne Probleme zu befahren. Die Geschwindigkeitsbegrenzung für Reisemobile beträgt innerorts 50 km/h, für Mobile bis 3,5 Tonnen auf Landstraßen 80 km/h (über 3,5 Tonnen 70 km/h), auf Autobahnen für Reisemobile bis 3,5 Tonnen 110, teilweise 130 km/h (über 3,5 Tonnen 80 km/h). Telefonieren ohne Freisprecheinrichtung ist dem Fahrer während der Fahrt untersagt.

Abweichende Vorschriften

- Abblendlicht auch tagsüber bei allen Fahrten einschalten.
- Weiße Dreiecke auf der Straße bedeuten „Vorfahrt beachten".
- Die Promillegrenze liegt bei 0,5 Promille. Bei Überschreitungen drohen schwere Strafen.
- An der jütländischen Westküste gibt es „Autostrände" – tagsüber dürfen Badegäste mit ihrem fahrbaren Untersatz auf den Strand fahren, bei Dunkelheit ist der Aufenthalt hier aber verboten.
- Das Auto nicht an Menschen mit Wohnsitz in Dänemark verleihen.
- Mautgebühren gibt es nur auf der Brücke über den Großen Belt sowie über den Öresund nach Schweden.

Die dänischen Regionen im Überblick

Stellplätze

Auf eine Initiative des Dänischen Reisemobil-Clubs DACF gehen die ersten Reisemobil-Stellplätze im Lande zurück. In erster Linie bieten sich gebührenpflichtige Plätze auf Bauernhöfen an, dazu kommen einige kommunale Plätze. Bitte beachten: Auf den öffentlichen Plätzen ist Campingleben mit ausgefahrenen Markisen, Tisch und Stuhl vor dem Reisemobil ausdrücklich nicht erwünscht und kann zu Komplikationen mit den Behörden führen. Der jährlich aktualisierte Camper Guide ist gegen einen Umschlag und 5 Euro zu bekommen beim DACF. Kontakt über die Internet-Seite: www.dacf.dk. Siehe auch die Stellplatzliste ab Seite 34.

Ent- und Versorgung

Im Laufe der zurückliegenden Jahre hat sich in Dänemark das Netz der Ent- und Versorgungsmöglichkeiten auch außerhalb von Campingplätzen stark verbessert, ohne aber den Standard von Norwegen zu erreichen. Reisemobilfreundliche Tankstellen stehen ebenfalls in der Stellplatz-Übersicht ab Seite 34.

Camping

Dänemark besitzt 520 klassifizierte Campingplätze in allen Regionen des Landes, einige sind sogar ganzjährig geöffnet. Ein Verzeichnis dieser Plätze findet sich im Internet www.danske-campingpladser.dk. Empfehlenswert ist auch in Dänemark das Mitführen der Camping Card Scandinavia. Die Jahresmarke, erhältlich auf dem ersten Platz, kostet 80 DKK (2004). Etwa 125 dänische Campinganlagen bieten für Reisemobile so genannte Quick-Stop-Plätze an. Wer nach 20 Uhr kommt und morgens bis 10 Uhr abreist, zahlt eine Gebühr von 95 DKK (2004).

Tiere

Hunde und Katzen müssen mindestens 30 Tage, maximal zwölf Monate vor der Einreise gegen Tollwut geimpft werden. Seit Sommer 2004 müssen Hund und Katze einen Mikrochip oder eine Tätowierung tragen, ein Heimtierpass muss die erfolgten Impfungen bestätigen.

Weitere allgemeine Informationen finden Sie im Kartenteil.

Das Licht **des Südens**

Unterwegs in der schwedischen Provence: Warmes Licht, charmante Städte und lange Strände machen Österlen im Südosten von Skåne zu einem Geheimtipp.

7

Schweden: **Skåne**

Unterwegs in der schwedischen Provence

Auf den ersten Kilometern nach der Fahrt über die Ostsee erinnert die Südspitze Schwedens stark an Dänemark: Statt falunroter Holzhäuser setzen steinerne, weiße Gehöfte die Akzente in der flachen Landschaft, und auch die Regionalflagge der schwedischen Provinz Skåne – Rot mit gelbem Kreuz – erinnert mehr an das kleine Königreich als an das Bilderbuch-Schweden aus den Büchern von Astrid Lindgren.

Diese Region finden Sie im Kartenteil auf Seite 9.

Die dichten Wälder, die das benachbarte Småland auszeichnen, gibt es in Schonen nicht, dafür eine Reihe zauberhafter Städte und unerwarteter Entdeckungen. Den Anfang macht dabei Ystad. Das Hafenstädtchen verdankt seine Bekanntheit in Deutschland vor allem zwei Dingen: der Fährverbindung zur dänischen Insel Bornholm – und dem schwedischen Bestseller-Autor Henning Mankell, der seinen berühmten Kommissar Kurt Wallander in Ystad arbeiten und leben lässt.

„Ausgerechnet Ystad", möchte der Reisende nach einem Spaziergang durch die Straßen der Altstadt rund um den Marktplatz mit seinen Blumenständen sagen. Die Hafenstadt hat so gar nichts Dunkles oder Gefährliches an sich.

Charmant, herausgeputzt und mit einem gewissen Puppenstuben-Flair umschmeichelt Ystad seine Gäste, und das liegt auch an einer Spezialität von Skåne, die ebenfalls dänisch anmutet: der Fachwerk-Architektur. An die 300 Jahre haben viele Häuser in der kleinen, aber sehenswerten Altstadt schon auf dem Buckel. Schmal, oft nur einstöckig, wirken sie bescheiden, dabei grüßen nahezu alle mit kunterbuntem Fassadenschmuck: Gelb leuchtet neben Grün, Rosa neben Beige. Als ob das noch nicht ausreichen würde, tauchen sommerliche Farbtupfer in Form blütenübersäter Rosensträucher viele Häuserfronten in leuchtendes Gelb, Rosa oder Rot.

Schwer vorstellbar, dass Verbrechen in dieser Idylle zu Hause sein sollen. Und doch: Wallanders Polizeistation, ein moderner Zweckbau am Stadtrand, sein Lieblings-Buchladen am Markt, das Hotel „Continental" am Hafen, in dem der Inspektor gern mit seiner Tochter speist, oder die Mariagatan, eine bescheidene Wohnstraße mit ihren angejahrten Mietskasernen – viele Schauplätze der Romane lassen sich beim Stadtbummel mühelos entdecken.

Besucher-Magnet: Ales Stenar, der größte Steinkreis Skandinaviens bei Kåseberga, fordert manchen zu Balance-Akten auf den Felsblöcken heraus.

▼

Weites Land: Einsame Strände sind auch im Hochsommer keine Seltenheit. Weiter im Süden bei Sandhammaren herrscht aber reges Strandleben.

Unerwartetes zieht sich wie ein roter Faden durch die Reise, die von Ystad der Südostküste folgt. Auf einem Parkplatz nahe Mossby Strand ziehen zwei schwedische Reisemobile, fröhlich-bunt lackierte Mercedes-Ausbauten, die Aufmerksamkeit auf sich. Eigentlich ist es kein „richtiger", soll heißen offizieller Parkplatz – der von Mossby Strand liegt einige hundert Meter näher am Ort –, doch dieser hat etwas Besonderes: die Nähe zu „Pers Rökeri", Heim und Räucherei einer der letzten echten Küstenfischerfamilien, die ihren Fang – Lachs, aber auch Aal – gleich am Strand räuchert und natürlich auch verkauft.

Kurz darauf verändert sich das Bild der Landschaft. Die flachen Küstenstreifen verschwinden allmählich, die Natur schwingt sich bei Hammar zu runden, rollenden Hügeln auf, die so auch an der walisischen Küste oder im englischen Devonshire zu finden sein könnten. Zum Meer hin fallen die Steinbuckel rapide ab, ganz tief unten am Fuß der Felsen ist ein schmaler, steiniger Strand mehr zu ahnen als zu sehen.

Bei gutem Wetter reicht der Blick von den Steilklippen bis Bornholm, weit draußen vor der Küste. In dieser exponierten Lage, nur einen Steinwurf von den Klippen entfernt, hatten einst die Vorfahren der Schweden einen Steinkreis mit 58 Blöcken angelegt, einige davon mehr als zwei Meter hoch: „Ales Stenar" – Schwedens Stonehenge. Sein Zweck verliert sich im Dunkel der Geschichte: Kultstätte? Begräbnishügel? Oder steinzeitliches Forschungsprojekt?

Ausgangspunkt für die Tour zum Steinkreis ist der Hafen von Kåseberga. Der hier künstlich angelegte Schutzhafen mit starken Molen lässt die Kraft der Herbststürme auch im schönsten Som-

LAND & LEUTE

Österlen bildet einen starken Kontrast zur Naturlandschaft von Nord- und Mittelschweden. Der fruchtbare Obstgarten des Landes, charmante Küstenorte und die abwechslungsreiche Landschaft lohnen den kurzen Umweg in den Südosten.

SEHEN & ERLEBEN

Die Spuren von Kurt Wallander, dem Romanhelden von Henning Mankell, lassen sich dank eines auch deutschsprachigen Faltblatts des Touristen-Büros in Ystad und näherer Umgebung leicht finden. Die Feuerwehr bietet auch Touren mit alten Einsatzfahrzeugen an, aber nur mit schwedischer Führung.

ESSEN & TRINKEN

Mittelalterliche Atmosphäre verbindet das gemütliche „Pilgrändens Wärdshus" in der Altstadt von Ystad (Pilgränd 6) mit regionaler Küche. Bei gutem Wetter sitzen die Gäste in einem geschützen Innenhof. Empfehlenswert ist vor allem das günstige und normalerweise gute Tagesmenü („Dagens Rätt").

mer erahnen. Der Parkplatz am Fuß der Felsbuckel – für Dickschiffe nicht unbedingt zu empfehlen – bietet sich als Etappenstation an, zur Stärkung machen es sich Sportschiffer, Wanderer und Reisemobilfahrer im Windschatten der hölzernen Schuppen bequem, frischen Fisch aus der nahen Räucherei in den Händen.

Bei Kåseberga beginnt das Urlaubsgebiet von Skåne. Ein paar Kilometer im Osten löst eine weitläufige Dünen- und Sandlandschaft die grün bewachsenen Felsenberge ab. Ausgedehnte Kiefernwälder schirmen die Strände bei Sandhammar zum Hinterland ab, zur See hin kennt das Badevergnügen keine Grenzen. Kurz hinter Sandhammar endet auch das Gebiet der Ystad Kommun, hier beginnt die Region Österlen.

Mekka der Künstler, schwedische Provence – Beinamen gibt es für die kleine, in Deutschland nahezu unbekannte Region im Südosten von Skåne reichlich, und das hat seinen guten Grund. Es ist das Licht, das unvergleichlich helle, warme und kraftvolle Licht, das so viele Kreative magisch anzieht.

Hunderte von Malern, Töpfern und Bildhauern haben sich in Simrishamn und Tomelilla, den beiden Gemeinden Österlens, niedergelassen, die Schilder „Atelje" und „Galeri" an ihren Häusern locken ebenso zahlreich wie einladend.

Auch auf Urlauber verfehlt dieses Licht nicht seine Wirkung. Im Sommer erhebt sich die Sonne schon gegen vier Uhr über den Horizont, und ihre Kraft geht erst sehr spät zur Neige – um Mitternacht ist es immer noch taghell.

Wer einmal einen lauen Sommerabend an der Küste Österlens verbracht hat, weiß, wovon die Künstler träumen: Ab 17 Uhr lässt die Sonne die Felsen im Nationalpark Stenshuvud erglühen, taucht die Ostsee in ein tiefes Königsblau und lässt die Fischerboote in den Häfen von Vik und Baskemölla in den schönstenFarbtönen aufleuchten.

Weiter geht es jetzt gen Norden. Skillinge ist der erste größere Hafen zwischen Ystad und Simrishamn, ein friedlicher Fischerort an der jetzt wieder flachen, etwas steinigen Küste mit den für Österlen so typischen einstöckigen Häusern und blumengeschmückten Fassaden. Bald darauf verändert sich die Landschaft: Die weiten Felder West-Schonens werden kleiner, die ersten Hügel tauchen auf und mit ihnen die ersten Kurven: Österlen ist weder so topfeben noch besitzt es die Weite von West-Skåne.

Eine hübsche Altstadt lädt auch in Simrishamn zum Flanieren ein, Fischerei- und Yachthafen bieten immer einen guten Grund zum Gucken. Dazu lockt eine einladende Fußgängerzone mit den wichtigsten Geschäften – die kleine

Ruhiger Hafen: Bei Seglern, Wanderern und Reisemobilisten erfreut sich die Räucherei im Schutzhafen von Kåseberga großer Beliebtheit. ▶

Stadt ist so etwas wie Zentrum und Schaufenster von Österlen zugleich.

Friedlich und verträumt – das ist der erste Eindruck von Österlen. Nachgerade wuchtig nimmt sich daher Burg Glimmingehus vor den Toren der Stadt aus: Das 500 Jahre alte Gemäuer – Kulisse eines Mittelalterfestivals – ist eine der besterhaltenen Burgen des Nordens.

Nördlich von Vik ist zum ersten Mal der Gipfel des Stenshuvud zu sehen. Der bewaldetete, über 100 Meter hohe Felsenbuckel ist Schwedens südlichster Nationalpark und eine der schönsten Regionen in Österlen – das Naturreservat liegt nämlich direkt am Meer. Eine schmale Straße führt im Zickzackkurs den Hügel abwärts zu einem Parkplatz auf einer Lichtung. Hier haben Besucher die Wahl: ins Info-Gebäude, um sich einer Führung anzuschließen, oder hügelaufwärts, um die Gipfel mit ihrer fantastischen Fernsicht zu erklimmen.

Am Fuße des Felsens wartet auf sie ein herrlicher Strand: feinsandig, lang gezogen und ruhig – eigentlich genau so, wie es das Touristenherz begehrt, wäre da nicht diese kalte Strömung, die das Wasser nur in warmen Sommern auf bescheidene 18 oder 19 Grad kommen lässt. Am Nordrand der Parks ist ein erneuter Wechsel der Landschaft zu beobachten: die Reichsstraße 9 weicht vom Meer zurück, rechts von ihr fällt das Land zum Meer hin sanft ab, die ersten Apfelbaumplantagen tauchen auf.

Wie an der Schnur gezogen stehen kleinwüchsige Bäume säuberlich in Reih und Glied. Fast eine Million sollen es sein, etwa jeder zweite Apfel Schwedens stammt aus dem Obstanbaugebiet um Kivik – ein Mikroklima begünstigt die Ernte: Auf einen späten, frostfreien Frühling folgen ein kurzer, intensiver Sommer und ein milder Herbst.

Anno 1888 hatte Henric Akenor wilde Apfelbäume entdeckt und die Chance seines Lebens erkannt. Heute kennt den Namen seiner Firma in Schweden jedes Kind. Das „Apfelhaus" in Kivik bietet Gästen Einblick in die Tätigkeit der Firma Akenor, im Fabrikverkauf lassen sich die Produkte auch erwerben. Nur die alkoholhaltigen Getränke fehlen fast völlig – selbst der Cidre mit seinem ohnehin bescheidenen Alkoholgehalt darf nur in einer leichteren Version feilgeboten werden – und so ist auch Österlen wieder sehr schwedisch.

▲ **Nicht nur Mankells Kommissar Wallander liebt den Markt von Ystad, auch Touristen können sich an den Blumen begeistern.**

SEHEN & ERLEBEN

Als Treffpunkt für Leute mit einem Faible für Märkte hat sich der Sommermarkt in Kivik etabliert, der jedes Jahr am dritten Dienstag und Mittwoch im Juli stattfindet. Auf einer großen Wiese unweit der Ostsee geben sich fliegende Händler, Kaufwillige und Guckleute aus dem ganzen Land ein Stelldichein.

WANDERN & RADELN

Zauberhafte Gärten zeugen vom milden Klima in Österlen. Nicht nur die exotischen Pflanzen in den Arboreten von Kivik, Hällevik und Ulriksdal lohnen die Besichtigung, auch private Gärten öffnen sich dann für Besucher. Aktuelle Adressen und Zeiten in den Touristen-Informationen.

PROMOBIL-TIPP

Das Schloss Glimmingehus bei Simmrishamn lockt nicht nur mit seinem großen Mittelalterfestival im August, die Verwalter der Burg organisieren in Schwedisch auch außergewöhnliche Rundgänge, zum Beispiel Führungen zum Thema Spuk und Geister.

Schweden: **Skåne**

Unterwegs in der schwedischen Provence

Route

Als Ausgangspunkt für die Reise nach Österlen kann sowohl der südschwedische Fährhafen Trelleborg wie auch die Stadt Malmö am schwedischen Ende der Öresundbrücke dienen. Von Travemünde pendeln die Schiffe der TT Line, von Rostock die TT Line und die Scandlines nach Südschweden. Die Wahl der Überfahrt ist nicht nur eine Frage des Geldbeutels, sondern zum Teil auch Geschmackssache. Die Brücke garantiert die größere Flexibiltät bei der Reiseplanung, die längeren und damit entspannenderen Überfahrten besitzen durchaus den Charakter einer Mini-Kreuzfahrt. Buchungstipps stehen in der Service-Strecke zu den Ostseefähren ab Seite 178.

Reisezeit

Österlen ist, anders als viele andere Landschaften Schwedens, nicht nur ein Ziel im Hochsommer. Im Mai breiten Apfelblüten einen weiß-rosa Teppich über die hügelige Landschaft um Kivik aus, die Ernte lockt im September. Zu Badetagen im Sommer laden Strände ein, etwa am Fuß des Nationalparks Stenshuvud oder vor den Dünen von Sandhammar.

Sehenswertes

Kåseberga: Steinkreis „Ales Stenar“ mit 58 aufrecht stehenden Felsblöcken. Küstenwanderung auf der 40 Meter hohen Steilküste von Hammars Backar.
Kivik: Freundliche Kleinstadt, 20 000 Einwohner, Hochburg des schwedischen Apfelanbaus. Zirka 3000 Jahre altes Königsgrab mit begehbarer Grabkammer.
Löderup: Museum im Hof Båckara zum Gedenken an den tödlich verunglückten UN-Generalsekretär Dag Hammarskjöld.
Simrishamn: Charmante Küstenstadt, 25 000 Einwohner, mit kleinem Zentrum, lebhaftem Fischerei- und Yachthafen und sehenswerter Altstadt mit blumengeschmückten Fischerhäusern. 10 Kilometer südwestlich der Stadt steht die gut erhaltene Burg Glimmingehus, Schwedens ältester Profanbau.
Skillinge: Winziges, charmantes Fischerdorf bei Simrishamn.
Smygehamn: Etappenstation auf der Reise von Trelleborg nach Ystad. Malerischer Hafen mit einem Leuchtturm an der Südspitze Schwedens, dem „Smygehuk“.
St. Olof: Kleines Dorf mit sehr schöner Pfarrkirche.
Ystad: Gemütliche, wunderbar erhaltene Fachwerkstadt mit

▲
An französische Prachtbauten erinnert Schloss Kronovall. Im Sommer gibt es nach Anmeldung auch die Möglichkeit, den Sekt des Hauses zu kosten.

denkmalgeschützten Gebäuden, darunter das älteste Fachwerkhaus in Skandinavien („Pilgrändshuset"). Sehenswert: die Kirche St. Maria und das Gråbrödrakloster.

Aktivitäten

Baden: Feinsandige Dünenlandschaften mit breitem Strand beginnen bei Sandhammar östlich von Ystad und erstrecken sich bis Simrishamn. Weitere Strände am Nationalpark Stenshuvud.
Radeln: Eine außergewöhnliche Attraktion sind Fahrten mit der Draisine auf einer stillgelegten Bahnstrecke von Tomelilla in das reizvolle Flyledalen.
Wandern: Gutes Wegenetz im 390 Hektar großen Nationalpark Stenshuvud mit großen Wald- und Heideflächen, Wildblumen und Orchideen. 124 Meter hoher Gipfel, Sicht bis nach Bornholm.

Essen & Trinken

Auf ihre Kosten kommen in Österlen vor allem Freunde von Fischgerichten. Gute Adressen für den Einkauf sind die Räuchereien am Meer, zum Beispiel am Hafen von Kåseberga, in Smygehuk sowie am Gästehafen von Simrishamn. Guten Fisch und Wild serviert „Skillinge Hamnkrogen" in Skillinge. Feinschmeckerqualität besitzt das Restaurant „Svaneholms Slott" bei Skurup (www.svaneholmsslott.se). Die Gegend um Kivik ist auch als Obstgarten Schwedens bekannt. Einen Einblick in die Produktion gibt das „Haus des Apfels" in Kivik. Eine Minimosterei und ein Restaurant gehören zum „Äpplets Huset". Unbedingt probieren: den Apfelsaft und den Cidre (www.kiviksmusteri.se).

Termine

21. Juni: Mittsommerfest in St. Olof mit Volkstanz auf dem Marktplatz, Picknick, und Aufstellen des Mittsommer-Baums.
Ende September: „Äppelmarknaden" in Kivik (24./25. 9. 05).

Bücher & Karten

Unter den Taschenbüchern ragen heraus: Birgit Bock-Schröder, „Südschweden", Polyglott, München, 2004, 7,95 Euro, Ralf Schröder, „Merian live, Schweden, Der Süden", Travel House Media, München, 2004, 7,95 Euro. Empfehlenswert ist auch: Jutta Westmeyer, „Schweden, der Süden", DuMont-Verlag, Köln, 2003, 12 Euro. Als Einstieg in die Romane um Kommissar Wallander empfiehlt sich zum Beispiel der atmosphärisch sehr dichte Band „Die falsche Fährte", dtv, München, 2000, 10 Euro.

WEITERE INFORMATIONEN

Simrishamns Turistbyrå, Tullhusgatan 2, S-27231 Simrishamn, Telefon 00 46/4 14/81 98 00, Fax 00 46/4 14/163 64, E-Mail info@turistbyra.simrishamn.se, Internet www.turistbyra.simrishamn.se

Vom **Winde** verweht

Ein hochherrschaftliches Schloss, ein Meer von Windmühlen, kilometerlange Sandstrände und jede Menge Natur – auf der Insel Öland sind alle Urlauber Könige.

8 Schweden: **Öland**

Wo Könige Urlaub machen

Auf drei geht's los: Aufmunternd blicken sich Rune Karlsson und Erik Runcrantz in die blitzenden Augen. Schnell drücken sie noch ihre Schiffermützen fest auf das schüttere Haar, dann packen die beiden Alten zu. Mit voller Kraft legen sie sich gegen das Mühlpferd, jenen hölzernen Baum, mit dem sich die alte Kastenbockmühle von Högsrum in den Wind drehen lässt. Aufreizend langsam, aber dann zusehends leichter beginnt sich die Maschine, die schon seit 250 Jahren Wind und Wetter trotzt, zu drehen. „In der Blütezeit der Windmühlen, im 18. Jahrhundert, standen auf Öland insgesamt an die 2000 Stück davon", sagt Rune Karlsson und wischt sich nach vollbrachter Arbeit mit einem Taschentuch den Schweiß von der Stirn.

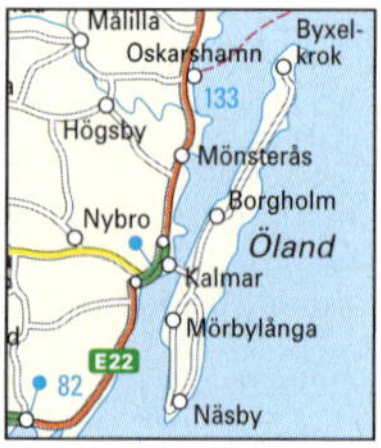

Diese Region finden Sie im Kartenteil auf Seite 14.

Der rüstige Öländer weiß genau, wovon er spricht. Denn seit seiner Pensionierung engagiert sich der gut 70 Jahre alte Lehrer im Heimatverein Högsrum, der die Windmühle instand hält. „Erik, lös bitte mal die Arretierung, ich will die Flügel anwerfen." Schon streckt sich Rune nach dem langen Brett, fasst es mit seinen Händen und gibt ihm einen kräftigen Schwung – vergeblich. Der Alte zögert keine Sekunde, greift sich erneut den schweren Flügel, und das kräftezehrende Spiel beginnt von neuem – aber wieder ohne Erfolg.

Zehn Versuche später hat der Wind ein Einsehen. Eine frische Brise erlöst die zwei Freunde, und schon beginnt der gleichmäßige und lautlose Tanz der Windmühlenflügel.

Die sonntägliche Anstrengung gilt übrigens den Touristen, die nachmittags die Mühle in Betrieb erleben können. Die meisten Windmühlen auf Öland sind aber längst verschwunden – nur noch 300 sollen sich über die 140 Kilometer lange Ostseeinsel verteilen. „Bis 1945 war diese sogar noch in Betrieb", sagt Rune beim Picknick auf einer alten Bank im Schatten der Mühle und schmunzelt beim Gedanken an seine Jugend. „Als Erik und ich vor vielen Jahren hier zur Schule gingen, sahen wir aus dem Klassenzimmer öfter der Mühle mit ihren majestätisch kreisenden Flügeln zu."

Der Standort der Mühle auf halber Strecke zwischen der Inselhauptstadt Borgholm und der Ortschaft Färjestaden war das große Kapital des Bauern, der die Mühle jahrzehntelang betrieb. Der alte Rune erinnert sich: „Im Zweiten Weltkrieg brauchte man eine Er-

Die Leuchttürme an der Nord- und der Südspitze sind beliebte Ausflugsziele auf der Insel Öland. ▶

◀ **Schloss Solliden unweit von Borgholm dient der königlichen Familie als standesgemäße Ferienresidenz.**

laubnis, um Korn zu mahlen, diese Mühle aber steht so weit abgelegen, dass man schon mal was riskieren konnte."

Sagt's und freut sich noch fast 60 Jahre später über den ertragreichen Ungehorsam. Öland war stets eine reiche Bauerninsel – sehr reich, wie die prächtigen mittelalterlichen Kirchen in vielen Dörfern auf der Insel verraten.

Viele wohlhabende Bauern konnten sich mehrere Mühlen leisten, die sie meist an der windigeren Ostküste platzierten. Bis heute spielt Fischfang auf Öland nur eine unbedeutende Rolle. Mittlerweile gibt der Tourismus immer mehr den ökonomischen Ton an – spätestens seitdem König Carl Gustaf und Königin Silvia ihren Sommerurlaub auf Schloss Solliden zu verbringen pflegen, entdeckten viele schwedische Touristen die Vorzüge der Insel für sich.

Das vergleichsweise warme Klima gibt Öland einen Vorsprung – mit den Bewohnern der Nachbarinsel Gotland rangeln sich die Öländer um den Ruf als sonnenreichste Region Schwedens. Die Anreise ist sogar noch einfacher als zur Nachbarinsel. Eine Brücke überquert den Sund zwischen der Festungsstadt Kalmar auf dem Festland und der Insel. Und schließlich wetteifern mehr als 20 Campingplätze um die Gunst der mobilen Urlauber, darunter auch Eriksöre Camping wenige Kilometer südlich von Färjestaden – ein günstiger Ausgangspunkt für Touren im Südzipfel der Insel.

„Willkommen auf Öland." Inger Bergman pflegt ihre Campinggäste in perfektem Deutsch zu begrüßen. Die Anlage erweist sich als gepflegter Familienplatz, ideal für Paare mit kleinen Kindern. Direkt an den flach abfallenden Strand grenzt ein parkähnliches Areal mit alten Bäumen und schattigen Stellplätzen. Dahinter erstrecken sich zumeist naturbelassene Wiesenabteile.

Animation für Kinder gehört ebenso zum sommerlichen Unterhaltungs-

LAND & LEUTE

Etwa 25 000 Menschen leben auf der Insel Öland, im Sommer kommen zwei Millionen Touristen dazu. Die Insel zählt zu den sonnigsten Regionen in Schwedens und bietet ein mildes Klima, lange Sandstrände, alte Kulturstätten sowie eine außergewöhnliche Flora und Fauna.

SEHEN & ERLEBEN

Alte Holzbuden säumen im kleinen Ort Algutsrum die Marktgasse. Anfang Juli steigt hier ein bunter Sommermarkt. Am 14. Juli ist Victoria-Tag, der Geburtstag der schwedischen Kronprinzessin. Er wird mit einem großen Sportfestival in Borgholm gefeiert.

ESSEN & TRINKEN

Eine Inselspezialität sind die „Kroppkakor". In den Klößen aus geriebenen Kartoffeln verbirgt sich eine pikante Mischung aus Schweinefleisch, Zwiebeln und Gewürzen. Darüber fließt zerlassene Butter. Gute „Kroppkakor" gibt es zum Beispiel in Doris Döttrars Gasthaus im Dorf Kastlösa.

Schweden: **Öland**

Wo Könige Urlaub machen

angebot wie Mittsommerfeiern und Musik. „Gott sei Dank sind wir nicht der Mode gefolgt, die Stellplätze mit allen möglichen Anschlüssen auszustatten", sagt Inger Bergman. „Denn jetzt, wo immer mehr Caravans autark werden, wäre die Investition umsonst gewesen."

Unter Kennern gilt der südliche Teil der Insel als ursprünglicher, rauher und dank der herb-schönen Heidelandschaft Stora Alvar auch als interessanter für Vogelfreunde und Hobby-Botaniker. Ganz in der Nähe zum Campingplatz steht das schönste Relikt aus grauer Vorzeit: der Karlevistenen. Ölands ältester und sonderbarster Runenstein stammt wahrscheinlich aus dem zehnten Jahrhundert und erzählt die Sage eines dänischen Wikingers, der während eines Raubzugs starb und auf der Insel Öland begraben wurde.

können die kleinen Besucher Handwerkern zusehen, die mit mittelalterlichem Gerät Gefäße und Werkzeuge herstellen.

„Wir planen hier aber kein archäologisches Disneyland, sondern suchen die populäre und wissenschaftliche Auseinandersetzung mit dem Thema Fluchtburg." Ingemar Persson, der Museumsdirektor von Eketorp, begnügt sich dennoch nicht mit einer staubtrockenen Ausstellung. Mittlerweile stehen wieder einige sorgfältig rekonstruierte Hütten mit schilfgedeckten Dächern innerhalb der steinernen Ringmauer.

Perssons Ziel: „Die Besucher sollen einen Eindruck bekommen, wie die Menschen zur Zeit der Völkerwanderung hier gelebt haben." Im Selbstversuch erprobten Persson und sein Stab die Qualität der Häuser. „Im Winter haben wir das Haus dort drüben auch bewohnt. Am Anfang gab es mehr Rauch

Flechten zieren die Steinstrände in der herb-schönen Naturlandschaft Stora Alvar im rauen Südteil der Insel Öland. ▶

Aus grauer Vorzeit stammt auch die Fluchtburg Eketorp mitten in der kargen Steppenheide. Das kreisrunde Gemäuer ist eine von 15 Befestigungsanlagen, in denen sich die Vorfahren der Insulaner bei Überfällen und Raubzügen verschanzten. Heute belagern Touristen die Burg – vor allem die Werkstatt und den Viehstall. Kein Wunder: Vergnügt quiekende Schweine und laut meckernde Ziegen laufen vor den Mauern der alten Festung frei herum. In der Werkstatt

als Wärme, aber dann gelang es uns, die Temperatur bei 16 Grad zu halten."

Auf den ersten Blick wirkt die topfebene Heidelandschaft in der Umgebung der Fluchtburg eintönig und karg. Eine dünne Erdschicht aus Tonschlick bedeckt die Kalksteinplatte, auf der sich eine der interessantesten Naturlandschaften Schwedens auf einer Fläche von über 300 Quadratkilometern ausbreitet.

Der Gesang der Feldlerche liegt im Frühsommer in der klaren Luft, scharfer

Mauerpfeffer und Bergsonnenröschen tauchen in diesen Wochen die Landschaft in ein leuchtendgelbes Blütenmeer. Schnurgerade Steinmauern durchziehen die topfebene Steppenheide, in der vor noch nicht allzu langer Zeit bittere Armut zu Hause war.

„Wer damals alt war, war mehr oder weniger arbeitsunfähig und lag zu Bett, denn die Katen waren kalt, und Brennholz war immer knapp", heißt es in einer Aufzeichnung des Schäfers Einar Eklöf. „Wie man die Winter, die immer schrecklich kalt und windig waren, überleben konnte, kann ein Mensch von heute, der behaglich warme Häuser gewohnt ist, nicht fassen. Für viele war das einzige, was sie zum Heizen hatten, trockener Kuhdreck und Reisig."

Heute dagegen begeistern sich Naturfreunde an der kargen Landschaft. Sie fahnden nach seltenen Orchideen oder den Wasservögeln, die am größten Gewässer des Alvars leben. Der Stand des Wassers im Möckelmösse-See variiert je nach Niederschlag oder Verdunstung. An heißen Sommertagen können schon mal Hunderte Quadratmeter trockenfallen, Kalkschlamm und Felsboden zum Vorschein kommen.

▲ **An der Nordwestküste entpuppt sich der Ufersaum der Badeinsel stellenweise als abweisende Steinwüste.**

Im tiefsten Teil des Sees aber steht immer Wasser – und genau hierhin zieht es dann zahllose Rohrenten, Wasserhühner und auch viele Tierliebhaber. Letztere finden auch an der Südspitze von Öland reichlich Gelegenheit, das Fernrohr zur Tierbeobachtung zu zücken. König Carl Gustaf X. ließ um 1650 eine Steinmauer quer über das untere Ende der Insel errichten, um sich und seinen Jagdfreunden das Rotwild im Hain von Ottenby zu sichern – das Vorhaben hatte Erfolg.

Heute tummelt sich im Wäldchen wieder ein ansehnlicher Bestand von Damhirschen. Und auch eine der größten Schafherden des Landes hat hier ihr Revier, wie auf der Weiterfahrt zum Leuchtturm Långe Jan deutlich wird. Immer wieder zwingen die vierbeinigen Rasenmäher mit dem schier unerschöpflichen Appetit die Fahrer vierrädriger Vehikel zum Halten.

Seit gut 200 Jahren warnt der höchste Leuchtturm Schwedens die Seeleute vor dem Stranden an der gefährlichen Küste. In seinem Schatten stehen die Vogelwarte Ottenby, ein Zugvögelmuseum, Beobachtungsstände für Vogelforscher und ein Ausstellungsraum zur Flora und Fauna von Öland.

In Begleitung von Wildhütern können Touristen die Geheimnisse der Vogelwelt und des Naturschutzgebiets entdecken. Denn hier gibt es trotz Königsbesuch und vieler begeisterter Ölandtouristen immer noch ganz unberührte Fleckchen Natur.

SEHEN & ERLEBEN

An Windmühlen besteht auf Öland wahrlich kein Mangel: Die fotogensten Exemplare stehen in Lerkaka. Gleich fünf Bockmühlen drehen sich dort in unmittelbarer Nähe um das eigene Gehäuse. In Sandvik ragt die Mühle acht Stockwerke hoch. Die letzte Kalksteinschleifmühle steht in Jordhamn.

WANDERN & RADELN

Die Vogelschutzstation am Fuße des Leuchtturms Långe Jan an der Südspitze von Öland organisiert geführte Touren für Vogelfreunde, die nach dem Besuch des Naturschutzzentrums Seevögel mit dem Fernglas in freier Natur beobachten wollen.

PROMOBIL-TIPP

Sehr lohnend ist ein Tagesausflug von Byxelkrok zur Blå Jungfrun, einer Nationalparkinsel westlich von Öland. Ihre Grotten und bizarren Felsen erschließen sich auf einem 4,5 km langen Rundweg. Mittendrin liegt das Steinlabyrinth Trojaburg. Abfahrten gibt es in der Saison täglich.

Schweden: **Öland**

Wo Könige Urlaub machen

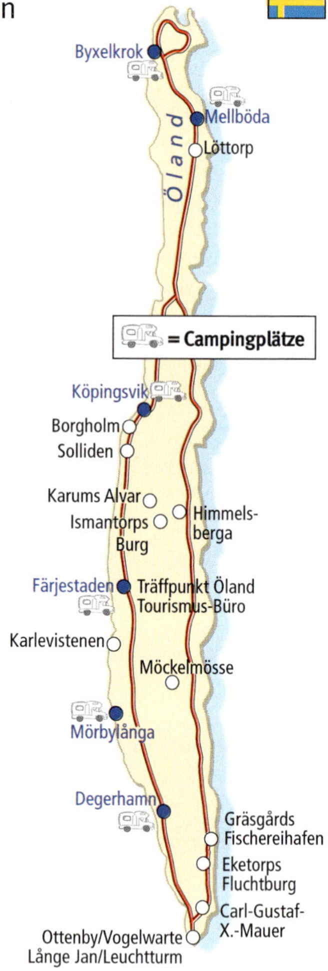

Route

Auf bis zu 41 Meter hohen Stelzen schlägt die Öland-Brücke die Verbindung zum Festland. Sie beginnt im Küstenort Kalmar und führt sechs Kilometer weit über den Kalmarsund. Die Inselhauptstadt Borgholm liegt etwas nördlich der Brücke an der Westseite von Öland. Im Süden der Insel erstreckt sich die baumlose Steppenlandschaft Stora Alvar, im Norden säumen Felsen und Sandbuchten die Küste.

Stellplatz

Stellplätze und Entsorgungsstationen außerhalb von Campingplätzen gibt es in Schweden nur selten. Eine Alternative zu einem normalen Campingplatz stellen die Quick-Stop-Plätze auf speziellen Arealen vor der Schranke dar. Eine Liste dieser Plätze steht im Serviceteil ab Seite 94.

Camping

Die Auswahl an Campingplätzen auf der Insel ist groß, jeder findet eine Übernachtungsmöglichkeit in seinem Lieblingsort. Platz reiht sich an Platz entlang der Sandstrände um Köpingsvik.
Mellböda: Böda Hamns Camping. Sandig, Wald und Wiese am Meer. Geöffnet Ende April bis Mitte September.
Byxelkrok: Krono Camping Böda Sand. Wald, abgetrennter Bereich für Mobile. 100 Meter zum Strand. Geöffnet Anfang Mai bis Ende September.
Degerhamn: Sandvik Camping. Ebene Wiese, Kiefernbäume, Kiesstrand. Geöffnet Ende April bis Ende August.
Färjestaden: Eriksöre Camping. Parkähnliche Wiesenanlage, Platz für Mobile vor der Einfahrt, Strand. Geöffnet Anfang Mai bis Mitte September.
Köpingsvik: Camping Klinta. Wiese mit Büschen und Bäumen, bis zu 70 Meter breiter Sandstrand. Geöffnet von Ende April bis Ende August.
Mörbylånga: Haga Park Camping. Wiese mit Wacholder, Birken, Kiefern. Neben einem Freizeitgelände. Geöffnet Mitte April bis Mitte September.
Weitere Plätze: Siehe S. 173, 174.

Sehenswertes

Borgholm: Inselhauptstadt und Tourismuszentrum. Im Schachbrettmuster angelegt, schöne Holzvillen. Borgholms Slottruin, größte Schlossruine Skandinaviens. Geöffnet 1. 5.–31. 8. täglich.
Eketorp: Fornburg. Steinzeitliche Burganlage mit Werkstatt. Geöffnet Mai bis September täglich.

▲
Viele Campingplätze auf Öland bieten eine schöne Sicht auf Meer oder Sund.

Gärslösa: Eine der schönsten Kirchen auf Öland (12. Jh.) mit Wehrgang, kunstvollen Portalen und Wandmalereien.
Gettlinge gravfält: Eines der vielen Gräberfelder der Insel, 250 Gräber aus der Eisenzeit auf 1,5 km. Beeindruckend wegen der Aussicht über den Kalmarsund.
Himmelsberga: Freilichtmuseum mit Bauernhöfen, Schmiede und Windmühle (18./19. Jh.). Geöffnet Mai–September.
Långe Jan: 42 Meter hoher Leuchtturm. Museum, Naturschutzzentrum und Vogelstation.
Karlevistenen: Einer der bedeutendsten Runensteine Skandinaviens mit poetischer Inschrift.
Schloss Solliden: Sommersitz der schwedischen Königsfamilie. Wenn sie nicht da ist, können die Parkanlagen besichtigt werden. Information über die Öffnungszeiten: www.sollidensslott.se.

Aktivitäten

Baden: Schöne Sandstrände bei Böda und Köpingsvik.
Einkaufen: Capellågarden, Schule für gestaltende Arbeiten in Vickleby. Verkauf von Schülerarbeiten aus Keramik, Holz, Textil.
Spaß mit Kindern: Ölands Djurpark, Möllstorp. Freizeitpark mit Zoo, Wasserrutsche, Achterbahn.
Wandern: Vielfältige Wandermöglichkeiten: Die Wege im Naturreservat Borgehage südlich der Inselhauptstadt Borgholm führen durch Laubwälder. Moorgebiet Knissa mosse südlich von Sandvik: viele Orchideen und Vögel. Trollskogen: „Wald der Trolle“, nördlich von Grankullavik, vom Sturm geformte, efeuumrankte alte Bäume, gut ausgeschilderte Wanderwege. Heide- und Steppenlandschaft Stora Alvar.

Essen & Trinken

Löttorp: Im Lokal „Lammet & Grisen“ gibt es Lamm und Spanferkel vom Grill. Gäste zahlen eine Pauschale und können essen, soviel sie vertragen. Kontakt: www.lammet.nu.
Strandtorps Kvarn: Restaurant im Erdgeschoss der Mühle in Strandtorp bei Borgholm.

Bücher & Karten

Empfehlenswert nicht nur für Öland sind die beiden Bücher von Gudrun Schulte, „Südostschweden – Skåne, Blekinge, Småland, Öland selbst entdecken“, Regenbogen-Verlag, Zürich, 2001, 14,90 Euro und Petra Juling, „Schweden“, Dumont, Köln, 2005, 22,50 Euro.

WEITERE INFORMATIONEN

Ölands Tourist AB, Box 74, S-38621 Färjestaden, Telefon 00 46/4 85/56 06 00, Fax 00 46/4 85/56 06 05, E-Mail info@www.olandsturist.se, Internet www.olandsturist.se

Attraktionen aus Stein

Raue Küsten, mildes Klima, breite Dünen und eine zauberhafte Hauptstadt voller Rosen: Die schwedische Ostseeinsel Gotland zeigt sich gerade im Hochsommer von ihrer schönsten Seite.

9 Schweden: **Gotland**

Die vielen Gesichter einer Insel

Perle der Ostsee, Hauptstadt der Hanse, St. Tropez des Nordens – so vielfältig wie die Bezeichnungen für Gotlands Inselhauptstadt Visby sind auch die Attraktionen auf dem größten Eiland in der Ostsee: Viel Sonne, feine Strände und die allgegenwärtigen Kulturdenkmäler verbreiten den Ruhm von Gotland im gesamten Ostseeraum. Das Schmuckstück der Insel ist ihre Metropole: Visby, unbestrittene Hauptstadt, ehemalige Hansestadt und erster Anlaufpunkt für neue Gäste, die mit dem Fährschiff nach Gotland kommen – für Reisemobilfahrer die einzige, aber auch reizvollste Möglichkeit, auf die Insel zu kommen.

Diese Region finden Sie im Kartenteil auf Seite 15.

Von weitem schon grüßen die Türme des altehrwürdigen Mariendoms herüber, die spitzen Giebel der stolzen Handelshäuser und die kahlen Ruinen der mittelalterlichen Kirchen überragen die putzigen Fischerhäuser in der mauerumgürteten Altstadt, die sich schön übersichtlich einen steilen Hang hinaufzieht. Sein malerische Stadtbild verdankt Visby der Hanse. Um 1180 schlossen sich deutsche Kaufleute hier zu einer Bruderschaft der Gotlandfahrer zusammen, deren politischer Einfluss in der Folgezeit stetig zunahm.

Die ersten Steinbauten, Hospitäler und Faktoreikirchen entstanden, Seemauer und Hafenkastell schützten die Siedlung vor unliebsamen Überraschungen: Visby wuchs schnell zur bedeutendsten Stadt der Hanse heran – bis sich das Machtzentrum des Kaufmannsbundes im späten 13. Jahrhundert nach Lübeck verschob.

Heute misst die nahezu vollständig erhaltene Land- und Seemauer mit ihren 38 Türmen und den Wehrgängen aus grauem Kalkstein ziemlich genau 3,5 Kilometer. Lediglich an der Nordseite klafft eine breite Bresche: Resultat eines Angriffs durch lübische Truppen im Jahre 1525, dem auch gleich 17 mittelalterliche Kirchen der Stadt zum Opfer fielen. Allein der Mariendom, die ehemalige Faktoreikirche der deutschen Kaufleute aus dem 13. Jahrhundert, dient den rund 20 000 Einwohnern der Stadt heute noch als Gotteshaus. Vom Norderport öffnet sich der schönste Ausblick auf Visby.

Das hügelige Gelände zieht sich am ehemaligen Wassergraben entlang und fällt zum Meer hin ab. Hinter den dicken Mauern drängen sich die Häuser der Altstadt dicht an dicht. Im Frühling ergießt sich aus den Gärten ein Meer von gelben und blauen Fliederblüten in die Gassen. Von Ende Juni bis weit in

Im Schatten der Ruine einer Kirche versteckt sich im Zentrum von Visby eine einladende Gartenwirtschaft. ▶

◀ **Mit Parks, der gut erhaltenen Stadtmauer, Dom und Hansehäusern bietet die Altstadt von Visby ein malerisches Bild.**

den Herbst hinein erblühen unzählige Rosenstöcke, die sich an den Hauswänden emporranken – die Sonne und das milde Klima machen es möglich.

Karg und einsam präsentiert sich dagegen der Norden Gotlands. Nur wenige Dörfer liegen auf dem langen Weg von Visby nach Fårösund, Lärbrö zum Beispiel. Die Kirche mit ihrem achteckigen Turm und dem spitz zulaufenden Dachstuhl entstand um 1350 und ist eines von gut 90 mittelalterlichen Gotteshäusern auf Gotland. Der Innenraum zählt zu den schönsten seiner Art: An der Nordwand windet sich ein gemalter Drache, dessen kunstvoller Kopf in eine Gewölbekonsole übergeht.

Das Freilichtmuseum von Bunge kurz vor Fårösund lädt ein zu einem zweiten Halt. Das kulturhistorische Museum versteckt sich in einem kleinen Laubhain und bewahrt außer rekonstruierten Gehöften und Gebäuden eine besondere Attraktion: den rund 1200 Jahre alten Bildstein von Hammars, der eine kultische Opferszene aus dem germanischen Brauchtum zeigt.

Bizarres lockt Neugierige mit der Fähre auf die kleine, der Nordspitze vorgelagerten Insel Farö, einem echten Geheimtipp für Naturliebhaber. Wind und Wetter formten aus Skeletten und Gehäusen kleiner Meerestierchen in Jahrmillionen die „Raukars“, jene bizarren Kalksteinformationen, die typisch sind für die Küste des Eilands. Wilder Mohn und Margeriten zieren die Felder mit ihren schier endlosen Steinmauern. Windmühlen und strohgedeckte Stallungen erheben sich neben den Schafen, die dem Eiland seinen Namen gaben: „får“ heißt „Schaf“, „ö“ „Insel“.

Bis in die neunziger Jahre herrschte das schwedische Militär über Fårö. Mittlerweile können auch ausländische Touristen ohne Sondergenehmigung die Naturschönheiten der Schafinsel erkunden, vor allem die herrlichen Strände. Sudersand heißt das Dünengelände, das Badespaß und Urlaubsfreuden zugleich

LAND & LEUTE

Gotland ist etwa 150 Kilometer lang und bis zu 50 Kilometer breit. Knapp 60 000 Menschen leben ständig auf der Insel. Strände, die Stadt Visby und das milde Klima machen die Insel zu einem bevorzugten Sommerreiseziel der Schweden.

SEHEN & ERLEBEN

Die Altstadt von Visby dient im August als denkbar stimmungsvolle Kulisse für die bunte Mittelalterwoche: Dabei verkleiden sich Einheimische als Ritter, Gaukler, Bettler, Bauern, Händler, Handwerker und Marketenderinnen. Seinen Höhepunkt erreicht das Fest mit dem Einzug des Dänenkönigs Waldemar Atterdag, der die reiche Hansestadt anno 1361 plünderte.

ESSEN & TRINKEN

Mit Alkohol hält die schwedische Regierung ihre Bürger traditionell kurz. Eine Ausnahme bildet Vivungs Rök & Malt in Vänge bei Roma. Die kleinste Brauerei des Landes räuchert Starkbiere – im Sommer täglich auch für Gäste geöffnet.

9

Schweden: **Gotland**

Die vielen Gesichter einer Insel

verspricht: breite Strände, feiner Sand, und gleich dahinter bietet sich ein Campingplatz an.

Die schlohweiße Schotterpiste von Släthallar nach Langhammar führt an den schönsten Raukar-Formationen im Ostseeraum entlang: auf einer Seite das Meer zum Greifen nahe, drüben dürre Nadelbäume und vor dem Reisemobil strebt der staubige Trail in die Ferne.

Fischzüge gelingen auf Gotland ebenfalls. Historische allerdings, denn immer wieder finden Bauern auf den fruchtbaren Feldern im mittleren Teil der Insel Silbermünzen, Schmuckstücke und Gegenstände aus Eisen und Bronze, die jetzt im Museum „Gotlands Fornsal" in Visby zu sehen sind. Diese Funde zeugen von der idealen Lage der Insel inmitten der Ostsee, rund 90 Kilometer vom schwedischen Festland und 130 Kilometer vom Baltikum entfernt – ein guter Ausgangspunkt für die unerschrockenen Wikinger auf ihren Handelsreisen ins Baltikum, ins ferne Byzanz oder sogar bis nach Afrika.

Vielleicht animierten die Eindrücke, die Mutige von ihren Reisen in ferne Länder in den Norden heimbrachten, auch zu den imposanten mittelalterlichen Kirchenbauten der Insel. Der Turm des Gotteshauses von Tingstäde beispielsweise misst stolze 55 Meter, ist aber nur eine von vielen Landmarken, mit denen die reichen Bauern ihren Wohlstand seinerzeit gegenüber den Kaufleuten in Visby demonstrierten.

Das weiche Licht auf Gotland zieht im Sommer viele Hobbykünstler an.

▼

PROMOBIL-TIPP

Ein echter Geheimtipp ist das große Kammermusikfestival, das jedes Jahr Ende Juli/Anfang August in erster Linie in den Kirchenruinen von Visby, aber auch in einigen Dörfern steigt – eine Mischung aus Open-air-Konzert und klassischer Musik.

Gute Geschäfte lassen sich auch heute noch machen. „Rökt Fisk" steht auf dem Wegweiser an der Straße nach Katthammarsvik an der Ostküste. Falurote Holzhütten, an Land gezogene Boote und einige Kutter am steinernen Anleger – Katthammarsvik ist ein typischer Fischerort. Der rauchende Schlot und der Stapel Buchenholz neben dem weißgekalkten Haus weisen auf die Räucherei hin. Aus der offenen Tür strömen verlockende Düfte. „Ostseelachs ist fetter als Zuchtlachs und wird deshalb auch 36 Stunden geräuchert – Süßwasserlachs nur acht Stunden", sagt Björn Andersson. Der Mann von „Gotlandia AB" führt neugierige Besucher durch die Räume seiner Räucherei-Genossenschaft in Dalhem, ein paar Kilometer weiter im Binnenland. Und woher kommt die ungewohnt blasse Farbe des Ostseelachses? „In Norwegen geben die Züchter den Fischen ein spezielles Futter, das ihrem Fleisch diesen rötlichen Schimmer verleiht." Andersson zuckt mit den Schultern. „Die Käufer wollen diese Farbe, und der Kunde ist König."

Am Südende Gotlands schließlich herrscht das gleiche Bild wie 176 Kilometer weiter im Norden auf Fårö: Felsen umrahmen auch diese Landspitze. Irgendwo hier soll auch der legendäre „Alte von Hoburgen" wohnen. Gefunden hat die Sagengestalt noch niemand, aber so mancher Reisende Geschmack an der großen Sonneninsel in der Ostsee.

Route

Eine direkte Fährverbindung von Deutschland nach Gotland gibt es nicht. Daher müssen Gotland-Urlauber mit dem Auto durch Südschweden bis zu den Häfen Oskarshamn oder Nynäshamn südlich von Stockholm fahren. Von hier aus legen die Schiffe der Reederei Destination Gotland je nach Saison ein- bis fünfmal pro Tag nach Visby ab. Ein Preisbeispiel (Saison 2005): Das Ticket für ein Fahrzeug über sechs Meter Länge und bis zu fünf Personen kostet bei bestimmten Abfahrten 990 SEK (gut 108 Euro). Weitere Tarifinformationen auf der deutschsprachigen Homepage: www.destinationgotland.se.

Camping

Spezielle Reisemobil-Stellplätze sind auf Gotland noch unbekannt. Für einen längeren Aufenthalt empfiehlt es sich, einen Campingplatz aufzusuchen.

Slite: Åminne Camping. Naturbelassene Wiese in einem ruhigen und lichten Föhrenwald südlich von Slite.
Tofta: Camping Tofta Bad. Dünenartiges Waldgelände mit ebenem Wiesenteil am flach auslaufenden Strand.
Visby: Snäcks Camping. Schön gelegener Platz mit naturbelassenen Geländestufen, teilweise am Meer und nahe am Strandbad.

Sehenswertes

Bläse: Kalksteinmuseum in einer alten Kalkbrennerei im Norden. Tipp: Tour mit der Werkbahn.
Bunge: Freilichtmuseum mit rekonstruierten Bauernhöfen, Grabfeldern, Bildsteinen und altem Eingangstor.
Fårö: Karge Insel im Norden von Gotland mit dem verlassenen Fischerdorf Helgumannen, sehr schönen Dünen und den bizarrsten Raukars der beiden Inseln.
Hide: Dorf bei Hellvi mit einem Steinbruch– im Sommer gibt es hier Konzerte und Lesungen.
Lummelunda: Besucherhöhle nördlich von Visby.
Tingstäde: Dorf mit mächtiger Kirche und einem See, in dem einst eine Wikingerburg stand.
Visby: Malerische Inselhauptstadt (22 000 Einwohner) mit sehr schöner Altstadt, Dom, Kirchenruinen, Yachthafen und 3,5 Kilometer langer Stadtmauer.

Bücher & Karten

Unter den Reiseführern speziell zu Gotland ragen heraus: Rasso Knoller, „Gotland, die Sonneninsel Schwedens“, Reise Know-How Verlag, Bielefeld, 2004, 14,90 Euro, dank seines guten Serviceteils mit vielen nachvollziehbaren Tipps sowie zur Einstimmung der Bildband von Werner Scharnweber, „Gotland, Impressionen einer Insel“, Edition Temmen, Bremen, 2005, 24,90 Euro.

WEITERE INFORMATIONEN

Gotlands Turistförening, Hamngatan 4, S-62125 Visby,
Telefon 00 46/4 98/ 20 17 00, Fax 00 46/4 98/20 17 17,
E-Mail info@gotland.info, Internet www.gotland.info

10 Västergötland

Schwedens **Seenland**

Mit einer ländlichen Idylle wie aus dem Bilderbuch wartet die Landschaft zwischen dem Väner- und dem Vättern-See auf – ein immer noch unbekanntes Stück Schweden.

10

Schweden: **Västergötland**

Zwischen Väner- und Vättern-See

Das handgemalte Schild „Sommarkafé öppet“ hätte allein wahrscheinlich nicht gereicht, um Vorbeifahrende zur Einkehr zu bewegen. Erst ein Blick auf den zauberhaften, weil petunien- und geranienübersäten Innenhof mit seinen Holztischen gibt den Ausschlag: Zeit für eine Kaffeepause. Und – Volltreffer! Viel ist nicht los hier, so früh am Nachmittag. Zwei junge Männer in Motorradkleidung schlürfen Kaffee aus zierlichen, hohen Henkelbechern und lassen sich die Mittagssonne ins Gesicht scheinen. Ein geschecktes Kätzchen streicht um die Füße der wenigen Gäste, und in einem Gebäude neben dem faunroten Haupthaus, einer Mischung aus Kaffeeausschank und Kunsthandwerkerladen, werkelt hinter einer Theke Helen.

Eigentlich betreibt sie dieses Sommarkafé nur zum Vergnügen, etwa sechs Wochen im Jahr. Nej, Englisch spreche sie nicht wirklich, sagt sie in einem netten Kauderwelsch aus Englisch und Schwedisch. Doch was ihre Gäste in dem Anwesen bei Husaby suchen, das versteht die resolute Schwedin trotzdem sehr gut: Kaffee wollen sie. Und ein Stück vom selbst gebackenen Rhabarberkuchen oder eine der leckeren Zimtschnecken.

Diese Region finden Sie im Kartenteil auf Seite 20, 21.

Die Mischung aus Café, Garten und Gastfreundschaft zeigt Wirkung. Ehe man sich versieht, sind zwei Stunden ins Land gegangen, die Sonne scheint immer noch, und der Kuchen hat angenehm schläfrig gemacht. So oder ähnlich ließen sich viele Nachmittage vertrödeln in der Provinz Västergötland, einem ländlich-ruhigen Teil von Schweden zwischen dem Väner- und dem Vättern-See. So reizvoll diese Region auf Menschen mit einem Sinn für Natur und Landschaft auch wirken mag, unter Urlaubern aus Deutschland führt sie merkwürdigerweise immer noch eine Art von Schattendasein – ganz im Gegenteil zu den Nachbarn.

Bohuslän, die nahe Felsenküste nördlich von Göteborg, braucht sich über einen Mangel an Gästen nicht beklagen, und die nicht viel weiter entfernte Schärenküste vor Stockholm gehört gar zu den absoluten Top-Ferienzielen des gesamten Landes.

Von einem auffallend großen Tourismus hingegen kann man in Västergötland auch beim besten Willen nicht sprechen. Vielleicht liegt es ja auch an der eher unspektakulären, friedlichen

In den Bootshäfen an den beiden Seen findet sich oft ein freier Platz für das Mobil.

◀ **Die Burgruine ist das wichtigste Gebäude auf der legendären Königsinsel Visingsö.**

Landschaft, die trotz des nahen Vänern, Westeuropas größtem See, nicht mit rekordverdächtigen, spektakulären Attraktionen aufwarten kann.

Sanfte Hügel wechseln sich vielmehr ab mit weiten Feldern und bunten Blumenwiesen, und über allem thront der Kinnekulle, mit rund 300 Höhenmetern fast schon ein ausgewachsener Berg, von dessen waldreicher Spitze aus diverse Kirchtürme zu sehen sind.

Auffallend viele Kirchen lassen sich in diesem Landstrich finden, sehr alte zumeist und einige davon mit historischem Gewicht. Der Dom von Skara zuvörderst, ein massiver Steinbau, dessen älteste Teile aus dem zwölften Jahrhundert stammen. Der heute so ruhige Ort war damals eines der geistlichen und geistigen Zentren des Landes. Um so verwunderlicher, dass jenseits von Schweden kaum jemand diese Gegend kennt oder bisher stärker beachtet hat.

Aber vielleicht ist es genau das, weswegen diese alten Orte in Västergötland eine solche Faszination ausstrahlen, die sich allen voran der schwedische Schriftsteller Jan Guillou zunutze macht: Hier siedelt er seine Romantrilogie um den Tempelritter Arn an, dessen Sippschaft angeblich schon im fernen Mittelalter den Grundstein legte für die spätere Union der verschiedenen nordischen Stämme zu einem „svea rike“, einem einigen Schwedenreich.

Die Bestseller rissen die Gegend im Osten des Vänern zumindest ein bisschen aus ihrem touristischen Dornröschenschlaf. Schwedische Fans des tapferen Templers und seiner großen Liebe zieht es immer öfter zur Spurensuche in das flache Land zwischen dem Vänern und seinem deutlich kleineren Bruder, dem Vättern-See. Sehr zum Unmut der

LAND & LEUTE

Västergötland bewegt sich im Wesentlichen zwischen den beiden größten Seen Schwedens: dem Vänern, dem drittgrößten See Europas, und dem etwas kleineren, nur 130 Kilometer langen und bis zu 31 Kilometer breiten Vättern-See.

SEHEN & ERLEBEN

Ein beliebtes Ausflugsziel ist Visingsö nicht nur wegen der Lage im Vättern-See, die Insel lockt mit einem milden Klima, dichten Eichenwäldern, den Ruinen eines Grafenschlosses sowie dem verfallenen Näs Slott an der Südspitze des Eilands. Für Ausflüge bieten sich Räder oder Pferdewagen an.

ESSEN & TRINKEN

Frischen Fisch garantiert ein Besuch im Fischerdorf Spieken unweit von Schloss Läckö am Vänersee. Am putzigen Hafen reihen sich die roten Holzhäuschen der Räucherbetriebe auf, die nicht nur die Barsche und Zander aus dem nahen See verkaufen, sondern auch geräucherte Fische aus dem Meer.

Schweden: **Västergötland**

10 Zwischen Väner- und Vättern-See

lokalen Hobbyhistoriker, die Besucher gerne und kostenlos etwa durch die Ruinen des Klosters Gudhem führen, aber die Fragen nach der tatsächlichen Existenz der bösen Äbtissin Rikissa aus der Arn-Trilogie schon nicht mehr hören können.

Auch die wunderbar erhaltene Dorfkirche von Husaby mit ihrem charakteristischen, zweispitzigen Turm, romantisch inmitten eines Kirchhofs gelegen, fungiert als Romanschauplatz wie auch das Kloster Varnhem mit der skurril anmutenden Klosterkirche.

Mönche promenieren nur noch ein paar Mal im Jahr durch den Kräutergarten des ehemaligen Gotteshauses: Wenn die Einwohner ihr „Arn Helg“ begehen, das Fest zu Ehren von Guillous Romanfigur – ein kaum zu überbietendes Zeichen für die Popularität des Schriftstellers in seiner Heimat. Dann ist an allen Schauplätzen mittelalterliches Treiben zu beobachten, Musiker spielen alte Weisen auf der Fiedel, junge Mädchen tragen stolz ihre Leinengewänder und führen alte Tänze vor. Der Nachbar ist kurzerhand als Mönch für einen Nachmittag verpflichtet worden: „Eigentlich wohne ich da drüben in dem roten Haus mit den weißen Fensterstöcken, das die Touristen so schön finden“, sagt er. „Aber mal ein Mönch sein, ich dachte, das kann nicht schaden."

An den meisten Tagen im Jahr aber geht es eher beschaulich zu in dem Land zwischen den beiden Seen. Wer Action erwartet oder gar Abenteuer erleben will, der muss sie sich schon selbst suchen. Etwa beim Besuch einer der wenigen Top-Attraktionen, die es auf Fotos sogar bis über Schwedens Grenzen hinaus geschafft hat: Schloss Läckö.

Das Schloss auf der Halbinsel Kalland am Südende des Vänern scheint schneeweiß und prächtig in den blauen Himmel am See hinein. In seinem Inneren sind nicht weniger als 248 Räume zu finden, einige auch für Besucher zugänglich. Seine charmanteste Seite prägt zweifellos der kleine Kräutergarten.

Zwischen Blumenpracht und Pflanzengewirr lässt es sich friedlich auf sommerlich warmen Steinbänken sitzen und mit fantastischem Blick hinaus auf den See ein bisschen träumen. Wer dies nicht mit leerem Magen tun will: Vor den Schlosstoren wartet auch hier das unvermeidliche und sehr hübsche Sommarkafé, das zur schwedischen Lebensart gehört wie die bunten Holzhäuser oder die dichten Wälder.

Den Trubel großer Städte suchen Reisende zwischen Vänern und Vättern freilich vergebens. Lidköping an der Südspitze des Vänern verströmt den Charme eines Kleinstädtchens. Im neuen Zentrum sind jedoch abends bei

Einen guten Grund für eine Pause gibt es bei einer Radtour am Götakanal oft genug. ▶

schönem Wetter die Terrassen der zwei, drei Kneipen dicht bevölkert und verbreiten fast mediterranes Flair.

Etwas turbulenter zeigen sich die Orte am kleineren, aber touristisch begehrteren Vättern, etwa das zauberhafte Hjo am Westufer mit seinen bunten Holzhäusern und dem lauschigen Stadtpark oder Karlsborg mit seinem Hafen am Götakanal und seiner gewaltigen Festung aus dem 18. Jahrhundert.

An der Ostküste des Vättern findet sich Vadstena mit seinem von Wasser umgebenen Wasa-Schloss und der Klosterkirche, in der einst die heilige Birgitta den nach ihr benannten Orden gründete. Im Norden lockt der Ferienort Askersund, der einen der ersten waschechten Stellplätze des Landes besitzt.

Apropos Stellplatz: Reisemobilisten gegenüber zeigt sich diese Region überaus aufgeschlossen. Der berühmte Götakanal von Göteborg nach Stockholm verbindet nicht nur die beiden Seen, er macht sich auch auf, den Bann gegen mobile Gäste zu brechen – in einer Reihe von Sportboothäfen an der Wasserstraße sind Reisemobile gegen eine bescheidene Gebühr inzwischen auch über Nacht gern gesehene Gäste.

▲ **Das rote Gebäude auf dem Nya Stadens Torg von Lidköping diente als Rathaus.**

SEHEN & ERLEBEN

Für Burgenfans stellt der Besuch des kleinen Ortes Karlsborg am Westufer des Vättern und seiner gleichnamigen Festung ein absolutes Muss dar. Sie entstand im 19. Jahrhundert zum Schutz des Götakanals und sollte im Falle eines Krieges auch als Rückzugsort für Regierung und König dienen.

WANDERN & RADELN

Als Paradies für Radwanderer erweist sich der Götakanal. Am Ufer der berühmtesten Wasserstraße des Landes verlaufen wenig befahrene Straßen und Wege, die sich hervorragend für ein- oder mehrtägige Radtouren eignen. Detailinformationen auf der Website www.gotakanal.se.

PROMOBIL-TIPP

Südländischen Charme versprüht der kleine Hafenort Hjo am Vättern, wenn in seinem Stadtpark der große Sommermarkt steigt (8.–10. 7. 05). Rund 500 Aussteller locken mit ihrem Kunsthandwerk rund 75 000 Besucher an (www.hjo.se).

Damit rücken auch die Schönheiten der Region in Reichweite, nicht zuletzt, weil sich nordwestlich vom Vättern der südlichste Nationalpark des Landes dem Wanderer darbietet, der Tiveden. Er ist ein Schutzgebiet mit 1350 Hektar Wald, dazwischen bizarre Granitblöcke, die nicht zu Unrecht Namen wie kleine oder große „Trollkyrka“ – Trollkirche – tragen. Ein Gewirr von Wanderwegen führt durch den Tiveden, vorbei an kleinen Waldseen mit einem dichten Teppich von Seerosen oder durch üppige Heidelbeerfelder. Naschen erlaubt.

Ein bisschen Orientierungssinn sollten Wanderer schon haben: Um die Natur nicht zu sehr zu belasten, werden die Wegstrecken von Zeit zu Zeit immer wieder leicht verändert, damit die ausgetretenen Pfade über die Jahre wieder zuwuchern können.

Die Natur dankt es den Rangern mit einer erstaunlichen Vielfalt an Pflanzen und Tieren. Und auch wenn in dem Reservat keine Begegnungen mit den scheuen Elchen zu erwarten sind – der Anblick von Dachsen, Füchsen, Hasen, Rebhühnern und Fasanen gehört zum Alltag der Einheimischen wie der Reisenden.

Schweden: **Västergötland**

Zwischen Väner- und Vättern-See

Route

Bei der Anreise besteht die Wahl zwischen den mautpflichtigen Brücken über den Großen Belt und den Öresund sowie der Schiffspassage von Deutschland oder Dänemark nach Südschweden. Ausführliche Informationen zu den Fähren ab Seite 178.

Reisezeit

Mittelschweden ist dank der Seen und Wälder ein typisches Ziel für naturverbundene Menschen, die den kurzen, oft heißen schwedischen Sommer zum Aufenthalt im Freien, zum Paddeln oder zum Wandern nutzen wollen.

Sehenswertes

Gränna: Beliebter Ausflugsort am Vättern, bekannt für seine rot-weiß geringelten Zuckerstangen (Polkagrisar) und Ausgangspunkt für Ausflüge auf die Königsinsel Visingsö (Burgruine).
Hjo: Malerisches Städtchen am Vättern mit Holzhäusern aus dem 18. Jahrhundert.
Karlsborg: Kleines Städtchen mit mächtiger Festung.
Lidköping: Geschäftiges Städtchen am Vänern mit guten Einkaufsmöglichkeiten und dem Väner-Museum zum größten Binnensee Schwedens sowie dem Rörstrand-Museum (Porzellan).
Skara: Ausflugsort mit Dom und Freilichtmuseum, Touren zur Klosterkirche von Varnhem und dem Vogelschutzgebiet Hornborgasjön (Kraniche).
Vadstena: Schmuckes Städtchen am Vättern mit Klosteranlagen, Park und Klosterkirche, Grab der heiligen Birgitta. Wasa-Schloss, malerische Altstadt.

Aktivitäten

Radfahren: Der Götakanal lockt nicht nur mit Schleusen, neben der Wasserstraße finden sich auch gute Möglichkeiten zum Radeln.
Wandern: Gutes Wegenetz mit diversen Tagestouren im Tiveden-Nationalpark zwischen dem Vänern und dem Unden, einer wild zerklüfteten Felsenlandschaft mit Wäldern, Seen und Mooren. Nicht minder reizvoll ist der Kinnekulle bei Lidköping. Die vielfältige Natur des Höhenzugs durchziehen gut markierte Wanderwege. Die Höhenzüge Hunneberg und Halleberg bei Väners-

▲ Mittelalterliche Musik erklingt bei den Ritter-Arn-Treffen wie hier bei der Klosterkirche von Varnhem.

borg sind zwei beliebte Ausflugsziele, vor allem die Aussichtsfelsen Predigtstolen im Naturreservat Hallesnipen.

Essen & Trinken

Für seinen Räucherfisch (Zander, Barsch, Lachs) ist das Fischerdorf Spieken auf der Halbinsel Kalland bei Schloss Läckö am Vänern bekannt. Außer einer Reihe von Verkaufsstellen in den roten Fischerhäusern am Hafen empfiehlt sich der Besuch des Restaurants „Sjöboden" am Hafen. Elchbraten gibt es auf Vorbestellung in Tivedstorp, einem von Deutschen geführten Feriendorf bei Tived. Kontakt: Gottfried Wetzel, Telefon 00 46/5 84/ 47 20 90, www.tivedstorp-hb.com. Eine schwedische Spezialität sind die „Sommarkafé". Oft finden sich diese improvisierten, charmanten Cafés in Pfarrhöfen oder auf Privatgrundstücken. Es lohnt sich, auf Hinweisschilder am Wegesrand zu achten.

Termine

Die Schauplätze der Romane von Jan Guillou, die Bischofsstadt Skara, die Kirche Husaby, die Klöster Varnhem und Gudhem, die Königsinsel Visingsö oder die Fabriken von Forsheim erleben im September Historienspektakel zum Thema Ritter Arn. Auskünfte zu Programm und Termin beim Västergötlandsmuseum von Skara: www.arnmagnusson.se.

Bücher & Karten

Västergötland wird von den meisten Reiseführern etwas stiefmütterlich behandelt. Unter den Gesamtdarstellungen des Landes ragen drei heraus: Als zuverlässiger Reisebegleiter erweist sich das „Schweden-Handbuch" von Andreas Hassler, Reise Know-How Verlag, 2004, 22,50 Euro. Informativ ist trotz des etwas irreführenden Titels auch das Buch „Schweden, der Süden" von Jutta Westmeyer und Petra Juling, Dumont, 2003, 12 Euro. Unkonventionell gibt sich der Band von Marlen und Bert Baesgen, „Schweden", Velbinger-Verlag, 2004, 24,80 Euro. Die Buchreihe wendet sich an Rucksack-Reisende mit kleinem Gepäck und kleinem Budget. Auf Deutsch sind die durchaus spannenden Bücher von Jan Guillou „Die Frauen von Götaland", „Die Büßerin von Gudheim" und „Die Krone von Götaland" bei Piper erschienen (je 9,90 Euro).

WEITERE INFORMATIONEN

Västsvenska Turistrådet, Kungsportsavenyn 31-35, S-41136 Göteborg, Telefon 00 46/31/81 83 00, Fax 00 46/31/81 83 01, E-Mail info@vastsverige.com, Internet www.vastsverige.com

Die Insel des **Seligen**

In Stockholm ist Carl Michael Bellman eine Legende. Ein Spaziergang folgt den Spuren des berühmt-berüchtigten Dichterkönigs auf der Altstadtinsel Gamla Stan.

11 Schweden: **Stockholm (1)**

Die Altstadtinsel Gamla Stan

Dort, der große Blonde mit dem schwarzen Gitarrenkoffer, das muss er sein. Am Denkmal auf dem Slussplan, hatte die junge Dame von der Tourist-Information gesagt, sei der Treffpunkt für die Bellman-Tour. Und richtig: Bengt Jonshult begrüßt gerade auf Englisch die Teilnehmer des zweistündigen Spaziergangs durch die Stockholmer Altstadt Gamla Stan.

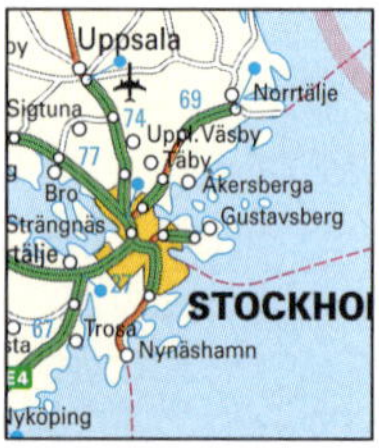

Diese Region finden Sie im Kartenteil auf Seite 23.

Eine Spurensuche steht am späten Nachmittag auf dem Programm – ein Spaziergang zu den über 50 Straßen, Häusern und Gaststätten, in denen der populärste schwedische Bänkelsänger des 18. Jahrhunderts zu Hause war: Carl Michael Bellman. „Seine Gesänge und Gedichte über Zechlust, Leichtsinn und die damals übliche ausschweifende Lebensweise sind seit der Veröffentlichung von ‚Fredmans Episteln' geradezu legendär", beginnt Jonshult die Führung. Das Buch erschien am 16. Oktober 1790 und ist heute noch ein Dauerbrenner. Bei Studentenfeiern, bei den Treffen der Bellman-Gesellschaft und natürlich am traditionellen Bellman-Tag am 26. Juli erklingen die spöttischen Verse des Poeten.

„Bellman war begabt, seine Eltern gebildet. Die Akademie der Wissenschaften ermöglichte dem hoffnungsvollen jungen Mann ein Studium." Jonshult zuckt die Schultern: „Doch mit der akademischen Freiheit begann Bellmans Abstieg, der ihn unsterblich machte."

Der unvergessene Dichter würde auch 200 Jahre nach seinem Tod die Stockholmer Altstadt zu einem großen Teil wiedererkennen. Trotz der Souvenirgeschäfte konnte sich Gamla Stan seinen mittelalterlichen Charme bewahren. Straßen und Gassen folgen großteils noch den verschlungenen Wegen, auf denen früher Seeleute ihre Waren beförderten. Die schönsten Gebäude hatten schon zu Bellmans Zeit einige Jahrhunderte erlebt.

Den Ausgangspunkt der Tour hat Jonshult geschickt gewählt. Am Slussplan steht das Gebäude der schwedischen Reichsbank. „Hier begann Bellman 1759 seine berufliche Laufbahn – und zwar als Beamtenanwärter", berichtet Jonshult. Vier Jahre hielt er es im Amt aus, dann musste er still und heimlich nach Norwegen flüchten – das Schuldgefängnis drohte. Wenige Meter von der Reichsbank entfernt steht ein Gebäude, das der Poet wahrscheinlich viel häufiger von innen gesehen hat als seine Amtsstube: der „Gyldene Freden".

Seit ewigen Zeiten gibt es in dem urigen Gasthaus in der Österlånggatan schwedische Hausmannskost und

Die Wachablösung vor dem Schloss lockt jeden Mittag Touristenmassen an. ▶

◀ **Stor Torget, der mittelalterliche Markt, ist die gute Stube der Stockholmer Altstadt.**

Hochprozentiges. Eine ideale Bühne für Bellman. In den sechziger Jahren des 18. Jahrhunderts begann er, Trinklieder zu dichten, die er im Lokal mit Laute oder Gitarre begleitete. Bellman sang und spielte vortrefflich, er traf den Geschmack der lebenslustigen Zeit.

„Vater Bacchus, sollt' es kommen, dass dein Kindlein nimmer kann, dass es durch die Stadt beklommen wie ein Schatten schwankt hindann: Nimm dann selber zu dir es geschwind, leite zum Wasser, zum frischen, dein Kind!" Jonshult greift bei Bellmans Versen und Liedern immer wieder zur Gitarre, ein Hauch von Nostalgie liegt in der Luft.

„Und jetzt gehen wir bitte hier entlang." Der Fremdenführer weist seine Gruppe auf einen schmalen Gang am Beginn der Västerlånggatan hin. So eng ist die holprige Gasse zwischen den beiden Altstadthäusern, dass die Wände an den Seiten zum Greifen nahe sind. Ulla Windblad, die Favoritin des Dichters, lebte in einem Haus am Ausgang der Enge. Der anderweitig verheiratete Dichter setzte seiner Gespielin in „Fredmans Episteln" ein literarisches Denkmal. Die Texte waren als Parodie der Briefe des Apostels Paulus gedacht. Sie spielten auch auf bekannte Personen der Zeit an, was den Dichter bei den vor allem nach außen hin sittenstrengen Kirchenoberen denkbar unbeliebt machte.

In der Svartmangatan 9 residierte seinerzeit die Nummernlotterie. Seit 1776 besaß Bellman hier eine Anstellung als Königlicher Hofsekretär – zumindest offiziell. Seine Einkünfte waren nicht sehr hoch, und Bellman gelang es problemlos, sie noch zu verringern. Statt selbst den lieben langen Tag in der Kanzlei zu verbringen, stellte er auf eigene Kosten Helfer ein, die für ihn die lästigen Pflichten erledigten.

Am Schlossplatz endet der zweistündige Spaziergang. Wo sich gegen Mittag die Touristenmassen drängen, um die Wachablösung vor dem Königssitz zu erleben, herrscht jetzt wieder gähnende Leere. „Hier oben hat Bellman einige Zeit im Gefängnis gesessen – wegen seiner Schulden." Jonshult zeigt auf ein vergittertes Fenster im Seitenflügel und schließt: „Heute wäre er ein Star – vorausgesetzt, jemand hätte ihm geholfen, seine Geldgeschäfte zu ordnen."

LAND & LEUTE

Der Großraum Stockholm zählt 1,5 Millionen Einwohner. Aufgrund von Architektur und Kultur ist die Schärenstadt das ganze Jahr über eine Reise wert, ganz besonders blüht ihr Charme im Hochsommer auf.

SEHEN & ERLEBEN

Amüsement spielt in Gröna Lund auf Djurgården die Hauptrolle. Schwedens ältester Freizeitpark lockt mit Achterbahn, Frei-Fall-Turm und Katapult (www.gronalund.com).

PROMOBIL-TIPP

Als Kontrastprogramm zur Tour durch Gamla Stan und das Nobelviertel Östermalm empfiehlt sich ein Besuch von Södermalm. Das Quartier besitzt ebenso viel Charme, aber auch nette Geschäfte und Lokale. Gemütlich frühstücken lässt es sich im Rival, Mariatorget (www.rival.se).

Schweden: **Stockholm (1)**

Die Altstadtinsel Gamla Stan

= Stellplatz

Stellplätze

Gebührenpflichtiger Autocamperplatz für 50 Reisemobile auf der Insel Långholmen mit Duschen sowie Ver- und Entsorgungseinrichtungen. Offen von Ende Juni bis Ende August, Schiffsverbindungen zum Stadthaus/Innenstadt (10 Minuten) und zum Mälarsee. Gebühr 180 SEK/ca. 20 Euro (Saison 2004).

Camping

Genau 15 Campingplätze in der näheren Umgebung von Stockholm nennt die kleine Broschüre „Camping Stockholm“, kostenlos erhältlich bei der Tourist-Info.
Ängba Camping: Stadtteil Bromma, in der Nähe von U-Bahn-Stationen.
Bredängs Camping: Stadtteil Bredäng. Von Ende März bis Ende Oktober.

Sehenswertes

Museen: Freilichtmuseum Skansen, Tierpark, Aquarium. Geöffnet Mai bis August täglich 10–22, sonst 10–16 Uhr.
Historisches Museum: Goldkammer mit 3000 Exponaten. Geöffnet Di–So 11–17 Uhr.
Nordisches Museum: Bäuerliche Kulturgeschichte. Geöffnet Di/Do 11–21 Uhr, Mi, Fr 11–17, Sa/So 10-17 Uhr.
Wasa-Museum: Restauriertes Kriegsschiff, Dokumentarfilm. Geöffnet täglich 10–17 Uhr, Mi 10–20 Uhr.
Königlicher Ekopark: Rundfahrten durch den Nationalpark.
Königliches Schloss: Offizielle Residenz der schwedischen Königsfamilie mit Schlosskirche, Schatz- und Rüstkammer. Geöffnet im Sommer Di–So 12–15 Uhr, Wachablösung Mo–Sa 12.15, So 13.15 Uhr.
Stadthuset: Backstein-Rathaus mit Aussichtsturm, bester Blick auf die Altstadtinsel (ab 16.30 Uhr geschlossen). Ort der Nobelpreisverleihung. Führungen täglich 10 und 12 Uhr.

Aktivitäten

Einkaufen: Svensk Hemslöjd, Sveavägen 44. Kunsthandwerk (www.svenskhemslojd.com). Großkaufhaus NK an der hamngatan mit guter Auswahl skandinavischer Waren (www.nk.se).

Essen & Trinken

Saluhallen: Im Stadtteil Östermalm bieten die Markthallen kulinarischen Versuchungen: Fisch, Meerestiere, Elch, Ren, Beeren – vieles auch zum Mitnehmen oder zum Kosten in kleinen Lokalen.

Bücher & Karten

Klein, aber oho: Petra Julings Buch „Stockholm“, Dumont, Köln, 2005, 7,95 Euro.

WEITERE INFORMATIONEN

Stockholm Tourist Centre, Kulturhuset, Segelstorg 1, S-10393 Stockholm, Telefon 00 46/8/50 82 85 08, Fax 00 46/8/50 82 85 09, E-Mail info@svb.stockholm.se, Internet www.stockholmtown.com.

12 Stockholm (2)

Die **Schöne** am Wasser

Sieben Inseln, Seen und ein zauberhafter Schärengarten: Fähren, Wassertaxis, Schärendampfer oder Ausflugsschiffe zeigen Stockholm von seiner besten Seite.

12 Schweden: **Stockholm (2)**

Auf den Wasserstraßen der Hauptstadt

Bescheidenheit ist eine Zier, heißt es eigentlich, doch selbst die sonst so zurückhaltenden Schweden geraten ins Schwärmen, wenn sie von Stockholm sprechen – als schönste Hauptstadt der Welt bezeichnen sie ihre Metropole nur zu gern, und jetzt, genau in diesem Moment, ist der Besucher geneigt, ihnen aus vollem Herzen zuzustimmen. Mit sanftem Schwung nimmt die gute alte „Stockholm“ Kurs auf ihren Anleger am Strandvägen im Herzen der Hauptstadt. Es ist fast 22 Uhr, und der abendliche Törn nach Vaxholm und zurück ist gleich geschafft. Steuerbord bleiben die Fahrgeschäfte von Gröna Lund zurück, dem Vergnügungspark auf der Insel Djurgården, auch das klotzartige Wasamuseum mit den stilisierten Masten des alten Segelschiffs auf dem Dach und die Museumsschiffe vor dem Bau erscheinen nur für einen kurzen Moment zum Greifen nahe – dann legt der schlohweiße Dampfer mit der hölzernen Brücke wieder am Ufer an. Feierabend.

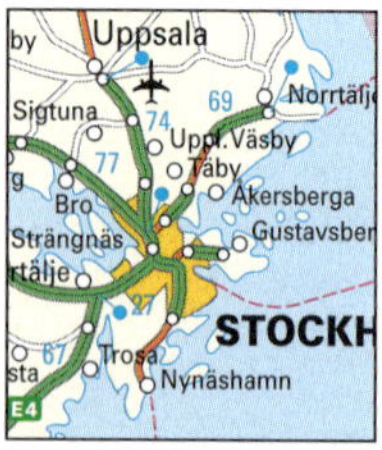

Diese Region finden Sie im Kartenteil auf Seite 23.

Museumsreif wäre eigentlich auch die „Stockholm“. Doch die alte Dame, deren Stapellauf schon vor dem Zweiten Weltkrieg stattfand, muss jeden Tag aufs Neue ran. Als Ausflugsdampfer legt sie im Sommer um 19 Uhr zu einer dreistündigen Kreuzfahrt nach Vaxholm ab, dem Ferien- und Festungsort im Schärengarten zwischen Stockholm und der schwedischen Ostküste – ein Ausflug in eine völlig andere Welt.

Kaum sind die Ausläufer der Großstadt verschwunden, beginnt das Reich der tausend Inseln. Schären, Riffe und Felsenbuckel bilden ein dichtes Labyrinth, in dem der Fremde schnell die Orientierung verlieren würde. Die alte „Stockholm“ schlägt ein paar Haken um zwei, drei Inselchen, und schon bleibt die Fahrrinne zurück, auf der die riesige Silja Europa, die größte Fähre des alten Kontinents, zusehends kleiner wird.

Dafür tauchen fröhliche Farben zu beiden Seiten des alten Dampfers auf. Rot, ein helles Gelb, gelegentlich blitzt auch ein strahlendes Weiß durch die Bäume hindurch, die viele Eilande bewachsen – es sind die klassischen Sommerhäuser, in denen beneidenswerte Menschen die drei wärmsten Monate des Jahres verbringen. Ein kleines Paradies tut sich eine halbe Stunde vor den Toren der Großstadt auf: Nur auf den größeren Inseln stehen mehr als ein paar Häuschen,

Das Freilichtmuseum Skansen auf der Insel Djurgården ist mit einer Personenfähre schnell zu erreichen. ▶

Bei gutem Wetter erweist sich eine abendliche Tour in den Schären als Kreuzfahrt für Genießer, Gourmets und verliebte Pärchen.

viele der Menschen im Archipel haben eine ganze Insel für sich allein – Platz ist angesichts von schätzungsweise 24 000 Inseln und Inselchen in Hülle und Fülle.

Die Sehleute an Bord der alten Stockholm – Italiener, Amerikaner, Japaner und ein paar Deutsche – können von der Idylle nicht genug bekommen. Fotoapparate klicken, Kameras surren unaufhörlich, und das ist angesichts der zahlreichen Motive auch kein Wunder: Am Anlieger dümpelt hier ein Segelboot, und auf dem hölzernen Steg dort künden verlassene Gartenstühle von einem faulen Sonnentag am Wasser.

Zwischendurch taucht eine der kleinen Schärengemeinden auf: eine Hand voll roter Häuser mit dem schwungvollen weißen Streifen am Dach, am Ufer ein paar größere Schuppen und ein Anleger mit zwei Ausflugsschiffchen, die gekommen sind, Tagesbesucher in die nahe Metropole zurückzubringen – das war's denn auch schon an Zivilisation.

Auch das Sonnendeck der „Stockholm" wird langsam leerer. Die Italiener zieht es zuerst in den Salon, der Wind, der sich jetzt kräftiger von See her bemerkbar macht, zeigt erste Wirkung. Außerdem, das sei eingestanden, meldet sich jetzt auch erstmals der Magen – zum denkbar ungeschicktesten Zeitpunkt, denn nach eineinhalb Stunden taucht dass Ziel der Reise auf: Vaxholm.

Die Stadt ist traditionsgemäß so etwas wie ein Markt- und Umschlagplatz in einem. Hier kaufen die Bewohner des Archipels ihre Lebensmittel ein, hier treffen sie sich zu einem Schwätzchen mit Freunden und Verwandten, und hier picken sie ihre Urlaubsgäste auf, die den Sommer in einem Ferienhaus in den Schären verbringen wollen. An die 35 000 Sommerhäuser soll es geben, doch normalerweise leben nur 6000 Menschen in dem 150 Kilometer langen Schärengarten zwischen Arholma im Norden und Landsort im Süden.

Früher einmal ging es viel weniger friedlich zu – die mächtige Zitadelle auf einem wasserumspülten Felsen zeigt es nur zu deutlich. Vaxholm besaß als Tor

LAND & LEUTE

Stockholm profitiert von seiner günstigen Lage zwischen Ostsee, dem Schärengarten und dem Mälarsee. Die Hauptstadt dehnt sich auf eine Reihe von Inseln, Schären und Felsen aus, die Brücken und Wasserfahrzeuge miteinander verbinden.

SEHEN & ERLEBEN

Ein malerisches Stadtbild mit engen Gassen und gepflegten Holzhäusern besitzt das Städtchen Vaxholm im Schärengürtel vor Stockholm. Anno 1540 entstand der Ort, als die Herrscher hier eine Festung errichten ließen, mit der sie ihre nahe Hauptstadt gegen Angriffe aus dem Osten schützen wollten.

ESSEN & TRINKEN

Für den kleinen Hunger zwischendurch naschen Schweden gern frische Waffeln mit Süßem und Sahne. Die Waffeln sind in vielen Cafés in Stockholm zu bekommen, zum Beispiel am Stortorget. Wunderbar ist auch das Freiluft-Café am chinesischen Schlösschen in den Barock-Gärten von Drottningholm.

12

Schweden: **Stockholm (2)**

Auf den Wasserstraßen der Hauptstadt

zur Hauptstadt strategische Bedeutung. Das Kastell von Vaxholm steht genau dort, wo potenzielle Angreifer in Landnähe geraten.

Hier draußen ändert sich nämlich das Bild des Schärengartens. Die engen Wasserstraßen öffnen sich, die Felsen werden zahlreicher, die Vegetation nimmt ab. Doch so mächtig die Festungsmauern auf den ersten Blick auch wirken mögen, eine Fehlplanung war das Kastell dennoch. Kaum war der Bau errichtet, entwickelte sich die moderne Artillerie, der auch die stärksten Mauern nicht länger gewachsen waren.

Für die „Stockholm" ist es nun an der Zeit, den steilen Bug heimwärts zu richten. Ein tiefer Ton aus dem mächtigen schwarzen Schornstein mit dem roten Ring, die Leinen fliegen an Land, und nach einer guten Stunde ist der Strandvägen in Stockholm erreicht.

Teil der Ostsee im finnischen Turku wieder an Land zu setzen.

Winzige Nussschalen sind ebenfalls unterwegs. Die Schiffe der Djurgårdsfähren leisten in Stockholm das, was andernorts die S-Bahnen erledigen – sie sind das schnellste, bequemste und vielseitigste Verkehrsmittel für Fahrten innerhalb der Innenstadt. Während die Straßenbahn vom Zentrum einen großen Bogen über den langen Strandvägen schlagen muss, um nach Djurgården zu kommen, schaffen die Schiffchen die Distanz im Handumdrehen.

An ihren Anlegern – anderswo heißen sie Haltestellen –, zum Beispiel am Nybroplan, auf Skeppsholmen, am Wasa-Museum oder an der Altstadt Gamla Stan, herrscht ein ständiges Kommen und Gehen. Zwischendurch flitzen gläserne Boote durchs Wasser – flache Schiffchen ohne Sonnendeck, die

Wasserstraßen und Schleusen prägen auch das Zentrum von Stockholm. Bootstouren führen zu den Glanzstücken. ▶

Die Tour mit dem Schärendampfer mag der Klassiker für Touristen sein, doch Wasser und Fähren bestimmen auch den täglichen Rhythmus vieler Stockholmer. Auf den Wasserstraßen rund um die Altstadtinsel Gamla Stan wimmelt es nur so von Schiffen und Booten aller Art und Größe. Leuchtend weiß grüßt die mächtige Fähre der Viking Line herüber, die eine schier unaufhörliche Menge von Pkw und Lkw in ihrem Bauch verschluckt, um sie nach einer der schönsten Seereisen in diesem

auch schmale Wasserstraßen und Kanäle befahren können und ihren Passagieren so eine schwer zu entdeckende Seite der Hauptstadt zeigen können.

Gamla Stan wirkt im Schiffsverkehr der Stadt wie ein natürlicher Bremsklotz. Die Insel liegt genau dort, wo sich die Wasser des Mälarsees mit den Ausläufern der Ostsee treffen – ein denkbar günstiger Ort für einen Handelsplatz. Deutsche Kaufleute hatten die günstige Lage schon früh erkannt und im 14. Jahrhundert auf der Insel ihre Kontore

▲ **Im Sommer pendelt die alte Agantyr zwischen Zentrum und Schloss Drottningholm.**

und Speicher errichtet. Die deutsche Kirche und viele Straßennamen in Gamla Stan erinnern heute noch an die Gründungszeit der Stadt.

Wo einst eine reißende Stromschnelle die Seeleute zum Umladen ihrer Waren zwang, regelt heute eine Schleuse den Wasserverkehr. Ganz in ihrer Nähe, an der Stadhusbron im Schatten des mächtigen Backstein-Rathauses, befindet sich der zweite wichtige Abfahrtspunkt der Stadt für Schiffstouren.

Diesmal aber geht die Reise nicht gen Osten, sondern auf den Mälarsee. Der drittgrößte Binnensee des Landes ist so etwas wie die Wiege Schwedens. Auf der geschützten Insel Björkö rund 30 Kilometer westlich von Stockholm blühte rund 200 Jahre lang der Handel der Wikinger auf, ihre Stadt Birka könnte die älteste Stadt Schwedens sein – die Ausgrabungen der Archäologen werden es eines Tages ans Licht bringen.

Gleich mehrere Dampfer erkunden das Binnenmeer. Dreistündige Fahrten führen zum Schloss Gripsholm vor den Toren der zauberhaften Kleinstadt Mariefred, wo der deutsche Emigrant Kurt Tucholsky 1935 seinem Leben ein Ende setzte – sein Grab auf dem Friedhof ist ein viel besuchtes Ausflugsziel.

Groß ist auch der Andrang in Drottningholm, dem dritten typischen Ziel für einen Ausflug am Sonntag. Auch hier sind es liebevoll restaurierte Dampfer, die ihre Passagiere auf eine märchenhafte Reise mitnehmen – vorbei an Badestränden, Inseln und Ferienhäusern, hin zu einem der fünf schwedischen Unesco-Kulturdenkmäler, in dem die Königsfamilie zu Hause ist – in aller Bescheidenheit, versteht sich.

SEHEN & ERLEBEN

Das alte Schweden lebt im Freilichtmuseum Skansen weiter. Über 150 erhaltene Gebäude – Bauernhöfe, Herrenhäuser, Werkstätten sowie eine Kirche und eine Schule – stammen aus allen Landesteilen. Das älteste Freilichtmuseum der Welt auf Djurgården ist per Fähre gut zu erreichen (www.skansen.se).

WANDERN & RADELN

Für erholsame Spaziergänge in der Stadt bietet sich vor allem der Hagapark an. Die Buslinie 52 führt zur Station Stallmästaregården, von der ein Fußweg auf eine kleine Insel mit Schloss, Café, weitläufigen Parkanlagen, Kupferzelten und dem königlichen Begräbnisplatz führt.

PROMOBIL-TIPP

Günstige Einkäufe sind in der von Touristen überlaufenen Altstadt Gamla Stan nur noch schwer zu machen. Besser ist der Spaziergang zum Hötorget-Markt. Hier lassen sich Blumen, Beeren, Pilze und viele andere Lebensmittel günstig erstehen.

Schweden: **Stockholm (2)**

Auf den Wasserstraßen der Hauptstadt

Route

Bester Ausgangspunkt für die Tour ist der Reisemobilhafen auf der Insel Långholmen. Bootsverbindung ins Zentrum.

Reisezeit

Stockholm ist ein Ziel für alle Jahreszeiten, am schönsten zeigt sich die Stadt aber in den hellen Nächten von Anfang Juni bis Mitte Juli.

Sehenswertes

Wichtigstes Hilfsmittel für Stadtbesichtigungen ist die „Stockholmskarte", die freien Eintritt gewährt zu 75 Museen und Attraktionen, freie oder vergünstigte Schiffsrundfahrten (Djurgården-Rundfahrt, Tour Historisches Stockholm) und die freie Fahrt mit U-Bahn sowie den roten und blauen Bussen der Stockholmer Verkehrsbetriebe und den Nahverkehrszügen innerhalb des Bezirks Stockholm. Die Karte gilt wahlweise einen, zwei oder drei Tage ab der ersten Nutzung, kostet 260 SEK (29 Euro), 390 SEK (43 Euro) beziehungsweise 540 SEK (59 Euro) und ist unter anderem im Kulturhuset zu bekommen. Die Liste der Attraktionen und Nachlässe ändert sich von Jahr zu Jahr geringfügig. Bitte vor dem Kauf entsprechend überprüfen. Bitte beachten: Fahrten mit den Wassertaxis nach Djurgården sind nicht in der Karte enthalten.

Aktivitäten

Schiffstouren: Zum Kennenlernen der Stadt bieten sich die Rundfahrten mit den gläsernen Barkassen an. Die Tour **Historisches Stockholm** beginnt an der Stadhusbron und führt durch die Altstadt, Södermalm, Långholmen und um Kungsholmen herum. Preis: 95 SEK (10 Euro). Ermäßigung durch Stockholmskarte bei bestimmten Abfahrten.

Am Strömkajen und Nybroplan legen die Schiffe ab zu ihrer **Djurgården-Rundfahrt.** Die Tour führt durch den Djurgårdsbrunnskanal am Ufer des Saltsjön entlang. Preis: 95 SEK (10 Euro). Ermäßigung durch Stockholmkarte bei bestimmten Abfahrten.

Für Romantiker empfehlen sich **abendliche Mini-Kreuzfahrten** in den Schärengarten vor Stockholm. Die Schiffe, meist liebevoll gepflegte Oldtimer wie die SS Stockholm, legen im Sommer gegen 19 Uhr ab, fahren zur Ferien- und Festungsstadt Vaxholm und kehren gegen 22 Uhr in die Innenstadt zurück. Preis für die Hin- und Rückreise: 140 SEK (15 Euro) pro Person. Ermäßigung durch die Stockholmkarte.

In die äußeren Bezirke des Archipels fährt die charmante SS Waxholm bei ihrer **1000-Insel-Kreuzfahrt,** die unter anderem nach Kymmendö, Bullerö und nach Sandhamn führt. Die Tour bietet in allen drei Orten die Möglichkeit zum Landgang, beginnt um 9.30 Uhr und endet um 20.30 Uhr. Preis je nach Ticket inkl. Reiseleitung, Art der Verpflegung zwischen 775 SEK (85 Euro) und 900 SEK (99 Euro) pro Person (Saison 2004).

Wer einen individuellen Aufenthalt in einer der kleinen **Schärengemeinden** vorzieht, kann auch eine der regelmäßig pendelnden Fähren nach Vaxholm, Sandhamn oder Fjäderholmarna nehmen.

Landeinwärts gehen die Touren zur ehemaligen Wikingerstadt Birka auf der **Insel Björkö** mitten im Mälarsee mit ihren archäologischen Ausgrabungen und dem sehenswerten Museum. Um das Jahr 830 begann der Mönch Ansgar hier mit der Christianisierung des Landes.

Zum königlichen **Schloss Drottningholm** am Mälarsee fahren ab Stadhusbron SS Drottningholm, MS Prins Carl Philip und MS Agantyr. Sie benötigen

▲ **Winzige, aber ebenso idyllische Ortschaften sind bei Schiffsausflügen immer wieder zu entdecken.**

für die einfache Fahrt vom Zentrum von Stockholm bis zum Schloss etwa eine Stunde. Preis für das Rückfahrticket: 110 SEK (12 Euro). Ermäßigung durch die Stockholmkarte möglich.

Weitere Tarife, Touren und Reservierungen im Internet unter www.strommakanalbolaget.com.

Essen & Trinken

Die Gastronomische Lage in Stockholm hat sich deutlich verbessert, da die Vergabe entsprechender Konzessionen deutlich liberalisiert wurde. In der Altstadt Gamla Stan gibt es inzwischen eine Vielzahl von Speiselokalen, oft allerdings mit nichtschwedischer, sondern italienisch angehauchter Küche. Typisch für einen lauschigen Sommerabend in Stockholm sind die schönen Gartenlokale, zum Beispiel das „Blå Porten" im Innenhof von Liljevalchs Konsthall, Djurgårdsvägen 60. Einheimische zieht es abends in das In-Viertel Södermalm. Rund um den Medborgarsplatsen finden sich hippe Bars und schöne Restaurants.

Termine

Auch das „Vattenfestival", eins der größten Sommerfeste in Stockholm, steht ganz im Zeichen des Wassers. In den zurückliegenden Jahren hat der immer im August stattfindende Event den Charakter eines Volksfestes mit Show- und Theaterbühnen, gastronomischen Ständen angenommen. Höhepunkt bleibt die Feuerwerksweltmeisterschaft.

Bücher & Karten

Die Tourist-Information im Sverigehuset versorgt Gäste mit allen erdenklichen Informationen vom Stadtplan bis zu diversen Broschüren. Wer sich schon zu Hause einlesen möchte, findet ebenfalls eine reichliche Auswahl: Leicht und handlich kommt der „Merian live Stockholm" von Charlotta Rüeger und Holger Wolandt daher, Merian-Reisebuchverlag, Hamburg, 2004, 7,95 Euro. Umfangreicher und Empfehlenswert sind auch: Sabine Gorsemann u.a., Südschweden inkl. Stockholm, Michael Müller Verlag, Erlangen, 2002, 15,90 Euro, sowie Jutta Westmeyer, Petra Juling, Südschweden mit Stockholm, Dumont, Köln, 2003, 12 Euro.

WEITERE INFORMATIONEN

Stockholm Tourist Centre,
Kulturhuset, Segelstorg 1, S-10393 Stockholm,
Telefon 00 46/8/50 82 85 08, Fax 00 46/8/50 82 85 09,
E-Mail info@svb.stockholm.se, Internet www.stockholmtown.com.

Im Glanz der **Nordlichter**

Mittsommer in Dalarna: Helle Nächte und kunterbunte Feste zeigen die dicht bewaldete Landschaft rund um den Siljan-See in ihrem schönsten Licht.

13

Schweden: **Dalarna**

Tradition und Lebensfreude

Festtagsstimmung in Leksand: Eine lange Schlange vollbesetzter Autos schiebt sich langsam durch die sonst so leeren Straßen des hübschen Städtchens am Siljan-See. Menschen drängen sich auf den Bürgersteigen. Viele ältere Paare tragen die traditionellen Festtagstrachten von Dalarna, auch junge Frauen haben ihr Haar mit einem geflochtenen Blumenkranz geschmückt.

Diese Region finden Sie im Kartenteil auf den Seiten 29, 30.

An der Brücke über den Osterdalälven staut sich der Menschenstrom. Der Andrang hat seinen Grund: Es ist Mittsommerabend, und tief unten im Hafen sollen gegen 19 Uhr drei Kirchboote anlegen, die von dem alten Gotteshaus drüben auf der nahen Landzunge herüberkommen sollen.

Hälse recken sich, zusammengekniffene Mienen suchen den See nach den Booten ab. Ein Dreikäsehoch hat die besten Augen. Kaum hat er die Kähne erspäht, kräht er los: „Sie kommen!" Und richtig: Gleichmäßig schieben sich die schlanken Holzboote über den See, die Ruderblätter heben sich regelmäßig im Takt der Musik aus dem Wasser. Leise trägt der Wind den Klang der Fiedeln und den Gesang der festlich gekleideten Ruderer ans Ufer herüber. Kaum legen die Boote im Hafen an, formieren sich die Musiker zum Festzug.

Vorneweg marschieren die Fahnenträger mit der blau-gelben Schwedenflagge und dem Wappen der Provinz Dalarna, dann kommen Spielleute mit ihren Instrumenten und die Ruderer, zum guten Schluss die Menschenmenge.

Ganz Leksand ist auf den Beinen, kennt nur ein Ziel: das Sommarland. Aus so manchem Plastikkorb dringt ein verdächtiges, weil gläsernes Klirren – ein sicherer Beweis dafür, dass einige der jüngeren Schweden für diese Nacht noch einiges vorhaben. Wie sagte doch Urban Hjalmar, Chef des nahe gelegenen Campingplatzes in Västanviksbadet: „Mittsommer in Schweden, das ist Leksand." Die mittelschwedische Provinz Dalarna wird im Rest des Landes für ihr lebendiges Brauchtum gerühmt, und das hübsche Städtchen am Siljan-See gilt sogar als Hauptstadt ebenso traditionsbewusster wie heimatverbundener Menschen.

Das Sommarland füllt sich im Handumdrehen. Mittlerweile mögen es mehrere tausend sein, die sich in dem natürlichen Stadion auf den Wiesen und an den Hängen niederlassen. Ein hölzerner Tanzboden steht schon in der Mitte des Festgeländes bereit, dahinter liegt – noch – der riesige Mittsommerbaum.

Eine ausgelassene, fröhliche Stimmung macht sich breit im weiten Rund, die auch durch die obligatorischen Reden lokaler Würdenträger nur wenig gestört wird: Kleinkinder wagen mit Hilfe ihrer Eltern erste Gehversuche auf dem weichen Grund, Teenager begeben sich auf die Suche nach etwas Passendem,

Malerisch zieht sich das Künstler-Städtchen Sundborn am Toftar-See und seinen Zuflüssen dahin. ▶

◀ **Die leuchtendroten Dala-Pferdchen in allen Größen sind das Wahrzeichen der Region.**

und die Älteren können sich angesichts des turbulenten Durcheinanders ein leises Lächeln nicht verkneifen – Mittsommer in Leksand war schon immer der absolute Höhepunkt des Jahres.

Das Aufstellen des Mittsommerbaums ist die zweite Attraktion an diesem Abend. Mit vereinten Kräften wuchten junge Männer den gefällten Riesen auf ihre Schultern. Mit langen Stangen stützen sie ihren ersten Teilerfolg ab. Weiter geht's: Jetzt packen sie den Stamm mit ihren Stangen einen Meter weiter unten, drücken sie mit aller Kraft nach oben, und wieder wächst der festlich geschmückte Baum ein gutes Stück in die Höhe. Nach 15 Minuten ist der Kraftakt unter dem Jubel der Menge geschafft. Der Baum steht in vollem Schmuck und ganzer Schönheit neben dem Tanzboden. Kaum erklingen die ersten Takte der alten Polka „Vi är Musikanter", gibt es kein Halten mehr.

Wo eben noch fröhliche Menschen friedlich saßen, kocht der Talkessel plötzlich über. Junge und Alte, Hübsche und Hässliche springen auf, fassen sich an den Händen und tanzen in schier endlosen Menschenketten um den Mittsommerbaum. Kurz nach 21 Uhr leert sich das Gelände plötzlich. Viele Einheimische gehen heim, um die kürzeste Nacht des Jahres mit Freunden und Verwandten im Garten weiterzufeiern. Und die Camper haben noch ein gutes Stück zu fahren, wollen sie rechtzeitig vor dem Senken der Schranke ihren Campingplatz am anderen Seeufer erreichen.

„Es war ruhig bei uns auf dem Platz", sagt Urban Hjalmar am Morgen danach und wirkt erleichtert. Denn auch in diesem Jahr zeigt das schwedische Fernsehen wieder Bilder von Jugendlichen, denen der ungewohnte Alkohol Sinn und Verstand raubte – harsche Raufereien sind oft die Folge.

Zum Glück nicht auf dem Platz der Familie Hjalmar in Västanviksbadet. Ruhe, Einsamkeit und Stille sind in der

LAND & LEUTE

Dalarna ist eine waldreiche Mittelgebirgsgegend etwa drei Autostunden nördlich von Stockholm. Über 6200 Seen bieten gute Bedingungen zum Angeln, Kanufahren und Baden. Die Region ist für lebendiges Brauchtum und ihre Feste bekannt.

SEHEN & ERLEBEN

Das Mittsommerfest wird an dem Wochenende gefeiert, das dem 24. Juni am nächsten liegt. In Leksand am Siljan-See legen Trachtengruppen und Musiker mit Kirchbooten im Hafen an und tragen den Baumschmuck zum Sommarland. Hier wird erst der Festbaum aufgerichtet, dann erklingen alte Weisen.

ESSEN & TRINKEN

Als Heimat des Knäckebrots ist Dalarna ebenfalls bekannt. Eine Variante dieser Knusprigkeit heißt „Tunnbröd" und sieht aus wie dünnes Fladenbrot. In den Sennhütten von Skräddar-Djurberga, nördlich von Sakttungbyn, serviert der Heimatverein im Sommer diese Spezialität mit frischer Butter und Käse.

Schweden: **Dalarna**

13 Tradition und Lebensfreude

Provinz Dalarna die Regel – normalerweise. Fischreiche Seen, tosende Wasserfälle, mächtige Flüsse und die lieblichen Täler sind typisch für die Region – schließlich heißt „Dalarna“ übersetzt „Die Täler“.

Die Berge kommen bis auf 700 Meter, so dass die Gegend auch als Wintersportregion einen gewissen Ruf hat. Dichte, schier unendliche Wälder und kleine Dörfer, die mit ihren falunroten Holzhäusern und weißen Fensterläden aus der Ferne wie Spielzeug wirken, prägen die Landschaft – und mittendrin locken zwei traumhaft schöne Seen: der Siljan und der benachbarte Orsa.

Mit ihren beiden meeresgleichen Konkurrenten im Süden, dem Vänern- und dem Vättern-See, können sie auch gemeinsam nicht ganz mithalten, was die schieren Ausmaße betrifft. Doch immerhin kommt der Siljan-See auf eine stolze Länge von rund 40 Kilometern.

Ein paar Kilometer vom Nordende des Sees entfernt liegt der größte Bärenpark Europas. Braunbär, Luchs und Wolf lassen sich in aller Ruhe und vor allem aus respektvoller Entfernung beobachten – es gibt schließlich geschickt postierte Aussichtsplattformen. Ein anderes Tier, wesentlich kleiner und ungefährlicher zugleich, fand den Weg aus Dalarna in alle Welt: das hölzerne Dala-Pferdchen. Aus dem Dorf Nusnäs stammt der Exportschlager, der weltweit als Symbol für Schweden steht.

Das winzige Nest steht ganz im Zeichen des in Schweden sonst so seltenen Massentourismus. Riesige Holzpferde vor den Werkstätten und von der nach oben offenen Kitsch-Skala bisher nicht erfasste Produkte sollen den Geschmack der Pauschalurlauber bedienen.

Reizvolle Landschaften pflegen immer wieder gerade auch Künstler magisch anzuziehen. In Sundborn, dem,

Bei Elch-Safaris versuchen Naturschützer, Urlauber an die scheuen Tiere heranzuführen. ▶

Natur und Tierwelt üben auf Urlauber aus dem dicht besiedelten Deutschland die größte Faszination aus. Wer einmal die ungestörte Stille bei einem abendlichen Spaziergang genießen konnte, die Weite der unberührten Landschaft erlebte und die natürliche Freundlichkeit vieler Einheimischer, bekommt schon allein beim Gedanken an das morgendliche Verkehrschaos auf dem Weg zur Arbeit eine Gänsehaut.

wie Kenner meinen, vielleicht schönsten Städtchen der Provinz Dalarna, steht das sogenannte „Haus des Lichts“, in dem der berühmte Maler Carl Larsson zu Beginn unseres Jahrhunderts lebte und arbeitete.

Seine Aquarelle hielten die Welt seiner Familie fest und gelten heute noch als Inbegriff schwedischer Wohnkultur. Einen Rundgang lohnt aber nicht nur sein Wohnhaus, das heute als Museum dient. Auch die liebevoll gepflegten Gärten mit ihrer Blumenpracht, den kunstvoll arrangierten Stauden und Rabatten können bezaubern. Der kurze Sommer treibt die schwedischen Gärtner immer wieder zu Höchstleistungen an – in harten Wintern kommt der erste Schnee schon im Oktober, und manchmal bleibt er sogar noch bis zum Mai liegen.

Nur logisch, dass es Einheimische und Gäste im Sommer ins Grüne zieht. Ein Urlaub in Dalarna ohne Angeltag wäre dabei so unvollständig wie ein Juni ohne Mittsommerfest. „Die beste Zeit für Hechte ist früh am Morgen oder mitten in einer hellen Sommernacht", sagt Raimo Ruuska. Der kleine, drahtige Finne lebt in der Nähe von Hedemora, der ältesten Stadt in Dalarna, und gilt weit und breit als bester Angel-Profi.

In Sichtweite der Stadt weitet sich der Fluss Dalälven zu einem kleinen See. Der Außenborder spuckt und tuckert, dann geht es mit halber Fahrt auf den Fluss hinaus. Jetzt gilt's: Kaum ist der Motor aus und der Anker geworfen, fliegen die Köder über Bord. Hechte werden am Vormittag aber kaum anbeißen, den Barschen gilt vielmehr der Fischzug. „Hier kommt schon der erste", freut sich Raimo nach einem Ruck an der Angel und schüttelt gleich darauf den Kopf: „Er hat es sich anders überlegt." Aus dem Handgelenk lässt der Finne seinen Köder hoch durch die Lüfte fliegen – gut 30 Meter weiter versinkt das Plastikteilchen mit einem Platschen im See.

Kurz darauf gibt es wieder Alarm. „Jetzt habe ich wirklich einen", meldet Raimo seinen Angelgästen und zieht einen zappelnden Barsch an Bord. Ein kurzer Ruck, ein harter Knack, und schon wandert der Fisch in den Beutel für das abendliche Barbecue. Zwei Minuten später bekommt er Gesellschaft – wieder ein Barsch. „Es geht darum, die Fischschwärme zu finden", verrät Raimo: „Dann haben wir gewonnen."

Insgeheim aber nagt diese Schmach wohl doch an ihm. „Wenn Ihr Lust habt, fahren wir heute nachmittag an den See Langsjön, dort gibt es sehr schöne Regenbogenforellen." Dichte Wälder bis ans Seeufer, eine kleine Blockhütte und ein hölzerner Steg: Eine Idylle tut sich auf – und die versetzt auch den Angel-Eleven mit oder ohne reiche Beute in ungeahnte Festtagsstimmung.

▲ **Blitzsauber und voll blühender Blumen präsentieren sich im kurzen Sommer die Gärten in Dalarna.**

SEHEN & ERLEBEN

Die Unterwelt des gewaltigen Bergwerks von Falun steht auch Besuchern offen. Die stillgelegte Kupfergrube „Stora Kopparberget" stammt aus dem 17. Jahrhundert ist ganzjährig geöffnet. Außer der Besichtigung eines gewaltigen Kraters und des Museums lohnt vor allem eine geführte Tour unter Tage.

WANDERN & RADELN

Etwa 7 km nördlich von Rättvik liegt das Naturreservat Styggforsen. Ein Rundgang führt zu einem 36 m hohen Wasserfall, seltenen Pflanzen und Insekten. In einem alten Kalksteinbruch finden Freilichttheater- und Opernaufführungen statt.

PROMOBIL-TIPP

Geführte Elch-Safaris organisiert die Hedemora Tourist-Information von Juli bis Mitte September. Info: Hedemora Tourist-Information, Box 210, S-77628 Hedemora, Telefon 00 46/2 25/3 43 48, E-Mail turistbyran@hedemora.se, www.turistbyran.hedemora.se.

Schweden: **Dalarna**

Tradition und Lebensfreude

Route

Von Stockholm führt die Straße Nr. 70 nach Enköping, dann weiter in Richtung Norden über Hedemora nach Borlänge. Alternativ bietet sich die E 4 von Helsingborg bis Örebrö an, dann die Straße Nr. 50 bis nach Borlänge. Dort geht es Richtung Osten nach Falun und in Richtung Westen nach Leksand und Tällberg. Am Nordufer des Siljan-Sees liegen die Orte Rättvik, Nusnäs und Mora, Sundborn nordöstlich von Falun am Toftar-See.

Stellplatz

Stellplätze und Entsorgungsstationen außerhalb von Campingplätzen gibt es in Schweden kaum. Eine Alternative sind die Quick Stopps, eine Liste dieser Plätze finden Sie ab Seite 94.

Camping

Die schönsten Campingplätze liegen direkt am See mit Strandzugang und Buddelsand. Da Skifahrer in den Bergen von Dalarna gute Wintersportmöglichkeiten finden, haben viele Anlagen das ganze Jahr über geöffnet.
Falun: Lugnet Camping, 3 km östlich von Falun. Wiese mit Büschen, leicht terrassiert. Daneben eine öffentliche Freizeitanlage mit Hallen- und Freibad, Laden und Imbiss. Ganzjährig.
Idre: Idre Fjäll Husvagnscamping, Loipe und Skilift in der Nähe. Ganzjährig.
Leksand: Camping Västanviksbadet, direkt am Siljan-See, gute Ausgangsbasis für einen Sommerurlaub. Ganzjährig geöffnet (siehe: Seite 171).
Orsa: Orsa Camping. Große Anlage auf einer Landzunge zwischen Fluß und See, eben, teils Wiese, teils Kiefernwald. Etwa 300 m langer Sandstrand. Spielplätze, Go-Kart-Bahn, öffentliches Freizeitzentrum, Loipe. Ganzjährig geöffnet.
Rättvik: Siljansbadet Camping, ebenfalls direkt am See. Geöffnet Ende April bis Anfang September.

Sehenswertes

Hedemora: Das „Alte Theater" aus dem Jahr 1820 ist das älteste Gebäude seiner Art in Schweden.
Leksand: Freilichtmuseum mit dem ältesten Heimathof Dalarnas, einer sehenswerten Kirche aus dem 13. Jahrhundert und dem weithin berühmtesten Mittsommerfest. Geöffnet im Sommer täglich 12–16 Uhr.
Nusnäs: Heimatdorf der hölzernen Dala-Pferdchen, die bei der

Firma Grannas entstehen. Schauwerkstatt täglich geöffnet.
Orsa: Bärenpark Grönklitt nördlich von Mora. Geöffnet Anfang Juni bis Mitte August täglich.
Siljansnäs: Informationszentrum Naturum am höchsten Punkt des Björkbergets. Ausstellung zur Natur und Kultur, Eiszeit, Sennhütten, Pilze, Säugetiere, Vögel, Aussichtsturm.
Sundborn: Ehemaliges Haus mit Garten des Malers Carl Larsson. Geöffnet im Sommer 10–17 Uhr.
Tällberg: Idyllisches Haufendorf auf einem Kap im See mit schöner Aussicht über den Siljan-See.

▲
Die Warnschilder vor Elchen sollten Reisemobil-Touristen unbedingt ernst nehmen.

Aktivitäten

Ausflug: Die 60 Kilometer lange Rundroute Husbyring, Start bei Husby nördlich von Hedemora, führt zu Ausflugszielen und technischen Denkmälern aus der Zeit der Eisenerzverarbeitung.
Bootstouren: Bereits seit 1876 verkehrt der Dampfer Gustav Wasa auf dem Siljan-See – und läuft jeden Dienstag und Sonntag von Leksand nach Rättvik zu Lunch- und Abendfahrten aus.
Draisine-Fahrt: Ausflüge auf der stillgelegten Eisenbahnstrecke in Vika, 11 km südlich von Mora. Info: Turistbyrå, S-78433 Borlänge, Telefon 00 46/2 43/25 74 90, Internet www.borlange.com.
Einkaufen: Kunsthandwerk, Keramik und Lederwaren in Nyhyttan südlich von Falun. Geschäft mit Kaffeeausschank und selbstgebackenem Brot.
Paddeln: Sehr gute Möglichkeiten für Kanufahrer bei einer 18 Kilometer langen Tour über acht Seen auf dem Hedemora Prämleden, einer ehemaligen Transportroute für Eisen und Erz. Der 60 Kilometer lange Balungen-Runn bei Falun eignet sich auch für Familien und Anfänger.
Radfahren: Wunderschöne Rundtour Runnleden, 26 km. Start in Borlänge, Tourenkarte im dortigen Tourist-Büro.

Essen & Trinken

Åkerblads Hotell & Gastgiveri: Tällberg. Wenn's mal etwas Besonderes sein soll: ausgezeichnete Küche, obere Preisklasse, geöffnet täglich 11.30–14 und 17–22 Uhr.
Gärdebygården: Rättvik, 2 km südlich der Stadtmitte auf einer Anhöhe mit Seeblick. Familiär, gemütlich, gut.
Hyttbäckens Gård: 100 Jahre alter Landgasthof nördlich von Hedemora. Hausmannskost, Verkauf von Kunsthandwerk und Stoffen. www.hyttbacken.com.
Tällbergsgården: Tällberg. Lokal in einem Bilderbuchanwesen mit herrlicher Sicht auf den Siljansee. www.tallbergsgarden.se.

Bücher & Karten

Als hilfreich dank vieler Infos und nachvollziehbarer Tipps: erweist sich der Band von Andreas Hassler, „Schweden-Handbuch, von den Stränden Skånes bis zum Wanderparadies Lappland", Reise Know-How Verlag Hoff, Rappweiler, 2004, 22,50 Euro.

WEITERE INFORMATIONEN

Tourist-Information Dalarna, Trotzgatan 10-12, S-79183 Falun,
Telefon 00 46/23/6 40 04, Fax 00 46/23/8 33 14,
E-Mail: turistinformation@dalarna.se, Internet www.dalarna.se

14

Schweden: **Quick-Stop**

Alternative für Reisemobilisten

Ein Plätzchen für die Nacht

Verbilligte Übernachtungsplätze vor der Schranke oder auf einem separaten Teil des Campingplatzes finden Reisemobil-Touristen in fast allen schwedischen Regionen.

Das schwedische Allemansrätten gilt nach wie vor auch für Reisemobil-Touristen. Doch das Übernachten mit dem Reisemobil in der freien Natur unterliegt auch im gastfreundlichen Schweden einigen Einschränkungen. So ist das Fahren mit motorisierten Vehikeln abseits befestigter Wege untersagt, und auch auf Privatstraßen herrschen oft genug strikte Regeln oder Verbote.

Eine Alternative offeriert eine Vielzahl von Campingplätzen mit dem „Quick-Stop"-Angebot. Diese Stellplätze befinden sich meist nicht auf dem Campingplatz, sondern auf einer separaten Fläche vor dem Gelände. In einigen Fällen sind auf den Quick-Stop-Plätzen auch Stromanschlüsse vorhanden. Quick-Stop-Plätze liegen in der Regel maximal 300 Meter vom Sanitär-/Servicegebäude entfernt. Auf die normale Stellplatzgebühr gibt es einen Rabatt von etwa 35 bis 50 Prozent. Dabei gelten folgende Regeln:

- Einchecken frühestens um 21 Uhr.
- Auschecken spätesten um neun Uhr am Folgetag.
- kein Vorzelt aufstellen.

Eine Liste der Campingplätze bietet die jährlich aktualisierte Broschüre „Camping und Ferienhäuser in Schweden 2005", die zu bekommen ist bei: Visit Sweden, Box 90, S-88122 Sollefteå, Telefon 0 08 00/30 80 30 80 (gebührenfreie Service-Nr.), Fax 00 46/6 20/1 50 11 oder im Internet www.visit-sweden.com oder www.camping.se.

Die Scandinavian Camping Card kann angefordert werden bei: SCR, Sveriges Camping- & Stugföretagares Riksorganisation, Box 255, S-45117 Uddevalla, Fax 00 46/5 22/64 24 30, www.camping.se. Die Karte ist kostenlos, die Wertmarke für ein Jahr kostet 90 Schwedenkronen – etwa 10 Euro – und kann beim Einchecken auf dem ersten Campingplatz gelöst werden.

Neben der Karte erhält jeder Inhaber der Karte den aktuellen Campingkatalog in der jeweiligen Landessprache kostenlos per Post zugeschickt. Der Inhaber und seine Familie sind während des Aufenthalts auf dem Campingplatz unfallversichert. Diese Versicherung ohne Selbstbeteiligung deckt unter anderem Arzt- und Zahnarztkosten sowie den Rechtsschutz ab. Darüber hinaus gibt es weitere Vergünstigungen – einige touristische Attraktionen gewähren den Besitzern der Karte einen Preisnachlass.

Stockholm

Bredäng Camping, S-12731 Skärholmen, 10 km südlich von Stockholm, Mitte April bis Anfang Okt. geöffnet.

Blekinge

Dragsö Bad och Camping, S-37124 Karlskrona, Insel Dragsö, Ende April bis Mitte Oktober geöffnet.

Hälleviks Camping, S-29495 Sölversborg, ganzjährig geöffnet.

Dalarna

Leksands Camping, S-79327 Leksand, am Westufer des Siljan-Sees, ganzjährig geöffnet.
Ludvika Camping, S-77194 Ludvika, am See Haggen, Anfang Mai bis Ende August geöffnet.
Mellsta Parken, S-78468 Borlänge, am Fluss Dälalven gelegen, ganzjährig geöffnet.
Mora Parkens Camping, S-97231 Mora, ganzjährig geöffnet.
Orsa SweCamp, S-79421 Orsa, am See in Ortsnähe, ganzjährig geöffnet

Dalsland

Borås Camping Saltemad, S-50602 Borås, ganzjährig geöffnet.
Mellerup SweCamp, S-46421 Mellerup, ganzjährig geöffnet.
Örnäs Camping, S-66222 Åmål, am Väner-See, ganzjährig geöffnet.
Ragnerudasjöns Camping, S-45063 Högsäter, Anfang Mai bis Mitte September geöffnet.
Ursands Camping, S-46221 Vänersborg, Mitte April bis Mitte September geöffnet.

Gävleborg

Edskens Camping, S-81391 Hofors, Mai bis Ende August geöffnet.
Ljusnefors Camping, S-82020 Ljusne, an der Mündung des Flusses ins Meer, ganzjährig geöffnet.
Stenö Havsbad, S-82022 Sandarne, Anfang Mai bis Ende August geöffnet.

Göteborg/Bohuslän

Johannesvik Camping & Stugby, S-45691 Kungshamn, Mitte April bis Mitte September geöffnet.
Hafstens Camping, S-45196 Uddevalla, kinderfreundlicher Sandstrand, Anfang April bis Mitte Sept. geöffnet.
Krono Camping, S-43162 Mölndal, ganzjährig geöffnet.
Seläters Camping, S-45290 Strömstad, April bis Ende August geöffnet.
Siviks Camping, S-45392 Lysekil, kinderfreundlicher Platz am Meer, April bis Anfang September geöffnet.
SweCamp Daftö Camping, S-45297 Strömstad, am Meer unweit von Tjärnö, ganzjährig geöffnet.
Tjörnbrons Camping, S-47116 Myggenäs, an der Uferbefestigung. Anfang April bis Anfang September geöffnet.
Unda Camping, S-45194 Uddevalla, April bis September geöffnet.
Vassbottens Camping, S-45084 Bullaren, am Bullaren-See, ganzjährig geöffnet.
Wiggersvik Familjecamping, S-43162 Mölndal, ganzjährig geöffnet.

Halland

Hägons Camping, S-30260 Halmstad, in Meeresnähe, Ende April bis Anfang September geöffnet.
Hansagårds Camping, S-31192 Falkenberg, in Meeresnähe, Anfang Mai bis Anfang September geöffnet.
Haverdals Camping, S-31042 Haverdal, in Strandnähe, Ende April bis Anfang September geöffnet.
Olofsbo Camping, S-31191 Falkenberg, in Meeresnähe, Anfang Mai bis Ende September geöffnet.
Skrea Familjecamping, S-31142 Falkenberg, in Meeresnähe, Mitte April bis Mitte September geöffnet.
Ugglarps Camping & Stugor, S-31196 Hjeberg, in Strandnähe, Ende April bis Mitte September geöffnet.

Jämtland

Strömsunds Camping, S-83324 Strömsund, ganzjährig geöffnet.
Lits Camping/Stugby, S-83030 Lit, ganzjährig Mitte Mai bis Ende September geöffnet.

Kalmar

Böda Hamns Camping, S-38074 Löttorp, am Meer gelegen, Anfang Mai bis Anfang September geöffnet.
Ekerum Camping & Stugor, S-38792 Borgholm, am Kalmarsund, April bis Mitte Oktober geöffnet.
Eriksöre Camping & Stugor, S-38693 Färjestaden, Ende April bis Ende September geöffnet.
Grönhögens Camping, S-38065 Degerhamn, Insel Öland, Ende März bis Ende Oktober geöffnet.
Hallmare Havsbad, S-59095 Loftahammar, Mitte Mai bis Oktober geöffnet.
Hammarsbadet Camping, S-59432 Gamleby, an der Ostsee,

April bis Mitte September geöffnet.
Klintagårdens Camping, S-38750 Köpingsvik, am Kalmarsund, Anfang April bis Ende September geöffnet.
Lundegård Camping, S-38796 Köpingsvik, Anfang Mai bis Ende August geöffnet.
Lysingsbadets Semesteranläggning, S-59353 Västervik, ganzjährig geöffnet.
Möllstorps Camping, S-38690 Färjestaden, bei der Ölandbrücke, April bis Mitte September geöffnet.
Sandvik Camping, S-38065 Degerhamn, am Kalmarsund, Mitte April bis Mitte September geöffnet.
Stensö Camping, S-39244 Kalmar, April bis Ende Oktober geöffnet.
Sonjas Camping, S-38074 Löttorp, April bis Mitte September geöffnet.

Kristianstad

Kiviks Familjecamping, S-27732 Kivik, April bis September geöffnet.
Råbocka Familjecamping, S-26263 Ängelholm, am Meer gelegen, Ende April bis Ende August geöffnet.

Malmöhus

Habo Ljung Camping, S-23434 Lomma, Gasthafen, Sandstrand, Ende April bis September geöffnet.
Sibbarp Camping, S-21611 Malmö, Meeresbad mit Sandstrand, ganzjährig geöffnet.
SweCamp Möllehässle Camping, S-26043 Mölle, am Fuße des Kullebergs, nahe Kattegat und Öresund.

Örebro

Camping Tiveden, S-69597 Tived, am Ostufer des Unden-Sees, Anfang März bis Ende September geöffnet.

Östergötland

Eköns Camping, S-61042 Gryt, 5 km östlich von Gryt am Meer, April bis Anfang September geöffnet.
Glyttinge Camping, S-58249 Linköping, Abenteuerbad, Ende April bis Ende September geöffnet.
Källbuktens Camping, S-61498 Sankt Anna, guter Bade-Platz, Mitte April bis Mitte September geöffnet.
Valdemarsviks Camping & Stugor, S-61533 Valdemarsvik, Anfang Mai bis Ende August geöffnet.

Skåne

Habo Ljung Camping, S-23434 Lomma, Mitte April bis Mitte September geöffnet.
Landöns Camping, S-29034 Fjälkinge, April bis September geöffnet.
Osby Camping, S-28300 Osby, am Osby-See, ganzjährig geöffnet.
Sibbarp Camping, S-21611 Malmö, ganzjährig geöffnet.
Mölle SweCamp, S-26042 Mölle, am Fuße des Kullabergs, Mai bis September geöffnet.

Småland

Getingaryds Camping, S-56391 Gränna, am Vätter-See, Anfang Mai bis Ende September geöffnet.
Gökaskratts Camping, S-36051 Hovmantorp, am See Rottnen, ganzjährig geöffnet.
Jönköping Swecamp Villa Björkhagen, S-55454 Jönköping, ganzjährig geöffnet.
Hammarsbadet Camping & Stugor, S-59432 Gamleby, in einer Bucht an der Ostsee, Ende April bis Ende August geöffnet.
Hättebadens Camping, S-57382 Tranås, am See Sommen, Anfang Mai bis Ende September geöffnet.
Ljungby Camping, S-34122 Ljungby, Mitte April bis Ende September geöffnet.
Lynneryds Camping, S-36024 Linneryd, Ende April bis Mitte September geöffnet.
Movänta Camping, S-57592 Hult, am Försjön-See, Ende April bis Ende September geöffnet.
Sjöatorps Camping, S-34293 Alvesta, am See Sjöatorp, ganzjährig geöffnet.
Spilhammars Fiske & Camping,

◀ Österlen: Freies Stehen wie hier an der Südküste von Skåne ist in Schweden unter bestimmten Voraussetzungen gestattet.

S-57030 Mariannelund, Anfang Mai bis Ende August geöffnet.
SweCamp Rosenlunds Camping, S-55454 Jönköping, am Vätter-See, ganzjährig geöffnet.
Tingsryd Camping, S-36291 Tingsryd, am See Tiken, Ende März bis Anfang Oktober geöffnet.
Västervik Swecamp Lysingsbadet, S-59353 Västervik, in herrlicher Schärenlandschaft, ganzjährig geöffnet.
Växjö Swecamp Evedals Camping, S-35263 Växjö, Am Helga-See, ganzjährig geöffnet.

Uppsala

Enköping Camping, Stugor & Vandrarhem, S-74591 Enköping, Anfang April bis Ende September geöffnet.
Fyrishov Stugby och Camping, S-75333 Uppsala, in Zentrumsnähe, ganzjährig geöffnet.

Värmland

Camp Grinsby, S-67295 Årjäng, an einem See gelegen, Mitte April bis Ende August geöffnet.
Duse Udde Camping, S-66180 Säffle, am Vänern-See, Anfang Mai bis Mitte September geöffnet.
Frykenbadens Camping, S-66591 Kil, am See Nedre Frykensjön, ganzjährig geöffnet.
Sunne Swecamp Kolsnäs, S-68680 Sunne, mit Tanzanimation, ganzjährig geöffnet
SweCamp Skutbergets Camping, S-65346 Karlstad, Sand- und Felsenstrände, ganzjährig geöffnet.
SweCamp Sommarvik Fritidscenter, S-67291 Årjäng, am See Silen West, ganzjährig geöffnet.

Västerbotten

Byske Havsbad, S-93047 Byske, Mitte Mai bis Anfang September geöffnet.
Nordmaling Swecamp Rödviken, S-91431 Nordmaling, ganzjährig geöffnet.
Skellefteå SweCamp & Stugby, S-93170 Skellefteå, ganzjährig geöffnet.

Västergötland

Ekkudens Camping, S-54200 Mariestad, am Vänersee, Anfang Mai bis Mitte September geöffnet.
Filsbäcks Camping, S-53170 Lidköping, am Vänersee, ganzjährig geöffnet.
Hjo Camping, S-54432 Hjo, am Vätter-See, ganzjährig geöffnet.
Otterbergets Bad och Camping, S-54891 Hova, am Skager-See, von Ende April bis Ende August geöffnet.

Västernorrland

Norrfällsvikens Camping & Stugor, S-87031 Mjällom, auf einer Halbinsel am Meer, Anfang Mai bis Anfang November geöffnet.
Snibben Camping & Stugor, S-87016 Ramvik, in Wassernähe, Anfang Mai bis Mitte September geöffnet.

Sommer-Sonne, Wintercamping

Schweden auf einen Blick: die wichtigsten Informationen und Regeln für Reisemobil-Touristen, die mit ihrem rollenden Eigenheim in den hohen Norden fahren.

Auskunft

Informationen zum Reiseland Schweden verschickt die Organisation Visit Sweden, Box 90, S-88122 Sollefteå, Telefon 0 08 00/30 80 30 80 (gebührenfreie Service-Nummer), Fax 00 46/6 20/1 50 11, E-Mail info@swetourism.de. Internet www.visit-sweden.com. Sehr hilfreich ist der jährlich neu aufgelegte Reisekatalog „Schweden" mit vielen praktischen Hinweisen auf Sehenswertes, Aktivitäten und Feste. Gratis-Broschüren zu Regionen und Städten oder bestimmten Themen wie Camping, Natur, Angeln, Nationalparks, Kanu- oder Radfahren lassen sich direkt von der deutschsprachigen Website bestellen.

Reisezeit

Schweden ist ein klassisches Ziel für eine Reise im Hochsommer. Der typische Urlaubsmonat für viele Schweden ist der Juli. Die Nachsaison mit ihren günstigeren Preisen beginnt daher vielerorts schon Anfang August. Dank des Golfstroms besitzt Schweden ein gemäßigtes Klima. Die Sommer können aber sehr heiß, die Winter im Norden sehr kalt werden. Ein Geheimtipp ist Schweden im Winter. Die Skigebiete um den Idrefjell in Dalarna bieten sich auch zum Wintercamping an.

Einreise

Reisende aus EU-Ländern benötigen bei der Einreise nach Schweden lediglich einen Personalausweis, Kinder einen Kinderausweis oder einen Eintrag in den Papieren der Eltern. Notwendige Kfz-Papiere: Führerschein, Fahrzeugschein. Die grüne Versicherungskarte für das Mobil ist nicht vorgeschrieben, wird aber dennoch empfohlen.

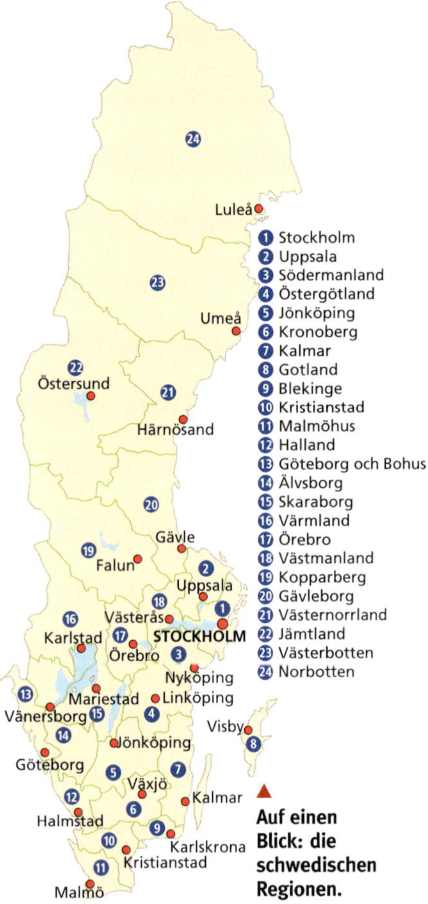

Auf einen Blick: die schwedischen Regionen.

Straßenverkehr

Das schwedische Straßennetz ist auch mit Reisemobilen gut zu befahren. Die Höchstgeschwindigkeit beträgt für Fahrzeuge bis 3,5 Tonnen Gewicht innerorts 50 km/h, auf Landstraßen 90 bis 110 km/h (über 3,5 Tonnen 80 km/h), auf Autobahnen 110 km/h (über 3,5 Tonnen 90 km/h).

Abweichende Vorschriften:

- Abblendlicht tagsüber einschalten.
- Kindersitze sind für Kinder bis zum siebten Lebensjahr vorgeschrieben.
- Promillegrenze: 0,2 Promille.
- Der Seitenstreifen kann benutzt werden, um anderen Verkehrsteilnehmern das Überholen zu erleichtern.
- Wildwechsel beachten – besonders in der Dämmerung steigt die Gefahr schwerer Unfälle mit Elch oder Rentier.
- Das Tankstellennetz ist sehr gut ausgebaut, viele Betreiber akzeptieren Kreditkarten. Eine schwedische Spezialität sind Zapfsäulen mit Geldscheinautomat (sedel), die 20-, 50- und 100-Kronen-Scheine akzeptieren und rund um die Uhr benutzt werden können – automatische Dieselzapfsäulen sind selten.

Stellplätze

Noch geschieht es nahezu unbemerkt, doch auch Schweden öffnet sich immer mehr dem Reisemobil-Tourismus. Nach ersten Projekten wie den Stellplätzen in Stockholm und in Smygehamn an der Südspitze des Landes öffnen sich immer mehr Kommunen vor allem am Göta-Kanal mobilen Gästen mit speziellen Übernachtungsplätzen. Zu Missverständnissen und unnötigem Ärger hat in den vergangenen Jahren der Missbrauch des schwedischen „Allemansrätten" geführt. Grundsätzlich ist zwar das einmalige Übernachten mit dem Reisemobil oder Caravan auf Straßen, Park- oder Rastplätzen erlaubt, auf freiem Gelände muss aber der Grundsatz des Jedermannsrechts berücksichtigt werden: „Nicht stören, nicht zerstören." Motorisierte Fahrzeuge dürfen nicht ins Gelände fahren, Lagerfeuer sind nur erlaubt, wenn keine Waldbrandgefahr herrscht. In Natur- oder Nationalparks sind sie meist verboten. Keine Abfälle zurücklassen. Es ist gestattet, Beeren und Pilze zu sammeln, geschützte Pflanzen wie Orchideen dürfen nicht gepflückt werden.

Ent- und Versorgung

Zum Ent- und Versorgen empfiehlt sich in Schweden das Anfahren von Campingplätzen. Ein dichtes Netz von Entsorgungsmöglichkeiten wie in Norwegen gibt es hierzulande noch nicht.

Camping

Rund 600 Campingplätze in allen Landesteilen haben sich dem Schwedischen Campingverband (SCR) angeschlossen. Die meisten der Anlagen liegen landschaftlich idyllisch an einem See, Fluss oder am Meer. Restaurants sind aufgrund der kurzen Sommersaison auf den Plätzen oft nicht vorhanden.
Einen guten Überblick über Lage und Ausstattung der Campingplätze gibt der kostenlose SCR-Katalog „Camping und Ferienhäuser in Schweden", der bei Visit Sweden zu bekommen ist. Ratsam ist das Mitführen der „Camping Card Scandinavia". Sie bietet außer schnellerem Ein- und Auschecken eine Versicherung, die den Camper und seine Familie während des Aufenthaltes auf dem Campingplatz schützt, sowie Vergünstigungen bei touristischen Attraktionen. Die Karte sollte für Sommerreisen bis spätestens Ende Mai angefordert werden bei: Sveriges Campingvärdars Riksförbund, Box 255, S-45117 Uddevalla, Fax 00 46/5 22/64 24 30, E-Mail ck@csr.se, Internet: www.camping.se. Beim Einchecken auf dem ersten schwedischen Campingplatz kann der Gast die Wertmarke zum Preis von 90 SEK (knapp 10 Euro) bekommen. Die „Camping Card Scandinavia" gilt nicht nur in Skandinavien, sondern in insgesamt 20 europäischen Ländern.

Tiere

Seit 1994 dürfen auch Hunde und Katzen nach Schweden einreisen – nach einem sechs Monate langen Papierkrieg, Impfungen gegen Tollwut, Staupe und Leptospirose, Blutproben und Bescheinigungen. Die Formulare sind zu bekommen beim Landwirtschaftsamt: Statens Jordbruksverk, S-55182 Jönköping, Telefon 00 46/36/15 55 33, E-Mail hundochkatt@sjv.se, www.sjv.se. Kosten: 400 SEK (42 Euro).

Weitere allgemeine Informationen finden Sie im Kartenteil.

Hab' **Sonne** im Herzen

An der Küste zwischen Larvik und Stavanger gibt es nicht nur Kutter und Freizeitboote, sondern auch weiße Strände und das richtige Wetter für einen Badeurlaub.

16 Norwegen: **Südwestküste**

Majestätische Fjorde und Bilderbuch-Dörfer

Sieben Haken besitzt die Schnur, die Jan über die Bordwand des Kutters wirft. „Zwei Minuten", hat er in seinem norwegisch singenden Tonfall gesagt. „Dann hängt an jedem Haken ein Dorsch." Die deutschen und Schweizer Touristen sehen sich vielsagend an, doch als Jan die Leine wieder einholt, zappeln an allen Haken Fische. Klar, der Kapitän hatte den Schwarm mit einem Echolot ausfindig gemacht. Doch dass sie ohne Köder anbeißen, als seien sie bestellt, vermochte sich keiner der Angler vorzustellen.

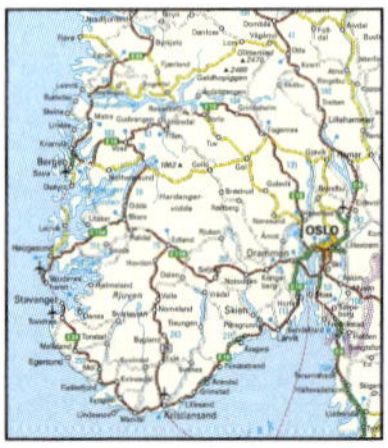

Diese Region finden Sie im Kartenteil auf den Seiten 16–19, 26, 27.

Skudeneshavn ist noch in Sichtweite, der Kutter ist nur ein kurzes Stück hinausgetuckert und dümpelt nun im Schutz der Insel Karmøy vor sich hin. Im Hintergrund steigen auf dem Festland die Berge steil empor, vom Schiff aus sind sie lediglich als graugrüne Wand auszumachen. Davor liegen die vielen Inseln des Landstrichs Ryfylke, der zu Rogaland gehört, der südlichsten Fjordprovinz, die Norwegenurlauber erreichen. Wie beinahe überall an der norwegischen Küste leben die Menschen hier seit Jahrhunderten vom Fischfang. Mit Dorsch, Makrele und Hering stieg und fiel der Lebensstandard. Kein Wunder also, dass die Kutterbesatzung alle Anglertricks kennt und die Fische nur mit dem Blinken der Haken ködert. Wie wichtig das Meer einst für den Ort war, zeigt das Museum Mælandsgården in Skudeneshavn.

In dem Wohnhaus aus dem Jahr 1818 entdecken Besucher einen Krämerladen und alte Werkstätten, Ausstellungen zum Fischfang und zur Schiff-Fahrt sowie eine komplett eingerichtete Wohnung aus dem 19. Jahrhundert.

Delfter Kacheln, englische Kaminöfen und deutsche Spitze firmieren als die Statussymbole vergangener Zeiten. Die Gassen im alten Teil von Skudeneshavn dagegen sind gewunden und schmal. In den niedlichen weißen Holzhäusern lebten früher die einfachen Fischer.

Das wirtschaftliche und kulturelle Zentrum im Südwesten ist Stavanger. Die Ölindustrie hat die Stadt in den fünfziger Jahren des vergangenen Jahrhunderts zu einem ihrer wichtigsten Standorte auserkoren. In den umliegenden Buchten und Fjorden liegen Bohrplattformen, vom Flughafen in Sola starten Versorgungsmaschinen zu den Bohrinseln. Trotz des Aufschwungs trägt Stavanger aber nicht das kühle Gesicht einer Industriemetropole. Nach wie vor drängen sich kleine Holzhäuser und romantische Gärtchen in der fröhlich belebten Altstadt.

Mit dem Fischkutter können Angler sich von Skudeneshavn aus aufs offene Meer hinausfahren lassen. ▶

Eine typische Schärenküste mit kleinen Inseln und Riffen finden Reisende bei Sandnes.

Die Weltoffenheit und der Wohlstand von Stavanger zeigen sich in exzellenten Kulturangeboten. Das jährliche Kammermusikfestival im August kann einige der schönsten Spielstätten des Landes vorweisen, darunter den Dom und das Kloster Utstein auf der Insel Mosterøy. An Museen ist Stavanger nicht so reich wie Bergen, doch hat es mit dem Hermetikmuseum eine nette Kuriosität vorzuweisen. Die ehemalige Heringskonservenfabrik führt vor, wie der Fisch einst in die Dose kam.

Kontakte zu den Bauern des Binnenlandes hielten die Küstenbewohner früher über Wasser. Die weit in die unzugängliche Bergwelt reichenden Fjorde waren die wichtigsten Verkehrswege. Der Lysefjord ist der südlichste dieser Meereseinschnitte und einer der herbschönsten dazu. Nahezu senkrecht fallen die Ufer zum Wasser hin ab.

Am berühmtesten ist der Blick vom Prekestolen. Auf dem Felsplateau über dem Fjord rutschen Wagemutige auf dem Bauch bis an die Kante, um rund 600 Meter in die Tiefe zu blicken – senkrecht. Zweieinhalb Stunden dauert die Wanderung von der Prekestolhytta hinauf zum Prekestolen. Bei schönem Wetter winkt als Belohnung die fantastische Aussicht – für alle Schwindelfreien.

Noch aufregender geht es am Kjerag zu, der am Ende des Fjords 1000 Meter hoch aufragt. Beliebtes Fotomotiv für Hartgesottene ist der in einer Felsspalte über dem Abgrund eingeklemmte Findling. Wer sich darauf stehend ablichten lässt, sollte besser völlig trittsicher sein: Tief unten schimmert atemberaubend der königsblaue Fjord.

Mit verwegenen Aussichten wartet auch das Ende des Lysefjords auf. In engen Haarnadelkurven zieht sich die Straße von Lysebotn hinauf zur Passhöhe in Richtung Sirdal. Jede Kurve überrascht mit einer neuen Aussicht. Es gibt sie also noch, die gewundenen Stra-

LAND & LEUTE

Tiefe Fjorde im Westen, Strände und eine zerklüftete Schärenküste prägen den Süden von Rogaland, dicht bewaldete Berge sind typisch für das Hinterland der Region – ideal für Bootsfahrer und alle, die auch im Norden die Wärme suchen.

SEHEN & ERLEBEN

Rund 5000 Teilnehmer treffen sich Ende Mai/Anfang Juni zum Drachenfestival bei Sola südlich von Stavanger. Der Meereswind sorgt dafür, dass die bunten Flieger an Höhe gewinnen. Tief in die Vergangenheit steigt die Insel Karmøy im Juni: Beim Wikingerfestival leben auf Märkten, Handwerkerstätten und an Grillplätzen die Zeit der Nordländer auf (www.karmoy.org).

ESSEN & TRINKEN

Eine Spezialität ist Potte-ål, marinierter Aal in einer Sauce aus Weißwein, Mandeln und Korinthen, zusätzlich gewürzt mit Nelken und Muskat. Kosten können Sie dies zum Beispiel im Restaurant „Høllenbrygge“, westlich von Kristiansand.

16

Norwegen: **Südwestküste**

Majestätische Fjorde und Bilderbuch-Dörfer

ßen, auf denen das Autofahren eine Herausforderung ist. Doch sie werden seltener, denn für ein schnelles Fortkommen sorgen nun vielerorts Tunnel und Brücken.

Der touristische Reiz bleibt dabei gelegentlich auf der Strecke, und das Ganze ist auch nicht umsonst: Wer zum Beispiel das 600jährige Kloster Utstein auf der Insel Mosterøy bei Stavanger besuchen möchte, muss für den unterseeischen Tunnel tief in die Tasche greifen.

Der Süden und der Südwesten Norwegens sind für viele deutsche Gäste nur eine Durchgangsstation auf dem Weg zu den Fjorden in Westnorwegen, für die Einheimischen hingegen das wichtigste inländische Reiseziel. Südlich von Stavanger erstreckt sich die Landschaft Jæren mit ihrer flachen Küste und langen Sandstränden – ein Paradies für Badeurlauber. Gemessen an der dänischen oder deutschen Ostseeküste sind die Bademöglichkeiten minimal, doch überfüllt sind sie nie. Nordnorweger sollen das Wasser sogar für warm halten. Das Wichtigste aber ist das gute Wetter: Die Sörlandsküste verfügt über ein stabiles und sonnenreiches Kleinklima, was sie wohltuend von dem manchmal sehr regnerischen Fjordland abhebt.

Gemeinsam haben die Küstenorte zwischen Stavanger und Larvik ihre enge Beziehung zum Meer. Kaum ein Einwohner lebt hier ohne Boot. Urlauber, die ohne schiffbaren Untersatz anreisen, finden in den meisten Orten eine Mitfahrgelegenheit. Auch Wassertaxis sind weit verbreitet. Bei Risør liegt der Campingplatz von Sandnes direkt am Fjord, eine kleine Bucht trennt das Gelände von der „weißen Stadt am Meer".

In der Saison bieten die Betreiber täglich einen Bootsausflug an. Eine der schönsten Touren ist die Fahrt zum alten Leuchtturm Stangholmen Fyr, der heute ein Restaurant beherbergt. Spezialität des Hauses sind Krabben, die in einer großen Schüssel zum Selberpulen auf den Tisch kommen. Dazu gibt es warmes Brot und dick gerührte Mayonnaise. Oben im Leuchtturm, wo einst das Feuer den Schiffen den Weg wies, befindet sich die kleinste Bar Südnorwegens mit drei Plätzen und einer grandiosen Aussicht auf das Skagerrak.

Immer wieder bieten sich in Südnorwegen grandiose Ausblicke auf majestätische Fjorde. ▶

Risør besteht fast ausschließlich aus weißen Holzhäusern. Kultureller Mittelpunkt der Kleinstadt ist die Galerie Villvin, die modernes norwegisches Kunsthandwerk auf gehobenem Niveau präsentiert. Jedes Jahr Anfang Juli laden die Inhaberinnen die besten Kunsthandwerker Norwegens nach Risør zu einem Markt ein, der eine Institution geworden ist. Lederschmuck, Keramik und Textilien in bester Qualität lassen sich erstehen, nur den handgestrickten

◀ **Karg und felsig zeigt sich die Küste, an der nur ein Leuchtturm Lebenszeichen gibt.**

Elch-Pullover suchen Ausländer auch hier vergeblich. Denn so ein Schmuckstück selber herzustellen ist für die meisten Skandinavier absolute Ehrensache.

Der zweite Höhepunkt im Jahr ist das Holzbootfestival Anfang August, ein Treffen der kleinen und großen Boote in traditioneller Bauweise. Dann lässt sich der Hafen von Risør fast zu Fuß überqueren, gleichsam von Boot zu Boot.

Lyngør ist ruhiger als Risør, und das hat einen guten Grund: Das Dorf liegt auf einer Insel. Statt Straßen gibt es Wasserwege. Vor einigen Jahren gewann Lyngør den norwegischen und dann den europäischen Wettbewerb um den Titel „Besterhaltenes Dorf Europas". Auf dem zweiten Platz in der norwegischen Vorausscheidung landete Skudeneshavn.

Die Hauptstraße ist natürlich auch ein Wasserweg, links, pardon, backbord liegt das Restaurant mit einigen Hotelzimmern, an Steuerbord der Händler, der alles Lebensnotwendige bereithält. Das Restaurant hat ebenso wie der Krämerladen keinen Parkplatz, dafür aber einen eigenen Anleger. Ferienhäuser gibt es in Lyngør nicht. Wer ein Haus kaufen will, muss auch das ganze Jahr in dem Ort leben. So will der Staat – im Verbund mit Subventionen – dem Ausverkauf solch idyllischer Plätzchen vorbeugen und die Dörfer lebendig halten.

Immer mehr junge Familien zieht es in das charmante Lyngør, um dort zu leben. So gibt es auch eine Schule im Ort, ganz egal wie wenige Kinder in dem Wasserdorf leben. Wer das autofreie Lyngør besuchen möchte, muss am Festland das Taxiboot anfordern, das knapp zehn Minuten von Gjerving bis ins Zentrum von Lyngør braucht. Dort sind es wenige Schritte bis zur „Blå Lanterne", dem einzigen Lokal am Platz. Dann heißt es nur noch, sich den besten Platz auszusuchen, die göttliche Fischsuppe zu bestellen, aufs Wasser zu schauen und die Ruhe zu genießen.

SEHEN & ERLEBEN

Der Kristiansand Dyrepark ist ein Zoo- und Vergnügungspark mit über 800 nordischen und exotischen Tieren. Besonders nett: die Kardemomme-Stadt nach den Kinderbüchern des Autors Thorbjørn Egner. Östlich von Kristiansand, geöffnet Anfang Juni bis Mitte August 10–19 Uhr (www.dyreparken.com).

WANDERN & RADELN

Ein ungewöhnlicher Lehrpfad führt am Ende des Setesdals durch das Hovden-Eisengrubenmuseum. Rauch, Geräusche und Lichteffekte versetzen die Besucher zurück in die Vergangenheit, als hier noch Eisen verhüttet wurde.

PROMOBIL-TIPP

Schönen Silberschmuck bietet der Hof Sylvartun in Nomeland im Setesdal. Auch wer nichts kaufen will, ist von den üppig verzierten Geigen und der 300 Jahre alten Setesdalstube begeistert. Geöffnet Mitte Mai bis Ende September Mo–Sa 10–18, So 11–18 Uhr.

Norwegen: **Südwestküste**

Majestätische Fjorde und Bilderbuch-Dörfer

Route

Von Oslo führt die E 18 an der Südküste Norwegens entlang bis nach Stavanger. Die Orte Risør und Lyngør liegen an dieser Straße auf der Ostseite des Südzipfels. Ein Abstecher führt von Kristiansand auf der Straße Nr. 9 ins Landesinnere, ins Setesdal.

Stellplätze

Stellplätze außerhalb von Campinganlagen gibt es Norwegen nicht, eine Liste von Entsorgungsstationen steht im Serviceteil ab Seite 134.

Camping

Mit Campingplätzen üppig ausgestattet ist die Küste im Westen bei Stavanger und im Osten zwischen Kristiansand und Larvik. Auch an der jærischen Küste im Südwesten gibt es einige Anlagen, im sehr gebirgigen westlichen Landesinneren existieren praktisch keine Campingplätze. Für die beschriebene Küstentour sind folgende Areale interessant:
Gjeving: Marino og Camping. Kleine Anlage für etwa 40 Touristen. Spielplatz, Bootsverleih, Kiosk, Pool.
Haugesund: Haraldshaugen Camping. Wiese, Sicht auf den Fjord. Schwimmbad, Restaurant, Cafeteria und Kiosk.
Jørpeland: Preikestolen Camping, ca. 5 km von Jørpeland, 2 km vom Parkplatz Prekestolen. Grillplatz, Kiosk, Restaurant. Geöffnet von Mai bis Ende September (siehe: Seite 175).
Kristiansand: Bobil-Camping Tangen. Kommunale Stellfläche, Kiesgrund, Fahrradverleih. Geöffnet von Anfang Juni bis Mitte September.
Mandal: Sandnes Bobilcamp. Fahrrad- und Bootsverleih. Geöffnet Anfang Juni bis Mitte September.
Risør: Sørlandet Feriesenter. Familiencampinganlage zwischen Risør und Lyngør, kleiner Sandstrand, Bootsverleih, Grillplatz. Geöffnet von Mitte April bis Mitte Oktober.
Stavanger: Mosvangen Camping, Tjensvoll 1b. 2 km vom Zentrum entfernt. Stellflächen für Mobile außerhalb der Anlage. Spielplatz, Aufenthaltsraum, Kiosk. Geöffnet von Mitte Mai bis Anfang September.

Sehenswertes

Hornnes im Setesdal: Mineralpark. Gruben mit reich bestückten Sammlungen von Steinen und Mineralien, Selbersammeln in den Gruben von Iveland, Info im Park. Täglich geöffnet von Mitte Mai bis Mitte August.
Kap Lindesnes: Südlichster Punkt Norwegens neben dem Lindesnes-Leuchtturm. Herrlicher Aussichtspunkt.
Risør: Kunstpark, Prestegate 15. Bunt gemischtes Museum mit Ausstellungen und Arbeiten aus Werkstätten norwegischer Künstler. Laden.

▲ **Das Straßencafé „Nilsen & Wold" ist im Sommer einer der beliebtesten Treffs in Stavanger.**

Skudeneshavn: Museum Mælandsgården zur Landwirtschaft und Fischerei. Alter Krämerladen, Werkstätten und Wohnung aus dem 19. Jahrhundert (www.skudenes.no/museum/).
Stavanger: Gamle Stavanger: Altstadt mit Holzhäusern, Gärtchen, Gaslaternen und Kopfsteinpflaster. Hermetikmuseet: Konservenmuseum in einer alten Heringsfabrik. Ullandhaug Hofanlage: Nachbau einer Steinzeitsiedlung mit Gräbern aus der Bronze- und der Wikingerzeit und einem Aussichtsturm. Etwa 5 km südlich von Stavanger, geöffnet von Mitte Juni bis Mitte August täglich, sonst nur sonntags.
Klosterøy: Besterhaltene Klosteranlage Norwegens, im Sommer Konzertveranstaltungen.

Aktivitäten

Baden: Mandal – fast 1 km langer, breiter Sandstrand. Orresanden – weißer Sandstrand auf dem Jærenriff, umgeben von traumhafter Dünenlandschaft. Sandnes – Havanna Badeland. Norwegens größtes Spaßbad.
Bibersafari: Ausflugsfahrt mit Kanus zur Biberbeobachtung. Start und Anmeldung beim Turistkontor Lillesand, Østergate 2.
Einkaufen: Stavanger, Valbergtårnet: Wachturm auf der Halbinsel Holmen mit Kunstgewerbeladen. Risør Kunstpark, Prestegate 15: Museum und Werkstätten.
Schmalspurbahn: Setesdalbahn von Grovane, 20 km nördlich von Kristiansand, nach Vennesla. Norwegens älteste Museumsbahn, 45minütige Fahrt.
Wandern: Zweistündige Wanderung zum Aussichtspunkt Prekestolen. Mit der Autofähre von Stavanger bis Tau, auf der Straße bis Jössang, dann zu Fuß weiter.

Essen & Trinken

Lyngør: Restaurant Blå Lanterne, Holmen. Bekanntes Inselrestaurant mit Fischspezialitäten. Überfahrt per Boot von Risør aus.
Stavanger: Café Sting, Valberget 3. Kleine Snacks und leckerer Kuchen (www.cafe-sting.no). Hansen Hjørnet, Skagenkaien 19. Bierhaus mit Blick auf den Hafen.

Bücher & Karten

Voller guter Tipps steckt das Buch von Hans-Peter Koch, „Südnorwegen", Michael Müller Verlag, Erlangen, 2003, 15,90 Euro.

WEITERE INFORMATIONEN

Reisemål Destination Ryfylke AS,
N-4130 Hjelmeland, Telefon 00 47/51 75 95 10, Fax 00 47/51 75 07 83,
E-Mail info@visit-ryfylke.com, Internet www.visit-ryfylke.com

Auf dem Dach **der Welt**

Atemberaubende Naturerlebnisse garantiert die vielfältige Fjord-Landschaft Norwegens auf jeden Fall – von Schwindel erregenden Aufstiegen bis zu stillen Stunden am See.

17

Norwegen: **Fjordland**

Natur pur im Wilden Westen

Ein falscher Schritt, und alles ist vorbei. Zentimeter für Zentimeter schiebt der kleine Mann aus den USA seine Füße vorwärts, beugt sich leicht nach vorne, reckt vorwitzig den Hals, dann zieht er sich aber schnell wieder zurück. Sein Glück. Denn nur zwei Meter weiter geht es abwärts. Rund 600 Meter tief. Senkrecht. Und ohne jede Sicherung. Hollywood wäre dankbar für solch eine Kulisse.

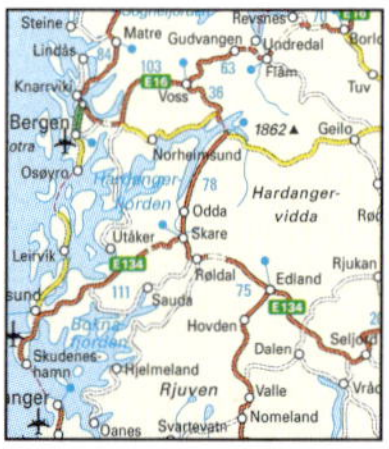

Diese Region finden Sie im Kartenteil auf den Seiten 16, 17, 24, 25, 38, 39.

Wenig später, der zweite Anlauf: Jeff, der Student aus Colorado Springs, will es jetzt wirklich wissen. Flach auf dem Bauch liegend robbt er sich zentimeterweise an den Abgrund heran und peilt vorsichtig über die Sturzkante. Was er sieht, verschlägt ihm endgültig die Sprache. Tief unten schimmert ihm das Blau des Lysefjords entgegen, bahnt sich der Meeresarm unaufhaltsam seinen Weg von der Nordsee durch die grauen Felsenbuckel an der norwegischen Südwestküste.

Der „Preikestolen", die tennisplatzgroße Felsenkanzel, ist im wahrsten Sinne des Wortes eine atemberaubende Ouvertüre für ein Festival der Formen und der Farben, das weltweit vergeblich seinesgleichen sucht. Dabei ist der schmale Lysefjord nur einer der vergleichsweise kleineren Meeresarme. Die großen, breiteren, berühmteren wie der Hardanger- und der Sognefjord warten ein paar Tagestouren weiter im Norden.

Der „Ryfylkevegen" führt Reisemobil-Touristen mitten hinein in diese Welt der Fjorde und der Berge. Die Route folgt der Straße Nr. 13, die später in den „Fjordvegen" übergeht, dabei den Hardanger durchquert, in das Städtchen Voss und von dort über das Vikafjell zum Sognefjord führt und dann in Førde endet – eine Panorama-Strecke, die auch Weitgereisten immer wieder die Sprache verschlägt. Beschauliche Ortschaften verbergen sich in einer wilden, fast schon menschenfeindlichen Bergwelt, vor der zerklüfteten Küste ein Meer von Inseln, viele davon flach und dicht bewaldet, andere wiederum unwirtlich und kahl.

Als Sprungbrett nach Fjord-Norwegen bietet sich Stavanger an, eine der lebendigsten und charmantesten Städte Norwegens. Als Basis für die Bohrinseln in den Ölfeldern der Nordsee erlebt die Stadt ihren zweiten Frühling. Den ersten verdankte Stavanger vor 150 Jahren den Heringsschwärmen, die vor der Küste auftauchten und das Fischerdorf zur reichsten Stadt des Landes machten. Aus dieser Ära stammt auch ihre Schokoladenseite, das Viertel „Gamle Stavanger".

Lange Fronten weiß und gelb gestrichener Holzhäuser reihen sich an kopfsteingepflasterten Gassen oberhalb der Kaianlagen auf. Ein malerisches Bild, das stark an ein Freilichtmuseum erinnert, doch das täuscht. Die Altstadt ist

Majestätisch rahmen die senkrecht aus dem Meer emporsteigenden Felsen den Lysefjord ein. ▶

◀ **Hoch und weit: Tief unterhalb der Aussichtsterrasse auf dem Berg Fløyen liegen Zentrum und Hafen der Hansestadt Bergen.**

nach wie vor bewohnt, und das wird spätestens in einer der hellen Sommernächte deutlich. Auf der anderen Seite des Hafenbeckens drängen sich dann Einheimische, Geschäftsleute und Touristen, in und vor den alten Lagerschuppen, die heute als Hotel, Restaurant oder Kneipe dienen. Kein Zweifel: Stavanger macht Appetit auf mehr.

Der Wunsch kann in Erfüllung gehen. Zunächst geht es mit der Fähre hinein ins Abenteuer Fjordland. Winzige Orte wie Hjelmeland, Sand und Sauda bleiben zurück und mit ihnen Gegensätze, die es in Europa wohl kaum noch einmal so hart gibt. Kontraste zwischen den lotrecht abfallenden Felswänden und putzigen Holzhäuschen, einsamen Hochebenen und dem fast schon lieblichen Obstgarten am Hardangerfjord.

Norheimsund ist nur ein kleiner Ort am Rande des berühmtesten aller Meeresarme, aber ein guter Ausgangspunkt für Ausflüge durch die Fjordwelt und die sie einrahmenden Berge mit ihren zahllosen Seen. Für Urlauber haben die norwegischen Touristiker in vielen Landesteilen ein- bis mehrstündige Rundwanderwege ausgewiesen und werben für das Naturerlebnis mit dem Motto „Autowandern“. Allen Wegen gemeinsam: Sie gehen von Parkplätzen aus, die auch mit dem Reisemobil problemlos zu erreichen sind, selbst wenn hin und wieder eine schmale Straße zu Ausweichmanövern zwingt.

Eine besonders schöne Route führt durch das Fitjadal. Ein stiller See, ungestört durch Motorboote, tut sich inmitten der grün bewachsenen Berge auf, aus denen nur einige graue Felsen herausragen. Hin und wieder unterbricht ein roter oder weißer Farbfleck das ewige Graugrün der Landschaft – eine der neunzig Hütten, die sich hier im langen, menschenleeren Tal verteilen.

Eine davon gehört Martin Bjørk. Der baumlange, pensionierte Lehrer, mit eisgrauen, kurz geschnittenen Haaren, der kerzengeraden Haltung und den flinken, meerblauen Augen ist er ein Norweger wie aus dem Bilderbuch,

LAND & LEUTE

Fjord-Norwegen ist der gebräuchliche Begriff für die norwegische Süd- und Südwestküste. Die Region prägen bis zu 200 Kilometer ins Binnenland eindringende Fjorde und eine unwirtliche Berglandschaft mit Felsen und Gletschern.

SEHEN & ERLEBEN

Eine fantastische Aussicht auf die Stadt Bergen, die Fjorde und die umliegenden Berge bietet sich vom Gipfel des 643 Meter hohen Bergs Ulriken. Wanderer finden hier auch ein ausgezeichnetes Wegenetz. Eine Seilbahn verbindet den Gipfel mit der Talstation oberhalb des Haukeland Krankenhauses.

ESSEN & TRINKEN

Gleich drei gute Lokale finden Genießer im alten Hanseviertel Bryggen zu Bergen: „Bryggen Tracteursted“ ist ein uriges Wirtshaus in einem alten Speicher, das „Enhjørningen pflegt eine gute Fischküche, und die Sterne des „Finnegaardsstuene“ ziehen Genießer in eines der alten Bryggenhäuser.

17

Norwegen: **Fjordland**

Natur pur im Wilden Westen

kennt die Bergwelt in der Umgebung aus dem Effeff.

„Eine Wanderung hier in den Bergen ist wie ein Spaziergang durch die Jahreszeiten", sagt Martin und weist auf die umstehenden Sträucher. „Hier unten am See ist es schon Herbst, dort oben in den Bergen aber immer noch später Frühling." Der Mann weiß, wovon er spricht – das zeigt sich bei einer gemeinsamen Tour nur zu schnell.

Je höher der Weg den Berg hinaufführt, desto fantastischer ist der Blick auf die Berge und desto reicher fällt die Beute aus. Mutter Natur bestimmt in Norwegen den Speiseplan, und ihr Tisch ist in diesen Wochen reich gedeckt. Der Sommer verwöhnt die Menschen mit einer Unmenge von Beeren.

Überall am Wegesrand sind die gesuchten Blaubeer-Büsche zu entdecken. Ein schnelles Bücken, ein kurzer Griff, schon füllt sich die Hand mit den blauen, wunderbar intensiv schmeckenden Beeren. Ganz einfach fällt die Beerensuche allerdings nicht. Der Weg hat es in sich. Unten am See war der Anstieg noch ein Klacks, hier oben dagegen führt der kaum noch zu erkennende Pfad steil bergauf und bergab. Die Steine sind vom Regen am Vortag noch glitschig, und so manches Mal verliert sich der Weg im Dickicht. Ab Anfang September sprießen in den Wäldern auch Steinpilze und Pfifferlinge, und damit gibt Martin seinem Menü den letzten Pfiff. „Gegrillte Forelle gibt es heute Abend, dazu ein paar Pilze, Zwiebeln und zum Nachtisch noch ein paar Blaubeeren."

Norheimsund hat aber noch eine zweite Attraktion: die Obstplantagen, für die der Hardangerfjord so bekannt ist. Im Frühling verleihen Hunderttausende blühender Obstbäume der herbschönen Fjordlandschaft eine ungewohnt sanfte, fast schon zarte Note, zur Erntezeit leuchten rotbäckige und grüne Äpfel aus den Blätterwerk hervor.

In Steinstø, einem Weiler am Fykesund, gibt es einen der wenigen Obsthöfe, Steinstø Fruktfarm, der seine verführerisch roten Früchte auch an Touristen verkauft. Vater Staat, so erfährt der überraschte Reisende aus dem bürokratiegeplagten Deutschland, zieht dem unkontrollierten Verkauf landwirtschaftlicher Produkte enge Grenzen. Angeblich aus Hygienegründen und weil die Kunden eine staatliche Kontrolle und Lenkung wünschen, vielleicht sind Stände aber auch so selten, weil es sich für die Produzenten kaum rechnet.

Auf diesem schönen Hof an der engsten Stelle des Fjords entsteht auch eine der ganz seltenen Spezialitäten des Landes: norwegischer Cidre. Doch der

Anstrengend und atemberaubend: Der Aufstieg auf den „Preikestolen", die Felskanzel hoch über dem Lysefjord, ist eine Herausforderung an Kondition und Willenskraft. ▶

ist im Land der Fjorde noch seltener als FKK-Touristen im Schnee.

Als Finale einer Reise durch eine furiose Naturlandschaft drängt sich ein Besuch in Bergen auf, der alten Handels- und Hansemetropole an der Westküste. Das magische Dreieck des Mittelalters hatte hier einen seiner Eckpunkte. Die Kaufleute der Hanse brachten Getreide, Roggen und kostbares Salz aus Lüneburg und Oldesloe in den Norden, wo es dringend benötigt wurde, um den Kabeljau von den Lofoten zu pökeln.

Der gesalzene und getrocknete Fisch ging dann per Schiff nach Spanien und Portugal, wo er sich sogar zum Nationalgericht mauserte – ein goldenes Dreieck, das die Kaufleute der Hanse sehr reich machte und der Stadt Bergen ihren sichtbaren Wohlstand bescherte.

Direkt am Hafen erhebt sich das Quartier, in dem die Deutschen vor 600 Jahren ihre Kontore und Speicher hatten: Bryggen. So ganz originalgetreu sind die altersschiefen Holzhäuser am Hafen allerdings nicht. Die ältesten stammen von 1702 und damit aus einer Zeit als die Hanse längst schon Geschichte war – Brände hatten die älteren Häuser immer wieder vernichtet.

▲ **Die fröhlich-bunten Holzhäuser in der Altstadt von Stavanger verraten etwas von der sommerlichen Lebensfreude der Norweger.**

Auch die Besucher von heute ziehen Meerestiere magisch an. Krabben, Garnelen, Lachs, Hummer und Mönchsfisch – frisch, geräuchert, eingeschweißt oder in der Dose – liegen hier auf dem nahen Fischmarkt am Hafen unter roten Sonnensegeln in rauen Mengen auf Eis. Heute sind aber nicht nur die Fische gesalzen, die Preise sind es ebenfalls.

Der besondere Charme von Bergen aber überwiegt, vor allem in den schmalen Straßen am Fuße des Hausbergs Fløyen. Schmale Treppengassen erklimmen im Zickzack-Kurs den Hang, führen an verzierten Altbauten vorbei, geben kleine Plätze mit altertümlichen Laternen frei, mit plätschernden Brunnen und hölzernen Telefonzellen.

Vom Gipfel aus öffnet sich eine zauberhafte Aussicht. Puppenstubenhaft liegt die Altstadt den Menschen zu Füßen, wie Spielzeug wirkt selbst das stolze Segelschiff „Staatsrad Lehmkuhl" im Hafen. Und gleich hinter der Stadt verschwindet der mächtige Fjord zwischen den graugrünen Felsbuckeln im Westen. Dieser Aufstieg erweist sich diesmal als Kinderspiel, er dauert nur acht Minuten, einer Zahnradbahn sei Dank.

SEHEN & ERLEBEN

Die Inselwelt an der Mündung des Hardangerfjords in die Nordsee steht bei Sportbootfahrern und Anglern besonders hoch im Kurs. Die Schärenküste um die Orte Bremnes und Brandasund ist meist karg und baumlos,besitzt aber mit der alten Kirche auf Moster eine echte Attraktion.

WANDERN & RADELN

Trockenen Fußes durch einen Wasserfall gehen zu können, ist die Spezialität des Steindalsfoss, der 3 Kilometer von Norheimsund entfernt an der Straße nach Bergen liegt. Ein Fußweg führt unter dem Wasserfall hindurch und verschafft Wanderern so eine ungewöhnliche Ansicht.

PROMOBIL-TIPP

Ein typisch norwegisches Dorf aus der Mitte des 19. Jahrhunderts mit Wohn- und Wirtschaftsgebäuden, Schmiede, Schule und Obstgarten bewahrt das Hardanger Folkemuseum bei Utne. Im Hauptgebäude ist originäre Volkskunst zu sehen.

Norwegen: **Fjordland**

Natur pur im Wilden Westen

Route

Die beschriebene Route durch Fjord-Norwegen beginnt in der Hafenstadt Egersund. In Sandnes, etwas weiter im Norden, beginnt der „Ryfylkevegen“ (Straße Nr. 13). Links und rechts dieser Route liegen zahlreiche Perlen der Natur wie die Felsenkanzel „Preikestolen“ am Lysefjord oder der „Kjeragbolten“, ein Felsblock, der in 1000 Metern Höhe über dem Lysefjord in einer Felsspalte klemmt. Ebenfalls lohnend: ein Abstecher nach Stavanger. Auf den „Ryfylkevegen“ folgt dann der „Fjordvegen“, der durch die einzigartige Landschaft des Hardanger führt, über die Höhenzüge des Vikafjell und den Sognefjord bis Førde verläuft. Wer nicht so viel Zeit hat, biegt schon bei Brimnes Richtung Westen in die Hansestadt Bergen ab, um hier die Fähre nach Dänemark zu nehmen.

Stellplätze

Grundsätzlich gilt auch in Norwegen das skandinavische Jedermannsrecht, das den freien Zugang zur Natur garantiert und das Sammeln von Beeren und Pilzen erlaubt. Es ist allerdings verboten, mit Motorfahrzeugen die Straßen zu verlassen, Pflanzen auszureißen und Tiere zu stören. Generell ist das freie Stehen zwar möglich, auf immer mehr Rastplätzen stehen aber Schilder, die das Übernachten im Reisemobil untersagen – Ergebnis des Fehlverhaltens einiger Reisemobil-Touristen. Speziell ausgewiesene Reisemobilhäfen sind in Norwegen selten. Der bekannte Platz in Bergen (Bergen Caravan Center, Sandviksboder 1) ist eine Ausnahme. Das Gelände liegt direkt am Wasser und nicht allzu weit vom Stadtzentrum entfernt, ist aber nur in der Hauptsaison von Juni bis August geöffnet.

Camping

Rund 1300 Campingplätze finden sich in allen Teilen Norwegens, die meisten davon im Süden des Landes. Eine sehr gute Übersicht über diese Anlagen bietet der deutschsprachige Prospekt, den es beim Norwegischen Fremdenverkehrsamt gibt.

Sehenswertes

Bergen: Moderne Groß- und ehemalige Hansestadt in landschaftlich sehr reizvoller Lage mit zentral gelegenem Hafen, Segelschiff „Staatsrad Lehmkuhl“, Aquarium, großem Fischmarkt. Sehenswertes Kaufmannsviertel „Bryggen“, schmucke Altstadt. Ausflug mit der Zahnradbahn auf die Aussichtsberge „Fløyen“ und „Ulriken“ (Panoramablick).
Sand: Freundlicher Ort am Sandsfjord mit interessanter Lachstreppe am Fluss Suldalslågen – durch eine Glaswand können Menschen den Fischen im Lachsstrom zusehen.
Stavanger: Lebendige Hafenstadt mit kleiner, aber sehr schöner Altstadt (zahlreiche Holzhäuser).

Aktivitäten

Angeln: Das Angeln im Meer und in den Fjorden ist kostenlos.
Autowandern: Ausgezeichnete Kombination von motorisiertem

▲ **Immer wieder laden einsame Rastplätze zum Genießen der wildromantischen Landschaft ein.**

Ausflug und interessanter Wanderung. Die ein- bis dreistündigen Ausflüge auf markierten Wegen beginnen und enden auf Parkplätzen. Die Tourenblätter mit dem Routenverlauf und Informationen zu den Attraktionen sind in den Touristenbüros zu bekommen.

Baden: Lange Sandstrände mit tausenden vorgelagerten Inseln und dazu relativ warme Wassertemperaturen (knapp 20 Grad Celsius) gibt es vor allem an der norwegischen Südküste.

Rad fahren: Gekennzeichnete Fahrradrouten führen durch Wälder, Hochgebirge, Täler und an den Fjorden entlang. Relativ einfach zu befahren ist die „Nordseeroute" von Flekkefjord nach Haugesund durch den südlichen Teil Fjord-Norwegens und durch Rogaland. Die Strecke folgt den Stränden von Jaeren, attraktiv ist sie auch durch das „Insel-Hüpfen" – per Fähre lassen sich Finnøy und Kvitsøy leicht erreichen. Die deutschsprachige, kostenlose Broschüre „Fahrradurlaub in Norwegen" informiert über Routen und Werkstätten. Zu bekommen ist sie bei: Sykkelturisme i Norge, Boks 448, Sentrum, N-0104 Oslo.

Essen & Trinken

In Fjord-Norwegen dominieren Fischgerichte die Speisekarten. Frische Krabben („Reker") kauft man am besten auf dem Fischmarkt von Bergen ein. Besser zum Mitnehmen eignen sich die Konserven mit Ölsardinen, für die Stavanger berühmt ist. Hintergründiges dazu gibt es auch im Konservenmuseum in den Räumen einer Fabrik in der Altstadt, Øvre Strandgatan 88a, zu erfahren.

Bücher & Karten

Dank des ausgezeichneten Hauptkatalogs und der anderen Info-Pakete des Norwegischen Fremdenverkehrsamtes erübrigt sich der Kauf eines traditionellen Reiseführers. Wer etwas Stoff zum Schmökern mitnehmen will: Viel Hintergrund über Land und Leute, sehr gute Fotos und praktische Hinweise bietet der „Polyglott Apa Guide Norwegen", Langenscheidt, München, 2003, 19,95 Euro. Speziell der Westküste des Landes widmet sich Claudia Banck in „Norwegens Fjordland", Dumont, Köln, 2003, 12 Euro. Hilfreich bei Reisen durch das gesamte Land ist dank zahlreicher Tipps der Band von Hans-Peter Koch, „Norwegen", Michael Müller Verlag, Erlangen, 2005, 21,90 Euro.

WEITERE INFORMATIONEN

Bergen Tourist Board, P.O. Box 4108 Dreggen, N-5835 Bergen,
Telefon 00 47/55/55 20 00, Fax 00 47/55/55 20 01,
E-Mail info@visitbergen.com, Internet www.visitbergen.com

18 Lillehammer

Kein **Schnee** von gestern

Das Olympia-Fieber ist seit vielen Jahren schon verflogen. Doch für Wintersportler, die Natur pur schätzen, steht das norwegische Lillehammer immer noch ganz oben auf dem Treppchen.

18

Norwegen: **Lillehammer**

Winterspaß in der Olympiastadt

Der Schnee in Lillehammer wirkt immer noch olympiareif. Vor der winterlichen Kulisse um die ehemalige Olympiastadt in Mittelnorwegen glitzert die eisige Oberfläche des zugefrorenen Mjøsa-Sees. Die Dächer der roten und gelb leuchtenden Farbkleckse des Gesamtkunstwerks dahinter, der hölzernen Häuser also, tragen schwer an der weißen Last; auch der Hausberg des Schauplatzes der Winterspiele 1994 präsentiert ein tief verschneites Haupt. Und, nicht zuletzt, der Fluss Mesna, der die Stadt in zwei Gebiete teilt, glitzert geheimnisvoll eisig-blau in der tiefstehenden Wintersonne.

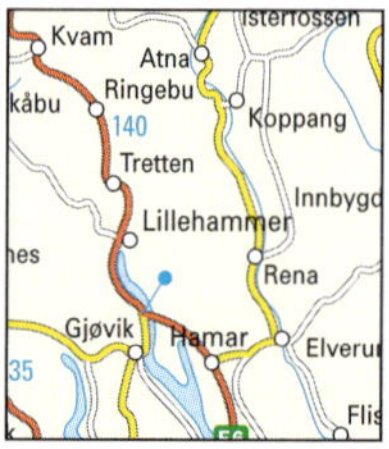

Diese Region finden Sie im Kartenteil auf Seite 27 D1.

Wahre Steingiganten sind die Berge, die den jetzt wieder etwas verträumten Flecken einrahmen, übrigens nicht. Vergleichsweise bescheidene 1000 Meter über dem Meeresspiegel garantieren in Lillehammer trotzdem optimale Wintersportmöglichkeiten mit viel Schnee, konstant winterlichen Temperaturen und überraschend viel Sonne.

Eine steile Karriere erlebte das Städtchen in jüngster Vergangenheit. Anfang des 19. Jahrhunderts lebten hier gerade mal 50 Menschen, bei den Wettbewerben von 1994 kehrte die Welt in die mittlerweile 24 000 Einwohner zählende Gemeinde ein und erfreute sich an beinahe schon romantischen, stimmungsvollen Winterspielen abseits von Kitsch und Kommerz. Inzwischen ist es wieder ruhiger geworden – sicher kein Nachteil. „Guck mal, da ist ein Boot vom Eis eingeschlossen", sprüht es aus dem kleinen Peter heraus.

Der Dreikäsehoch liegt nicht ganz falsch. Die Eislaufhalle in Hamar, darum handelt es sich nämlich, liegt in der Tat wie ein dramatisch gekentertes Wikingerschiff inmitten der weißen Pracht. Am anderen Ufer des Sees macht ein ebenso skurriler Bau, der mit viel Dynamit und noch mehr Fantasie in den Berg gesprengt wurde, die Besucher neugierig. In der Fjellhalle rasten seinerzeit dick gepolsterte Kufenkünstler halsbrecherisch dem kleinen, schwarzen Eishockey-Puck und den wertvollen Medaillen hinterher.

Mancher läßt die beiden Stadien links liegen und erkundet statt dessen die hochgelobten Loipen, die für Langläufer eine echte Herausforderung darstellen. Wer diese märchenhafte Infrastruktur erkunden will, der sollte zunächst einmal genug Zeit mitbringen.

Denn allein in ummittelbarer Nähe der ehemaligen Olympiastadt findet der Skifahrer ein Netz von 500 Kilometern zweispurig präparierter Loipen. Breite, rote Pistenraupen zerschneiden die himmlische Ruhe und rasseln nach jedem Neuschnee durch die weiße Landschaft, spuren die Pisten. Die Orientierung ist trotz der Weitläufigkeit des Netzes kein Problem. Farbige Markierungen – zu den Spielen 1994 erstmals ein-

Die Sprungschanzen und Olympiaanlagen laden zur Besichtigung ein. ▶

Das Fahrzeugmuseum in Lillehammer zeigt alte Vehikel vom Straßenkreuzer bis hin zur Dampfwalze.

geführt – zeigen sicher den richtigen Weg. Die Grenzen setzt in diesem Langlauf-Paradies eher die eigene Kondition oder der Kakao-Durst des quengelnden Nachwuchses.

Im sogenannten Aktivitätscenter von Nordseter oder der Nachbargemeinde Sjusjøen kann der Langlauf-Experte sogar geführte Touren durch die rächtige Landschaft buchen. Nachtwanderungen bei Fackelschein, Pferde- oder Hundeschlittenfahrten sprechen auch die Nicht-Skifahrer an. Skiausrüstungen zu leihen oder preiswert reparieren zu lassen ist in dem Wintersportort natürlich auch kein Problem.

Lillehammer hat aber auch für den alpinen Sportler rasante Pisten parat. Schließlich sind die olympischen Abfahrts- und Slalomhänge von Hafjell und am Kvitfjell jetzt auch für die sportbegeisterte Öffentlichkeit zugänglich.

Wer die Einsamkeit vorzieht, der kann über das nahe gelegene Örtchen Segelstadbru die Berge entdecken. Skilifte befördern den Alpinisten von dort auf den rund 1200 Meter hohen Skeikampen. Schlangen an den Liftstationen oder überfüllte Pisten sind hier eine Seltenheit. Dafür lässt sich die Natur kaum hautnaher genießen als auf dem Skeikampen. Weitere alpine Paradiese kann der abenteuerlustige Fan im Norden von Ringebu mit seiner fantastischen Stabkirche und bei der Stadt Orta entdecken.

Nach soviel Sport steht Erholung auf dem Plan. Auch hier hat das verträumte, norwegische Fleckchen Erde etwas Passendes zu bieten. Am südöstlichen Stadtrand macht das Freilichtmuseum Maihaugen neugierig. Dass es der ehemalige Zahnarzt Anders Sandvig vor rund 110 Jahren gründete, ist für die kleinen Besucher nicht so interessant. Weit mehr Begeisterung rufen die Werkstätten hervor: „Schau mal, die alte Schmiede!“ Kinderaugen glänzen.

Geschichte zum Anfassen lässt den Kakao-Durst eben glatt vergessen. Doch auch in Maihaugen ist Kondition gefragt. 165 Gebäude warten auf neugierige Besucher. Ein beinahe schon olympisches Programm. Nur am Skjåk, dem Schulhaus aus längst vergangenen Zeiten, geht Peter ganz schnell vorbei – das Ende der Ferien ist einfach zu nah.

LAND & LEUTE

Die olympischen Winterspiele 1994 hinterließen Lillehammer moderne Wintersportanlagen, zum Beispiel die beiden knapp 20 Kilometer entfernten Langlaufparadiese Nordseter und Sjusjøen mit einem 350 km langen Netz gespurter Loipen.

SEHEN & ERLEBEN

Das Olympiamuseum in der Håkon-Halle zeigt nicht nur den Abschluss der Winterspiele 1994 sondern widmet sich anhand von 6000 Exponaten der Historie der Olympiade von 776 v. Chr. bis 2004.

PROMOBIL-TIPP

Elchsafaris der etwas anderen Art organisiert von Dezember bis März das Sjusjøen Høyfjellshotell. Wenn die winterlichen Schneeverhältnisse die sonst so scheuen Tiere an die Futterstellen locken, können Interessierte die Elche in freier Wildbahn beobachten und fotografieren (www.sjusjoen.com).

Norwegen: **Lillehammer**

Winterspaß in der Olympiastadt

Route

E 6 von Oslo zum 180 Kilometer nördlich gelegenen Lillehammer.

Stellplätze

Offizielle Stellplätze außerhalb von Campingplätzen sind in Norwegen nahezu unbekannt, eine Liste von Entsorgungsstationen steht im Serviceteil ab Seite 134.

Camping

Fåberg: Hunderfossen Camping, 15 km nördlich von Lillehammer. Große Anlage, Ganzjährig.
Lillehammer: NAF-Camping. E 6, Abfahrt Lillehammer Sentrum. Ganzjährig.

Sehenswertes

Lillehammer: Hübsches Zentrum mit Holzhäusern und Cafés. Freilichtmuseum Maihaugen mit 185 Häusern, Almhütten, Fischerkapelle, Werkstätten und Multimediashow. Geöffnet: Mitte Mai bis Ende September 10–17 Uhr, im Winter Di–So, 11 bis 16 Uhr (www.maihaugen.no). Ausflug zum Norwegischen Straßenmuseum (www.vegmuseum.com).

Aktivitäten

Alpin-Ski: Das Hafjell-Alpinsportzentrum nördlich von Lillehammer ist ein schneesicheres Gebiet. Die Pisten befinden sich in bewaldetem Gelände, welches vor Wind und hartem Wetter Schutz gewährt. Skifahrer können auch bis oberhalb der Baumgrenze gehen und die Freiheit des offenen Geländes und eine atemberaubende Aussicht genießen. Die längste Abfahrt misst 5 km.
Langlauf: Die Langlaufzentren Nordseter und Sjusjøen waren kleine Almsiedlungen und zählen jetzt zu den besten Langlaufgebieten Nordeuropas. Sie liegen in rund 850 Meter Höhe, 15–20 km von der Stadtmitte entfernt. Die Loipen verbinden Lillehammer, Nordseter und Sjusjøen mit Hafjell und den Olympia-Loipen des Birkebeiner-Skistadions.

Essen & Trinken

Leicht süßlich mundet der „Gudbrandsdalsost“. Dieser in ganz Norwegen bekannte, aus fetter Ziegen- oder Kuhmilch hergestellte Scheibenkäse stammt von den Almen des Gudbrandsdalen.
Dølaheimen Kafeteria: Jernbanegata 3. Hausmannskost.
Lundegården Brasserie & Bar: Storgata 108. Rentiergerichte.

Bücher & Karten

Ausführliche Broschüren zum Urlaub in Lillehammer auch in deutscher Sprache können sich Interessenten vom lokalen Touristenbüro zusenden lassen.

WEITERE INFORMATIONEN

Lillehammer Turist, Jernbanetorget 2, N-2609 Lillehammer, Telefon 00 47/61 28 98 00, Fax 00 47/61 28 98 01, E-Mail info@lillehammerturist.no, Internet www.lillehammerturist.no

19 Nordkap-Region

Der Weg zur **Pol-Position**

Richtung Norden und immer geradeaus: Wer zum Polarkreis aufbricht, kann in Norwegen karge Landschaften und eine Hand voll schöner Ortschaften entdecken.

19 Norwegen: **Nordkap-Region**

Die weite Reise ans Ende der Welt

Die Sonne scheint immer noch, obwohl Mitternacht längst durch ist. Ihr Licht erfasst den ganzen Menschen, wärmt die Seele in der oft kargen Landschaft von Nordnorwegen. Dänemark und die schwedischen Provinzen Småland, Västmanland sowie Dalarna hat das Reisemobil längst hinter sich gelassen. In Haparanda berührt die östliche Route zum Nordkap sogar kurz finnischen Boden. Der nördliche Polarkreis rückt näher. Draußen fegen schneidende Winde vorbei, drinnen wärmt die Heizung.

Diese Region finden Sie im Kartenteil auf Seite 87.

Der Weg ist bei einer Reise zum Nordkap das Ziel. Von Stuttgart sind es bis zum Endpunkt der Tour satte 5000 Kilometer – nur für eine Richtung wohlgemerkt. Kondition und Sitzfleisch sind gefragt, viele Stunden vergehen täglich am Lenkrad. Doch die schroffe, bizarre Landschaft belohnt reichlich für die Ausdauer. Sie ist wie geschaffen für Liebe auf den zweiten Blick.

Nördlich von Lappland nimmt die Vegetation immer mehr ab. Kiefer und Fichten zeigen Krüppelwuchs; kein Vergleich mehr zu den schier endlosen Wäldern Schwedens. Birken beherrschen die Szenerie. Sie haben sich der Kälte offenbar optimal angepasst und können nun dafür die Sonne in vollen Zügen genießen. Am Nordkap herrscht viel Licht und wenig Schatten. Vom 14. Mai bis zum 30. Juli scheint die Sonne hier schließlich ohne Unterbrechung. Nur selten laden bescheidene Siedlungen unterwegs zur Rast ein.

Kurz hinter Ivalo streift die Route den Inari-See, Finnlands drittgrößtes Binnenmeer. Es zählt zu den romantischsten Plätzen, die Suomi zu bieten hat. Die Bezeichnung „See" ist eine glatte Untertreibung. Das blau schimmernde Wasser hat die doppelte Ausdehnung des Bodensees. Von West nach Ost misst die Oberfläche 45 Kilometer, von Nord nach Süd sind es sogar 60 Kilometer. Leider lieben auch Mücken den Inari-See. Die geplagten Camper in ihren Zelten am Ufer können Reisemobilfahrer mit fugendichten Türen und Fenstern mit Moskitonetzen nur bedauern.

Doch weiter geht es zum Nordkap, am nächsten Morgen klingelt der Reisewecker in aller Früh. Eigentlich überflüssig, denn Mitteleuropäer sind im Hohen Norden ohnehin stets putzmunter. Schon am sehr frühen Morgen kitzeln die Sonnenstrahlen Langschläfer wach. Nach dem Frühstück geht es zügig los. Nicht das nachlassende Tageslicht, sondern die Vernunft des Fahrers setzt den Etappen ihr Ende.

Die E 75 führt durch die schroffe Tundra. Die arktische Vegetation besteht aus Puschelgras und Heidekraut, Rentiermoos oder Zwergsträuchern. Die Einsamkeit scheint überall greifbar. Doch auf dem Moorboden setzt Mutter Natur auch überraschende Farbtupfer.

Tromsø ist die größte Stadt in Nordnorwegen und ein wichtiges Etappenziel auf der langen Reise gen Norden. ▶

◀ **Eine stille und schöne Landschaft begleitet die Reisenden auf dem Weg zum Nordkap.**

Leuchtende Blumen trotzen dem schneidenden Wind und beleben die karge Umgebung. Die finnisch-norwegische Grenze bei Nuorgam ist kaum zu erkennen. Kein Schlagbaum, kein Wächterhäuschen. Ein einsames Schild mit der leicht verblichenen Aufschrift „Norge" reckt sich dem Sonnenlicht entgegen. Doch nicht jeder soll hier ungestört passieren. Ein breitmaschiger Gitterrost hält die Rindviecher im Zaum. Undenkbar, dass an der Grenze finnische Kühe nach Norwegen auswandern oder umgekehrt. Auch die sprichwörtliche skandinavische Nachbarschaft hat eben ihre Grenzen.

Kurz nach Tana tauchen die ersten schneebedeckten Berge auf. Das Kongsfjordfjellet reckt sich der immer präsenten Sonne entgegen. Hinter Langnes berührt die gut ausgebaute E 6 den Tanafjord. Bläulich schimmerndes Wasser blitzt von der Seite, die eisige Luft hüllt das Reisemobil in klirrende Kälte.

Hinter Rustelfjelbma wendet sich das Blatt. Die Straße wird kurviger, führt an steinigen Schluchtenabbrüchen entlang, klettert stets bergauf und erklimmt das Ifjordfjellet. Jetzt ist der Fahrer gefordert, er muss das Reisemobil auf Kurs halten – Hochgebirgscharakter auf 500 Metern über dem Meeresspiegel. Hinter Kunes kann er sich dann wieder ausruhen. Die schroffen Felsen sind passé. Doch leider präsentiert sich die Etappe auch eintöniger. Wie mit dem Lineal gezogen, sucht sich die E 6 ihren Weg durch weite und karge Hochflächen.

Plötzlich schmiegt sich die Route wieder an einen Fjord an, den Porsangen. Es geht schnurstracks Richtung Norden, an seinem Westufer entlang. Die Strecke ist fantastisch, rechts das tiefe Grünblau des Wassers, links die Felsen und eine unwirkliche, spärliche Vegetation. Ein Fotomotiv neben dem anderen! Doch der Fahrer konzentriert sich besser wieder auf die nächste Kurve.

Nach gut 130 Kilometern macht sich Nervosität breit. Das Ziel ist in nächster Nähe, jetzt braucht es nur noch eine kurze Fahrt durch den mautpflich-

LAND & LEUTE

Vielfältig, wild und schön ist die Landschaft in Nordnorwegen. An der Küste wechseln sich Felsen, Inseln und Strände ab, im Landesinneren finden sich Gletscher, Hochgebirge und Canyons. Von Mai bis Juli scheint die Mitternachtssonne.

SEHEN & ERLEBEN

Das Polarlicht leuchtet nur in dunklen Nächten und die sind bei einer sommerlichen Reise zum Nordkap kaum zu erwarten. Ausnahme: Im Nordlichtplanetarium von Tromsø schimmert der künstliche Himmel auch im Sommer und am Tag. Zu erleben an Wochenenden von Mitte August bis Ende Mai.

FEIERN & GENIESSEN

Die nördlichste Champagnerbar der Welt steht in der Nordkaphalle, in der auch Ausstellungen zum Kap zu sehen sind. Die als Tunnel angelegte Halle besitzt auch ein Panoramafenster zum Eismeer. In der Hochsaison ist das Zentrum täglich von neun bis zwei Uhr nachts geöffnet.

Norwegen: **Nordkap-Region**

Die weite Reise ans Ende der Welt

tigen Tunnel, dann ist das Ziel erreicht: die gigantische Felseninsel Magerøja. Ihr Name bedeutet übersetzt „magere Insel". Damit treffen die Norweger den Nagel auf den Kopf. Am anderen Ende des Tunnels erwartet die Mobilfahrer ein anderes Bild. Zum ersten Mal erstreckt sich längs des Weges eine wirklich arktische Landschaft. Zum Kap fehlen noch 36 Kilometer. Vegetation: Fehlanzeige.

Das Reisemobil sucht sich seinen Weg durch eine leere Hügellandschaft. Die Leere, die Ruhe und die stille Abgeschiedenheit wickelt die Besatzung allmählich ein. Dann plötzlich: Mitten im Nichts hält ein Schlagbaum alle Nordstürmer auf. Die Privatstraße zum Kap ist mautpflichtig. Ohne Eintritt geht auch hier nichts. Jenseits der Schranke liegt ein blaues Gebäude, ein Restaurant mit dem unvermeidlichen Souvenirshop und die Nordkaphalle. Das bleibt erst mal links liegen, denn das verlockende Ziel scheint jetzt so nahe.

Nur noch gut 100 Meter über ein Hochplateau, und das Nordkap ist erreicht – ein schroffer, 307 Meter hoher Steilabbruch ins Eismeer. Der nördlichste Punkt Europas. Wirklich? Nein! Westlich von Magerøja reckt sich das steinerne Knivskjellodden aus dem klirrend kalten Wasser. Und diese Landzunge befindet sich exakt 1450 Meter weiter im Norden. Doch was zählt's?

▲ **Die symbolisierte Erdkugel am Polarkreis ist eines der meist fotografierten Motive dieser Tour.**

ESSEN & TRINKEN

Eines der wenigen Restaurants außerhalb von Hotels ist die Pomoren Mats & Danse Bar in Hammerfest, Storgaten 27. Unbedingt probieren: die Fischspezialität Steinbeißer.

PROMOBIL-TIPP

Einen Abstecher lohnt der Ort Alta. Von hier führt ein Ausflug nach Savtso, zur Wanderung durch den Alta Canyon. Im Hjemmeluft Museum in Alta sind 2000 bis 6200 Jahre alte Felszeichnungen zu finden. Geöffnet von Mai bis September, 9–18 Uhr, im Sommer bis 21 Uhr (www.alta.museum.no).

Zurück geht es nur noch südwärts. Dort wartet ein anderer geographischer Superlativ. Das Reisemobil nimmt die Straße nach Kvaløja. Auf 70° 39' 48" nördlicher Breite und 23° 40' östlicher Länge lässt sich die nördlichste Stadt der Welt entdecken. Hammerfest zählt 9500 Einwohner, dazu kommen noch 200 000 Touristen pro Jahr. Da kann es in der Altstadt schon einmal eng werden, denn alle wollen ins Rathaus. Dort kann jeder gegen eine Spende Mitglied der „Royal and Ancient Society of Polar Bears" werden. Irgendwie ist die Kälte auf einmal nicht mehr so ungemütlich. Die Mitgliedschaft hat doch ihren Vorteil.

Kleine rote und blaue Häuser wechseln sich in der 1789 gegründeten Hafenstadt mit moderner Bebauung ab. Die evangelische Kirche an der Kirkegata überrascht Besucher mit ihren einmaligen Glasmalereien. Im Fischrestaurant schmeckt noch ein leckerer Steinbeißer, dann heißt es wehmütig die Rückreise anzutreten. Heimwärts geht es auf der anderen Route, erst Richtung Westen, durch Norwegen, dann immer gen Süden. Der Abschied vom allerhöchsten Norden fällt schwer. Denn auch an diesem Tag war die kräftige Sommer-Sonne ein ständiger Begleiter und wärmte Körper und Seele zugleich.

Route

Anfahrt auf der E 4 entlang der schwedischen Küste, ab Haparanda auf der E 75 durch Finnland bis Nuorgam. Auf der E 6 gen Norden, und durch den mautpflichtigen Unterwassertunnel zur Insel Magerøya. Gebühr pro Fahrzeug der Klasse 2 von 6 bis 12,4 Meter Länge: 445 NOK/61 Euro pro einfacher Fahrt (2004).

Stellplatz

Stellplätze außerhalb von Campinganlagen gibt es Norwegen kaum, eine Liste von Entsorgungsstationen steht ab Seite 134.

Camping

Freies Campen ist auf der Nordkap-Insel verboten, es drohen deshalb hohe Geldbußen!
Hammerfest: Turistsenter. An der RV 94. Entsorgung möglich, ganzjährig.
Honningsvåg: Nordkapp Camping, nördlich von Honningsvåg. Geöffnet von Anfang Mai bis Mitte September.
Skarsvåg: Kirkeporten Camping, nördlichster Platz. Keine Entsorgung möglich.

Sehenswertes

Hammerfest: Merianstøtten an der Landspitze Fuglenes, Granitsäule mit Erdkugel, Erinnerung an Erdmessung.
Kunes: Adamsfoss-Wasserfall, etwa 15 km nördlich von Kunes.
Nordkap: Nordkaphalle mit Café, Souvenirladen, Poststation. Sehenswert ist das Video im Nordkapkino und der Tunnelgang zum Panoramafenster der Royal Nordkap Halle. Geöffnet Anfang April bis Anfang Oktober.

Aktivitäten

Bootsausflug: Ab Honningsvåg rund ums Nordkap oder zum Fischerdorf Skarsvåg. Oder mit der Nordkap Cruise zweimal täglich von Hammerfest zum Nordkap, mit Besichtigung.
Wandern: Halbstündiger Fußweg von Skarsvåg, 13 km südlich vom Nordkap, zum Felsen „Kirkeporten" mit schöner Aussicht aufs Nordkap. Steiler Fußweg zum Aussichtsberg Salen im Osten von Hammerfest.

Bücher & Karten

Speziell für Outdoor-Freaks: Dirk Heckmann, „Norwegen – Nordkap-Route", Conrad-Stein-Verlag, Welver, 2004, 12,90 Euro.

WEITERE INFORMATIONEN

Nordkapp Reiseliv, Postboks 34, N-9751 Honningsvåg, Telefon 00 47/78 47 70 30, Fax 00 47/78 47 70 39, E-Mail info@northcape.no, Internet www.northcape.no

20 Lofoten

Wo die **Wale** winken

Norwegischer geht's kaum noch: Wen Mitternachtssonne und Walsafari reizen, der ist auf den abgelegenen Inseln der Lofoten und der Vesterålen gerade richtig.

20 Norwegen: **Lofoten**

Nördlich des Polarkreises

Henningsvær an einem schönen Sommerabend: Die Sonne will und will nicht untergehen. Möwen schreien, am Ufer stehen gewaltige Holzgestelle, an denen Kabeljau zum Trocknen aufgehängt ist, und in den Hallen am Hafen stapeln sich unüberriechbar die bereits getrockneten Stockfische. Wohnhäuser, Fischerhütten, drei Restaurants, ein paar Läden, zwei Hotels. Das ist es: Henningsvær, das Venedig des Nordens. Ein etwas wortgewaltiger Vergleich. Denn auf den ersten Blick hat der unscheinbare Ort mit der Lagunenstadt in Italien etwa so viel zu tun wie – sagen wir mal – eine Essiggurke mit einem Schokoriegel.

Diese Region finden Sie im Kartenteil auf den Seiten 72, 73, 80.

Das Städtchen liegt auf ein paar Felsbrocken vor der Südspitze der Lofoten-Insel Austvågöy. Wenn der Wind schläft und die Sonne richtig steht, dann wird das Wasser zum Spiegel und stellt die ganze Welt auf den Kopf. Die Berge, die grün und zackig in den Himmel ragen, die bunt bemalten Lagerhäuser, die mit Netzen behängten Fischtrawler – alles erscheint in doppelter Ausführung. Ein echter Mittsommer-Traum.

So ist das auf den Lofoten. Diese eigentümliche Landschaft braucht sich eigentlich keine schrägen Vergleiche gefallen zu lassen, sie ist für sich selber und ganz allein schon groß. Henningsvær ist der schönste Fischerort auf den Lofoten, hat 520 Einwohner und eine ganz eigene Atmosphäre. Das Licht, die schroffen Berge, die Abgeschiedenheit – das sind hier die eigentlichen Urlaubserlebnisse.

Es ist buchstäblich ein langer Weg bis zu dieser Erkenntnis. Die Inselgruppen der Lofoten und der Vesterålen liegen weit nördlich des Polarkreises. Etwa 2300 Kilometer Luftlinie sind es von Hamburg bis nach Svolvær, der Hauptstadt der Lofoten. Klar, dass hier oben die Mitternachtssonne scheint, von Anfang Juni bis Anfang Juli geht die Sonne nicht schlafen. In diesem Licht strahlen die bunten Küstenhäuser besonders malerisch. Am Ortsrand von Henningsvær stechen etliche Rorbuer ins Auge, alte Fischerhütten, die heute als Ferienquartier dienen. Sie sind rotbraun angestrichen wie so viele Häuser in Skandinavien.

Die Farbe hatte früher einen wichtigen Grund. In jedem Fischerort durften nur die wohlhabenden Grundbesitzer ihre Häuser weiß bemalen. Ein helles Gelb dagegen kennzeichnete die Sjøhuser, die Gebäude, in denen die Fische angelandet, gewogen und verarbeitet wurden. Die Rorbuer, die Hütten, in denen leibeigene Fischer lebten, erhielten einen billigen, braunroten Anstrich aus Dorschleber-Abfällen.

Fischfang bestimmt auch heute noch das Leben vieler Menschen auf der Inselgruppe. Doch damit beginnt auch

Mitten hinein in unwirtliche Steinwüsten führen die Straßen auf den beiden Inselgruppen. ▶

In den rotbraunen Rorbuer-Häusern von Henningsvær lebten früher leibeigene Fischer.

schon das Problem. Heißt es eigentlich Dorsch oder Kabeljau? Diese Frage können wahrscheinlich nur Touristen stellen. Es handelt sich um ein und denselben Fisch, den wichtigsten Wirtschaftsfaktor der Lofoten seit über 1000 Jahren. Der arktische Kabeljau gehört zur Familie der Dorschfische und heißt daher auch Dorsch – so einfach ist das.

Die regelmäßigen Wanderungen des Kabeljaus bilden nämlich die Grundlage für den Lofotenfischfang. Jedes Jahr zwischen Januar und April ziehen die Kabeljau-Schwärme an den Lofoten vorbei. Früher waren es Tausende Fischer, die Jagd auf den Dorsch machten.

Doch rücksichtsloses Überfischen in der Barentsee und immer perfektere Fangmethoden bedrohten die Dorschbestände, die immer modernere und teurere Ausrüstung brachte vielen Fischern den Ruin. Von den abertausend Kuttern sind jetzt nur noch ein paar hundert übriggeblieben. Internationale Absprachen und strikte Fangbeschränkungen haben dazu geführt, dass sich die Dorschbestände inzwischen wieder erholt haben. Jeder Kutter bekommt alljährlich seine Fangquote, ist die abgefischt, darf er nicht mehr auslaufen.

Der erbeutete Kabeljau wird zum größten Teil zu Stockfisch verarbeitet. Überall auf den Inseln hängen die bräunlichen Fischleiber auf den riesigen Holzgerüsten zum Trocknen. Dafür haben die Fischer den Kabeljau geköpft, ausgenommen und paarweise an den Schwänzen zusammengebunden. Ohne jedes Konservierungsmittel trocknet der Fang in der frischen Luft vor sich hin. Dörrfisch heißt diese Spezialität, und an seinen durchdringenden Geruch müssen sich Mitteleuropäer erst gewöhnen.

Fremdartig mutet auch manches aus der Kulturgeschichte der Inseln an. Vor gut zehn Jahren ist es passiert: Beim Pflügen stieß Bauer Frik Harald Bjerkli oberhalb des Örtchens Borge auf etwas Hartes. Die sperrigen Hindernisse entpuppten sich als verborgene Überreste einer Wikingersiedlung, genauer sogar

LAND & LEUTE

Wildgezackte Berge, tiefblaue Fjorde, Meer und Einsamkeit – die Inselgruppe der Lofoten ist Norwegens Paradies für Naturfreunde. Die wärmste Reisezeit ist im Juni und Juli, die Mitternachtssonne scheint auf der Höhe von Svolvær etwa von Ende Mai bis Mitte Juli.

FEIERN & GENIESSEN

Ein großer Spaß ist der Vågekallen-Volkslauf von Kabelvåg nach Henningsvær. Er findet jedes Jahr im Juni statt. An Jonsok, dem 23. Juni, brennen an vielen Stränden die Mittsommerfeuer. Drumherum gibt's ein fröhliches Fest. Im August steigt das Stockfischfest in Henningsvær. Den Sommer erklingen stimmungsvolle Konzerte in den Kirchen.

PROMOBIL-TIPP

Eine Fahrt mit dem Boot durch den Trollfjord führt in die dramatische Kulisse enger Wasserstraßen und steiler Berghänge. Start der etwa dreistündigen Bootstour ist im Hafen von Svolvær, Tickets gibt's im Touristenbüro auf den Lofoten.

20

Norwegen: **Lofoten**

Nördlich des Polarkreises

als ein Häuptlingssitz aus dem achten Jahrhundert. Heute steht in Borge das Lofot Wikinger Museum, in dem die Besucher das 83 Meter lange und neun Meter breite restaurierte Haupthaus der wilden Nordmänner bewundern können.

Beim Sehen bleibt es freilich nicht. In der Häuptlingshalle, in der das Stammesoberhaupt mit seiner Familie lebte und Gäste empfing, kocht eine Suppe auf dem offenen Feuer, und für ein paar Kronen gibt's dort ein Wikinger-Mahl: Eintopf, Knäckebrot und Sauerrahm. Damit auch alles echt wirkt, bekommt jeder einen Umhang aus Filz über die Schultern und isst das Süppchen mit einem rohen Holzlöffel – wie damals.

Herb geht es auch ganz oben auf den Vesterålen zu. In Andenes herrscht raues Seewetter. Selbst die Mitternachtssonne hat sich schon zur Mittagszeit hinter einer hässlich-grauen Wolkenschicht versteckt. Ein scharfer Wind pfeift und bläst Regentropfen um die Häuserecken. Da tröstet es nur wenig, dass es nirgendwo auf der Welt in diesen Breiten so warm ist wie auf den Lofoten und Vesterålen – theoretisch zumindest.

Denn der Golfstrom bestimmt das Klima. Die Wassermassen von der Karibikküste Mexikos sorgen dafür, dass die Häfen im Norden Norwegens selbst im tiefsten Winter eisfrei bleiben. Der Golfstrom macht die Winter mild und die Sommer kühl. Mal ist der Tag leuchtendhell und über 20 Grad warm, mal zeigt er sich grau, nass und feuchtkalt.

Walsafaris sind die Attraktion von Andenes. Im Hafen liegen zwei hochseetaugliche Kutter, die Urlauber auf Walbeobachtung mitnehmen. Allerdings fahren die Spezialboote nur bei gutem Wetter hinaus. Und heute kocht das Meer, die Wellen schlagen hoch, die Gischt spritzt, der Himmel grollt.

Die Waltour dauert normalerweise fünf bis sechs Stunden, und die Chancen, die gewaltigen Meeressäuger vor Kameralinse und Fernglas zu bekommen, sind nicht schlecht. Denn vor Andenes gibt es einen Unterwasser-Canyon mit einer Tiefe von über 1000 Metern. Hierher bringt der Golfstrom genügend Plankton, hier ziehen die Pottwale ihre Bahnen. Die Wissenschaftler des Walzentrums Andenes begleiten die Touren.

Sie erforschen die Tiere seit Jahren und haben registriert, dass jedes Jahr 30 bis 50 Pottwale vor der norwegischen Küste leben. Die Forscher fotografieren die Meeressäuger und identifizieren sie an der charakteristischen Form der Schwanzflossen. Die Fotos schicken sie rund um die Welt zu anderen Walbeobachtungsstationen, in der Hoffnung, damit die genauen Wanderwege der faszinierenden Tiere nachvollziehen können.

Doch nicht nur alle Theorie ist grau. Draußen hat sich der Himmel weiter verdüstert, keine Spur von Mitternachtssonne, keine Chance, dass die Walschiffe heute noch auslaufen. Aber auch kein echter Grund zum Ärgern – vielleicht klappt's ja morgen. Die Wetter wechseln schließlich schnell hier oben.

Das Wikinger-Museum in Borge versetzt seine Besucher in den rauen Alltag der Nordmänner. ▶

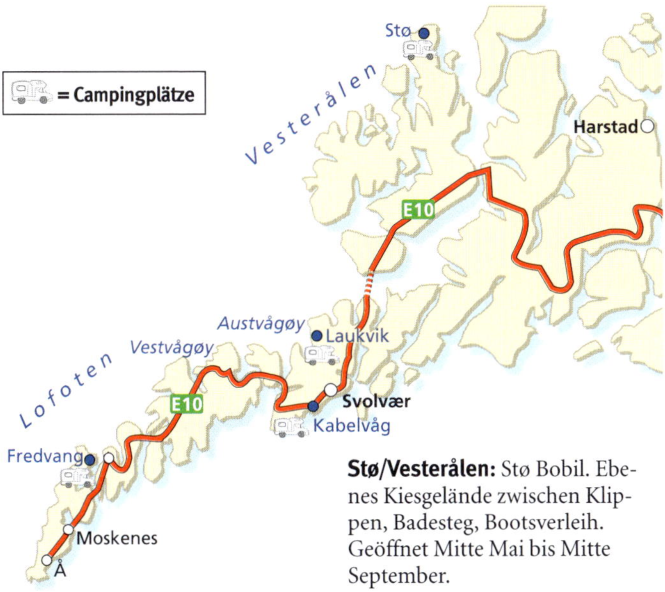

Stø/Vesterålen: Stø Bobil. Ebenes Kiesgelände zwischen Klippen, Badesteg, Bootsverleih. Geöffnet Mitte Mai bis Mitte September.

Route

Autofähren fahren ab Bodø auf dem Festland mehrmals täglich nach den Häfen von Svolvær, Å und Moskenes, kürzer ist die Strecke von Skutvik nach Svolvær, etwa achtmal täglich, Dauer gut 2 Stunden. Info: Touristbüro der Lofoten. Im Juli ist eine Reservierung ratsam. Die Lofoten haben ein gut ausgebautes Straßennetz; die Entfernung von Fiskebøl im Norden bis zum südlichen Endpunkt der Straße in Å beträgt etwa 170 km.

Camping

Viele Campingplätze liegen sehr schön, umgeben von Bergen und direkt am Meer. Das Wasser ist zum Baden aber meist zu kalt.
Fredvang/Flakstadøy: Strandog Skjærgårdscamping. Wiese in einer Talmulde, Sandstrand. Geöffnet Juni bis Ende August.
Ørsvågvær bei Kabelvåg/ Austvågøy: Lofoten Turist- og Rorbusenter. Geneigte Wiese, Halbinsel, ein Hallenbad.

Sehenswertes

Austvågøy: Lofotakvariet Kabelvåg. Aquarium mit Robbenbassin und Diavorträgen. Lofotmuseet Kabelvåg: Lofotenmuseum mit Fischerschuppen, Arbeitsgebäuden und Bootshäusern.
Flakstadøy: Nusfjord. Malerisches Hafenörtchen mit wunderschön restaurierten Holzhäusern.
Langøy: Handelsplatz Jennestad. Alter Kramladen, Kunst- und Kunstgewerbeausstellungen.
Vestvågøy: Viking Museet Lofot. Originalgetreue Rekonstruktion eines Wikinger-Häuptlingssitzes.

Essen & Trinken

Auf der Speisekarte steht natürlich Fisch ganz oben, vor allem Dorsch und Heilbutt, aber auch Seeteufel und Seewolf. Die beste Küche pflegt das Svolvær Hotell auf der Insel Austvågøy.

Bücher & Karten

Gut: Michael Möbius, Annette Ster, „Lofoten", Regenbogen-Verlag, Zürich, 2004, 18,90 Euro.

WEITERE INFORMATIONEN

Destination Lofoten, Postboks 210, N-8301 Svolvær, Telefon 00 47/76 06 98 00, Fax 00 47/76 07 30 01, E-Mail lofoten@lofoten.info, Internet www.lofoten.info

Saubere Sache

Mit einer Vielzahl von Sani-Stationen und ähnlichen Einrichtungen an Tankstellen bietet Norwegen das dichteste Netz an Ent- und Versorgungsanlagen in Skandinavien.

Der Ärger war abzusehen: Eine sehr liberale Regelung wie das norwegische Jedermannsrecht traf auf eine immer stärker anwachsende Zahl von Reisemobil-Touristen – darunter viele Neu-Einsteiger und Mieter – die sich mit einem Leih-Vehikel den lange gehegten Wunsch von der Nordlandreise in die Tat umsetzen wollten. Die Kenntnis von Land, Leuten und von der Technik des Reisemobils war oft genug höchst lückenhaft, der gute Wille auch nicht allzu stark ausgeprägt – das Unheil nahm fast folgerichtig seinen Lauf.

Verschärft wurde die Lage in den achtziger Jahren durch eine auch in Norwegen noch fehlende Infrastruktur. Zwar lockte vor allem das freie Übernachten mitten in der Wildnis mobile Naturfreunde an, doch erwies sich der Mangel an Ent- und Versorgungsmöglichkeiten als äußerst problematisch.

Zur Erinnerung: In Norwegen hat grundsätzlich jedermann das Recht, den Strand, Wald, die Wiese oder das Ufer eines Sees zu betreten, auch wenn sich das jeweilige Grundstück in Privatbesitz befindet. Das allerdings verpflichtet ihn auch, die Natur und einige Gewohnheitsrechte zu respektieren. So dürfen Reisemobile nie näher als 150 Meter an das nächste Haus heranfahren. Beim Verlassen sollte der Platz genauso sauber sein wie bei der Ankunft. Beim nächsten Nachbarn um Erlaubnis zu fragen sollte ebenso selbstverständlich sein wie das Einholen einer Genehmigung zum Anzünden eines offenen Feuers.

Leider hielten sich „schwarze Schafe“ nicht an diese überlieferten Regeln. Verbotsschilder auf vielen kommunalen oder privaten Parkplätzen waren die fast schon logische Folge des hinterlassenen Mülls oder des – schlimmer noch – einfach in die Natur gekippten Inhalts der Toiletten. Doch die Norweger beließen es nicht nur bei den Verboten, sie reagierten auch mit Angeboten.

Das Ergebnis kann sich sehen lassen: An vielen Tankstellen vor allem an den wichtigen Überlandstraßen können sich reisemobile Urlauber mit Frischwasser versorgen, oft auch das Brauchwasser ablassen und die Fäkalientanks leeren.

Es kommt noch besser: In den touristischen Brennpunkten finden Reisemobil-Touristen auch eine Ent- und Versorgungsanlagen, die sie schon aus Deutschland kennen: In den frühen Neunzigern wurde die Sani-Service 3 in 1 installiert, später die Sani-Station. In der Regel stehen die Stationen bei Tankstellen, sind somit rund um die Uhr und ohne ärgerliche Schranken zu erreichen.

Das Gute daran: Die Anlagen verfügen über eine Heizung und stehen somit auch im Winter zur Verfügung. Eine Liste dieser Entsorgungs und Versorgungsstationen finden Sie auf der nächsten Seite. Im innerskandinavischen Vergleich bietet Norwegen damit das dichteste Netz von Ver- und Entsorgungseinrichtungen. Bei speziellen Reisemobil-Stellplätzen dagegen haben die Dänen mit reisemobilfreundlichen Bauernhöfen und die Schweden mit den zahlreichen Quick-Stop-Plätzen den Norwegern den ersten Rang abgelaufen.

Doch das gute Beispiel der beiden Nachbarländer färbt mittlerweile auch auf Norwegen ab. Im Sommer 2002 öffnete der erste Reisemobilhafen in der Hauptstadt Oslo seine Tore. Das Gelände wurde mit Unterstützung des Norwegischen Reisemobil-Vereins umgestaltet, kann jetzt über 200 Fahrzeuge aufnehmen und besitzt auch eine Anlage zum Ent- und Versorgen. Die Gebühr beträgt umgerechnet rund 13 Euro pro Mobil und Nacht. Ebenso erfreulich: Der schon länger bekannte Platz in Bergen bleibt trotz anderslautender Gerüchte zumindest im Sommer geöffnet.

Alta: Sani-Service 3 in 1 an der Shell-Station in Boskop, an der Kreuzung bei der E 6
Arendal: Sani-Service 3 in 1 an der Statoil-Station, an der E 18
Aust: Sani-Service 3 in 1 in der Kommune Amli, an der Kreuzung der RV 41 mit der RV 415
Bjorli: Sani-Service 3 in 1 an der Texaco-Station, an der RV 9 bei Dombad und Andalsnes
Bodø: Sani-Service 3 in 1 an der Shell-Station, in Hunstad an der RV 80, östlich von Bodö
Brønnøysund: Sani-Service 3 in 1 an der Shell-Station im Zentrum, an der RV 17
Bygland: Sani-Service 3 in 1 an der Shell-Station, an der RV 39
Evje: Sani-Service 3 in 1 an der Texaco-Station, an der RV 39
Fla: Sani-Service 3 in 1 an der Esso-Station, an der RV 7
Gjovik: Sani-Service 3 in 1 an der Texaco-Station, an der E 6
Grimstad: Sani-Service 3 in 1 an der Statoil-Station, an der E 18 Sani-Service 2 in 1 an der Marina
Gudvangen: Sani-Service 3 in 1 an der Fina-Station, an der E 16
Hammerfest: Sani-Service 3 in 1 an der Shell-Station beim Motel/Campingplatz an der RV 94
Hemnes: Sani-Service 3 in 1 an der Esso-Station Korgen, an der E 6
Hornnes: Sani-Service 3 in 1 an der Esso-Station an der Kreuzung der RV 39 mit der RV 42
Hovden: Sani-Service 3 in 1 im Zentrum, an der RV 39
Jaren: Sani-Service 3 in 1 an der Esso-Station, an der Kreuzung der RV 4 mit der RV 34
Kinsarvik: Sani-Service 3 in 1 an der Esso-Station, an der RV 13
Klofta: Sani-Service 3 in 1 auf dem Rastplatz an der Shell-Station, an der Kreuzung der E 6 mit der RV 2
Kristiansand: Sani-Service 3 in 1 an der Nodeviga Marina Sani-Service 3 in 1 an den Shell-Stationen Nord und Süd, an der E 18
Kvam: Sani-Service 3 in 1 an der Statoil-Tankstelle, Gudbrandsdal, an der E6
Lillesand: Sani-Service 3 in 1 an der Statoil-Station, an der E 18
Lindesnes: Sani-Service 3 in 1 an der Texaco-Station, an der RV 460
Lyngdal: Sani-Service 3 in 1 an der Texaco-Station, an der E 18
Mandal: Sani-Service 3 in 1 an der Fina-Station Mones, an der E 18
Mösjøen: Sani-Service 3 in 1 an der Shell-Station, an der Kreuzung der E 6 und der RV 78
Nestun: Sani-Service 3 in 1 an der Statoil-Station in Nestun, an der RV 1
Nordkapp: Sani-Service 3 in 1 an der Shell-Tankstelle am Nordkapp Bilsenter, Honnigsvag, an der E 69 Sani-Service 3 in 1 auf dem Nordkapp Camping, Honnigsvag, an der E 69
Odda: Sani-Service 3 in 1 an der Feuerwehrstation, im Zentrum
Oslo: Sani-Service 3 in 1 an der Esso-Station, an der Kreuzung E 6/ Enebakkvei
Øvre Eidfjord: Sani-Service 3 in 1 am Caravan & Reisemobil Center, an der RV 7
Rade: Sani-Service 3 in 1 am Einkaufszentrum Spareland Rade, an der Kreuzung der E 18 mit der RV 110
Røldal: Sani-Service 3 in 1 an der Röldal Skyss-Station, an der RV 11
Røra: Sani-Service 3 in 1 an der Texaco-Tankstelle, an der Kreuzung der E 6 mit der RC 755
Sandefjord: Sani-Service 3 in 1 an der Shell-Station, Foksröd-Raststätte, an der E 18
Sarpsborg: Sani-Service 3 in 1 an der Shell-Station, an der E 6
Sor-Varanger: Sani-Service 3 in 1 an der Shell-Station, an der E 6
Steinkjer: Sani-Service 3 in 1 am Steinkjer-Touristenbüro, im Zentrum, an der E 6
Tonsberg: Sani-Service 3 in 1 an der Fina-Station, an der E 18
Valle: Sani-Service 3 in 1 im Zentrum, an der E 18
Vang: Sani-Service 3 in 1 an der Hydro Oil, an der E 16
Vågå: Sani-Service 3 in 1 bei der Fina-Tankstelle in Vägamo, Sandmoen Camping, an der RV 15
Voss: Sani-Service 3 in 1 am Volvo-Renault-Service, an der Kreuzung E 16/RV 13, Sani-Service 3 in 1 am Rastplatz Kvall, an der RV 13

Norwegen: **Reise-Infos**

Was Reisemobilisten wissen sollten

Die **klassische Tour**

Die Route zum Nordkap ist ein klassischer Tripp – auch für deutsche Reisemobil-Touristen. Was sie auf dem Weg dorthin unbedingt beachten sollten, lesen Sie hier.

Auskunft

Allgemeine Informationen über das Reiseland Norwegen versendet das Norwegische Fremdenverkehrsamt, Postfach 11 33 17, D-20433 Hamburg, Tel. 01 80/5 00 15 48, Fax 0 40/22 71 08 15, E-Mail infi@visitnorway.com, Internet www.visitnorway.com.
Die wichtigsten Fragen beantwortet der sehr informative Hauptkatalog, der jedes Jahr neu aufgelegt wird. Dieses Magazin enthält auch eine Bestellpostkarte, mit der Interessenten weitere Info-Broschüren zum Beispiel zum Campen oder zum Angeln ordern können.

Reisezeit

Auch Norwegen zeigt sich im Juni, Juli und August von der wärmsten und freundlichsten Seite. Nördlich des Polarkreises geht die Sonne tage- oder wochenlang nicht unter. Am Nordkap bleibt die Sonne von der zweiten Maiwoche bis zur letzten Juliwoche über dem Horizont. Die beste Zeit, die Mitternachtssonne zu erleben, ist im frühen Sommer und im Hochsommer. Die Haupturlaubszeit in Norwegen beginnt mit den Schulferien Mitte Juni, die bis Mitte August dauern. Das berühmte Nordlicht lässt sich am besten nördlich des Polarkreises in der Zeit von November bis Februar beobachten. Für Wintercamper bieten sich vor allem März und April mit den wieder länger werdenden Tagen an.

Einreise

Deutsche Staatsbürger benötigen bei der Einreise nach Norwegen einen Personalausweis oder Reisepass. Kinder unter 16 Jahren brauchen einen Kinderausweis oder einen Eintrag im Reisepass der Eltern. Die Papiere müssen noch zwei Monate über das Datum der Ausreise hinaus Gültigkeit besitzen. Kfz-Papiere: Führerschein, Fahrzeugschein, Nationalitätskennzeichen, grüne Versicherungskarte.

Straßenverkehr

Das norwegische Straßennetz ist sehr gut ausgebaut. Eine Besonderheit sind die mehr als 200 Autofähren, die viele Fjorde überqueren. Aus technischen und auch finanziellen Gründen sind viele Fähren nicht durch Brücken zu ersetzen. Viele Fähren verkehren von 6 oder 7 Uhr morgens bis 22 oder 24 Uhr. Tipp: An norwegischen Kiosken gibt es ein Kursbuch. Die Höchstgeschwindigkeit für Reisemobile beträgt innerorts 50 km/h, auf Schnellstraßen und Autobahnen sind es 80 km/h.

Abweichende Vorschriften

- Das Abblendlicht muß in Norwegen auch tagsüber eingeschaltet werden.
- Bei Überschreiten der Höchstgeschwindigkeit drohen Geldstrafen, in schweren Fällen Gefängnisstrafen.
- Die Promillegrenze liegt jetzt bei 0,2 Promille. Bei Verstößen drohen schwere Strafen bis zu Gefängnis.
- Zur Finanzierung von besonders teuren Brücken, Tunneln und Straßen werden Mautgebühren erhoben.
- Einige Hochgebirgspässe und besonders schmale Straßen sind für längere Reisemobile nicht geeignet.
- Hinweise auf Wildwechsel unbedingt beachten – besonders bei einbrechender Dämmerung.

Auf einen Blick: die norwegischen Regionen.

Stellplätze

Bei den Stellplätzen sind zwei gegenläufige Entwicklungen zu beobachten: Einerseits gab es in den zurückliegenden Jahren häufig Konflikten zwischen Ordnungshütern und Reisemobil-Touristen, die das traditionelle Jedermannsrecht falsch ausgelegt haben: Grundsätzlich hat in Norwegen jedermann das Recht, Strand, Wald, Ufer und Wiese auch dann zu benutzen, wenn sie Privatbesitz sind. Reisemobile dürfen allerdings nie näher als 150 Meter an das nächste Haus heranfahren. Rücksichtsloses Benehmen von Urlaubern führte in der Vergangenheit zu Ärger und so auch zu einer wachsenden Zahl von Übernachtungsverboten. Andererseits gibt es seit einigen Jahren in Bergen einen offiziellen Stellplatz, und auch Oslo weist mit dem Reisemobilhafen Sjølyst an der Westseite der Museumsinsel Bygdøy einen Stellplatz aus. Gebühr: 100 NOK pro Mobil und 24 Stunden (www.bobilparkering.no).

Ent- und Versorgung

Norwegen besitzt von allen vier skandinavischen Ländern die mit großem Abstand beste Infrastruktur von Ent- und Versorgungsmöglichkeiten. Im Prinzip ist die Versorgung mit Frischwasser gegen eine geringe Gebühr an jeder Tankstelle möglich, ebenso die Entsorgung von Brauchwasser und Fäkalien, meist in einen einfachen Bodeneinlass. Dazu gibt es eine vergleichsweise große Zahl von kommunalen Entsorgungsstationen. Oft sind dies Anlagen in touristisch attraktiven Regionen vom auch in Deutschland verbreiteten Typ Sani-Service 3 in 1. Eine Auswahl der Anlaufstellen nennt die Übersicht auf Seite 134.

Camping

Mit mehr als 1000 klassifizierten Anlagen bietet Norwegen die größte Campingplatz-Dichte aller skandinavischen Länder. Die Camping Card Scandinavia (2005: 90 NOK/12,3 Euro) erleichtert das Ein- und Auschecken und schließt darüber hinaus auch Vergünstigungen wie eine Unfallversicherung ein. Die Karte verschickt die Reiselivsbedriftenes Landsforening, Postboks, 5465 Majorstua, N-0305 Oslo, Fax 00 47/23 08 86 21, Internet www.camping.no.

Tiere

Hunde und Katzen dürfen unter bestimmten Voraussetzungen mit nach Norwegen reisen. Dazu ist eine Einfuhrgenehmigung zu beantragen. Allerdings geht der Einreiseerlaubnis ähnlich wie beim Nachbarland Schweden ein umfangreicher Papierkrieg voraus, der mindestens sechs Monate vor Reiseantritt beginnen sollte. Wenn Sie ein Haustier mit in den Urlaub nehmen möchten, müssen Sie eine Genehmigung des „Statens dyrchelsetilsyn“ vorweisen und benötigen außerdem eine Bescheinigung über erforderliche Impfungen und die Gesundheit des Tieres. Für weitere Informationen wenden Sie sich bitte an Statens dyrehelsetilsyn, Postboks 8147 Dep., N-0033 Oslo, Telefon 00 47/22 24 19 40, Fax 00 47/22 24 19 45.

Weitere allgemeine Informationen finden Sie im Kartenteil.

Felsen in der Brandung

Für mobile Naturliebhaber ist der finnische Åland-Archipel mit seinen 6500 Inseln der Stein der Weisen: Boote, Brücken und Fähren laden zum Inselspringen mitten in der Ostsee ein.

Finnland: **Åland**

23

Inselspringen in der Ostsee

Unruhe liegt in der Luft. Nur noch wenige Minuten bis zum Start. Dicht an dicht drängen sich die Menschen auf der hölzernen Postbrücke von Storby. Leinen fliegen an Land, Segeltuch flattert im Wind. Gute Wünsche und letzte Grüße wehen hinüber zu den vierköpfigen Crews an Bord der alten Nuss-Schalen, die jetzt vorsichtig aus dem engen Hafen des Dorfes am westlichen Ende des Åland-Archipels manövrieren.

Diese Region finden Sie im Kartenteil auf Seite 32.

Da, plötzlich: Ein heiseres Bellen aus dem Schlund einer kleinen Kanone zerreißt die samstägliche Stille. Unter den kräftigen Schlägen der schweren Riemen schießen die fünf Meter langen Boote aus der Bucht – hinaus in die offene Ostsee. Wie weiße Wölkchen entfalten sich die Segel an den Masten, mit der Brise im Rücken rauschen die Postboote in Windeseile dem schwedischen Festland entgegen.

„Es kommt gar nicht darauf an, als schnellster drüben in Grisslehamn zu sein“, erklärt Jonas Naucler die Regeln der Traditionsregatta. Der hagere Schwede ist einer der Organisatoren des beliebten Wettbewerbs, der jedes Jahr Mitte Juni zwischen den finnischen Åland-Inseln und dem schwedischen Fischerstädtchen steigt. Ebenso wichtig für den Sieg im Wettbewerb ist etwas anderes: „Eine Jury bewertet die historischen Kostüme der Segler und schaut sich auch an, welches Boot am besten erhalten ist.“

Klein sind die Schiffe, kühn war ihre Aufgabe. Königin Kristina von Schweden führte im Jahre 1683 einen regelmäßigen Postverkehr zwischen ihrer Hauptstadt und ihren Besitzungen im heutigen Finnland ein. Von Stockholm bis Grisslehamn eilten reitende Boten mit den Briefen über das Festland, dann folgte die Route dem uralten Schifffahrtsweg über die Ostsee nach Turku. Zum gefährlichen Dienst auf den zerbrechlichen Booten verpflichtete die Monarchin kurzerhand auch ihre Untertanen auf den Åland-Inseln.

„Genau 16 Mann in zwei Booten gehörten damals zu einer Postrotte“, sagt Naucler und weist auf einen liebevoll restaurierten Kahn im Postmuseum. „Vier bis fünf Stunden dauerte die schnellste Überfahrt im Sommer, doch im Winter war es auf der zugefrorenen Ostsee eine elende Schinderei.“ Die Männer mussten die schweren Boote über die schroffen Eisschollen wuchten, mit dicken Pelzen und gegerbten Schaf-Fellen nur notdürftig gegen die grimmige Kälte geschützt.

Als attraktives Museumsschiff liegt die stolze Viermastbark „Pommern“ heute im Westhafen von Mariehamn. ▶

In historischen Kostümen und mit alten Postbooten segeln die Crews bei der Regatta von Eckerö nach Grisslehamn.

Kaum verschwinden die Boote weit draußen hinter dem Horizont, strömt die Menschenmenge nach Hause. Eine halbe Stunde nach dem Startschuss herrscht am Anleger von Storby der Zustand, für den der Archipel in der Ostsee besser bekannt ist: Ruhe und Frieden.

Die Fahrt zurück zum Campingplatz Nottviken erweist sich als gefahrloses Vergnügen. Denn überall auf der Inselwelt leiten weiß-grüne Hinweisschilder Radler auf sicheren Wegen zu ihrem Ziel. Zuvor aber ist ein kleiner Abstecher fällig, denn der Kühlschrank des Reisemobils schockt mit gähnender Leere. Der kleine Kiosk am Fähranleger von Eckerö ist das Ziel. Doch vergeblich. Geschlossen. Also weiter nach Käringsund, direkt in die Räucherei des abgelegenen Fischerdorfes.

Wenige Tage vor Mittsommer laufen auch hier die Vorbereitungen für den längsten Tag des Jahres auf Hochtouren. Ostseelachs ist ein beliebter Festtagsschmaus in vielen Familien. Die Rezeptur ist außergewöhnlich. „Erst salzen wir den Fisch", sagt Berit Rosenqvist, die dunkelblonde Tochter des Hauses, und reibt den rosafarbenen Lachs mit dicken Plocken der weißen Kristalle ein. Dann kommt eine Mischung aus Zucker, schwarzem Pfeffer und Dill darüber. „Das Ganze muss 24 Stunden ziehen, dann würze ich die andere Seite, und erst dann kommt der Lachs in die Räucherkammer."

Auf dem Campingplatz verirren sich außer dem eigenen Reisemobil selbst Ende Juni nur ein paar Wohnwagen und einige Zelte mit schwedischen Jugendlichen – die Åland-Inseln sind auch heute noch einer der letzten Geheimtipps in Europa. Rund 6500 Inseln, Schären, Felsen und Riffe erheben sich auf halbem Weg zwischen der schwedischen Ostküste und der finnischen Westküste. Die meisten Eilande sind unbewohnt, auf vielen anderen hausen nur ein paar Dutzend Schafe.

Ein Boot ist das ideale Gefährt, um die Schönheiten des Schärengartens auf eigene Faust zu erkunden. Doch auch

LAND & LEUTE

Rund 6500 Eilande, Felsen, Schären und Riffe bilden die Åland-Inseln, die bis 1809 zu Schweden gehörten, danach zu Rußland und seit 1917 ein autonomer Teil Finnlands sind. Eigene Flagge und Briefmarken gelten als die sichtbarsten Symbole für die weitgehende Unabhängigkeit der Inselgruppe.

SEHEN & ERLEBEN

St. Catharina, die schönste Kirche des Archipels, steht in der Gemeinde Hammarland. Das mit Feldsteinen errichtete Gotteshaus stammt aus dem 13. Jahrhundert und besitzt auch einen sehenswerten Wehrturm.

ESSEN & TRINKEN

Das dunkle „Svartbröd" und die verführerisch glänzenden Pfannkuchen sind die beiden Spezialitäten des Wirtshauses im Freilichtmuseum Jan Kårlsgården. Das Brot diente den Matrosen auf Segelschiffen als eiserne Reserve, die leckeren Pfannkuchen mit Sahne und Erdbeermarmelade locken vor allem Naschkatzen an.

23

Finnland: **Åland**

Inselspringen in der Ostsee

das Fahrrad erweist sich als angenehmer Reisebegleiter. Denn über den gesamten Archipel zieht sich ein dichtmaschiges Radwegenetz, das praktischerweise durch Fahrradfähren noch zusätzlich erweitert wird.

Wasser ist auf der Reise in die Inselhauptstadt Mariehamn nahezu überall präsent. Unzählige Seen und Meeresarme schieben sich immer wieder bis auf Haaresbreite an die Straßen heran. Auf der Brücke über den Marsund beginnt die Gemeinde Hammarland, eine von 16 Kommunen, in die sich die Hauptinsel teilt. Das Dörfchen Mörby, wenige Kilometer neben der Straße Nummer 1, ist Sitz einer der stillen, kleinen Attraktionen des Archipels: der Spinnerei von Anette Häger.

Ein kurzer Druck gegen die dünne Tür, ein Läuten der Glocke, und schon versetzt die Atmosphäre den Besucher des Ladens in eine längst vergangen geglaubte Zeit. Ein hölzerner Tresen, eine gewaltige Kasse, davor das kunterbunte Durcheinander aus schrill schimmernden Bonbons, mollig-warmen Kap-Horn-Sweatern und allerlei Krimskrams vereint sich zu einem Potpourri aus der Zeit der Jahrhundertwende.

„Wenn wir aufhören würden, Garn zu produzieren, könnten wir hier ein Museum eröffnen", lacht Anette und zeigt ihren Kunden gern ihre Sammlung altertümlicher Maschinen im roten Holzhaus auf der anderen Straßenseite. „Wenn eine Fabrik in Schweden in Konkurs ging, kauften wir die Maschinen preisgünstig auf – die ältesten stammen noch aus den dreißiger Jahren.

Etwa 20 Kilometer weiter im Osten präsentiert sich die Hauptstadt Mariehamn ganz auf der Höhe der Zeit. Im Jahre 1861, gut 50 Jahre nach Übernahme Finnlands von der schwedischen Krone, gründete der russische Zar die Stadt und benannte sie nach seiner Gattin Maria Alexandrowna. Heute leben rund 12 000 Menschen in der kleinsten Hauptstadt Skandinaviens, deren hölzerne Häuser sich auf einer langgestreckten Halbinsel verteilen.

Das Schmuckstück der Stadt ist die schnurgerade Lindenallee, die den Ost- mit dem Westhafen verbindet. Abstecher in die Seitenstraßen lohnen, denn dort stehen Holzhäuser, deren kunstvolle Verzierungen sie als Bauten aus der russischen Zeit ausweisen. Das Wahrzeichen Mariehamns aber ist die „Pommern".

Die Mastspitzen der fast 100 Jahre alten Viermastbark sind das erste, was Touristen von Bord der High-Tech-Fähren erblicken, die wenige hundert Meter entfernt anlegen. Der in Deutschland gebaute Segler gehörte zu der stolzen Flotte der legendären Schnellsegler, die den Ruhm åländischer Seemannschaft um die Welt trugen. Bis in die dreißiger Jahre sandte Gustaf Eriksson seine Schiffe von Mariehamn aus zu den großen Weizenrennen. Exakt 94 Tage

Die Burg Kastelholm war bis 1634 der Sitz der schwedischen Statthalter auf Åland. ▶

dauerte eine schnelle Überfahrt von Australien nach Großbritannien.

Mariehamn war damals der Heimathafen der größten Segelschiff-Flotte der Welt. Heute dient die „Pommern“ als Museumsschiff und vermittelt als schwimmendes Ausstellungsstück einen Eindruck davon, wie eine Crew aus 26 Mann auf einem Segelschiff arbeitete und lebte. Ein Wald von Masten bestimmt auch das Bild im Osthafen.

Hier sind die Sportschiffer zu Hause, die im Sommer in unübersehbaren Schwärmen die Ålands ansteuern. Reisemobilisten gehen nicht allzuweit entfernt auf einem kleinen Campingplatz vor Anker – mit etwas Glück am Wasser.

Mittsommer ist der traditionelle Höhepunkt im kurzen nordischen Sommer. Hektische Aktivität herrscht auch in den Dörfern der Gemeinde Sund. Allerorten liegen die Mittsommerbäume auf Böcken, emsig sind viele Menschen dabei, mit kühnem Pinselstrich das Weiß der Stämme zu erneuern, frischen Blätterschmuck anzubringen und Kränze in den blau-gelb-roten Farben der Åland-Inseln aufzuhängen.

Das Freilichtmuseum Jan Kårlsgården ist ein traditioneller Treffpunkt für den Mittsommerabend. Unter Strömen von Schweiß wuchtet ein Dutzend Insulaner den festlich geschmückten Mittsommerbaum in die Höhe. Musik und Tanz geben den Ton in dieser taghellen Nacht an, die nur einen klitzekleinen Schönheitsfehler hat: Jugendliche lassen gar zu gern die Sau raus.

▲ **Selbstgebackener Kuchen, jede Menge Kaffee und leckere Beeren versüßen die sommerlichen Feste.**

Am Morgen danach wandert nur ein einsamer Frühaufsteher mutterseelenallein die zerschossenen Ruinen der russischen Festung von Bomarsund entlang. Die traurigen Trümmer sind das Ergebnis eines Angriffs der britischen Royal Navy, die während des Krimkrieges im vergangenen Jahrhundert gegen Russland den nordeuropäischen Zipfel des Zarenreiches attackierte, das „Gibraltar des Nordens“ im Handstreich nahm und kurzerhand in die Luft sprengte.

Doch der östliche Rand des Inselreichs birgt auch bessere Aussichten: Denn hier, am Ende der åländischen Welt, zeigt sich eine weitere Spezialität der Inselgruppe. Hier beginnt das Netzwerk der Fähren, die Einheimische und Urlauber auf die Außenposten des Archipels befördern. Autofahrer müssen sich einen Platz reservieren, Radler haben es besser. Für sie findet sich an Bord der kleinen, aber ungemein seetüchtigen Schiffe immer noch ein Plätzchen.

Kökar, der äußerste Vorposten im Südosten der Ålands, besitzt sogar einen Campingplatz. Kein Zweifel: Wer einmal mit sich und seinen Gedanken allein sein will, ist im Reich der tausend Riffe und Felsenbuckel genau richtig.

FEIERN & GENIESSEN

Der Startschuss zur traditionellen Postbootregatta fällt jedes Jahr Mitte Juni. In jährlichem Wechsel laufen die Boote von Storby in der åländischen Gemeinde Eckerö aus oder von Grisslehamn auf dem schwedischen Festland. Im der Saison 2005 starten die Boote wieder von den Åland-Inseln. Anfang Juli steigt in Mariehamn auch ein großes Kulturfestival.

PROMOBIL-TIPP

Angler kommen im Archipel garantiert auf ihre Kosten. Hecht, Meeresforelle, Barsch und Lachs sind ihre bevorzugte Beute. Wer professionellen Rat zu schätzen weiß, kann auch einen professionellen Angelguide mitnehmen, der gute Reviere kennt.

Finnland: **Åland**

Inselspringen in der Ostsee

Route

Die Luxusfähren von Viking Line und Silja Line legen auf ihrer Fahrt von Stockholm nach Turku einen Zwischenstopp in Mariehamn ein. Kleinere Fähren der Viking Line und der Eckerö Linjen fahren von den schwedischen Festlandshäfen Kapellskär oder Grisslehamn nach Mariehamn beziehungsweise nach Eckerö.

Stellplatz

Stellplätze und Entsorgungsstationen außerhalb von Campingplätzen gibt es auf den Åland-Inseln nicht. Freies Stehen ist nur nach Rücksprache mit dem Grundeigentümer möglich.

Camping

Insgesamt 17 Campingplätze bieten sich als Ausgangspunkte für Touren an. Der Standard der Sanitäreinrichtungen ist eher bescheiden, dafür entschädigen viele Plätze mit ihrer reizvollen Lage. Für die beschriebene Tour empfehlen sich folgende Plätze.
Eckerö: Nottviken Camping. Größtenteils ebenes, teilweise leicht abfallendes Wiesengelände in lichtem Mischwald und am Ende einer kleinen Halbinsel. Rasenstrand, 150 Touristenplätze, Mai bis September geöffnet.
Mariehamn: Gröna Udden Camping. Geneigtes Gelände in lichtem Mischwald und mit einem rund 100 Meter breiten Strand in der Nähe des Hafens bei einer Bootswerft.600 Touristenplätze, Mai bis Ende August geöffnet.
Storby: Hummelviks Camping. Ebenes Wiesengelände in lichtem Mischwald und mit einem rund 200 Meter langen Strand. 240 Touristenplätze, Mai bis September geöffnet.
Sund: Puttes Camping. Langgestrecktes, nahezu ebenes Wiesengelände mit Hecken und Bäumen gleich neben der Festung Bomarsund. 200 Touristenplätze, Juni bis Ende August geöffnet.

Sehenswertes

Bomarsund: In der Zarenzeit zu Beginn des 19. Jahrhunderts erbaute Festung östlich von Kastelholm, im Krimkrieg von der englischen Flotte zerstört.
Jan Kårlsgården: Eindrucksvolles Freilichtmuseum zur Bauernkultur der Inseln mit Windmühlen, alten Häusern und einem schönen Wirtshaus.
Mariehamn: Hauptstadt, Wirtschafts- und Verwaltungszentrum der Inselgruppe mit rund

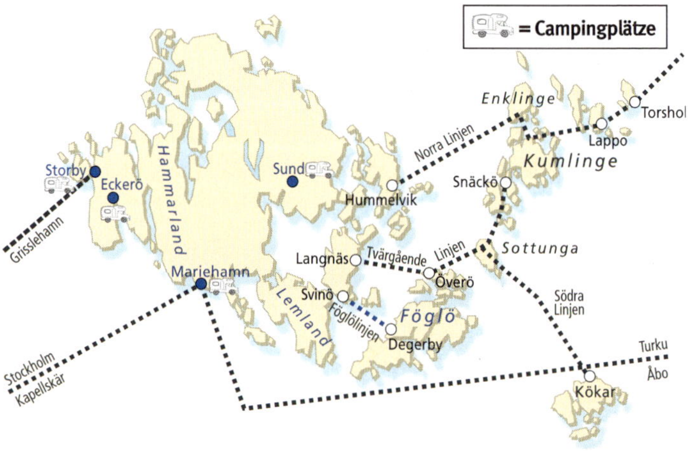

▲
Die reich verzierten Holzhäuser in der Altstadt von Mariehamn stammen noch aus der Zarenzeit.

12 000 Einwohnern. Prachtstraße Norra Esplanadgatan mit Kirche St. Göran, dem Seefahrtsviertel, Fußgängerzone mit guten Einkaufsmöglichkeiten. Seefahrtsmuseum am Westhafen zur Geschichte der finnischen Großsegler, Museumsschiff „Pommern". Ålands-Museum mit einer Ausstellung zur Archäologie und Kulturgeschichte des Archipels. Vergnügungsgelände Ålandsparken am Westhafen.
Kastelholm: Ehemaliger Sitz des schwedischen Statthalters (13. Jahrhundert), im 18. Jahrhundert durch Feuer stark zerstört.
Kökar: Östlicher Außenposten und Seglerparadies in außerordentlich reizvoller Schärenlandschaft. Sehenswerte Grausteinkirche, Heimatmuseum.
Lemland: Ruine der Lemböte-Seefahrerkapelle St. Olaf, Wikingerfriedhof mit Steinsetzung.
Storby: Dorf auf der Insel Eckerö mit einem schönen Posthaus von 1827 und einem Postbootmuseum mit historischen Postbooten.

▸ Aktivitäten

Radeln: Gerade für Radfahrer bieten sich die Åland-Inseln an. Die Südliche Schärenroute etwa führt in sechs Tagesetappen von Insel zu Insel und streift dabei die Gemeinden Lemland, Lumparland, Föglo, Kökar, Sund, Finström und Jomala. Die einzelnen Teilstrecken sind zwischen zehn und 30 Kilometer lang.
Wandern: An den Ruinen von Bomarsund beginnt ein 7 Kilometer langer Kulturpfad, der zu Zeugnissen der Zarenzeit führt. Lohnend ist eine Wanderung auf den Orrdalsklint, mit 129 Metern über N. N. die höchste Erhebung im Archipel. Alternative: Ausflug zum 116 Meter hohen Kasberg nördlich von Saltvik.

▸ Essen & Trinken

Ålandia Escargots AB: Ganz in der Nähe der Festung Kastelholm sind Besucher auf Skandinaviens einziger Schneckenfarm willkommen, Kostprobe möglich.
Jan Kårlsgården: Zu den regionalen Spezialitäten gehören die åländischen Pfannkuchen und das Schwarzbrot. Beide werden im Café des Wirtshauses serviert.

▸ Bücher & Karten

Anstelle eines Reiseführers empfehlen sich die informativen und deutschsprachigen Broschüren der Tourist-Information und die Angaben auf der Homepage.

WEITERE INFORMATIONEN

Ålands Turistinformation, Storagatan 8, FIN-22100 Mariehamn, Telefon 0 03 58/18/2 40 00, Fax 0 03 58/18/2 42 65, E-Mail info@visitaland.com, Internet www.visitaland.com oder www.goaland.net

Das kleine **Petersburg**

Erst bestimmte der russische Zar Helsinki zur finnischen Hauptstadt, dann setzte er bleibende architektonische Zeichen – eine Spurensuche in der modernen Metropole.

24

Finnland: **Helsinki**

Spurensuche in der Hauptstadt

Stolz schwebt der doppelköpfige Zarenadler über dem Zentrum des alten Helsinki. Auf dem Marktplatz unter den Schwingen des russischen Wappentieres breitet sich ein farbenprächtiges Spektakel aus, das so gar nicht zum Klischee der angeblich so kühlen Skandinavier passen mag: Gitarrenmusik weht der Wind von einem der Schärendampfer herüber, der gleich neben den Marktständen am Ufer liegt. Ein stetiger Menschenstrom schiebt sich durch die engen Wege zwischen all den Buden und Ständen, die sich unter dem Gewicht leuchtend roter Tomaten, blauer Beeren und junger Kartoffeln biegen. Der Duft frischer Waffeln vermischt sich mit der Hitze und dem Fettgeruch diverser Burger-Buden.

Diese Region finden Sie im Kartenteil auf den Seiten 34, 35.

Das Herz von Helsinki schlägt schnell an einem Samstag vormittag, wenn sich die wärmende Sommersonne immer stärker bemerkbar macht und sich sogar die sonst so gefräßigen Möwen zu einem Sit-in auf den Flügeln des Zarenadlers niederlassen. Dabei gäbe es gerade für sie einiges zu entdecken.

Frische Lachse leuchten zwischen dicken Eisplocken aus dem schattigen Halbdunkel hervor. Mittendrin verschaffen sich Kinder mit gefährlich kleckernden Eistüten erst etwas Raum und dann so etwas wie eine begehbare Gasse quer über den Marktplatz. Spuren aus der Zarenzeit sind im Zentrum von Helsinki fast allgegenwärtig.

Der Doppelkopf-Adler thront auf einem hohen Obelisken in der Mitte des Platzes, eine Monument gewordene Erinnerung an den Besuch der Zarin Alexandra Feodorowna im Jahre 1833. Die Reise der Herrscherin aller Reussen galt ihren seinerzeit neuen Untertanen. Seit dem russisch-schwedischen Friedensvertrag von 1809 gehörte Finnland als Großfürstentum zum Reich des Zaren. Der mächtige Mann aus St. Petersburg setzte sofort neue Akzente, verlegte die finnische Hauptstadt von Turku an der Westküste nach Helsinki und damit ein gutes Stück weiter Richtung Osten, näher an seinen Einflussbereich.

Der Aufstieg Helsinkis von einem unbedeutenden Kaff zur Metropole begann mit Riesenschritten. Ein halbtägiger Spaziergang auf den russischen Spuren in der Altstadt führt zunächst zu den steinernen Zeugen der Zarenzeit – eine kleine Zeitreise auf eigene Faust.

Der Marktplatz ist dank seiner zentralen Lage genau der richtige Ausgangspunkt dazu: Zum prächtigen Senatsplatz sind es nur wenige Schritte, die Esplanade führt in das Herz der modernen Einkaufsstadt, die orthodoxe Uspenski-Kathedrale, das Jugendstilviertel auf der Halbinsel Katajanokka, der russische Friedhof und natürlich die

Die sehr alte Festungsinsel Suomenlinna kurz vor Helsinki ist heute ein beliebter Ausflugsort. ▶

◀ **Aus der Zeit der Zaren stammen auch die repräsentativen Bauten am Wasser wie der Sitz des finnischen Präsidenten.**

früher so finstere Festungsinsel Suomenlinna sind die Stationen eines Fußwegs mitten hinein in die Historie.

Vom Anlegeplatz der Wasserbusse bis in das ehemalige Machtzentrum der russischen Statthalter sind es nur wenige Meter. Zwischen Präsidentenpalais und Hauptwache führt die Aleksanterinkatu, eine belebte Geschäftsstraße, schnurstracks zum Senatsplatz. Die strahlendweiße Domkirche mit ihren grünen Kuppeln und goldenen Kreuzen beherrscht von ihrer erhöhten Position auf einem zehn Meter hohen Felsen Platz und Innenstadt – auf einer monumentalen Treppe erklimmen die Touristen die Anhöhe. Regierungspalais und die alte Universität rahmen das Gelände auf beiden Seiten ein.

Ein deutscher Architekt plante im 19. Jahrhundert den Aufbau von Helsinki und gab der Stadt ein Gesicht, das sie bis heute prägt: Carl Ludwig Engel. Der gebürtige Berliner in russischen Diensten schuf dreißig Gebäude im repräsentativen Stil des Empire, zwanzig davon stehen noch heute. Seine Konzeption lässt sich am rechteckigen Senatsplatz erkennen: Regierungspalais und Dom symbolisieren Staat und Glaube, Universität und Senatshaus am anderen Ende stehen für Geist und Bürgertum.

In der Mitte hält die Statue des bis heute beliebtesten Russen Hof: Zar Alexander II. Der liberale Reformer schuf mit der Finnmark die Landeswährung, gründete eine finnische Armee, etablierte einen mit Einheimischen besetzten Beamtenapparat und das Gerichtswesen. Und, nicht zuletzt, ließ er den Saimaa-Kanal und die Eisenbahn von Helsinki nach Hämenlinna bauen – eine stolze Bilanz seiner Herrschaft.

Die russischen Besucher von heute zieht es dagegen gleich in die Uspenski-Kathedrale. Die orthodoxe Hauptkirche Finnlands, ein zwiebelturmgekrönter Backstein-Prachtbau mit 13 goldenen Kuppeln, thront auf einem felsigen Hügel hoch über dem Hafen. Auch das Gotteshaus stammt aus der russischen

LAND & LEUTE

Die finnische Hauptstadt zählt gut 500 000 Einwohner, im Großraum zusammen mit den Außenbezirken und Nachbarstädten leben etwa 1,2 Millionen Menschen. Besonders reizvoll ist Helsinki in den hellen und oft lauen Sommernächten.

WANDERN & RADELN

Für Spaziergänge im Grünen bietet sich die Festungsinsel Suomenlinna vor Helsinki an. Eine Fähre pendelt zwischen dem Marktplatz und der Insel. Die Überfahrt dauert etwa 15 Minuten. Ein Wanderweg folgt der Küste der durch Brücken verbundenen Eilande.

FEIERN & GENIESSEN

Den Höhepunkt im alljährlichen Veranstaltungskalender bilden die Helsinki-Festwochen Ende August und Anfang September. Im Festzelt und in der gesamten Stadt ertönt klassische Musik. Tanz, Theater, Filme, bildende Kunst und Literatur runden das Fest zum Ausklang des finnischen Sommers ab.

24 Finnland: **Helsinki**

Spurensuche in der Hauptstadt

Herrschaftszeit, die Zaren ließen die vornehme Kirche im Jahre 1868 errichten.

Im prächtigen, reich mit Gold verzierten Inneren des Gotteshauses hält ein Priester Wache. Den wertvollen Heiligenbildern an den Wänden und in der Ikonostase gilt sein ganzes Augenmerk. Geduldig schieben sich die Gäste aus St. Petersburg in langen Reihen immer näher an die Mutter Gottes heran, dann kommt der große Augenblick: Der Reihe nach schlagen die Besucher schnell das Kreuz, dann folgt ein eiliges Gebet und zum guten Schluss ein Kuss auf die Glasscheibe, die das Heiligenbild vor allzu stürmischen Verehrern schützt.

Nicht weniger sehenswert, aber gleichwohl deutlich jünger sind die Jugendstilhäuser, die um die Jahrhundertwende entstanden. Diese Bauten reihen sich in den Straßen auf der Halbinsel Katajanokka aneinander, die Namen der Wege erinnern an die Russenzeit.

Auf den orthodoxen Friedhof von Helsinki verirren sich Touristen nur selten. Im Schatten großer Kiefern liegen die Gräber wohlhabender Bürger, die aus Rußland kamen, um hier ihr Glück zu finden. Kyrillische Schriftzeichen zieren die weißen Holzkreuze. Ein stattlicher Gedenkstein erinnert an die reiche Emigrantenfamilie Synebrychoff, die anno 1819 sich und den Finnen mit der Gründung der Brauerei „Koff" ein bis auf den heutigen Tag überaus populäres Denkmal bescherte.

Sprichwörtlich vor den Toren der Stadt liegt Suomenlinna. Wasserbusse pendeln zwischen dem Marktplatz und der ehemaligen Festungsinsel hin und her. Die Schweden errichteten 1748 das Bollwerk als Verteidigungsstellung gegen das westwärts strebende Russenreich. Mauern, Gräben, Wälle, Bunker und befestigte Stellungen wurden angelegt, dazu kam eine große Werft, so dass Sveaborg – so hieß die Feste seinerzeit – mehr Einwohner hatte als Helsinki: 900.

▲ **Am Hafen schwebt der russische Zarenadler hoch über den Köpfen der Besucher des Marktes.**

Heute herrscht auf den zahlreichen, durch Brücken und Wege verbundenen Inseln die friedliche Atmosphäre eines typischen Naherholungsgebietes: Familien versammeln sich hier zum Picknick, Teenager zum Ratschen und Feiern, blonde Schönheiten sonnen sich im knappen Bikini auf den glattgeschliffenen Klippen, Touristen beäugen neugierig die Kanonen, deren Rohre stumm und grau auf den Horizont zeigen.

Den finnischen Namen Suomenlinna erhielt die Stellung erst 1918, ein Jahr also nach der finnischen Unabhängigkeit infolge der russischen Revolution. Bis 1973 diente sie als Garnison für das Militär, heute steht die mächtige Seefestung mit ihren Museen, dem U-Boot und dem Nordischen Kunstzentrum als friedliches Relikt in der Unesco-Liste des Weltkulturerbes.

PROMOBIL-TIPP

Naturfreunde sollten auf jeden Fall einen Besuch des Botanischen Gartens der Universität von Helsinki einplanen. Der ganzjährig geöffnete Hortus Botanicus in Kaisaniemi liegt im Zentrum von Helsinki und zählt über 1200 verschiedene Baumarten und mehr als 2000 Pflanzen. Geführte Touren durch die Gewächshäuser und die Parkanlagen mit ihren charmanten Empire-Gebäuden (19. Jh.) gibt es das ganze Jahr über.

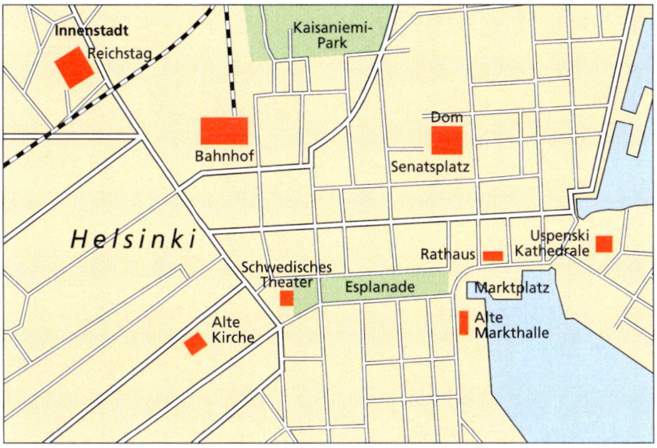

Route

Helsinki ist bei einer Rundreise durch Finnland ein Muss. Dank des Fährhafens kann die finnische Hauptstadt Start- oder Endpunkt der Tour sein, bei Ankunft in Turku bietet sich Helsinki als Etappenstation vor der Weiterfahrt zu den Saimaa-Seen an.

Stellplatz

Einen Reisemobilhafen wie Stockholm bietet Helsinki noch nicht. Die Parkplatzsuche in der Innenstadt kann sich an Wochentagen als problematisch erweisen, am ehesten findet sich noch an Sommersonntagen im Hafenbereich ein freies Plätzchen.

Camping

Helsinki-Rastila: Städtischer Campingplatz etwa 13 Kilometer vom Zentrum entfernt. Teils ebenes, teils leicht ansteigendes Gelände zwischen einer Straße, einem Meeresarm und einem Wohngebiet. 900 Touristenplätze, ganzjährig geöffnet (siehe: S. 177).

Sehenswertes

Esplanade: Promeniermeile und Prachtstraße mit schönen Grünanlagen und teuren Geschäften.
Felsenkirche: In den Felsen gesprengte, unterirdische Kirche im Stil des Expressionismus.
Finnlandia-Halle: Konzert- und Kongresshalle am Ufer der Töölönlahti-Bucht mit einer Fassade aus Carrara-Marmor.
Markt und Markthalle: Treffpunkt von Händlern, Bauern und Einkäufern am Hafen. Markthalle aus der Zarenzeit.
Senatsplatz: Schönster und zentraler Platz der Altstadt mit Domkirche, Regierungspalais, Universität samt Bibliothek, Denkmal von Alexander II.
Uspenski-Kathedrale: Orthodoxe Hauptkirche Finnlands auf einem Hügel unweit des Marktes.

Essen & Trinken

Als Abschluss einer Suche nach russischen Spuren passt ein Besuch in einem russischen Lokal: Das Restaurant „Saslik" in der Neitsytpolku 12 zählt unter Liebhabern von Borschtsch und Piroggen zu den Favoriten.

Bücher & Karten

Informationen für Stadtwanderungen im Touristenbüro, zum Beispiel zu Themen wie Architektur und Museen, Parkanlagen und Aussichtspunkte, historische Attraktionen und Gebäude.

WEITERE INFORMATIONEN

Helsinki City Tourist & Convention Bureau, Pohjoisesplanadi 19, FIN-00100 Helsinki, Tel. 0 03 58/9/1 69 37 57, Fax 0 03 58/9/ 1 69 38 39, E-Mail tourist.info@hel.fi, Internet www.hel.fi

25 Porvoo

Ein Stück vom **Mittelalter**

Stadtbummel im finnischen Rothenburg: Prächtige Holzhäuser, ein markanter Dom und kopfsteingepflasterte Gassen zeugen vom früheren Wohlstand der Handelsstadt.

25 Finnland: **Porvoo**

Stadtbummel im finnischen Rothenburg

Die Schicksalstunde schlug im Morgengrauen. Zwischen drei und vier Uhr in der Früh begann Maria Holm mit den Vorbereitungen für einen langen Arbeitstag: Fisch sollte es zum Frühstück geben, und prompt begann die fleißige Hausfrau ihr Tagewerk. Mit Holzspänen entfachte sie ein Feuer, kochte, beobachtete sorgfältig den Rauchabzug und legte sich erst wieder zu Bett, nachdem die Glut gänzlich erloschen schien.

Diese Region finden Sie im Kartenteil auf Seite 35.

Wenig später lagen 202 Häuser des einstmals blühenden Ortes an der finnischen Südküste in Schutt und Asche. Der kräftige Nordwind hatte das Feuer neu entfacht, die Brunst fraß sich hungrig durch das hölzerne Dach und verschlang in Windeseile auch die benachbarten Häuser.

Was für die Bewohner von Porvoo in der Nacht des 11. Juni 1760 eine Katastrophe war, erweist sich heute als Glücksfall. Denn inzwischen ist Porvoo ein echter Geheimtipp für Finnlandfahrer – auch wenn von der namensgebenden Festung auf dem Burgberg nur noch einige Wallgräben zu finden sind. Die Altstadt aber zeigt sich als geschlossenes Ensemble aus wunderbar gepflegten Holzhäusern, kopfsteingepflasterten Gassen mit Ateliers, Boutiquen und Gaststätten, einem markanten Dom und den nach dem Brand wieder errichteten Magazinschuppen am Fluss – dank einer weisen Entscheidung ihrer Einwohner. Beim Wiederaufbau des wohlhabenden Handelszentrums folgten sie nämlich dem abgebrannten Vorbild.

Schmale Gassen mit Hunderten holpriger Katzenköpfe schlängeln sich wie im Mittelalter den Hügel vom Porvoo-Fluss hinauf, treffen sich zunächst auf dem Marktplatz, auf dem das Alte Rathaus steht, um kurz darauf in einer letzten Anstrengung die Steigung zur Domkirche zu bezwingen. Stolperer sind auf diesem Pflaster kaum zu vermeiden, und für hohe Absätze erweist sich das alterskrumme Geläuf oft als gar zu tückisch.

Das trutzige Gotteshaus mit seinen dicken, weißgekalkten Mauern und der kunstvoll verzierten Giebelwand hat seit dem Baubeginn im 13. Jahrhundert nichts von seiner Anziehungskraft verloren. Im Frühjahr 1998 heiratete hier der finnische Formel-1-Fahrer Mika Häkkinen seine Fernsehjournalistin Erja.

Doch auch außerhalb solcher Hoch-Zeiten lässt sich auf der Bank gegenüber der Kirche die besondere Atmosphäre von Porvoo atmen: das alte Gotteshaus, daneben der Glockenturm und zu alledem auch noch die Musik, die aus den offenen Türen dringt. Fehlen eigentlich nur noch Kaufleute, Handwerker und Matrosen, um das Mittelalter wieder

Nach dem Stadtbrand von 1760 bauten die Finnen Porvoo nach alten Plänen wieder auf. ▶

Auf halbem Weg vom Fluss zum Dom steht das Alte Rathaus, das heute das Stadtmuseum beherbergt.

lebendig werden zu lassen. Kein Brand, keine Kanonenkugel, kein Luftangriff beschädigte seit dem großen Feuer mehr die Stadt, die viele Besucher als das finnische Rothenburg ansehen.

Das Wahrzeichen der Stadt ist die lange Reihe der leuchtendroten Magazinschuppen unmittelbar am Fluss. Im Mittelalter stapelten sich hier die Waren, die Porvoo zu großem Wohlstand verhalfen: Salz, Butter, Trockenfisch, Schnittholz, Teer und Leinen aus dem Binnenland lagerten geschäftstüchtige Kaufleute in den Magazinen am Porvoo-Fluss und tauschten sie ein gegen Gewürze, Kaffee, Tabak und Weine aus den Bäuchen der Segelschiffe, die über die nahe Ostsee in den Hafen kamen.

Ihren roten Anstrich erhielten die Schuppen erst im späten 18. Jahrhundert. Kein Geringerer als König Gustav III. von Schweden gab sich bei seinen finnischen Untertanen die Ehre, die sich eilends befleißigten, ihren Monarchen mit einem blitzsauberen Stadtbild zu erfreuen – auch wenn Geld und Farbe nur für die Häuser direkt an seiner Reiseroute reichten. Immerhin, die erdbraune Farbe schützte die Stämme gegen den rauhen Wind und die Sonne und bewahrte so den Glanz Alt-Porvoos.

Hellgelbe oder grünliche Ölfarben kamen erst im 19. Jahrhundert in Mode, als Porvoo seine zweite Blüte erlebte. Denn Zar Alexander I., der 1809 durch den Frieden von Frederikshamn auch zum Großfürsten von Finnland geworden war, nahm hier beim großen Landtag im Domkapitel die Huldigung der finnischen Stände entgegen. Finnland wurde damit nach sechshundertjähriger schwedischer Herrschaft als Nation anerkannt, freilich unter russischer Oberhoheit – ein entscheidender Schritt für die Entwicklung des Landes.

Ein anderer Zar, Nikolai I., gab den entscheidenden Anstoß zum anderen Porvoo. Sein Architekt Carl Ludwig Engel ließ einen ganzen Stadtteil im Stil des Empire errichten, den gleichmäßige Formen prägten. Hier ließ sich 1852 der Dichter Johan Ludvig Runeberg nieder, der den Text der finnischen Nationalhymne verfasste – eine zweite geschichtsträchtige Stunde in Porvoo.

LAND & LEUTE

Der Flecken Porvoo zählt zu den schönsten Städten in Finnland. Die mittelalterliche Altstadt mit liebevoll restaurierten Holzhäusern und der Dom lassen sich auch zu Fuß bequem an einem Tag erkunden.

SEHEN & ERLEBEN

Porvo besitzt mit dem Naturwissenschaftlichen Museum sowie dem Puppen- und Spielzeugmuseum sehenswerte Ausstellungen, die nicht nur bei schlechtem Wetter einen Besuch lohnen.

PROMOBIL-TIPP

Weihnachtliche Atmosphäre durchzieht die Altstadt von Porvoo jedes Jahr im Advent. Bereits Ende November erstrahlt die Weihnachtsstraße im Lichterglanz, kurz darauf lockt der Weihnachtsmarkt viele Menschen an. Am 13. Dezember feiern sie auf dem Rathausplatz das stimmungsvolle Lucia-Fest.

Finnland: **Porvoo**

Stadtbummel im finnischen Rothenburg

Route

Porvoo bietet sich als Etappenstation auf der Reise von Helsinki in das Saimaa-Seengebiet an. Die Fahrt auf der sehr gut ausgebauten Europastraße 18 bis nach Porvoo dauert etwa eine Stunde.

Camping

Für Übernachtungen in Stadtnähe empfehlen sich zwei Campingplätze:

Porvoo: Camping Kokonniemi liegt in einem Wiesengelände nur etwa 1,5 Kilometer vom Zentrum entfernt. Geöffnet von Anfang Juni bis Mitte August.

Pellinge: In Österby, auf einer kleinen Insel und unmittelbar an der Ostsee, liegt Country Caravan Pellinge.

Sehenswertes

Porvoo: Sehr schöne mittelalterliche Altstadt auf dem Berg Linnamäki und unmittelbar am Ufer des Flusses Porvonjoki mit schönem Altem Rathaus (Stadtmuseum), liebevoll gepflegten Holzhäusern, zahlreichen Kunstgeschäften und Ateliers an beiden Seiten der kopfsteingepflasterten, malerischen Gassen. Gotischer Dom mit einer weißen Giebelwand aus dem frühen 15. Jahrhundert. Daneben stehen ein Glockenturm und eine Holzkirche. Im Inneren beeindruckt ein Bronzestandbild von Zar Alexander I., der im Jahre 1809 in Porvoo einen Landtag abhielt. Am Flußufer entlang zieht sich eine Reihe von Magazinschuppen, die als Umschlagplatz für Exportgüter dienten. Sehr schöner Stadtteil aus dem 19. Jahrhundert im Empire-Stil. Hier steht das Haus des Dichters Johan Ludvig Runeberg, der die finnische Nationalhymne textete.

Aktivitäten

Schiffstour: Von Ende Mai bis Anfang September pendelt das Dampfschiff „Runeberg" von Helsinki nach Porvoo, Abfahrt in Helsinki um 10 Uhr, Rückfahrt von Porvoo um 16 Uhr. Die Ausflüge lassen sich auch kombinieren mit einer Fahrt in einer historischen Eisenbahn. Mit Barkassen lassen sich auch Flußkreuzfahrten auf dem Porvoo-Fluss und Schärenfahrten erleben.

Stadtrundgang: In der Hauptsaison von Ende Juni bis Ende August organisiert das Tourismusbüro jeweils am Sonnabend eine geführte, englischsprachige Tour durch die Altstadt. Treffpunkt: Anleger MS „Runeberg".

Bücher & Karten

Dank einer informativen und deutschsprachigen Broschüre samt Stadtplan aus der Tourist-Information erübrigt sich der Kauf eines Reiseführers.

WEITERE INFORMATIONEN

Tourismusbüro, Rihkamakatu 4, FIN-06100 Porvoo,
Telefon 0 03 58/19 520 23 16, Fax 0 03 58/19 520 23 17,
E-Mail tourist.office@porvoo.fi, Internet www.porvoo.fi

26 Saimaa-See

Eine Fahrt ins **Blaue**

Das größte Seengebiet Europas verzaubert den Gast mit einer einmaligen Naturlandschaft aus dichten Wäldern sowie einem blauen Band aus Seen, Flüssen und Kanälen.

26 Finnland: **Saimaa-See**

Kulturgenuss und Naturschauspiele

Klick. Klick. Klick. Das Rattern und Surren japanischer Pocketkameras will kein Ende nehmen, als sich die Sonne langsam durch die Fasern der Schleierwolke über dem Saimaa-See schiebt. Jetzt präsentiert sich Burg Olavinlinna wieder in bestem Licht. Im Vordergrund plätschert blaues Wasser, in dem das graue Gemäuer kopfsteht, genau darüber fliegen lauter weiße Wölkchen über den finnischen Sommerhimmel. Drei mächtige Rundtürme krönen die gewaltige Feste, die sich nicht nur äußerlich in guter Verfassung zeigt. Königs- und Rittersaal, Kongresssaal und Burghalle, Kapelle und Café sind voll von Touristen, die an einer Führung teilnehmen.

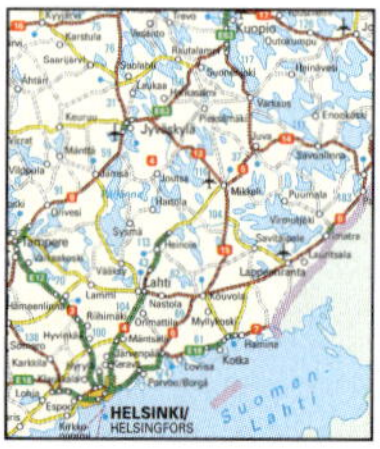

Diese Region finden Sie im Kartenteil auf den Seiten 34–36, 48–51.

Die am besten erhaltene mittelalterliche Festung in ganz Skandinavien dient nicht nur als Touristenmagnet, sie fungiert auch als ein bekannter Treffpunkt für Opernfreunde aus aller Welt. Vormittags schlendern sie noch in kurzen Hosen und T-Shirts über die Seepromenade, während Sakko und Krawatte im Kofferraum liegen, am späten Nachmittag drängen sich aber immer mehr festlich gekleidete Musikliebhaber vor dem hölzernen Steg, der die Felseninsel mit dem Festland verbindet.

Salzburg, Bayreuth, Savonlinna – die Aufführungen in dem engen Innenhof der Burg nennen die Finnen in einem Atemzug mit den größten Festspielen in Europa. Auf jeden Fall stellen die Opernfestivals mitten im Seenland den Höhepunkt des finnischen Kultursommers dar. Rund 2500 Menschen erleben Uraufführungen finnischer Stücke oder mitteleuropäische Klassiker wie „Turandot“, „Rigoletto“, oder den „Fliegenden Holländer“, und das zu einem stolzen Preis: Die besten Karten für die Premiere gehen für knapp 200 Euro über den Tresen und erleben trotz der Höhe eine große Nachfrage.

Der Besuch von Savonlinna lohnt auch außerhalb der sommerlichen Festspiele. Der Ort liegt im Zentrum eines labyrinthartigen Seensystems, das über zahlreiche Sunde und Ströme miteinander verbunden ist und sich so über den gesamten Osten Finnlands erstreckt – ein grenzenloses Paradies für Angler, Segler und Menschen, die nach ihrem hektischen Alltag Entspannung, Ruhe und Frieden suchen.

Mit der kaum merklich einsetzenden Dämmerung kehren die Nostalgiedampfer von ihren Tagestörns durch das Seengebiet in den Hafen zurück. Vor allem finnische Urlauber und auch ein paar Deutsche und Holländer zieht es in die weite Welt des Wassers.

Der „See der tausend Inseln“, wie Einheimische den Saimaa-See gern nennen, erstreckt sich über den südlichen Teil dieser Landschaft, die vor allem aus

Immer wieder ersetzen Autofähren Brücken und Straßen. ▶

Die alte Feste Olavinlinna in Savonlinna erlebt in jedem Jahr die weltbekannten Opernfestspiele.

undurchdringlichen Wäldern und unzähligen Wasserarmen zu bestehen scheint. Nur: Wo verstecken sich all' die Urlauber – schließlich soll dies Finnlands beliebtestes Feriengebiet sein?

Ein forschender Blick vom Ufer aus bleibt erfolglos. Keine Hotels verschandeln die Landschaft, keine Sportzentren oder Amüsierschuppen wie am Mittelmeer verstören die Natur, nicht einmal die Ferienhäuser sind mit bloßem Auge zu entdecken. Was ist hier oben bloß los?

Die Erklärung ist einfach: Erstens lieben Finnen ihre Freiheit, und zweitens schreibt der Gesetzgeber Häuslebauern vor, ihre Sommerhäuser ein paar Meter vom Ufer entfernt zu errichten, gut getarnt durch dichte Äste und daher von weitem nur schwer zu erkennen, und das gilt selbst für die heißgeliebte Sauna. Dazu noch ein kleines Boot, ein Steg, eine Angel und eine ausreichende Entfernung zum nächsten Nachbarn – fertig ist das Rezept für einen ruhigen Urlaub à la Saimaa-See.

Dass nur wenige Kilometer von der russischen Grenze entfernt längst auch der kommerzielle Alltag eingekehrt ist, zeigen die Baumstämme, die in einer einsamen Bucht vertäut liegen. Der Holzanbau ist nach wie vor einer der wichtigsten Wirtschaftszweige Finnlands. Zählen, messen, und dann geht es in großen Flößen die Wasserstraße hinunter zum Exporthafen.

Wasser, immer wieder Wasser. Auf beiden Seiten des schmalen Straßendamms blinkt das blaue Nass durch die Bäume. Punkaharju, ein schmaler Hügelrücken, erhebt sich bis zu 25 Meter hoch aus dem Seengewirr. Die Straße Nummer 14 führt von Savonlinna in das Naturschutzgebiet ein paar Kilometer weiter im Süden. Schmale Wanderwege durchziehen schier endlose Kiefern-, Lärchen- und Birkenwälder.

Ein paar Schritte nur vom Parkplatz, und schon verschluckt Mutter Natur den Lärm motorisierter Zeitgenossen und überspielt ihn durch sanftes Rauschen der Baumkronen, gleichmäßiges Plätschern des Wassers und Zirpen der Vögel. Ganz in der Nähe setzte der

LAND & LEUTE

Der Saimaa-See bildet den südlichsten Teil eines weitverzweigten Wassersystems. Der bis zu 90 Meter tiefe See bedeckt eine Fläche von 1300 Quadratkilometern und ist ein ideales Ferienrevier für Naturfreunde, Wassersportler und Tierliebhaber.

SEHEN & ERLEBEN

Zum Abschluss der Reise bietet sich ein Besuch im Finnischen Glasreich unweit von Hämeenlinna an. Berühmt sind vor allem die Glasfabriken des Hackman-Konzerns in Iittala und die zwei Glaswerke in Humppila und in Nuutajärvi. Das Letztgenannte Glasdorf ist auch heute noch ein Geheimtipp.

FEIERN & GENIESSEN

Ein Ausflug mit einem der uralten Dampfschiffe gehört zu den schönsten Erlebnissen im Seengebiet. Elf Stunden dauert die Fahrt auf der Heinävesi-Route von Kuopio nach Savonlinna und zurück. Linienverkehr von Ende Juni bis August.

26

Finnland: **Saimaa-See**

Kulturgenuss und Naturschauspiele

Mensch wieder einen sehenswerten Kontrapunkt: Retretti. Mit viel Dynamit und noch mehr Fantasie sprengte er Höhlen in den Fels, die heute das größte Kunstmuseum der nordischen Länder beherbergen. Wechselnde Ausstellungen einheimischer und internationaler Künstler mitten im dichten karelischen Wald – auch das ist das Finnland von heute.

Das blaue Band gehört auch auf der Fahrt nach Mikkeli zum gewohnten Bild. Das 32 000 Einwohner zählende Städtchen am Saimaa-See besticht durch seine malerische Lage und seinen farbenfrohen Markt. Fisch und Räucherfleisch, Gemüse und Kartoffeln sind hier zu haben, und kunstvoll geflochtene Gegenstände aus Birkenholz – Schuhe, Körbe und sogar Pfeifen.

Viel Wasser und dichte Wälder ergeben eine hervorragende Komposition für Glas-Künstler. Viel weiter im Westen, in der Kleinstadt Kalvola auf halber Strecke zwischen Hämeenlinna und Tampere, ist eine der größten Glasfabriken zu Hause: Iittala. Das kleine weiße i auf rotem Kreis ist das Markenzeichen des Hauses. Es ziert auch die berühmteste Vase der Welt. Alvar Aalto entwarf 1936 eine Vase, deren Form die Fachwelt erst schockte und dann zu Begeisterungsstürmen hinriss. Das mundgeblasene Stück mit seiner schlichten, unsymmetrischen Wellenform ist auch heute noch ein Verkaufsschlager.

Leichter, feiner, eleganter – das sind die Stichworte, die finnische Glasobjekte von den Arbeiten schwedischer Glasbläser unterscheiden. Am besten lässt sich die Arbeit vor Ort erleben, aber nicht in den bekannten Fabriken von Iittala und Humppila, sondern mitten im Nirgendwo, im Glasdorf Nuutajärvi.

Eine knappe Stunde dauert die Fahrt, bis der Ort südlich von Urjala erreicht ist: Hölzerne Häuser, eine kleine Werkstatt, in der ein geschickter Glasbläser filigrane Tiere entstehen lässt, ein Museum und ein Verkaufsraum mit Artikeln zweiter Wahl – Nuutajärvi lässt keinen Wunsch offen. Mittlerweile ist der Ruf finnischer Glasdesigner bis nach New York gedrungen – aus den tiefsten Wäldern in das Museum of Modern Art.

▲ **Freilichtkonzerte gehören zu einem Sommer in Finnland wie Fahrten mit dem Boot.**

WANDERN & RADELN

In dem Nationalpark Linnansaari im nördlichen Teil des Saimaa-Sees leben heute noch ungefähr 160 Saimaa-Robben. Diese Tierfamilie stammt aus der Eiszeit, ist aber vom Aussterben bedroht und steht daher auf der Liste besonders schützenswerter Arten. Naturfreunde können die Robben bei geführten Touren beobachten und den Park auf Naturlehrpfaden und Wegen durchstreifen.

PROMOBIL-TIPP

Einen Tagesausflug nach Russland in das früher finnische Vyborg lässt sich von Lappeenranta aus erleben. Der 60 Kilometer lange Saimaa-Kanal verbindet die Städte miteinander. Die Tagestour an Bord der MS „Carelia" führt durch acht Schleusen direkt in den russischen Alltag. Keine Visumspflicht, Reisepass mitnehmen.

Route

Die Reise führt an der Südküste entlang über Helsinki und Porvoo in den Nordosten. Über Lappeenranta und Imatra geht sie nach Savonlinna. Die Rückfahrt Richtung Westen verläuft über Mikkeli, Heinola und Lahti nach Hämeenlinna nördlich von Helsinki.

Stellplatz

Das Seenland um Savonlinna ist zwar die beliebteste Ferienregion Finnlands, Stellplätze gibt es aber auch in dieser Region nicht.

Camping

Huhtiniemi Camping: Gestuftes Wiesengelände in lichtem, leicht abschüssigen Mischwald an einer Bucht am Saimaa-See. 326 Touristenplätze, Mai bis September geöffnet.
Punkaharju Camping: Naturbelassenes Gelände in einem Mischwald auf einer Landzunge im Pihlajavesi-See.Teich, Strand, 500 Touristenplätze, Juni bis Mitte August geöffnet (siehe S. 177).
Vuohimäki Camping: Ebene Stellplätze auf einem leicht terrassierten Wiesengelände am Pihlajavesi-See. Badebuchten, Strand, Badesteg, 250 Touristenplätze, Mai bis September geöffnet.

Sehenswertes

Hämeenlinna: Landstädtchen mit Burg Häme, Parkanlage Aulanko.
Imatra: Beliebtes Reiseziel mit imposantem Wasserfall des Vuoksen (zu sehen an Sonntagen im Sommer).
Kuopio: Beliebter Ferienort mit Dom, Marktplatz, Hafen, orthodoxem Kirchenmuseum.
Savonlinna: Vielbesuchter Ferienort inmitten der Seenplatte mit der besterhaltenen Festung Skandinaviens, der Burg Olavinlinna (Opernfestival, Infos unter www.operafestival.fi). Kleiner Hafen mit Museumsschiffen, Anleger für Dampferfahrten nach Kuopio und Lappeenranta.
Uusi Valamo: Orthodoxes Kloster 60 km südwestlich von Joensuu.

Aktivitäten

Wandern: Der Aussichtsturm 225 Meter über dem See Kallavesi bei Kuopio ist ein beliebtes Ziel.

Bücher & Karten

Dem Saimaa-See widmen sich Heiner Labonde und Jessika Kuehn-Velten, „Saimaa und Karelien selbst entdecken“, Regenbogen-Verlag, 2003, 18,80 Euro.

WEITERE INFORMATIONEN

Savonlinna Tourist Service, Puistokatu 1, FIN-57100 Savonlinna,
Telefon 0 03 58/15/51 75 10, Fax 0 03 58/15/5 17 51 23,
E-Mail info@savonlinnatravel.com, Internet www.savonlinnatravel.com

27

Finnland: **Reise-Infos**

Was Reisemobilisten wissen sollten

Im Land der **Seen**

Auf nach Finnland: Nach einem Blick auf die wichtigsten Reise-Informationen steht dem unbeschwerten Urlaubsvergnügen im hohen Norden garantiert nichts mehr im Wege.

Auskunft

Informative Broschüren und Magazine über das gesamte Land sowie Karten und weiterführende Sonderprospekte zum Angeln, Wandern, Radfahren und zum Wassersport verschickt die Finnische Zentrale für Tourismus, Lessingstr. 5, 60325 Frankfurt am Main, Telefon 0 69/50 07 01 57, Fax 0 69/7 24 17 25, E-Mail finnland.info@mek.fi, Internet www.visitfinland.de. Prospekte können auf der Website bestellt werden.

Reisezeit

Die meisten Mitteleuropäer besuchen Finnland im kurzen und oft sehr heißen Sommer. Juni, Juli und August sind die wärmsten und trockensten Monate. Südostfinnland verzeichnet im Sommer die höchsten Temperaturen in ganz Skandinavien. Besonderen Reiz bekommt der finnische Sommer durch die extrem langen Tage. Gerade im Norden des Landes geht die Sonne gar nicht oder nur sehr kurz unter. Die Wassertemperaturen in flachen Buchten und Seen können in warmen Sommern auf über 20 Grad steigen. Naturliebhaber bevorzugen dagegen eher den Herbst wegen der Farbenpracht der Landschaft. Für Wintersportler eignen sich besonders der März und der April, weil die Nächte dann etwas weniger eisig und die Tage schon länger sind.

Einreise

Besucher aus EU-Ländern und aus der Schweiz benötigen bei der Einreise nach Finnland lediglich einen gültigen Personalausweis. Kinder unter 16 Jahren brauchen einen Kinderausweis, sofern sie nicht im Ausweis der Eltern eingetragen sind. Touristen, die eine Reise nach Finnland mit einem Abstecher nach Russland verbinden wollen, müssen bei der Russischen Botschaft in Berlin ein Visum beantragen. Kfz-Papiere: Führerschein, Fahrzeugschein, Nationalitätskennzeichen. Die Mitnahme der grünen Versicherungskarte ist ratsam.

Straßenverkehr

Trotz der extrem schwankenden Temperaturen ist das Straßennetz in Finnland ausgezeichnet. Außerhalb der großen Städte wie Helsinki oder Turku gibt es auch für die Fahrer von Dickschiffen keine Probleme. Innerorts beträgt die Höchstgeschwindigkeit für Reisemobile 50 km/h, auf normalen Landstraßen 80 km/h, auf mehrspurigen Schnellstraßen und auf Autobahnen ebenfalls 80 km/h.

Abweichende Vorschriften

- Das Abblendlicht ist auch tagsüber bei jeder Fahrt einzuschalten.
- In Finnland gibt es weit weniger vorfahrtsberechtigte Straßen als in Mitteleuropa. Das Dreiecksschild „Vorfahrt beachten“ ist in Finnland gelb mit rotem Rand.
- Ein über 2,30 Meter breiter Anhänger ist nur dann zulässig, wenn er höchstens 60 Zentimeter breiter ist als das Zugfahrzeug.
- Die Promillegrenze liegt bei 0,5 Promille. Bei Überschreitungen drohen schwere Strafen.
- Wildwechsel beachten – besonders bei Dämmerung steigt die Gefahr schwerer Unfälle mit einem Elch oder

Rentier. Bitte die aufgestellten Warnschilder ernst nehmen. Bei einem Wildunfall unverzüglich die Polizei informieren (Telefonnummer 112).

- Straßenbahnen haben in Helsinki grundsätzlich Vorfahrt.
- Bussen ist bei der Abfahrt von einer Haltestelle immer Vorfahrt zu geben.

Stellplätze

Reisemobil-Stellplätze sind in Finnland noch unbekannt. Auch die Hauptstadt Helsinki kann im Unterschied zur schwedischen Metropole Stockholm noch keinen Übernachtungsplatz vorweisen. Leider gibt es auch noch keine Quick-Stop-Plätze vor Campinganlagen. Generell gilt auch in Finnland das großzügige Jedermannsrecht, doch ist dies keine Einladung zum Verschmutzen der Natur. Auch das freie Rasten an Fernstraßen ist für eine Nacht erlaubt.

Ent- und Versorgung

Auch Ent- und Versorgungsmöglichkeiten außerhalb von Campingplätzen sind in Finnland im Unterschied zu Norwegen oder Dänemark noch nahezu unbekannt. Mit ein wenig Glück ist Frischwasser an Tankstellen zu bekommen, für die Entsorgung von Brauchwasser oder Fäkalien aber empfiehlt es sich, einen Campingplatz anzufahren.

Camping

In Finnland gibt es etwa 360 meist einfach ausgestattete Campingplätze, von denen rund 200 Anlagen dem Finnischen Fremdenverkehrsverband angehören. Diese Plätze sind an dem Campingsymbol auf blauem Grund zu erkennen. 70 Campingplätze sind sogar ganzjährig geöffnet. Eine Liste aller Campingplätze ist in Finnland in Buchhandlungen zu bekommen. Die Broschüre „Günstig übernachten", die bei der Finnischen Zentrale für Tourismus zu haben ist, listet gleichfalls Campingplätze auf. An den Tagen um Mittsommer sollte man sich auch in Finnland auf ein sehr ausgelassenes Verhalten der Einheimischen einstellen. Die Camping Card International (CCI) ist obligatorisch. Achtung: Freies Camping wie auch das Anzünden offener Feuer ist nur mit Genehmigung des Grundeigentümers erlaubt. Ausländische Gas-

Auf einen Blick: die finnischen Regionen.

flaschen können an finnischen Tankstellen und auf Campingplätzen nicht umgetauscht werden.

Tiere

Gegen Tollwut geimpfte Hunde und Katzen dürfen mit nach Finnland reisen. Mitzunehmen ist aber ein mindestens 30 Tage und höchstens zwölf Monate altes Tollwut-Impfzeugnis. Impfdatum, Name und Adresse des ausstellenden Arztes müssen klar erkennbar sein. Dazu verlangen die finnischen Behörden auch eine tierärztliche Bestätigung über eine medikamentöse Behandlung gegen den Fuchsbandwurm. Die Arznei kann den Tieren jetzt 30 Tage vor der Einreise verabreicht werden. Seit dem Sommer 2004 verlangen die Behörden, dass Hund oder Katze mit einem Mikrochip oder einer Tätowierung gekennzeichnet werden. Die Angaben müssen in dem auch mitzuführenden Heimtierpass vermerkt sein.

Weitere allgemeine Informationen finden Sie im Kartenteil.

28 Camping-Tipps

Die Besten auf einen Blick

Dänemark

Nordstrand Camping

Region: Nordjütland
Adresse: Nordstrand Camping, Apholmenvej 40, DK-9900 Frederikshavn, Telefon 00 45/98 42 93 50, Fax 00 45/98 43 47 85, www.nordstrand-camping.dk, E-Mail nordstrand-camping@post10.tele.dk
Größe: 10 Hektar, 410 Stellplätze (100 qm, alle mit Kanal-, einige mit Direktanschlüssen, separate Quick-Stop-Plätze), davon 70 Dauercamper. Mietunterkünfte.
Öffnungszeiten: April bis Oktober.

Skiveren Camping

Region: Nordjütland
Adresse: Skiveren Camping, Niels Skiverensvej 5–7, DK-9982 Aalbaek, Telefon 00 45/98 93 22 00, Fax 00 45/98 93 21 60, www.skiveren.dk, E-Mail info@skiveren.dk
Größe: 18 Hektar, 630 Stellplätze (60 bis 140 qm, 56 mit Direktanschlüssen), davon 85 Dauercamper.
Öffnungszeiten: 18. März bis 30. September.

Aabo Camping Vandland

Region: Nordjütland
Adresse: Aabo Camping Vandland, Tversted, DK-9881 Bindslev, Telefon 00 45/98 93 12 34, Fax 00 45/98 93 18 88, www.aabo-camping.dk, E-Mail info@aabo-camping.dk
Größe: 13 Hektar, 480 Stellplätze (100 qm), davon 80 Dauercamper.
Öffnungszeiten: Anfang April bis Anfang September.

Guldager Camping

Region: Nordjütland
Adresse: Guldager Camping, Bondagervej 67, DK-9493 Saltum, Telefon 00 45/98 88 15 12, Fax 00 45/98 88 19 33, E-Mail guldager@dk-camp.dk
Größe: 3,3 Hektar, 150 Stellplätze (80 bis 100 qm), davon 25 Dauercamper.
Öffnungszeiten: Ende April bis Mitte September.

Jambo Vesterhav Camping

Region: Nordjütland
Adresse: Jambo Vesterhav Camping, Solvejen 60, DK-9493 Saltum, Telefon 00 45/98 88 16 66, Fax 00 45/98 88 18 08, www.jambo.dk, E-Mail jambo@ post12.tele.dk
Größe: 13 Hektar, 460 Stellplätze (100–150 qm, einige mit Direktanschlüssen, 15 speziell befestigte Reisemobilstellplätze), 130 Dauercamper. Mietunterkünfte.
Öffnungszeiten: Anfang April bis Mitte September.

Klim Strand Camping

Region: Nordjütland
Adresse: Klim Strand Camping, Havvejen 167, DK-9690 Fjerritslev, Telefon 00 45/98 22 53 40, Fax 00 45/98 22 57 77, www.klimstrand.dk, E-Mail ksc@klimstrand.dk
Größe: 24 Hektar, 600 Stellplätze (100–120 qm), davon 10 Dauercamper, Mietunterkünfte.
Öffnungszeiten: 18. März bis 23. Oktober.

Ausgewählt: 58 Premium-Campingplätze

Dänemark

Hvidbjerg Strand Camping

Region: Westjütland
Adresse: Hvidbjerg Strand Camping, Hvidbjerg Strandvej 27, DK-6857 Blåvand, Telefon 00 45/75 27 90 40, Fax 00 45/75 27 80 28, www.hvidbjerg.dk, E-Mail info@hvidbjerg.dk
Größe: 31 Hektar, 595 Stellplätze (100 bis 120 qm, mit 230 Direktanschlüssen), davon 10 Dauercamper, Mietunterkünfte.
Öffnungszeiten: Mitte März bis 31. Oktober.

Jesperhus Feriecenter

Region: Westjütland
Adresse: Jesperhus Feriecenter, Legindvej 30, DK-7900 Nykøbing Mors, Telefon 00 45/96 70 14 00, Fax 00 45/96 70 14 17, www.jesperhus.dk, E-Mail jesperhus@jesperhus.dk
Größe: 11 Hektar, 662 Stellplätze (50–120 qm, zur Hälfte mit Direktanschlüssen), davon 30 Dauercamper. 9 Reisemobilstellplätze. 240 Mietunterkünfte.
Öffnungszeiten: Ganzjährig.

Kommandørgårdens Camping

Region: Westjütland
Adresse: Kommandørgårdens Camping og Feriepark, Havnebyvej 201, Mølby, DK-6792 Rømø, Telefon 00 45/74 75 51 22, Fax 00 45/74 75 59 22, www.kommandoergaarden.dk, E-Mail info@kommandoergaarden.dk
Größe: 12 Hektar, 910 Stellplätze (80–150 qm), davon 360 Dauercamper. Mietunterkünfte.
Öffnungszeiten: Ganzjährig.

Lemvig Camping

Region: Westjütland
Adresse: Lemvig Camping, Vinkelhagevej 6, DK-7620 Lemvig, Telefon 00 45/97 82 00 42, Fax 00 45/97 81 04 56, www.dk-camp.dk/lemvig, E-Mail lemvig@dk-camp.dk
Größe: 7 Hektar, 300 Stellplätze (100 bis 120 qm, einige mit Abwasseranschluss), davon 50 Dauercamper. Mietunterkünfte.
Öffnungszeiten: Ende März bis Mitte September.

Nordsø Camping Badeland

Region: Westjütland
Adresse: Nordsø Camping Badeland, Tingodden 3, DK-6960 Hvide Sande, Telefon 00 45/96 59 17 22, Fax 00 45/96 59 17 17, E-Mail reception@city.dk, info@nordsoe-camping.dk
Größe: 6,5 Hektar, 300 Stellplätze (100 qm, 65 mit Direktanschluss), davon 10 Dauercamper. Mietunterkünfte.
Öffnungszeiten: 18. März bis 31. Oktober.

Rørbæk Sø Camping

Region: Mitteljütland
Adresse: Rørbæk Sø Camping, Rørbækvej 62, DK-7361 Ejstrupholm, Telefon 00 45/75 73 61 61, Fax 00 45/75 73 62 61, www.roerbak.dk, E-Mail info@roerbak.dk
Größe: 5,5 Hektar, 141 Stellplätze (100 qm), davon 50 Dauercamper. Mietunterkünfte.
Öffnungszeiten: Anfang April bis Ende Oktober.

◀ **Jesperhus Feriecenter: Die Krakenarme sind Rutschen, genau wie das U-Boot.**

Vammen Camping

Region: Mitteljütland
Adresse: Vammen Camping, DK-8830 Tjele-Viborg, Telefon 00 45/86 69 01 52, Fax 00 45/86 69 03 58, www.vammencamping.dk, E-Mail info@vammencamping.dk
Größe: 7 Hektar, 100 Stellplätze (100 qm), davon 20 Reisemobilstellplätze, keine Dauercamper. Mietunterkünfte.
Öffnungszeiten: Anfang Mai bis Anfang September.

Birkhede Camping

Region: Ostjütland
Adresse: Birkhede Camping, Lyngvej 14, DK-8680 Ry, Telefon 00 45/86 89 13 55, Fax 00 45/86 89 03 13, E-Mail info@birkhede.dk
Größe: 10 Hektar, 250 Stellplätze (100 qm), davon 6 Dauercamper. Mietunterkünfte.
Öffnungszeiten: 1. Mai bis 15. September.

Blommehaven Camping

Region: Ostjütland
Adresse: Blommehaven Camping, Ørneredevej 35, DK-8270 Århus-Højbjerg, Telefon 00 45/86 27 02 07, Fax 00 45/86 27 45 22, www.blommehaven.dk, E-Mail info@blommehaven.dk
Größe: 8 Hektar, 395 Stellplätze (70–120 qm, einige mit Direktanschlüssen, viele für Reisemobile geeignet), davon 5 Dauercamper. Mietunterkünfte.
Öffnungszeiten: Anfang April bis Anfang September.

Gammelbro Camping

Region: Südjütland
Adresse: Gammelbro Camping, Gammelbrovej 70, Arøsund, DK-6100 Haderslev, Telefon 00 45/74 58 41 70, Fax 00 45/74 58 47 25, E-Mail gammelbro@dkcamp.dk
Größe: 15 Hektar, 600 Stellplätze (100–120 qm), davon 300 Dauercamper. Mietunterkünfte.
Öffnungszeiten: Ostern bis Mitte Oktober.

Kolding City Camp Vonsild

Region: Südjütland
Adresse: Kolding City Camp Vonsild, Vonsildvej 19, DK-6000 Kolding, Telefon 00 45/ 75 52 13 88, Fax 00 45/75 52 45 29, www.koldingcitycamp.dk, E-Mail info@koldingcitycamp.dk
Größe: 5 Hektar, 175 Stellplätze (um 100 qm), davon 25 Dauercamper. Mietunterkünfte.
Öffnungszeiten: Ganzjährig.

Ausgewählt: 58 Premium-Campingplätze

Dänemark, Schweden

Bøgebjerg Strand Camping

Region: Fünen
Adresse: Bøgebjerg Strand Camping, Blaesenborgvej 200, DK-5380 Dalby/Kerteminde, Telefon 00 45/65 34 10 52, Fax 00 45/65 34 11 52, www.bogebjerg. dk, E-Mail info@bogebjerg.dk
Größe: 9 Hektar, 375 Stellplätze (100 bis 144 qm, einige mit Direktanschlüssen), davon 45 Dauercamper. 25 Reisemobilstellplätze, Mietunterkünfte.
Öffnungszeiten: 1. April bis 2. Oktober.

Bøsøre Strand Camping

Region: Fünen
Adresse: Bøsøre Strand Camping, Bøsørevej 16, DK-5874 Hesselager, Telefon 00 45/62 25 11 45, Fax 00 45/62 25 11 46, www.bosore.dk, E-Mail info@bosore.dk
Größe: 2 Hektar, 300 Stellplätze (100 qm, 100 mit Direktanschlüssen), davon 20 für Reisemobile geeignet, 40 Dauercamper. Mietunterkünfte.
Öffnungszeiten: Ostern bis 23. Oktober.

Bøjden Strandcamping

Region: Fünen
Adresse: Bøjden Strandcamping, Bøjden Landevej 12, DK-5600 Faaborg, Telefon 00 45/62 60 12 84, Fax 00 45/62 60 12 94, www.bojden.dk, E-Mail info@bojden.dk
Größe: 6 Hektar, 320 Stellplätze (80 bis 120 qm, wenige mit Direktanschlüssen, für Reisemobile geeignet), davon 90 Dauercamper. Mietunterkünfte.
Öffnungszeiten: Mitte April bis Mitte September.

Emmerbølle Strand Camping

Region: Langeland
Adresse: Emmerbølle Strand Camping, Emmerbøllevej 24, DK-5953 Tranekær, Telefon 00 45/62/59 12 26, Fax 00 45/62/59 12 28, www.emmerbolle.dk, E-Mail info@emmerbolle.dk
Größe: 15 Hektar, 350 Stellplätze (100 bis 150 qm, davon 60 mit Direktanschlüssen), davon 40 Dauercamper, Mietunterkünfte.
Öffnungszeiten: 18. März bis 23. Oktober.

Bøjden Strandcamping: Der Campingplatz liegt dem Festland zugewandt im Süden der Insel Fünen. ▶

Sannes Familiecamping: Kinderglück auch ohne tägliche Animation auf dem Spielplatz.

Feddet Camping

Region: Seeland
Adresse: Feddet Camping, Feddet 12, DK-4640 Fakse, Telefon 00 45/56/72 52 06, Fax 00 45/56/72 57 90, www.feddetcamping.dk, E-Mail info@feddetcamping.dk
Größe: 16 Hektar, 400 Stellplätze (100–120 qm, einige mit Direktanschlüssen, viele für Reisemobile geeignet), separater Dauercamperbereich noch im Aufbau. Mietunterkünfte.
Öffnungszeiten: Ganzjährig.

Møllers Dueodde Camping

Region: Bornholm
Adresse: Møllers Dueodde Camping, Duegårdsvej 2, DK-3730 Neksø/Bornholm, Telefon 00 45/56 48 81 49, Fax 00 45/56 48 81 69, www.dueodde-camp.dk, E-Mail moeller@dueodde-camp.dk
Größe: 4 Hektar, 200 Stellplätze (80 bis 100 qm), keine Dauercamper. Mietunterkünfte.
Öffnungszeiten: Mitte Mai bis Ende September.

Sannes Familiecamping

Region: Bornholm
Adresse: Sannes Familiecamping, Melstedvej 39, DK-3760 Gudhjem, Telefon 00 45/56 48 52 11, Fax 00 45/56 48 52 52, www.familiecamping.dk, E-Mail sannes@familiecamping.dk
Größe: 2,4 Hektar, 120 Stellflächen (80 bis 100 qm, wenige mit Direktanschlüssen), keine Dauercamper, Mietunterkünfte.
Öffnungszeiten: Anfang März bis Ende September.

Schweden

Byske Havsbad Swe-Camp

Region: Västerbotten
Adresse: Byske Havsbad Swe-Camp, Bäckgatan 40, S-930 47 Byske, Telefon 00 46/9 12/ 6 12 90, Fax 00 46/9 12/6 15 26, www.byske.nu/camping, E-Mail camping@byske.nu
Größe: Gesamtareal 17 Hektar, 515 Stellplätze (90 bis 140 qm, einige mit Wasseranschlüssen), davon 130 Dauercamper.
Öffnungszeiten: Mitte Mai bis Anfang September.

Leksands Camping & Stugby

Region: Dalarna
Adresse: Leksands Camping & Stugby, Tällbergsvägen, Box 303, S-793 27 Leksand, Telefon 00 46/2 47/8 03 13,

Fax 00 46/2 47/1 47 90, www.leksand.se/camping_stugby, E-Mail leksands.camping.stugby@leksand.se
Größe: 20 Hektar, 450 Stellplätze (keine Größenangabe, einige mit Abwasseranschlüssen), davon 80 Dauercamper. Mietunterkünfte.
Öffnungszeiten: Ganzjährig.

Härjarö Touristcenter

Region: Uppland
Adresse: Härjarö Touristcenter, S-745 99 Enköping, Telefon 00 46/1 71/8 22 90, Fax 00 46/1 71/8 21 12, www.harjaro.com, E-Mail camping@harjaro.com
Größe: 25 Hektar, 200 Stellplätze (keine Größenangabe), keine Dauercamper, Mietunterkünfte.
Öffnungszeiten: Ganzjährig.

Swecamp Flottsbro

Region: Stockholm
Adresse: Flottsbro Aktivitetscenter, Stockholm Swecamp, Box 12 16, S-141 25 Huddinge, Telefon 00 46/8/4 49 95 80, Fax 00 46/8/4 49 95 81, www.flottsbro.com, E-Mail info@flottsbro.com
Größe: 1,5 Hektar, 90 Stellplätze (150 qm, viele mit Direktanschlüssen), davon 10 Dauercamper. Mietunterkünfte.
Öffnungszeiten: Ganzjährig.

Camping Gustavsvik

Region: Örebro
Adresse: Camping Gustavsvik, S-702 30 Örebro, Telefon 00 46/19/19 69 50, Fax 00 46/19/19 69 61, www.gustavsvik.com, E-Mail camping@gustavsvik.com
Größe: 12 Hektar, 720 Stellplätze (100 qm, einige mit Direktanschlüssen), keine Dauercamper, Mietunterkünfte.
Öffnungszeiten: Ende April bis Ende September.

Daftö Ferie Center

Region: Väster Götland
Adresse: Daftö Ferie Center, Dafter 2511, S-452 97 Strömstad, Telefon 00 46/5 26/2 60 40, Fax 00 46/5 26/2 62 50, www.dafto.nu, E-Mail info.dafto@swipnet.se
Größe: Gesamtareal 13 Hektar, 650 Stellplätze (80 bis 100 qm, viele mit Direktanschlüssen), davon 350 Dauercamper. Mietunterkünfte.
Öffnungszeiten: Ganzjährig, mit Ausnahme der Weihnachts- und Neujahrswoche.

Vita Sandars Camping

Region: Väster Götland
Adresse: Vita Sandars Camping, Box 14, S-464 21 Mellerud, Telefon 00 46/5 30/1 22 60, Fax 00 46/5 30/1 29 34, www.vitasandarscamping.se, E-Mail info@vitasandarscamping.se
Größe: 14 Hektar, 280 Stellplätze (um 115 qm, einige mit Abwasseranschlüssen), davon 50 Dauercamper. Spezielle Reisemobilstellplätze. Mietunterkünfte.
Öffnungszeiten: Ganzjährig.

Lidköping KronoCamping

Region: Väster Götland
Adresse: Lidköping Swecamp KronoCamping, Läckögatan, S-531 54 Lidköping,

◄ **Rosenlunds Camping: Sonnige Stellfelder für Stop-Over-Gäste am Vättern-See.**

Telefon 00 46/5 10/2 68 04, Fax 00 46/5 10/2 11 35, www.kronocamping.com, E-Mail info@kronocamping.com
Größe: Gesamtareal 4,5 Hektar, 427 Stellplätze (90–100 qm, rund 90 mit Direktanschlüssen), davon 75 Dauercamper. Mietunterkünfte.
Öffnungszeiten: Ganzjährig.

Glyttinge Camping

Region: Östergötland
Adresse: Glyttinge Camping, Berggådesvägen, S-584 37 Linköping, Telefon 00 46/13/17 49 28, Fax 00 46/13/17 59 23, www.camping.se/plats/E28, E-Mail glyttinge@swipnet.se
Größe: 5 Hektar, 175 Stellplätze (100 bis 150 qm, einige mit Direktanschlüssen), keine Dauercamper. Mietunterkünfte.
Öffnungszeiten: Ende April bis Anfang Oktober.

Rosenlunds Camping

Region: Småland
Adresse: Jönköping Swe Camp Villa Björkhagen, Friggagatan 31, S-554 54 Jönköping, Telefon 00 46/36/12 28 63, Fax 00 46/36/12 66 87, www.swecamp.nu/F6/, E-Mail villabjorkhagen@swipnet.se
Größe: Gesamtareal 7 Hektar, 280 Stellplätze (90 qm, 40 mit Direktanschlüssen), davon 30 Dauercamper. Mietunterkünfte.
Öffnungszeiten: Ganzjährig.

Lysingbadets Camping

Region: Småland
Adresse: Lysingbadets Semesteranläggning, S-593 53 Västervik, Telefon 00 46/4 90/8 89 20, Fax 00 46/4 90/8 89 45, www.vastervik.se/turist/index.htm, E-Mail lysingbadet@vastervik.se
Größe: 80 Hektar, 960 Stellplätze (80 bis 150 qm, einige mit Direktanschlüssen), davon 50 Dauercamper. Mietunterkünfte.
Öffnungszeiten: Ganzjährig.

Getnö Gård Naturcamping

Region: Småland
Adresse: Getnö Gård Naturcamping, S-360 10 Ryd, Telefon 00 46/4 77/2 40 11, Fax 00 46/4 77/2 40 49, www.getnogard.se, E-Mail olsson@getnogard.se
Größe: 20 Hektar, 110 Stellplätze (200 bis 400 qm), keine Dauercamper. Mietunterkünfte.
Öffnungszeiten: Anfang Mai bis Ende September.

Kapelluddens Camping

Region: Öland
Adresse: Kapelluddens Familjecamping, S-387 31 Borgholm, Öland, Telefon 00 46/4 85/1 01 78,

Fax 00 46/4 85/1 29 44, www.kapelludden.se, E-Mail info@kapelludden.se
Größe: 12 Hektar, 430 Stellplätze (80–100 qm, zehn Prozent mit Direktanschlüssen), davon 30 Dauercamper, Quick-Stop-Plätze, Mietunterkünfte.
Öffnungszeiten: Ganzjährig.

Ekerums Camping

Region: Öland
Adresse: Ekerums Camping & Stugor, S-387 92 Borgholm, Öland, Telefon 00 46/4 85/ 56 47 00, Fax 00 46/4 85/56 47 01, www.olandsturistcentrum.se, E-Mail ekerums-camping@ olandsturistcentrum.se
Größe: 15 Hektar, 600 Stellplätze (um 90 bis 110 qm, einige mit Direktanschlüssen), davon 100 Dauercamper, Mietunterkünfte.
Öffnungszeiten: Anfang April bis Mitte Oktober.

Norwegen

Sandvika Fjordcamping

Region: Lofoten
Adresse: Sandvika Fjord- og Sjøhuscamping, Ørsvågveien 45, Postboks 1, N-8310 Kabelvåg, Telefon 00 47/76 07 81 45, Fax 00 47/76 07 90 10, www.lofot posten. no/home/sandcamp, E-Mail sandcamp@alpha1. nndata.no
Größe: 1 Hektar, 150 Stellplätze (keine Größenangabe), davon 15 Dauercamper, Mietunterkünfte.
Öffnungszeiten: Ganzjährig.

Mjelva Camping og Hytter

Region: Møre og Romsdal
Adresse: Mjelva Camping og Hytter, N-6300 Åndalsnes, Telefon 00 47/71 22 64 50, Fax 00 47/71 22 68 77, www.mjelvacamping.no, E-Mail mjelvac@eunet.no
Größe: 3,2 Hektar, 120 Stellplätze (keine Größenangabe), keine Dauercamper. Mietunterkünfte.
Öffnungszeiten: Anfang Mai bis Mitte September.

Grimsbu Turistsenter

Region: Hedmark
Adresse: Grimsbu Turistsenter Motell & Camp, Ved Rondevegen, N-2582 Grimsbu, Telefon 00 47/ 62 49 35 29, www.grimsbu.no, E-Mail grimsbu@online.no
Größe: 2 Hektar, 60 Stellplätze (keine Größenangabe), keine Dauercamper. Mietunterkünfte.
Öffnungszeiten: Ganzjährig.

Ekerums Camping: Flacher Strand und viele Kinderattraktionen machen Ekerum zum Familiencamp. ▶

Lærdal Ferieog Fritidspark: Am Fjordschluss warten eine geräumige, ebene Campingwiese und gute Infrastruktur auf Gäste.

Gryta Camping

Region: Fjordnorwegen
Adresse: Gryta Camping, N-6788 Olden, Telefon/Fax 00 47/57 87 59 36, www.gryta.no, E-Mail gryta@gryta.no
Größe: 2 Hektar, 80 Stellplätze (ca. 150 qm). Keine Dauercamper, 3 Hütten.
Öffnungszeiten: 15. Mai bis 15. Oktober.

Melkevoll Bretun

Region: Fjordnorwegen
Adresse: Melkevoll Bretun Turistsenter, Oldedalen, N-6792 Briksdalsbre, Telefon 00 47/57 87 38 64, Fax 00 47/57 87 38 90, www.melkevoll.no, E-Mail post@melkevoll.no
Größe: 2 Hektar, 48 Stellplätze (ohne Größenangabe), keine Dauercamper. Mietunterkünfte.
Öffnungszeiten: 20. April bis 15. Oktober.

Lærdal Ferie- og Fritidspark

Region: Fjordnorwegen
Adresse: Lærdal Ferie- og Fritidspark A/S, Postboks 7, N-6886 Lærdal, Telefon 00 47/57 66 66 95, Fax 00 47/57 66 87 81, www.laerdalferiepark.com, E-Mail info@laerdalferiepark.com
Größe: 2 Hektar, 100 Stellplätze (um 90 qm, 70 mit Strom), keine Dauercamper, Mietunterkünfte.
Öffnungszeiten: Ganzjährig.

Camping Preikestolen

Region: Fjordnorwegen
Adresse: Camping Preikestolen, Postboks 174, N-4126 Jørpeland, Telefon 00 47/51 74 97 25, Fax 00 47/51 74 80 77, www.preikestolencamping.com, E-Mail colinn@online.no
Größe: 12 Hektar, 90 Stellplätze (ca. 100 qm), keine Dauercamper.
Öffnungszeiten: Anfang Mai bis Ende September.

Solvik Camping

Region: Fjordnorwegen
Adresse: Solvik Camping, Barka, N-4100 Jørpeland, Telefon 00 47/51 74 77 12, Fax 00 47/51 74 54 40, www.solvik-camping.no, E-Mail post@solvik-camping.no
Größe: 2 Hektar, 80 Stellplätze (keine Größenangabe), keine Dauercamper, Mietunterkünfte.
Öffnungszeiten: Ganzjährig.

Bogstad Camp & Turistsenter

Region: Oslo
Adresse: Bogstad Camp & Turistsenter, Ankerveien 117,

N-0757 Oslo, Telefon 00 47/22 51 08 00, Fax 00 47/22 51 08 50, www.bogstadcamping.no, E-Mail mail@bogstadcamping.no
Größe: 16 Hektar, 800 Stellplätze (um 90 qm), davon 60 Dauercamper. Mietunterkünfte.
Öffnungszeiten: Ganzjährig.

Furuholmen Camping A/S

Region: Vest-Agder
Adresse: Furuholmen Camping-Marina, N-5420 Sør-Audnedal, Telefon 00 47/38 25 65 98, Fax 00 47/38 25 94 40, www.visitregionmandal.com, E-Mail furuholmen@online.no
Größe: 2 Hektar, 120 Stellplätze (Größe geländeabhängig), Dauercamper. Mietunterkünfte.
Öffnungszeiten: Mai bis September.

Finnland

Ounaskoski Camping

Region: Lappi
Adresse: Ounaskoski Camping, Jäämerentie 1, FIN-96200 Rovaniemi, Telefon 0 03 58/16 34 53 04, Fax 0 03 58/16 34 53 04
Größe: 3 Hektar, 140 Stellplätze (um 60 qm), keine Dauercamper. Mietunterkünfte.
Öffnungszeiten: 25. Mai bis 31. August.

Manamansalon leirintäalue

Region: Kainuu
Adresse: Manamansalon leirintäalue, Teeriniementie 156, FIN-88340 Manamansalo, Telefon 0 03 58/8 87 41 38, Fax 0 03 58/8 87 41 98, www.kainuunmatkailu.fi
Größe: 12 Hektar, 200 Stellplätze (100–150 qm), keine Dauercamper, Mietunterkünfte.
Öffnungszeiten: 1. März bis 30. September.

Top Camping Hiekkasärkät

Region: Pohjois-Pohjanmaa
Adresse: Top Camping Kalajoen Hiekkasärkät Ltd., Tuomipakkaintie 39, FIN-85100 Kalajoki, Telefon 0 03 58/84 69 24 00, Fax 0 03 58/84 69 22 11, www.hiekkasarkat.fi, E-Mail markkinointi@hiekkasarkat.fi
Größe: 30 Hektar, 750 Stellplätze (keine Größenangabe), davon 100 Dauercamper, Mietunterkünfte.
Öffnungszeiten: Juni bis August.

Camping Rauhalahti

Region: Pohjois-Savo
Adresse: Rauhalahti Holiday Centre, Kiviniementie, FIN-70700 Kuopio, Telefon 0 03 58/17 47 30 00, Fax 0 03 58/17 47 30 99, www.rauhalahti.com, E-Mail rauhalahti.camping@kuopio.fi
Größe: 26 Hektar, 500 Stellplätze (70–120 qm), keine Dauercamper. Mietunterkünfte.
Öffnungszeiten: Mitte Mai bis Anfang September.

Camping Taipale

Region: Pohjois-Savo
Adresse: Camping Taipale, Leiritie, FIN-78250 Varkaus, Telefon 0 03 58/17 71 21 25, Fax 0 03 58/17 71 21 69, www.personal.inet.fi/palvelu/campingtaipale, E-Mail tuija.jalkanen@campingtaipale.inet.fi
Größe: 4 Hektar, 90 Stellplätze (100–120 qm), keine Dauercamper. Mietunterkünfte.

◀ **Punkaharjun Lomakeskus: Seenahe Stellplätze, viel Natur und vielseitiges Freizeitangebot.**

Öffnungszeiten: Mitte Mai bis Ende August.

Punkaharjun Lomakeskus

Region: Etelä-Savo
Adresse: Punkaharjun Lomakeskus, FIN-58450 Punkaharju, Telefon 0 03 58/15 73 96 11, Fax 0 03 58/15 44 17 84, www.lomaliitto.fi/punkaharju, E-Mail punkaharju.myynti@lomaliitto.fi
Größe: 10 Hektar, 500 Stellplätze (80–120 qm), keine Dauercamper, Mietunterkünfte.
Öffnungszeiten: Ende Mai bis Ende August.

Leirintä Yyteri

Region: Satakunta
Adresse: Leirintä Yyteri Camping, Yyterisantojentie, FIN-28840 Pori, Telefon 0 03 58/26 34 57 00, Fax 0 03 58/26 34 57 47, www. pori.fi/vav, E-Mail leirinta.yyteri@pori.fi
Größe: 10 Hektar, 223 Stellplätze (80 bis 120 qm, einige mit Direktanschlüssen), davon 73 für Reisemobile und Caravans, keine Dauercamper. Mietunterkünfte.
Öffnungszeiten: Ganzjährig.

Messilän Lomakeskus

Region: Päijät-Häme
Adresse: Camping Messilä, Messilän Lomakeskus, FIN-15980 Messilä, Telefon 0 03 58/37 53 70 06, Fax 0 03 58/37 30 75 03, www.campingmessila.fi, E-Mail messila@campingmessila.fi
Größe: 5 Hektar, 350 Stellplätze (um 100 qm), davon 130 für Caravans und Reisemobile, keine Dauercamper. Mietunterkünfte.
Öffnungszeiten: Ganzjährig.

Rastila Camping

Region: Uusimaa/Helsinki
Adresse: Rastila Camping, Karavaanikatu 4, FIN-00980 Helsinki, Telefon 0 03 58/93 21 65 51, Fax 0 03 58/93 44 15 78, www.rastilacamping.fi, E-Mail rastilacamping@nel.fi
Größe: 9 Hektar, 220 Stellplätze (um 100 qm, einige mit Direktanschlüssen), davon 150 für Caravans und Reisemobile. Mietunterkünfte.
Öffnungszeiten: Ganzjährig.

Ormnäs Camping

Region: Uusimaa
Adresse: Ormnäs Camping, Ormnäsvägen 1, FIN-10600 Tammisaari-Ekenäs, Telefon 0 03 58/1 92 41 44 34, Fax 0 03 58/1 92 41 39 17, www.ek-camping.com, E-Mail info@ek-camping.com
Größe: 3,8 Hektar, 210 Stellplätze (keine Größenangabe), davon 120 Dauercamper. Mietunterkünfte.
Öffnungszeiten: 1. Mai bis 30. September.

Zu neuen **Ufern**

Bei der Wahl der Anreise nach Skandinavien können Urlauber entscheiden zwischen komfortablen Jumbofähren, Frachtschiffen, Direktrouten und den neuen Brückenverbindungen.

Neues auf der Ostsee: Seit Eröffnung der festen Brücken- und Tunnelverbindung über den Großen Belt 1998 sowie über den Öresund zum Frühsommer 2000 können Schweden-Urlauber jetzt auch, ohne schwankende Planken unter die Füße zu nehmen, ihr Reiseziel erreichen. In die Tasche greifen müssen sie trotzdem, beide Brücken sind mautpflichtig. Für die Fahrt mit einem mehr als sechs Meter langen, bis zu 3,5 Tonnen schweren Mobil über die Große-Belt-Brücke verlangt die Betreibergesellschaft 380 Dänenkronen (2005), die Fahrt nach Schweden kostet über den Öresund 470 Schwedenkronen (2005).

Einen neuen Namen sollten sich Finnland-Fans merken. Die griechische Reederei Superfast Ferries verbindet Rostock mit dem südfinnischen Hanko. Neuerungen prägen auch die Routen gen Norwegen. Die „Prinsesse Ragnhild" der Color Line verkehrt ab Sommer 2005 auf der Route vom dänischen Hirtshals über Stanvanger in Südnorwegen nach Bergen im Fjordland. Als Alternative zur Überfahrt auf dieser komfortablen Passagierfähre bietet sich die Passage auf der Frachtfähre der Kystlink an, die von Hirtshals das südnorwegische Hafenstädtchen Langesund ansteuert.

Beim Preisvergleich der Fährtarife erleichtern einige Faustregeln das Finden der richtigen Verbindung:

- **Camper-Tarife suchen:** TT-Line, Stena Line und Fjord Line bieten auf einigen weniger stark frequentierten Routen und Schiffen vergünstigte Tarife an.
- **Abfahrtstage beachten:** Bei vielen Reedereien gibt es attraktive Sonderangebote bei Abfahrten zu Wochenbeginn oder in der Wochenmitte.
- **Abfahrtszeiten vergleichen:** Einige Reedereien wie die Stena Line versuchen, ihre Abfahrten zu weniger beliebten Zeiten am frühen Morgen oder in der Nacht durch Nachlässe auszulasten.
- **Höhen-, Breiten- und Längenstaffelung prüfen:** Die meisten Reedereien bieten mittlerweile Pauschaltickets für ein Reisemobil inklusive vier oder fünf Passagieren an. Einige Gesellschaften aber halten an schwer zu durchschauenden Längen-, Breiten- und Höhenstaffelungen fest.
- **Schiffe checken:** Einige der auch in der Ostsee immer beliebter werdenden Schnellfähren können aus technischen Gründen nur Fahrzeuge bis zu einer relativ geringen Höhe, Breite und Länge an Bord nehmen.
- **Durchgangstickets checken:** Viele Reedereien bieten Kombinationsfahrkarten für mehrere Strecken an – eine gute Möglichkeit für Rundreisen.
- **Tiere an Bord:** Auf das Kleingedruckte in den Beförderungsbedingungen achten: Auf einigen Schiffen, vor allem auf Schnellfähren, ist die Mitnahme von Hunden nicht erlaubt. Spezielle Kabinen für Hundebesitzer bietet die TT-Line auf „Peter Pan" und „Nils Holgersson". An Bord dieser Schiffe gibt es sogar ein stilles Örtchen, an dem Waldi sein Geschäft erledigen kann.
- **Buchungen:** Auskünfte und Tickets in Reisebüros, Buchungen sind auch direkt bei den Reedereien oder ihren Agenturen möglich. Die Telefonnummern stehen auf Seite 180.

Dänemark

Größter Vorteil für Passagiere der Scandlines, die den Markt auf den Kurz-

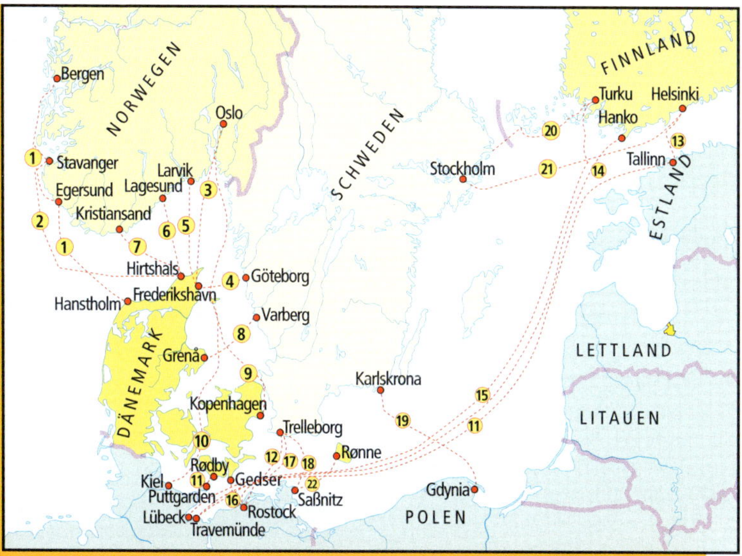

Die wichtigsten Fährverbindungen

1. **Hanstholm–Egersund–Bergen** Fjord Line
2. **Hirtshals–Stavanger–Bergen** Color Line
3. **Frederikshavn–Oslo** Stena Line
4. **Frederikshavn–Göteborg** Stena Line
5. **Frederikshavn–Larvik** Color Line
6. **Hirtshals–Langesund** Kystlink
7. **Hirtshals–Kristiansand** Color Line
8. **Grenå–Varberg** Stena Line
9. **Kopenhagen–Oslo** DFDS Seaways
10. **Kiel–Oslo** Color Line
11. **Puttgarden–Rødby** Scandlines
12. **Travemünde–Trelleborg** TT-Line
13. **Rostock–Tallinn–Helsinki** Silja Line
14. **Rostock–Hanko** Silja Line
15. **Lübeck–Helsinki** Finnlines Passagierdienst
16. **Rostock–Gedser** Scandlines
17. **Rostock–Trelleborg** TT-Line, Scandlines
18. **Saßnitz–Trelleborg** Scandlines
19. **Gdynia–Karlskrona** Stena Line
20. **Stockholm–Turku** Silja Line, Viking Line
21. **Stockholm–Helsinki** Silja Line, Viking Line
22. **Saßnitz–Rønne/Bornholm** Scandlines

strecken von Deutschland nach Dänemark und Schweden beherrschen: Auf der Vogelfluglinie von Puttgarden nach Rødby können sie sich selbst im Hochsommer die Reservierung einer Überfahrt sparen, da die Fähren in der Regel mehrfach pro Stunde von der Insel Fehmarn nach Dänemark ablegen.

Schweden

Besser eine Direktfähre von Deutschland nach Schweden oder doch lieber mit zwei kurzen Sprüngen über Dänemark nach Südschweden? Längere Seereisen bieten zum Beispiel die TT-Line auf den Routen von Rostock und Travemünde nach Trelleborg, die Scandlines von Rostock und Saßnitz nach Trelleborg sowie die Stena Line von Kiel nach Göteborg. Kürzere und damit auch deutlich billigere Törns via Dänemark stehen bei den Scandlines im Programm. Vor- und Nachteile beider Angebote halten sich die Waage. Während Landratten sich über jede Minute freuen, die sie nicht an Bord eines Schiffes

Skandinavien: **Fährlinien**

Alle Schifffahrtswege über die Ostsee

verbringen müssen, genießen Seebären die Erholung bei einer Mini-Kreuzfahrt nach der langen Anreise vom Heimatort zum Fährhafen und nehmen bei Nachtfahrten dafür auch den Preis für eine Kabine in Kauf.

Norwegen

Grundsätzlich haben Norwegen-Urlauber die Wahl zwischen der komfortablen, aber teuren Direktfähre von Kiel nach Oslo und den teilweise deutlich günstigeren Angeboten auf den kurzen Routen von Nordjütland in Dänemark nach Süd- und Westnorwegen.

Finnland

Direktverbindungen von Deutschland nach Finnland bieten die Superfast Ferries mit ihrer Strecke Rostock–Hanko. Die Reederei setzt dabei auf moderne Schnellfähren, die die Überfahrt in 21 Stunden schaffen. Auf Komfort und Genuss setzt hingegen die Reederei Finnlines mit ihren kombinierten Fracht- und Passagierfähren auf den Strecken von Lübeck nach Turku und Helsinki. Mit wenigen Außenkabinen, Vollpension, Sauna und Whirlpool schnüren die Reeder ihren Fahrgästen ein Komfortpaket, das auf den großen Fähren mit Tausenden von Passagieren undenkbar ist.

Die Silja Line setzt mit der „Finnjet" im Sommer auf der Route von Rostock via Tallinn in Estland nach Helsinki eine legendäre Schnellfähre ein. Allerdings muss der Gast in Tallinn auf ein anderes Schiff umsteigen. Bei längeren Rundreisen empfiehlt sich die Anfahrt zu Lande via Schweden. Nach der kurzen Überfahrt von Deutschland nach Dänemark steht eine lange, aber attraktive Tour durch Südschweden bis Stockholm auf dem Programm, danach die reizvolle Fahrt mit den Luxusfähren von Viking Line oder Silja Line durch den Schärengarten nach Turku oder Helsinki.

AUSKÜNFTE UND BUCHUNGEN

Color Line: Ticketbestellung, Norwegenkai, 24143 Kiel, Telefon 04 31/7 30 03 00, Fax 04 31/7 30 04 00, www.colorline.com

DFDS Seaways: Van-der-Smissen-Straße 4, 22767 Hamburg, Telefon 0 40/3 89 03 71, Fax 0 40/38 90 31 20, www.dfdsseaways.de

Fjord Line: Nor. Schiffahrts-Agentur GmbH, Kleine Johannisstr. 10, 20457 Hamburg, Tel. 0 40/37 69 33 50, Fax 0 40/37 69 32 00,www.fjordline.com

Finnlines Passagierdienst: Einsiedelstraße 43–45, 23554 Lübeck, Telefon 04 51/1 50 74 43, Fax 04 51/1 50 74 44, www.finnlines

Kystlink: Generalagentur Karl Geuther, Martinistr. 58, 28195 Bremen, Telefon 04 21/176 03 62, Fax 0421/1 85 75, www.kystlink.de

Scandlines: Buchungszentrale für alle Fährverbindungen der Reederei, Telefon 0 18 05/72 26 35 46 37, www.scandlines.de

Silja Line: Buchungsannahme, Zeißstraße 6, 23560 Lübeck, Telefon 04 51/5 89 92 22, Fax 04 51/5 89 92 03, www.siljaline.de

Stena Line: Service-Center Kiel, Schwedenkai 1, 24103 Kiel, Telefon 0 18 05/91 66 66, Fax 04 31/90 92 00, www.stenaline.com

Superfast Ferries: Reservierung, Herrenholz 10-12, 23556 Lübeck, Telefon 04 51/88 00 61 66, Fax 04 51/88 00 61 29, www.superfast.com

TT-Line: Buchungszentrale, Mattentwiete 8, 20457 Hamburg, Telefon 0 40/3 60 14 42, Fax 0 40/3 60 14 07, www.ttline.com

Viking Line: Beckergrube 87, 23552 Lübeck, Telefon 04 51/38 46 30, Fax 04 51/3 84 63 99, www.vikingline.de

Informationen zu den Brücken- und Tunnelverbindungen im Internet:
Großer Belt: www.storebaelt.dk, **Öresund:** www.oeresundsbron.dk

Übersichtskarte · Översiktskarta
Map key · Overzichtskaart
Carte générale · Oversigtskort
Oversiktskart · Hakemistokartta

Autobahn • Anschluss Motorway • Junction Autoroute • Echangeur Motorvei • Innkjøring	Motorväg • Anslutning Autosnelweg • Aansluiting Motorvej • Tilslutningsanlæg Moottoritie • Liittymä
Tankstelle / Bar • Restaurant • Motel Petrol station / Bar • Restaurant • Motel Station-service / Bar • Restaurant • Motel Bensinstasjon / Bar • Restaurant • Motell	Bensinstation / Bar • Restaurang • Motell Benzinestation / Bar • Restaurant • Motel Tankanlæg / Bar • Restaurant • Motel Polttonesteen myynti / Kahvio • Ravintola • Motelli
Autobahn im Bau mit Eröffnungsdatum Motorway under construction with opening date Autoroute en construction avec date d'ouverture Motorvei under bygning med åpningsdato	Motorväg under byggnad med öppningsdatum Autosnelweg in aanleg met datum van openstelling Motorvej under bygning med åbningsdato Rakenteilla oleva moottoritie, avaamispäivämäärä
Autostrassen Dual carriageways Routes rapides Bilveier	Motortrafikleder Autowegen Motortrafikveje Moottoriliikennetie
Hauptstrassen Primary roads Routes principales Hovedveier	Huvudvägar Hoofdwegen Hovedveje Valtatiet
Regionale-, lokale Verbindungsstrasse Main-, secondary road Route de liaison régionale ou locale Regional, lokale veiforbindelse	Regional och lokal förbindelseväg Verbindingsweg regionaal, local Regionale og lokale forbindelsesvej Paikallistie
Nebenstrasse • Gesperrte Strasse Minor road • Closed road Autre route • Route interdite Sidevei • Sperret vei	Övrig väg • Avstängd väg Secundaire weg • Verboden weg Sidevej • Spærret vej Sivutie • Liikenteeltäsuljettu tie
Gebührenpflichtige Strasse Toll-road Route à péage Avgiftspliktig vei	Avgiftsbelagd väg Tolweg Vej med betalingspligt Tiemaksullinen tie
Pass • Fahrweg / Fussweg Pass • Track / Footpath Col • Chemin carrossable / Sentier Pass • Kjørevei / Tursti	Pass • Väg / Gångstig Pas • Onverharde weg / Voetpad Pas • Mindre vej / Gangsti Sola • Kärrytie / Polku
Distanzen in Kilometern Distances in kilometers Distances en kilomètres Avstand i kilometer	Avstånd i kilometer Afstanden in kilometers Afstande i kilometer Välimatkat kilometreinä
Strassennummern Road numbers Numérotation des routes Veinummere	Vägnummer Nummers van de wegen Vejnumre Tiennumerot
Eisenbahn: Hauptlinie • Nebenlinie Railway: Main line • Branch line Chemin de fer: Ligne principale • Ligne secondaire Jernbane: Hovedlinje • Sidelinje	Järnväg: Huvudlinje • Annan linje Spoorweg: Hoofdspoor • Zijspoor Jernbane: Hovedstrækning • Sidebane Rautatie: Päärata • Sivurata
Luftseilbahn • Fähre Cable car • Ferry Téléphérique • Bac Taubane • Ferge	Linbana • Färja Kabelbaan • Veer Tovbane • Færge Riippuköysirata • Lossi
Flughafen • Flugplatz Airport • Airfield Aéroport • Aérodrome Lufthavn • Flyplass	Trafikflygplats • Flygplats Luchthaven • Vliegfield Lufthavn • Flyveplads Lentoasema • Lentokenttä
Schloss / Burg • Ruine Castle / Stately home • Ruin Château / Château fort • Ruine Slott / Borg • Ruiner	Slott / Borg • Ruin Kasteel / Burcht • Ruïne Slot / Borg • Ruin Linna / Linnoitus • Raunio
Kirche / Kapelle • Kloster Church / Chapel • Cloister Eglise / Chapelle • Couvent Kirke / Kapell • Kloster	Kyrka / Kapell • Kloster Kerk / Kapel • Klooster Kirke / Kapel • Kloster Kirkko / Rukoushuone • Luostari
Denkmal • Prähistorisches Monument Monument • Prehistoric monument Monument • Monument préhistorique Minnesmerke • Forhistorisk monument	Minnesmärke • Förhistorisk monument Gedenkteken • Prehistorisch monument Mindesmærker • Forhistorisk monument Muistomerkki • Muinaisjäännös

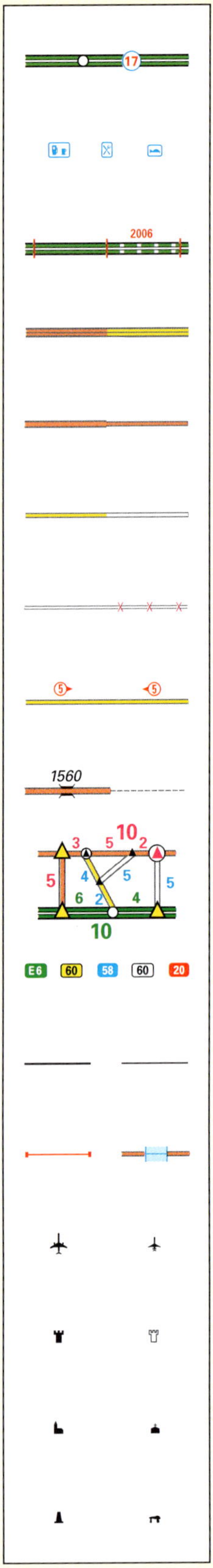

Höhle • Leuchtturm
Cave • Lighthouse
Grotte • Phare
Hule • Fyrtårn

Grotta • Fyr
Grot • Vuurtoren
Hule • Fyrtårn
Luola • Majakka

Einzelstehendes Hotel / Restaurant • Touristenhütte
Secluded hotel / Restaurant • Tourist cabin
Hôtel isolé / Restaurant • Cabane pour touristes
Hotell / Restaurant • Turisthytte

Ensligt beläget hotell / Restaurang • Turiststuga
Afgelegen hotel / Restaurant • Toeristenhut
Ensomt beliggende hotel / Restaurant • Turisthytte
Hotelli / Ravintola • Autiotupa

Sehenswerter Ort • Sehenswertes Objekt
Place of interest • Object of interest
Localité intéressante • Edifice remarquable
Severdig sted • Severdighet

Sevärdhet ort • Sevärdhet objekt
Bezienswaardige plek • Bezienswaardigheid
Seværdigt sted • Seværdigt objekt
Kaunis paikka • Nähtävyys

Natursehenswürdigkeiten • Freizeitpark
Natural curiosities • Theme park
Curiosités naturelles • Parc de loisirs
Naturseverdigheter • Fornøyelsespark

Natursevärdheter • Nöjespark
Naturmonumenten • Recreatiepark
Naturseværdigheder • Forlystelsespark
Luonnon nähtävyys • Huvipuisto

Sumpf • Wasserfall
Swamp • Waterfall
Marais • Cascade
Myr • Foss

Kärr • Vattenfall
Moeras • Waterval
Sump / Mose • Vandfald
Suo • Vesiputous

Panoramasicht • Schöne Aussicht • Camping
Panoramic view • Viewpoint • Camp site
Vue panoramique • Point de vue • Camping
Panoramautsikt • Vakker utsikt • Campingplass

Panorama • Vacker utsikt • Camping
Panorama • Mooi uitzicht • Camping
Panoramautsigt • Udsigtspunkt • Campingplads
Panoraama näköala • Kaunis näköala • Leirintäalue

Die Redaktion bemüht sich, die Karten trotz der ständigen Veränderungen auf aktuellem Stand zu halten, kann aber für den Inhalt keine absolute Garantie übernehmen. Für Hinweise und Beobachtungen sind wir Ihnen dankbar.

Transitpläne
Transit maps
Plans de transit
Transittkart

Genomfartskartor
Transitkaarten
Transitkort
Transitokartat

Informationsbüro • Polizei • Post
Information centre • Police • Post office
Office de tourisme • Police • Poste
Turistinformasjon • Politi • Postkontor

Turistinformation • Polis • Post
Informatie • Politie • Post
Turistbureau • Politi • Postkontor
Matkailutoimisto • Poliisi • Posti

Spital • Theater
Hospital • Theatre
Hôpital • Théâtre
Sykehus • Teater

Sjukhus • Teater
Ziekenhuis • Theater
Sygehus • Teater
Sairaala • Teatteri

Bad • Hallenbad
Bathing • Swimming-pool
Baignade • Piscine couverte
Badeplass • Svømmehall

Bad • Simhall
Buitenbad • Overdekt zwembad
Bad • Svømmehal
Uimaranta • Uimahalli

Schiffsanlegestelle • Jachthafen
Docking • Yacht harbour
Débarcadère • Port de plaisance
Havn / Brygge • Lystbåthavn

Båtbrygga • Hamn för fritidsbåtar
Aanlegplaats • Jachthaven
Anløbssted • Lystbådehavn
Venelaituri • Venesatama

Botanischer Garten • Zoo
Botanical garden • Zoo
Jardin botanique • Zoo
Botanisk hage • Zoologisk hage

Botansk trädgård • Zoo
Botanische tuin • Zoo
Botanisk have • Zoologisk have
Kasvitieteellinen puutarha • Eläintarha

Golfplatz • Pferderennbahn • Jugendherberge
Golf course • Racecourse • Youth hostel
Terrain de golf • Hippodrome • Auberge de jeunesse
Golfbane • Hestesportsbane • Ungdomsherberge

Golfbana • Kapplöpningsbana • Vandrarhem
Golfbaan • Renbaan • Jeugdherberg
Golfbane • Hestesportsbane • Vandrerhjem
Golfkenttä • Ravirata • Retkeilymaja

0 10 20 40 60 80 km
0 10 20 30 40 50 miles

1:1 000 000

Hallwag INTERNATIONAL

www.swisstravelcenter.com

Distanzentabelle · Avståndstabell
Distance table · Afstandstabel
Tableau des distances · Vejlængdetabeller · Avstandstabeller · Välimatkataulukko

km	Bergen	Flensburg	Gävle	Göteborg	Hammerfest	Helsinki	Jönköping	Kiruna	København	Kristiansand	Luleå	Malmö	Narvik	Örebro	Oslo	Oulu	Stavanger	Stockholm	Sundsvall	Trondheim	Turku	Vaasa	Ålesund	Århus
Bergen	—	872	1032	806	2319	1007	958	1815	1070	502	1616	1087	1649	815	491	1387	372	1007	1073	717	1109	1073	576	681
Flensburg	872	—	926	368	2596	870	520	2023	299	370	1684	299	2156	651	683	1455	623	870	1141	1224	972	1141	1189	191
Gävle	1032	926	—	558	1670	167	517	1097	803	860	758	820	1263	275	541	529	1113	167	215	644	195	215	852	735
Göteborg	806	368	558	—	2228	502	152	1655	264	49	1316	281	1788	283	315	1087	302	502	773	856	604	773	821	177
Hammerfest	2319	2596	1670	2228	—	1493	2187	804	2473	2462	919	2490	670	1945	2143	884	2447	1837	1455	1602	1533	1198	1973	2405
Helsinki	1007	870	167	502	1493	—	350	1108	636	835	876	653	1274	192	516	609	1088	⛴	411	860	163	411	1022	679
Jönköping	958	520	517	152	2187	350	—	1614	286	201	1275	303	1780	203	467	1046	454	350	732	1008	452	732	973	329
Kiruna	1815	2023	1097	1655	804	1108	1614	—	1900	1958	346	1917	166	1372	1639	499	1943	1264	882	1098	1148	813	1469	1832
København	1070	299	803	264	2473	636	286	1900	—	285	1561	33	2052	489	579	1332	538	636	1018	1120	738	1018	1085	106
Kristiansand	502	370	860	49	2462	835	201	1958	285	—	1618	285	1792	643	319	1389	253	835	1075	860	937	1075	825	179
Luleå	1616	1684	758	1316	919	876	1275	346	1561	1618	—	1578	512	1033	1299	267	1871	925	543	919	916	581	1270	1493
Malmö	1087	299	820	281	2490	653	303	1917	33	285	1578	—	2069	506	596	1349	538	653	1035	1137	755	1035	1102	106
Narvik	1649	2156	1263	1788	670	1274	1780	166	2052	1792	512	2069	—	1538	1473	665	1777	1430	1048	932	1314	979	1303	1965
Örebro	815	651	275	283	1945	192	203	1372	489	643	1033	506	1538	—	324	804	896	192	490	865	294	490	830	460
Oslo	491	683	541	315	2143	516	467	1639	579	319	1299	596	1473	324	—	1070	572	516	756	541	618	756	506	492
Oulu	1387	1455	529	1087	884	609	1046	499	1332	1389	267	1349	665	804	1070	—	1642	696	314	763	649	314	1041	1264
Stavanger	372	623	1113	302	2447	1088	454	1943	538	253	1871	538	1777	896	572	1642	—	1088	1328	845	1190	1328	704	432
Stockholm	1007	870	167	502	1837	⛴	350	1264	636	835	925	653	1430	192	516	696	1088	—	382	831	102	382	1022	679
Sundsvall	1073	1141	215	773	1455	411	732	882	1018	1075	543	1035	1048	490	756	314	1328	382	—	449	335	⛴	727	950
Trondheim	717	1224	644	856	1602	860	1008	1098	1120	860	919	1137	932	865	541	763	845	831	449	—	784	449	371	1033
Turku	1109	972	195	604	1533	163	452	1148	738	937	916	755	1314	294	618	649	1190	102	335	784	—	335	1062	781
Vaasa	1073	1141	215	773	1198	411	732	813	1018	1075	581	1035	979	490	756	314	1328	382	⛴	449	335	—	727	950
Ålesund	576	1189	852	821	1973	1022	973	1469	1085	825	1270	1102	1303	830	506	1041	704	1022	727	371	1062	727	—	998
Århus	681	191	735	177	2405	679	329	1832	106	179	1493	106	1965	460	492	1264	432	679	950	1033	781	950	998	—

A
B
6
C
1
2
3
4
5
Haderslev
Vojens
Gram
Rømø
Aabenraa
Tønder
Løgumkloster
Sønderborg
Gråsten
Padborg
Kruså
Glücksburg
FLENSBURG
Harrislee
Norder Tor
Sylt
Westerland
Rotes Kliff
Altfriesisches Haus
Hindenburgdamm
Sylt-Ost
Seebüll
Niebüll
Leck
Föhr
Wyk auf Föhr
Amrum
Halligen
Nordfriesische Inseln
Pellworm
Nordstrand
Husum
Schleswig
Haithabu
Eckernförde
Kropp
Friedrichstadt
Eiderstedt
Sankt Peter-Ording
Tönning
Rendsburg
Büdelsdf.
Heide
Büsum
Meldorf
Dithmarscher Landesmus.
Deutsche Bucht
Meldorfer Bucht
Trischen
Marne
Brunsbüttel
Schleuse
Itzehoe
Nord-Ostsee-Kanal
CUXHAVEN
Otterndorf
Glückstadt
Elmshorn
Scharhörn
Neuwerk
Großer Knechtsand
Nordholz
Hemmoor
Stade
Freilichtmus.
Drochtersen
Uetersen
Pinneberg
Rellingen
Halstenbek
Wedel
Jork
Buxtehude
Neu-Wulmstorf
BREMERHAVEN
Schiffdorf
Schiff-fahrtsmus.
Nordenham
Langen
Bremervörde
Loxstedt
Stadland
Jadebusen
Butjadingen
Brake
Harsefeld
Elbe
Weser

A
7
B
C
1
2
3
4
5
Storebælt bro
Korsør
Nyborg
Knudshoved
Egeskov
Faaborg
Svendborg
Valdemars Slot
Tåsinge
Rudkøbing
Spodsbjerg
Småladsfarvandet
Als
Sønderborg
Gråsten
Nybøl
Broager
Flensburger Förde
Kegnæs
Ærø
Ærøskøbing
Marstal
Kong Humbles Grav
Langeland
Langelandsbælt
Nakskov
Rødby
Rødbyhavn
Lolland
Fehmarnbelt
Kieler Bucht
Fehmarn
Puttgarden
Burg
Fehmarnsund
Heiligenhafen
Großenbrode
Kappeln
Schlei
Eckernförde
Kieler Förde
Kiel
Kronshagen
Freilichtmus.
Rendsburg
Preetz
Lütjenburg
Oldenburg i.Holstn.
Holsteinische Schweiz
Plön
Malente
Eutin
Neustadt i.Holstn.
Lübecker Bucht
Neumünster
Bad Segeberg
Bad Schwartau
Lübeck
Holstentor
Travemünde
Timmendorfer Strand
Scharbeutz
Bad Oldesloe
Norderstedt
Ahrensburg
Elmshorn
Pinneberg
Wedel
Hamburg
Buxtehude
Buchholz
Winsen (L.)
Geesthacht
Lauenburg
Mölln
Ratzeburg
Gadebusch
Schwerin
Boizenburg
Hagenow
Wittenburg
Schönberg
Grevesmühlen

D E 8 F

Herlufmagle
Haslev
Dalby
Arnøje
Store Heddinge
Fuglebjerg
Fensmark
Gisselfeld
Karise
Stevns Klint
Vemmetofte
Lyderslev
Højerup
Rude
Hyllinge
Holme-Olstrup
Fakse
Rønnede
Rødvig
Lille Torøje
Skraverup
NÆSTVED
Fakse Ladeplads
Bisserup
Karrebæksminde
Rettestrup
Vindbyholt
Fakse Bugt
Vester Egesborg
Tappernøje
Karrebæksminde Bugt
Hammer
Svinø
Præstø
Jungshoved By
Kastelev
Udby
Sandvik
Nyord
Mern
Hegningen
Møn
Kalvehave
Vordingborg
Nørreby
Nyråd
Stege
Keldby
Magleby
Møns Klint
Østerby
Damsholte
Nørre Alslev
Bogø By
Hjelm Bugt
Øster Kippinge
Fanefjord Kirke
Vigsnæs
Stubbekøbing
Soesmarke
Bandholm
Knuthenborg
Eskilstrup
Hesnæs
Hunseby
Horbelev
Sakskøbing
Falster
Horreby
Maribo
Fjelde
Toreby
Idestrup
Nykøbing F
Godsted
Holeby
Væggerløse
Marielyst
Herritslev
Bøtø By
Errindlev
Marrebæk
Nysted
Errindlev Havn
Gedesby
Gedser
Gedser Odde
Dranske
Hiddensee
Neuendorf
Schaprode
Trent
Zingst
Prerow
Zingst
Ummanz
Pramort
Klein Kubitz
Darß
Wieck
Gr. Mohrdorf
Klausdorf
Ahrenshoop
Born
Barth
Günz
Prohn
Kramerhof
Wustrow
Fuhlendorf
Gr. Kordshgn.
Preetz
Divitz
Altefähr
Saal
Lüdershgn.
Niepars
Gustow
Dierhagen-Strand
Löbnitz
Kummerow
Raths.
STRALSUND
Tempel
Graal-Müritz
Ribnitz-Damgarten
Steinhagen
Brandshgn.
Elmenhorst
Mecklenburger Bucht
Gelbensande
Markgrafenheide
Semlow
Ravenhorst
Richtenbg.
Abtshagen
Warnemünde
Franzburg
Nienhagen
Rövershgn.
Blankenhgn.
Marlow
Kühlungsborn
Gresenhorst
Drechow
Buchholz
Wilmshagen
Bastorf
Bentwisch
Kavelsdorf
Gremersdf.
Vorland
Bartmannshgn.
Rerik
Bad Doberan
Rostock-Ost
Dettmannsdf.
Bad Sülze
Tribsees
Grimmen
Wustrow
Kröpelin
ROSTOCK
Raths.
Sanitz
Poel
Rakow
R.-Süd
Rakow
Boiensdf.
Altenhgn.
Gr. Bölkow
Thelkow
Tessin
Poggendf.
Kirchdorf
Neubukow
Behren-Lübchin
Grammendf.
Glewitz
Satow
Kr.Rostock
Sanitz
Düvier
Blowatz
Lühburg
Nehringen
Kirch Mulsow
Radegast
Ziesendorf
Gnoien
Loitz
Neubg.-Steinhsn.
Cammin
Walkendorf
Stubbendorf
Nossendf.
Schwaan
Alt Polchow
Peene
Zusow
Klein Belitz
Laage
Alt Pannekow
Wüstenfelde
Wismar
Kr.-Wismar
Selow
Hohen Sprenz
Weitendorf
Prebberede
Demmin
Neukloster
Kambs
Kritzkow
Diekhof
Altkalen
Dargun
Schlemmin
Neu Heinde
Jördensdorf
Utzedel
Laage
Glasewitz
Hohenmocker
Dorf Mecklenbg.
Katelbogen
Bützow
Verchen
Beggerow
Qualitz
Gülzow
Güstrow
Dalkendorf
Thürkow
Neukalen
Borrentin
Schimm
Jesendorf
Warin
Reinshgn.
Mecklenburgische Schweiz
Tarnow
Teterow
Törpin
Warnow
Lalendorf
Kummerow
Altenhgn.
Bad Kleinen
Gutow
Güstrow
Lindenbg.
Gr.-Wokern
Remplin
Malchin
Gültz
Lübstorf
Liessow
Brüel
Witzin
Sternberg
Zehna
Hoppenrade
Kriesow
Tützpatz
Kuchelmiß
Langhgn.
Schlitz
Basedow
Reuterstadt Stavenhagen
Kritzow
Lohmen
Gielow
Wolde
Weberin
Dabel
Borkow
Krakow a.See
Ziddorf
Demzin
Dobbertin
Bossow
Kittendf.
Rosenow
Wolkow
Demen
Hungerstorf
Gädebehn
Crivitz
Wessin
Goldberg
Alt Schönau
Luplow
Varchentin
Chemnitz
Schwerin-O.
Mestlin
Zölkow
Grabowhöfe
Gr. Gievitz
Weitin
Tramm
Dieselow
Karow
Jabel
Gr.-Plasten
Wulkenzin
Severin
Herzberg
Gallin
Alt Schwerin
Marihn
Klinken
Möllenhagen
Lübesse
Raduhn
Domsühl
Passow
Malchow
Fleesensee
Waren
Rastow
Lübz
Plauer S.
Malchow
Ankershagen
Penzlin
Elde-Kanal
Matzlow-Garwitz
Plau a.S.
Waren
Klink
Hohenzieritz
Dr.Schwerin
Parchim
Zislow
Grüssow
Sietow
Müritz
Kratzeburg
Blumenholz
Ludwigslust
Spornitz
Kreien
Karbow
Wöbbelin
Siggelkow
Ganzlin
Minzow
Röbel
Boek
Blankenförde
Neustrelitz
Neust. Glewe
Gr.-Godems
Redlin
Viet-lübbe
Stuer
Röbel
Blievenstorf
Jännersdorf
Altenhof
Bollewick
Vipperow
Strelitz-Alt

A
9
B
C
1
2
3
4
5
OSTSEE
Sandvig
Hammershus
Allinge
Vang
Rø
Gudhjem
Hasle
Klemensker
Øster
Østerlars
Nyker
Årsballe
Østermarie
Rønne
Aakirkeby
Nylars
Arnager
Pedersker
Boderne
Kap Arkona
Putgarten
Dranske
Altenkirchen
Juliusruh
Tromper Wiek
Wiek
Lohme-Hagen
Glowe
Stubbenkammer
Jasmund
Königsstuhl
Neuenkchn.
Sagard
Trent
Schaprode
Rappin
Sassnitz
Lietzow
Neu Mukran
Ummanz
Kluis
Ralswiek
Prorer Wiek
Ramitz
Rügen
Klein Kubitz
Bergen
Binz
Granitz
Dreschvitz
Sellin
Baabe
Samtens
Zirkow
Putbus
Lauterbach
Göhren
Garz
Gustow
Mönchgut
Thiessow
Zudar
Greifswalder Oie
Brandshgn.
Stahlbrode
Reinberg
Greifswalder Bodden
Ruden
Wilmshagen
Mesekenhgn.
Spandowerhgn.
Lubmin
Museum
Peenemünde
Neuenkirchen
Wusterhusen
Kröslin
Karlshagen
Usedom
GREIFSWALD
Ernsthof
Trassenheide
Zinnowitz
Zatoka Pomorska
Pommersche Bucht
Pobierowo
Griebenow
Dersekow
Kemnitz
Hanshgn.
Koserow
Wolgast
Dziwnów
Dargelin
Gr. Kiesow
Hohendorf
Lütow
Ückeritz
Międzywodzie
Dziwnówek
Lühmannsdorf
Gormin
Loitz
Zemitz
Wartne
Bansin
Heringsdorf
Karlsburg
Lassan
Neppermin
Ahlbeck
Międzyzdroje
Wisełka
Kołczewo
Kamień Pomorski
Rzewnowo
Gützkow
Züssow
Gribow
Jarmen
Quilow
Murchin
Zirchow
Wolin
Tutow
Ziethen
Pinnow
Świnoujście
Swinemünde
Sibin
Liepen
Völschow
Utzedel
Anklam
Usedom
Kamminke
Dargobądz
Lubin
Karsibór
Stettiner Haff
Hohenmocker
Krien
Postlow
Pelsin
Golchen
Neuendorf B.
Spantekow
Bugewitz
Kosenow
Leopoldshgn.
Zalew Szczeciński
Wolin
Parłówko
Wysoka Kamieńska
Moracz
Altenhgn.
Jarszewko
Gültz
Ducherow
Ueckermünde
Altwarp
Nowe Warpno
Czarnocin
Przybiernów
Tützpatz
Schwanbeck
Sarnow
Werder
Altentreptow
Löwitz
Schwichtenbg.
Hoppenwalde
Łożnica
Eggesin
Rieth
Brzózki
Brunn
Salow
Ferdinandshof
Ahlbeck
Trzebież
Wolkow
Friedland
Wilhelmsburg
Ueckermünder Heide
Hintersee
Stepnica
Miękowo
Gädebehn
Rossow
Wittenborn
Torgelow
Budzień
Sadelkow
Schönbeck
Matzdorf
Dobieszczyn
Chemnitz
Neuenkchn.
Weitin
Rothemühl
Jatznick
Jasienica
Wulkenzin
Voigtsdorf
Święta
Blumenhgn.
Viereck
Pampow
Police
Goleniów
Tanowo
NEUBRANDENBURG
Strasburg
Pasewalk
Pilchowo
Penzlin
Pasenow
Zerrenthin
Dobra
Jezioro Dąbie
Nemerow
Burg Stargard
Woldegk
Pasewalk-S.
Löcknitz
Boock
Linken
Hohenzieritz
Leppin
Trebenow
Züsedom
Dołuje
SZCZECIN/
STETTIN
Quadenschönfd.
Wolfshgn.
Bismark
Blankensee
Bredenfelde
Jagow
Retzin
Grambow
Brüssow
Blumenholz
Kraatz
Fürstenwerder
Schönwerder
Dauer
Carmzow
Lebehn
Przecław
Möllenbeck
Carpin
Parmen
Prenzlau-O.
Feldberg
Weggun
Schönermark
Krackow
Kobylanka
Strelitz Alt

D
E
F
Bornholm
(DK)
Lars Kirke
Svaneke
Årsdale
Nexø
Snogebæk
MORZE BAŁTYCKIE
Jarosławiec
Wicko
J. Wicko
Nacmierz
Postomino
J. Kopań
Darłówko
Darłowo
Kanin
Wieprza
Krupy
Staniewice
Grzybno
Dąbki
Słowino
Warszkowo
Sławno
Grabowa
J. Bukowo
Karwice
Łazy
Malechowo
J. Jamno
Wierciszewo
Unieście
Ostrowiec
Mielno
Karnieszewice
Lejkowo
Chłopy
Sianów
Laski
Krąg
Ustronie Morskie
Gąski
Kołobrzeg
Tymień
Będzino
KOSZALIN
Kukinia
Kościernica
Dźwirzyno
Jacinki
Mrzeżyno
J. Resko Przymorskie
Dygowo
Biesiekierz
Radew
Świeszyno
Manowo
Rega
Błotnica
Włościbórz
Wrzosowo
Mostowo
Rewal
Trzebiatów
Żaborowo
Parsęta
Białogórzyno
Rosnowo
Trzęsacz
Lędzin
Kędrzyno
Gościno
Pobłocie Wielkie
Karlino
Zegrze Pomorskie
Kłanino
Chomętowo
Białogard
Gostyń
Cerkwica
Górawino
Wartkowo
Malonowo
Bukówko
Gozd
Górzyca
Głodowa
Świerzno
Brojce
Rymań
Byszyno
Wełdkowo
Bobolice
Stuchowo
Kiełpino
Rokosowo
Podwilcze
Tychowo
Mołstowa
Tychówko
Mieszałki
Czechy
Gryfice
Sławoborze
Mechowo
Wicimice
Powalice
Rąbino
Kołomąc
Modlimowo
Żabrowo
Nielep
Bolkowo
Krosino
Grzmiąca
Wierzchowo
Golczewo
Iglice
Lipie
Białowąs
Kusowo
Płoty
Łabuń Wielki
Świdwin
Stary Chwalim
Resko
Kołacz
Sikorki
Rusinowo
Połczyn Zdrój
Barwice
Błotno
Wyszogóra
Starogard
Bełczna
Słonowice
Popielewo
Brzeźno
Bierzwnica
Stare Gonne
Ostropole
Czermnica
Troszczyno
Radowo Wielkie
Strzmiele
Gawroniec
Okole
Juchowo
Nowogard
Wierzbięcin
Łabędzie
Ostrowice
Kluczewo
Polne
Kikorze
Ukleja
Rogowo
Siedlice
Łobez
Siecino
Stare Drawsko
Piła
Kragi
Dobra
Dołgie
Cieszyno
J. Drawsko
J. Piła
Redło
Jenikowo
Zajezierze
Łubowo
Borne Sulinowo
Dębice
Drawsko Pomorskie
Zarańsko
Czaplinek
Mosty
Dobropole
Woświn
Węgorzyno
Suliszewo
Złocieniec
Tarnówko
Nastazin
Ginawa
Gudowo
Machaliny
Pilawa
Maszewo
J. Lubie
Wierzchowo
Przemocze
Chociwel
Storkowo
Lubieszewo
Żabinek
Nadarzyce
Stara Dąbrowa
Długie
Ińsko
Konotop
Sośnica
Iłowiec
STARGARD SZCZECIŃSKI
Dzwonowo
J. Ińsko
Ciemnik
Drawa
Stara Studnica
Nowe Laski
Dębołęka
Zarowo
Wiechowo
Pożrzadło Wielkie
Golce
Morzyczyn
Gogolewo
Pęzino
Dobrzany
Mirosławiec
Piecnik
Jabłonowo
Pojezierze Drawskie

A 10 B C

1
2
3
4
5

Thyborøn
Nissum Bredning
Harboøre
Lemvig
Ferring
Fjaltring
Thorsminde
Struer
Holstebro
HOLSTEBRO
Skive
Viborg
VIBORG
Jesperhus Blomsterpark
Karby
Hurup
Ydby
Lyngs
Hvidbjerg
Oddense
Roslev
Glyngøre
Durup
Torum
Grønnerup
Fovlum
Østrup
Hvalpsund
Gedsted
Aalestrup
Nørager
Stenild
Thise
Breum
Vium
Rødding
Balling
Lundø
Ulbjerg
Møldrup
Fristrup
Vester Bjerregrav
Højslev
Skals
Løvel
Vammen
Stoholm
Rødding
Ravnstrup
Finderup
Dollerup
Rindsholm
Bjerringbro
Demstrup
Frederiks
Karup
Kølvrå
Sjørup
Haderup
Vivtrup
Skave
Hogager
Over Feldborg
Grønhøj
Tvis
Hodsager
Aulum
Ovstrup
Sunds
Vildbjerg
Timring
Tjørring
Herning
HERNING
Ikast
Silkeborg
SILKEBORG
Resenbro
Kragelund
Engesvang
Skygge
Favrholt
Ilskov
Munklinde
Vinderslev
Torning
Kjellerup
Grønbæk
Sahl
Gerning
Ans
Fårvang
Lemming
Gjern
Pårup
Isenvad
Rodelund
Sejs
Them
Hjøllund
Vrads
Bryrup
Løve
Voervadsbro
Brædstrup
Gludsted
Fasterhold
Ejstrupholm
Nørre Snede
Klovborg
Thorlund
Brande
Uhre
Thyregod
Vesterlund
Kollemorten
Sandvad
Hvirring
Østbirk
Nim
Tørring
Uldum
Ølholm
Lindved
Løsning
Hedensted
Ørum
Vejle
VEJLE
Jellinghøjene
Jelling
Grejsdal
Skibet
Givskud
Give
Bøllund
Drantum
Karstoft
Stakroge
Gammel Blåhøj
Søndervig
Ringkøbing
Nørre Lyngvig
Velling
Lem
Hvide Sande
Holmsland Klit
Nørre Havrvig
Bjerregård
Skjern
Tarm
Lønborg
Hemmet
Nørre Bork
Esbøl
Sønder Bork
Nymindegab
Nørre Nebel
Hovstrup
Henne Strand
Henne Stationsby
Børsmose
Ovtrup
Kvong
Lyne
Foersum
Ølgod
Gundesbøl
Hoven
Sønder Omme
Filskov
Grindsted
Legoland
Billund
Mørup
Randbøl
Bredsten
Lindeballe
Gadbjerg
Hojen
Ødsted
Egtved
Gravens
Viuf
Torsted
Bække
Vorbasse
Hejnsvig
Vesterhede
Stenderup
Ansager
Starup
Agerbæk
Hovborg
Lindknud
Krusbjerg
Skovlund
Eg
Gårde
Horne
Tistrup
Hodde
Sig
Varde
Orten
Oksbøl
Billum
Vejers
Blåvands Huk
Oksby
Blåvand
Ho
Sjælborg
Hjerting
Esbjerg
ESBJERG
Nordby
Fanø
Fanø Bugt
Sønderho
Tjæreborg
Store Darum
Vilslev
Bramming
Grimstrup
Årre
Nørre Vejrup
Holsted
Vejen
Brørup
Føvling
Foldingbro
Lintrup
Gredstedbro
Kalvslund
Rødding
Ribe
Sønder Hygum
Gram
Egebæk
Vester Vedsted
Mandø By
Enderupskov
Spandet
Roager
Gammel Hvidding
Højrup
Frifelt
Brøns
Vojens
Gabøl
Skydstrup
Bevtoft
Toftlund
Haderslev
Øsby
Årøsund
Starup
Sønder Vilstrup
Halk
Kelstrup
Hoptrup
Kolding
KOLDING
Middelfart
Sønder Stenderup
Binderup
Lunderskov
Skodborg
Vamdrup
Ødis
Christiansfeld
Hejlsminde
Fjelstrup
Stepping
Jels
Sommersted
Simmersted
Øster Lindet
Færris
Vester Nebel
Jordrup
Gesten
Rømø
Lakolk
Kirkeby
Havneby
Nørre Tvismark
Skærbæk
Døstrup
Ballum
Arrild
Agerskov
Branderup
Rangstrup
Genner
Løjt Kirkeby
Aabenraa
Løgumkloster
Hellevad
Rødekro
Bredebro
Alslev Kro
Hjordkær
Ravsted
Bredevad
Søvang
Abild
Visby
Højer
Møgeltønder
Tønder
Uge
Tinglev
Kliplev
Gråsten
Nybøl
Stubbæk
Bovrup
Holm
Mjels
Nordborg
Broager
Holnis
Glücksburg
Westerholz
Langballig
Kruså
Padborg
Gejlå
Harrislee
Flensburg
FLENSBURG
Norder Tor
Medelby
Burkal
Store Jyndevad
Ladelund
Weesby
Achtrup
Leck
Süderlügum
Sæd
Rens
Aventoft
Neukirchen
Seebüll
Rudbøl
Braderup
Klixbüll
Niebüll
Galmsbüll
Emmelsbüll
Horsbüll
Klanxbüll
Hindenburgdamm
Sylt
Sylt-Ost
Morsum
Westerland
Rantum
Wenningstedt
Rotes Kliff
Kampen
List
Altfriesisches Haus
Hjerpsted
Emmerlev

Astrup
Als
Vebbestrup
Visborg
Odde
Ouve
Hadsund
Mariager Fjord
Valsgård
Hobro
Assens
Mariager
Kastbjerg
Udbyneder
Fyrkat
Dalbyover
Tørslev
Udbyhøj Vasehuse
Stangerum
Randers Fjord
Gassum
Handest
Hald
Spentrup
Holbæk
Hammershøj
Mellerup
Voer
Hevring
Bønnerup Strand
Råsted
Ørsted
Vivild
Fjellerup
Gjerrild
RANDERS
Allingåbro
Glesborg
Sostrup
Ålum
Assentoft
Nørager
Ørum
Fornæs
Fausing
Auning
Djursland
Fannerup
Grenaa
Langå
Årslev
Lime
Pindstrup
Grenaa Strand
Ryomgård
Lyngby
Alsø
Houlbjerg
Laurbjerg
Voldum
Rosenholm
Mørke
Kolind
Trustrup
Aidt
Hadsten
Ødum
Thorsager
Stabrand
Mejlby
Hornslet
Rønde
Balle
Skjød
Tirstrup
Hinnerup
Egens
Hammel
Lystrup
Egsmark
Hyllested Skovgårde
Farre
Lading
Lisbjerg
Knebel
Tilst
Ebeltoft
Fuglsø
Låsby
Galten
Skødshoved Strand
ÅRHUS
Elsegårde
Framlev
Fejrup
Borup
Århus Bugt
Ry
Veng
Moesgård
Bjedstrup
Tranbjerg
Skanderborg
Malling
Norsminde
Sjælland
Gniben
Skårup
Tebstrup
Torrild
Odder
Saksild
Nordby
Havnebyen
Gedved
Hovedgård
Ørting
Overby
Lumsås
Nyrup
Hundslund
Tunø By
Sejerø
Hov
Hansted
Søvind
Stavns
Sejerby
Svinninge
Gylling
Sælvig
Samsø
Alrø By
HORSENS
Tranebjerg
Ordrup
Høve
Vig
Ballen
Fårevejle
Asnæs
Stenderup
Glud
Kolby Kås
Sejerø Bugt
Herrestrup
Sønder Bjerre
Brattingsborg
Kirkholm
Hagested
Nyby
Saltbæk
Klejsmølle
Endelave By
Ulstrup
Havnsø
Gislinge
Endelave
Snertinge
Svinninge
Over Barrit
Juelsminde
Samsø Bælt
Stouby
KALUNDBORG
Tuse
Havnemark
Fyn
Lerchenborg
Asnæs
Rørby
Viskinge
Jyderup
Mørkøv
Ubby
Jorløse
Skamstrup
Undløse
Nordskov
Svallerup
FREDERICIA
Bogense
Vester Egense
Tørresø
Hindsholm
Jammerland Bugt
Gyldensteen
Tissø
Strib
Hasmark
Reersø
Sæby
Ruds-Vedby
Stenlille
Skåstrup
Skamby
Gørlev
Stubberup
Hårslev
Otterup
Mesinge
Høng
Særslev
Måle
Store Bælt
Ørslev
Båring
Brende-rup
Søndersø
Munkebo
Drøsselbjerg
Kerteminde
Rønes
Morud
ODENSE
Kirke Stillinge
SLAGELSE
Sorø
Ejby
Bullerup
Frederiksberg
Gelsted
Blommenslyst
Trelleborg
Lynge-Eskilstrup
Husby
Aarup
Vissen-bjerg
Langeskov
Ullerslev
Storebælt bro
Sørbymagle
Sandager
Ørsted
Juelsberg
Halsskov
Tommerup
Bellinge
Tårup
Ferritslev
Korsør
Fuglebjerg
Bågø By
Turup
Nyborg
Boeslunde
Assens
Årslev
Dalmose
Nørre Lyndelse
Sdr. Nærå
Hyllinge
Glams-bjerg
Nørre Broby
Ørbæk
Tårup
Knudshoved
Ebberup
Broby-værk
Heden
Ryslinge
Skælskør
Rude
Haarby
Ringe
Gislev
Ørslev
Bisserup
Nældemose
Egeskov
Kværndrup
Langå
Agersø By
Stigsnæs
Helnæs By
Faldsled
Gudbjerg
Hov
Kirkehavn
Karrebæksminde Bugt
Bøjden
Korinth
Stenstrup
Hundstrup
Lundeborg
Lohals
Dyreborg
Faaborg
Vester Åby
Skårup
Havnbjerg
Als
Svendborg
Snøde
Thurø By
Smålandsfarvandet
Ballen
Bøstrup
Guderup
Valdemars Slot
Korshavn
Strynø By
Lundby
Tåsinge
Tranekær
Nørreby
Augusten-borg
Fynshavn
Drejø By
Bjerreby
Vemmenæs
Onsevig
Urne
Tandslet
Søby
Østerby
Høruphav
Mommark
Rudkøbing
Vindeby
Hors-lunde
Kragenæs
Spodsbjerg
Sønderborg
Bregninge
Ærøskøbing
Tårs
Birket
Skovby
Ærø
Saltvig
Sønderby
Kegnæs
Kong Humbles Grav
Branderslev
Halsted
Bandholm
Knuthen-borg
Flensburger Förde
Dunkær
Marstal
Humble
Nakskov
Ristinge
Tryggelev
Langø
Søllested
Hunseby
Langelands Bælt
Nieby
Kappel
Næsby
Maribo

Seite/Page 142/143 KØBENHAVN

D E 13 F

Viggåsa
Nöttja
Ivla
S.Ljunga
Agunnaryd
Grimslöv
Skatelöv
Stenslanda
Ingelstad
Lessebo
Torpa
Kalvsvik
Vrankunge
Eneryda
Liatorp
Bölminge
107
Skulatorp
Jät
Nöbbele
Linneshult
Skruv
Virsryd
Hå
Pjätteryd
Lönashult
Hult
Linneryd
Hörnsborg
Virestad
Väckelsång
Kråksjö
Hinneryd
Hulevik
Kvarnamåla
Korrö
Älmeboda
Stenbrohult
Bohult
Sundslätt
92
Tannsjö
Traryd
Göteryd
Vrångebo
Delary
Älmhult
Häradsbäck
Ålshult
Urshult
Tingsryd
Rävemåla
Strömsnäsbruk
Tånneryd
Torsholma
Barkhult
Bäckaskog
Dångebo
Vägla
Hallaryd
Yxnanäs
Timsfors
Killeberg
Hökön
Siggaboda
Ryd
Tornamåla
Markaryd
Tranetorp
Djuramåla
Göljahult
49
Vesljunga
Visseltofta
Äbrölla
Tosthult
Fridafors
Kompersmåla
Gäddeviksås
Hallabro
Emmaljunga
Marklunda
Boalt
Lönsboda
Skälmers-hult
Bälganet
Hjortseryd
Verum
Osby
Vilshult
Backaryd
Vittsjö
Kyrkhult
Möljeryd
Gubbarp
Kruseboda
Ringamåla
Hårsjö
Bjärnum
Östanå
Glimåkra
Hemsjö
Halahult
Hästveda
Högsma
Hoka
Blekinge
Önnarp
Farstorp
Broby
Sibbhult
Olofström
Elsebråne
Hasselstad
Röke
Mala
Skärnås
Svängsta
Rödby
Kallinge
Ballingslöv
Jämshög
Bräkne-Hoby
Hörja
N.Sandby
Hjärsås
Gränum
Torarp
Asarum
Åryd
Ronneby
Tyringe
Stoby
Knislinge
Immeln
Mörrum
Ekenäs
Finja
Gumlösa
Kylinge
Vånga
Pukavik
Matvik
Finjasjön
HÄSSLEHOLM
Arkelstorp
Karlshamn
Torup
Matteröd
Hanaskog
85
Norje
Isakstorp
Vinslöv
Övarp
Torsebro
Barum
Pukaviks-bukten
N. Strö
Östanlöv
Brönnestad
Bromölla
Sölvesborg
26
Fårlöv
2006
Mjällby
Sösdala
Balsby
Hörvik
Nävlinge
Bäckaskog
Nymölla
Norra Rörum
Skepparslöv
57
Djurröd
KRISTIANSTAD
Trolle-Ljungby
Nogersund
Häglinge
Tjörnarp
Rinkaby
Asphult
Nöbbelöv
71
Tollarp
Åhus
Höör
Södra Rörum
Linderöd
Everöd
Ludvigsborg
Svensköp
Ö. Sönnarslöv
Yngsjö
Östra
Hörby
Huaröd
Gudmuntorp
Bonhult
Degeberga
Hanöbukten
Löberöd
Långaröd
Hörröd
Olseröd
Bjälkhult
Maglehem
Revingeby
Bjärsjölagård
Vallarum
Brösarp
Hardösa
Fränninge
Andrarum
Eljaröd
Kivik
Kungagraven
Vombsjön
Oved
Silvåkra
Vomb
Lövestad
Fågeltofta
Veberöd
Sjöbo
St.Olof
Vik
Ilstorp
Vanstad
Äsperöd
Skåne-Tranås
Baskemölla
Blentarp
Röddinge
Onslunda
Ramsåsa
Tomelilla
Smedstorp
Gärsnäs
Simrishamn
Kulláröd
Rögla
Baldringe
Ö.Tommarp
Brantevik
Slimminge
Orup
Sövestad
Hammenhög
Glimmingehus
Skurup
St. Herrestad
Glemminge-bro
Skillinge
Svenstorp
Skivarp
Ystad
Nybrostrand
Borrby
Löderup
Svarte
Borrby strandbad
Abbekås
Beddingestrand
Ales stenar
Kåseberga
Sandhammaren
Sandvig
Hammershus
Allinge
Vang
Rø
Gudhjem
Hasle
Klemensker
Øster Lars Kirke
Østerlars
Nyker
Årsballe
Svaneke
Østermarie
Rønne
162
Årsdale
Aakirkeby
Nylars
Arnager
Nexø
Pedersker
Boderne
Snogebæk
Bornholm (DK)
O S T S E E

4

A
18
B
C
1
2
3
4
5
6
Skagerrak
Jylland
Kærsgård
Nørre Lyngby
Løkken
Ingstrup
Saltum
Blokhus
Pandrup
Jammerbugten
Kås
Lild Strand
Slettestrand
Tranum Enge
Tranum
Hanstholm
Bjerget
Vust
Klim
Brovst
Halvrimmen
Ræhr
Hjardemål
Frøstrup
Fjerritslev
Skovsgård
Gjøl
Klitmøller
Østerild
Hillerslev
Vesløs
Øsløs
Amtoft
Bejstrup
Østerby
Attrup
Gjøl Bredning
Vangså
Vester Vandet
Nors
Aggersborg
Farstrup
Nibe
Sønderholm
Sebbersund
Thy
Skinnerup
Sjørring
Thisted
Sennels
Løgstør
Nørre Vorupør
Silstrup
Sejerslev
Skarp Salling
Vilsted
Borup
Bislev
Øster Hornum
Stenbjerg
Snedsted
Sønder Dråby
Livø
Ranum
Limfjorden
Vegger
Suldrup
Hørdum
Vilsund
Bjergby
Alsted
Erslev
Dragstrup
Trend
Hornum
Sønderup
Morup Mølle
Bedsted
Villerslev
Visby
Nykøbing Mors
Nederby
Risgårde Bredning
Ertebølle
Strandby
Havbro
Aars
Agger
Vestervig
Hurup
Rakkeby
Karby
Jesperhus Blomsterpark
Glyngøre
Durup
Selde
Tørum
Grønnerup
Farsø
Østrup
Helligsø
Ydby
Redsted
Centrum
Fovlum
Thyborøn
Sønderby
Øster Assels
Roslev
Thise
Breum
Hvalpsund
Nørager
Gedsted
Aalestrup
Stenild
Lyngs
Hvidbjerg
Vium
Lovns Bredning
Snæbum
Nissum Bredning
Jegind
Rødding
Oddense
Lundø
Harboøre
Odby
Sondbjerg
Ålbæk
Balling
Ulbjerg
Møldrup
Fristrup
Vester Bjerregrav
Kleitrup
Underbjerg
Lihme
Håsum
Hem
Skive Fjord
Skive
Højslev
Ferring
Lemvig
Nissumby
Venø By
Venø Bugt
Geddal
Estvad
Højslev Stby
Skals
Løvel
Vammen
Humlum
Gudumbro
Struer
Bremdal
Vinderup
Sahl
Kjeldbjerg
Løgstrup
Stoholm
Rødding
Ørum
Løvskal
Fjaltring
Ramme
Hjerm
Sevel
Mogenstrup
Ravnstrup
Bøvling-bjerg
Bækmarksbro
Ryde
VIBORG
Vejrum
Linde
Vivtrup
Sjørup
Finderup
Rindsholm
HOLSTEBRO
Skave
Haderup
Dollerup
Bjerringbro
Thorsminde
Skalstrup
Bur
Storå
Hogager
Over Feldborg
Rødkærsbro
Gerning
Vemb
Idum
Grønhøj
Frederiks
Demstrup
Fjand Gårde
Nørre Felding
Tvis
Hodsager
Karup
Sahl
Ans
Husby
Vedersø Klit
Ulfborg
Staby
Vind
Sørvad
Aulum
Over Simmelkær
Kølvrå
Kjellerup
Grønbæk
Torning
Fårvang
Ovstrup
Ilskov
Munklinde
Vinderslev
Lemming
Gjern
Stadil
Tim
Torsted
Ørnhøj
Vildbjerg
Sunds
Favrholt
Skygge
Kragelund
SILKEBORG
Resenbro
Grønbjerg
Hover
Abildå
Timring
Tjørring
Hee
Kloster
Heager
Spjald
Snejbjerg
HERNING
Ikast
Engesvang
Søndervig
Pårup
Sejs
Ølstrup
Barde
Lind
Isenvad
Rodelund
Laven
Ringkøbing
Videbæk
Fjelstervang
Højmark
Høgild
Them
Nørre Lyngvig
Velling
Kølkær
Hjøllund
Gammel Rye
Lem
Hanning
Nørre Vium
Kibæk
Arnborg
Gludsted
Vrads
Voervadsbro
Fasterholt
Løve
Bryrup
E45
2008

D
E
19
F
Skärhamn
Bleket
Rönnäng
Stora Dyrön
Tjuvkil
Marstrand
Hakefjord
Kovikshamn
Rörö
Hyppeln
Öckerö
Hjuvik
Hönö
Højen
Grenen
Skagen
Kandestederne
Hulsig
Tannis Bugt
Ålbæk
Hirtshals
Tversted
Tornby Strand
Åbyen
Uggerby
Tuen
Bindslev
Bugt
Sønder Tornby Strand
Vidstrup
Bjergby
Mosbjerg
Jerup
Strandby
Astrup
Sindal
Tolne
Elling
Lønstrup
Hjørring
Sønderskov
Frederikshavn
Ugilt
Lendum
Gærum
Børglum
Harken
Tårs
Vrå
Vrensted
Østervrå
Thorshøj
Sæby
Sæbygård
Mylund
Hørby
Manna
Jerslev
Syvsten
Brønderslev
Hellum
Flauenskjold
Hallund
Klokkerholm
Præstbro
Lyngså
Læsø Rende
Østerby Havn
Østerby
Vesterø Havn
Læsø
Byrum
Voerså
Agersted
Aabybro
Hjallerup
Sulsted
Dronninglund
Nørre Halne
Vadum
Try
Asaa
Vodskov
Ulsted
Melholt
Egholm
Nørresundby
Gandrup
Hou
AALBORG
Klarup
Gistrup
Hals
Dall Villaby
Gunderup
Mou
Gudumlund
Egense
Aalborg Bugt
Sørup
Volsted
Dokkedal
Støvring
Kongerslev
Dollerup
Rebild
Lyngby
Skørping
Terndrup
Solbjerg
Øster Hurup
Kattegat
Rold
Arden
Korup
Astrup
Veddum
Als
Vebbestrup
Visborg
Odde
Hadsund
Mariager Fjord
Ouve
Anholt
Valsgård
Assens
Hobro
Mariager
Kastbjerg
Udbyneder
Fyrkat
Dalbyover
Tørslev
Stangerum
Udbyhøj Vasehuse
Randers Fjord
Gassum
Handest
Spentrup
Hald
Holbæk
Hammershøj
Råsted
Mellerup
Voer
Hevring
Bønnerup Strand
Ørsted
Vivild
Fjellerup
Gjerrild
RANDERS
Allingåbro
Glesborg
Sostrup
Nørager
Ålum
Assentoft
Ørum
Fornæs
Fausing
Auning
Djursland
Grenaa
Langå
Årslev
Lime
Fannerup
Grenaa Strand
Pindstrup
Ryomgård
Laurbjerg
Lyngby
Alsø
Houlbjerg
Voldum
Rosenholm
Mørke
Kolind
Thorsager
Trustrup
Aidt
Hadsten
Ødum
Stabrand
Skjød
Mejlby
Hornslet
Rønde
Balle
Tirstrup
Hinnerup
Hammel
Egens
Lystrup
Egsmark
Hyllested Skovgårde
Farre
Lading
Knebel
Lisbjerg
Ebeltoft
Tilst
Skødshoved Strand
Fuglsø
Låsby
Galten
ÅRHUS
Elsegårde
Framlev
Fejrup
Borup
Århus Bugt
Ry
Veng
Moesgård
Bjedstrup
Tranbjerg
Skanderborg
Malling
Norsminde
Skårup
7

A
20
B
C
1
2
3
4
5
8
GÖTEBORG
MÖLNDAL
Kungälv
Ytterby
Lerum
Partille
Alingsås
Floda
Gråbo
BORÅS
Ulricehamn
Dalsjöfors
Kinna
Skene
Fritsla
Viskafors
Svenljunga
Limmared
Tranemo
Gislaved
KUNGSBACKA
Lindome
Onsala
Åsa
Veddige
VARBERG
Tvååker
Falkenberg
Ullared
Gunnarp
Smålandsstenar
Hyltebruk
Oskarström
HALMSTAD
Miniland
Laholmsbukten
Laholm
Båstad
Torekov
Skälderviken
Kullen
Mölle
Höganäs
Ängelholm
Örkelljunga
Klippan
Åstorp
Perstorp
Ljungbyhed
HELSINGBORG
HELSINGØR
Kronborg
Sofiero
Gilleleje
Hornbæk
Anholt
Sjælland

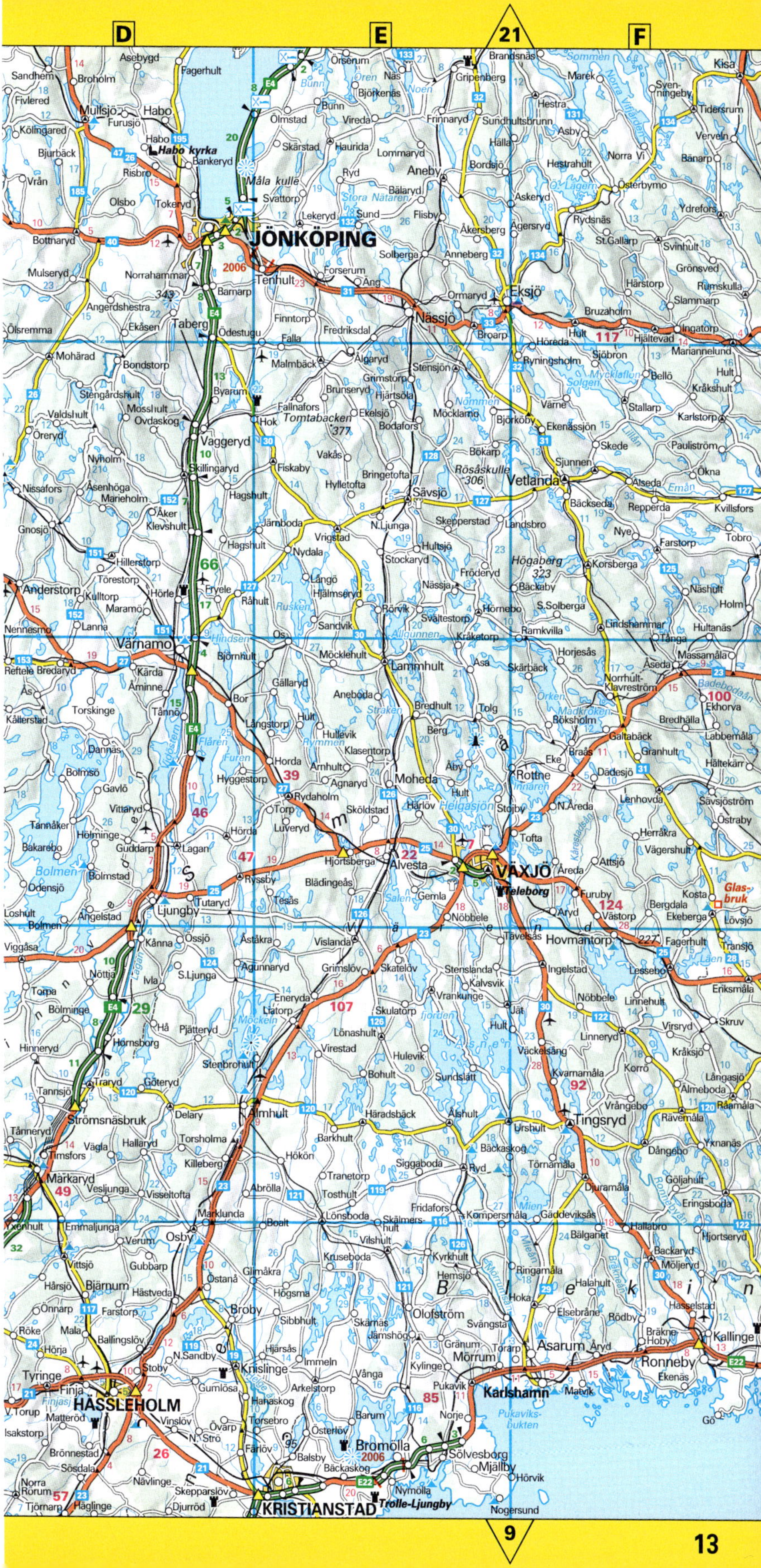
D
E
21
F
Sandhem
Broholm
Asebygd
Fagerhult
Örserum
Brandsnäs
Kisa
Fivlered
Mullsjö
Habo
Furusjö
Habo kyrka
Bunn
Björkenäs
Gripenberg
Marek
Sommen
Nora Vätterr
Syen-ningeby
Tidersrum
Kölingared
Bjurbäck
Vrån
Risbro
Bankeryd
Olmstad
Vireda
Frinnaryd
Sundhultsbrunn
Hestra
Asby
Verveln
Bänarp
Skärstad
Haurida
Lommaryd
Hälla
Bordsjö
Hestrahult
Norra Vi
Måla kulle
Ryd
Aneby
Stora Nätaren
Bälaryd
Askeryd
Österbymo
Olsbo
Tokeryd
Svattorp
Lekeryd
Sund
Flisby
Ydrefors
Åkersberg
Ägersryd
Rydsnäs
Bottnaryd
JÖNKÖPING
Solberga
Anneberg
St.Gällarp
Svinhult
Norrahammar
Tenhult
Forserum
Ang
Grönsved
Mulseryd
Angerdshestra
Bamarp
Ormaryd
Eksjö
Hårstorp
Rumskulla
Slammarp
Ekåsen
Taberg
Nässjö
Bruzaholm
Ölsremma
Ödestugu
Finntorp
Fredriksdal
Broarp
Höreda
Hult
Hjältevad
Ingatorp
Mohärad
Bondstorp
Falla
Malmbäck
Algaryd
Stensjön
Ryningsholm
Sjöbron
Mariannelund
Grimstorp
Hjärtsöla
Myckleflon
Bellö
Kråkshult
Stengårdshult
Byarum
Brunseryd
Nömmen
Mossult
Fallnafors
Ekeisjö
Möcklamo
Värne
Stallarp
Valdshult
Ovdaskog
Hok
Tomtabacken
Bodafors
Björköby
Ekenässjön
Karlstorp
Öreryd
Vaggeryd
Skede
Paulisström
Nyholm
Skillingaryd
Fiskaby
Vakås
Bökarp
Sjunnen
Bringetofta
Rösåskulle
Vetlanda
Ökna
Nissafors
Åsenhöga
Marieholm
Hagsbult
Hylletofta
Sävsjö
Alseda
Emån
Kvillsfors
Åker
Klevshult
Jämboda
Bäckseda
Repperda
Gnosjö
N.Ljunga
Skepperstad
Landsbro
Nye
Tobro
Hagshult
Vrigstad
Nydala
Hultsjö
Farstorp
Hillerstorp
Stockaryd
Högaberg
Törestorp
Långö
Hjälmseryd
Fröderyd
Korsberga
Anderstorp
Kulltorp
Hörle
Fryele
Nässja
Bäckaby
Näshult
Rähult
Rusken
Rörvik
Hörnebo
S.Solberga
Holm
Maramö
Svaltestorp
Lindshammar
Nennesmo
Lanna
Sandvik
Ramkvilla
Hultanäs
Värnamo
Hindsen
Os
Allgunnen
Kråketorp
Tånga
Reftele
Bredaryd
Björnhult
Möcklehult
Lammhult
Asa
Horjesås
Åseda
Massamåla
Kärda
Åminne
Skärbäck
Norrhult-Klavreström
Badebodaån
Gällaryd
Ås
Bor
Aneboda
Orken
Torskinge
Tånnö
Bredhult
Tolg
Ekhorva
Källerstad
Långstorp
Straken
Madkroken
Bredhälla
Hult
Hullevik
Berg
Boksholm
Labbemåla
Dannäs
Flåren
Rymmen
Klasentorp
Gaitabäck
Furen
Granhult
Bolmsö
Hyggestorp
Horda
Ämhult
Åby
Eke
Braås
Hältekärr
Agnaryd
Moheda
Rottne
Dädesjö
Gavlö
Rydaholm
Hult
Innaren
Vittaryd
Torp
Sköldstad
Härlöv
Stojby
N.Åreda
Lenhovda
Sävsjöström
Tannåker
Hörda
Luveryd
Helgasjön
Östraby
Holminge
Lagan
Tofta
Herråkra
Bakarebo
Guddarp
Hjortsberga
Alvesta
Vägershult
Bolmen
VÄXJÖ
Attsjö
Bolmstad
Ryssby
Teleborg
Äreda
Glas-bruk
Ödensjö
Tutaryd
Blädingeås
Gemla
Furuby
Kosta
Angelstad
Ljungby
Tesås
Salen
Aryd
Västorp
Bergdala
Ekeberga
Lövsjö
Loshult
Bolmen
Nöbbele
Viggåsa
Kånna
Ossjö
Åstakra
Vislanda
Tävelsås
Hovmantorp
Fagerhult
Transjö
Agunnaryd
Grimslöv
Skatelöv
Stenslanda
Ingelstad
Lessebo
Läen
Torpa
Nöttja
Ivla
S.Ljunga
Kalvsvik
Eriksmåla
Bölminge
Eneryda
Vrankunge
Nöbbele
Linneberg
Liatorp
Skulatorp
Jät
Skruv
Möckeln
Fjorden
Hult
Linneryd
Virsryd
Pjätteryd
Lönashult
Hinneryd
Hornsborg
Virestad
Hulevik
Väckelsång
Kråksjö
Stenbrohult
Bohult
Sundslätt
Korrö
Kvarnamåla
Långasjö
Traryd
Göteryd
Almeboda
Tannsjö
Vrångebo
Delary
Älmhult
Häradsbäck
Älshult
Urshult
Rävemåla
Räamåla
Tingsryd
Strömsnäsbruk
Tånneryd
Torsholma
Barkhult
Bäckaskog
Dångebo
Yknanäs
Vägla
Hallaryd
Timsfors
Hökön
Törnamåla
Killeberg
Siggaboda
Ryd
Djuramåla
Göljahult
Markaryd
Tranetorp
Vesljunga
Visseltofta
Abrölla
Tosthult
Fridafors
Mien
Eringsboda
Kompersmåla
Gäddeviksås
Marklunda
Lönsboda
Skälmers-hult
Yxenhult
Emmaljunga
Boalt
Hallabro
Bälganet
Hjortseryd
Verum
Osby
Vilshult
Vittsjö
Gubbarp
Kruseboda
Kyrkhult
Backaryd
Möljeryd
Östanå
Hemsjö
Ringamåla
Härsjö
Bjärnum
Glimåkra
Hästveda
Högsma
Halahult
Onnarp
Farstorp
Broby
Hoka
Hasselstad
Röke
Mala
Sibbhult
Olofström
Elsebråne
Rödby
Ballingslöv
Skärnäs
Jämshög
Svängsta
Bräkne-Hoby
Kallinge
Hörja
Hjärsås
Gränum
Torarp
Asarum
Äryd
Tyringe
Stoby
N.Sandby
Knislinge
Immeln
Mörrum
Ronneby
Finja
Kylinge
Finjasjö
Gumlösa
Arkelstorp
Vånga
Pukavik
Karlshamn
Matvik
Ekenäs
HÄSSLEHOLM
Hanaskog
Pukaviks-bukten
Torup
Matteröd
Vinslöv
Torsebro
Barum
Norje
Gö
Isakstorp
Övarp
N.Strö
Österlöv
Brönnestad
Färlöv
Balsby
Bromölla
Sölvesborg
Sösdala
Bäckaskog
Mjällby
Hörvik
Norra Rorum
Nävlinge
Skepparslöv
Nymölla
Tjörnarp
Häglinge
Djurröd
KRISTIANSTAD
Trolle-Ljungby
Nogersund
Blekinge
Värend
Småland
9

A
22
B
C
1
2
3
4
5
Kisa
V.Eneby
Överum
Hälgenäs
Flatvarp
Holm
Averum
Olstorp
Björnsholm
Ålhult
Mulestad
Häckenstad
Lofta
Tidersrum
Bromhult
Hycklinge
Gamleby
Vinö
Loftahammar
Verveln
Horn
Kila
Odensvi
Lövåsa
Brunebo
Segersgärde
Almvik
Bänarp
Flaka
Hallingeberg
Gullringen
Höghult
Locknevi
Blackstad
Kårby
Piperskärr
Jenny
Västervik
Ydrefors
Brotorp
S.Vi
Djursdala
Toverum
Gunnebo
Grönsved
Skäfshult
Frödinge
Ankarsrum
Gladhammar
Horn
Rumskulla
Hylta
Vimmerby
Tibbhult
Händelöp
Västrum
Astrid Lindgrens Värld
Totebo
Bofall
Pelarne
Hjorted
Helgerums slott
Mariannelund
Storebro
Björksebo
Blankaholm
Hult
Lönneberga
Tuna
Bolhult
Kråkshult
Gökhulte kulle
Falla
Silverdalen
Vena
Bredshult
Mörtfors
Hökhult
Karlstorp
Flenshult
Tällerdy
Paulisström
Hultsfred
Ishult
Antsebo
Misterhult
Kräkelund
Ökna
Östrahult
Krokstorp
Kärrsvik
Järnforsen
Kristdala
Simpevarp
Vrånganäs
Målilla
Björnhult
Baggetorp
Fårbo
Rosenforsen
Krokshult
Figeholm
Tobro
Kristineberg
Bjälebo
Virkvarn
Nabbelund
Virserum
Mörlunda
Byxelkrok
Grankullavik
Misterhult
Bösebo
Björnhult
Böda-bukten
Korsvägen
Döder-hult
Oskarshamn
Ryningsnäs
Holm
Bockara
Åshult
Byrum
Böda
Forsaryd
Berga
Bohult
Hultanäs
Skälsbäck
Skorpetorp
Sörvik
Fågelfors
Massamåla
Högsby
Påskallavik
Löttorp
Högby
Fagerhult
Farshult
Finsjö
Badebodaån
Emsfors
Gillberga
Källa
Mösjöhult
Mjösebo
Ruda
Fliseryd
Ekhorva
Sinnerbo
Grimhult
Forsa
Svartö
Sandvik
Persnäs
Labbemåla
Flyahult
Grönskära
Långemåla
Hammarglo
Hultsnäs
Mönsterås
Hältekärr
Kråksmåla
Allgunnen
Okno
Föra
Alghult
Fagraskog
Hornsö
Arbåga
Sandbäckshult
Blomster-måla
Timmernabben
Kårehamn
Östraby
Alstermo
Skoghult
Alsterån
Ålem
Alböke
Alsterfors
Fröseke
Alsterbro
Strömsrum
Lundegård
Löt
Vägershult
Målerås
Knivingaryd
Pataholm
Egby
Applaryd
Helgesbo
Fågelsudd
Ljungbyån
Bäckebo
Snärjebäcken
Persmåla
Solliden
Borgholm
Gadderås
Kosta
Glasbruk
Slättingebygd
Kåremo
Räpplinge
Bredsättra
Kolllinge
Orrefors
Skårebo
Nickebo
Kapellludden
Lövsjö
Ekeberga
Glasbruk
Kristvalla
Rockneby
Transjö
Läckeby
Rälla
Gärdslösa
Östersjön
Hermanstorp
Kristvalla-brunn
Revsudden
Högsrum
Långlöt
Lenn
Nybro
Lindsdal
Boda-glasbruk
Glömminge
Himmelsberga
Eriksmåla
Algutsboda
Kläcke-berga
Kalmar
Gillsättra
Runsten
Öland
Johansfors
Örsjö
Svalehult
Trekanten
Ölandsbron
Skruv
Långaström
Smedby
Färjestaden
N.Möckleby
Kråksjö
Emmaboda
Tvärskog
Alsjö
Oskar
Ljungbyholm
Vassmolösa
Lindås
Gårdby
Långasjö
Mortorp
Näsby
Vickleby
Rämmåla
Påryd
Arby
Hagby
Förlångsö
Resmo
Vissefjärda
Karsjö
Mörbylånga
Stenåsa
Yxnanäs
Frostensmåla
Torhult
Halltorp
Ekenäs
Alby
Gullabo
Eringsboda
Ryd
Kastlösa
Hulterstad
Fagerhyltan
Bidalite
Söderåkra
Långasjö
Holmsjö
Ledja
Torsås
Smedby
Skärlöv
Gettnabo
Bergkvara
Hjortseryd
Segerstad
Nävragöl
Slätafly
Väghyltan
Degerhamn
Möljeryd
Flymen
Tving
Albrunna
Gräsgård
Spjutsbygd
Brömsebro
Eketorp
Hasselstad
Sälleryd
Fridlevstad
Kättilsmåla
Grönhögen
Össby
Rödeby
Kristianopel
Ottenby
Näsby
Fågelmara
Kallinge
Karlskrona
Nättraby
Augerum
Ramdala
Ås
Långe Jan
Listerby
Lyckeby
Jämjö
Klakebäck
Gängletorp
Bredäng
Sanda
Gö
Hasslö
Sturkö
Torhamn
Kalmarsund

D E 23 F

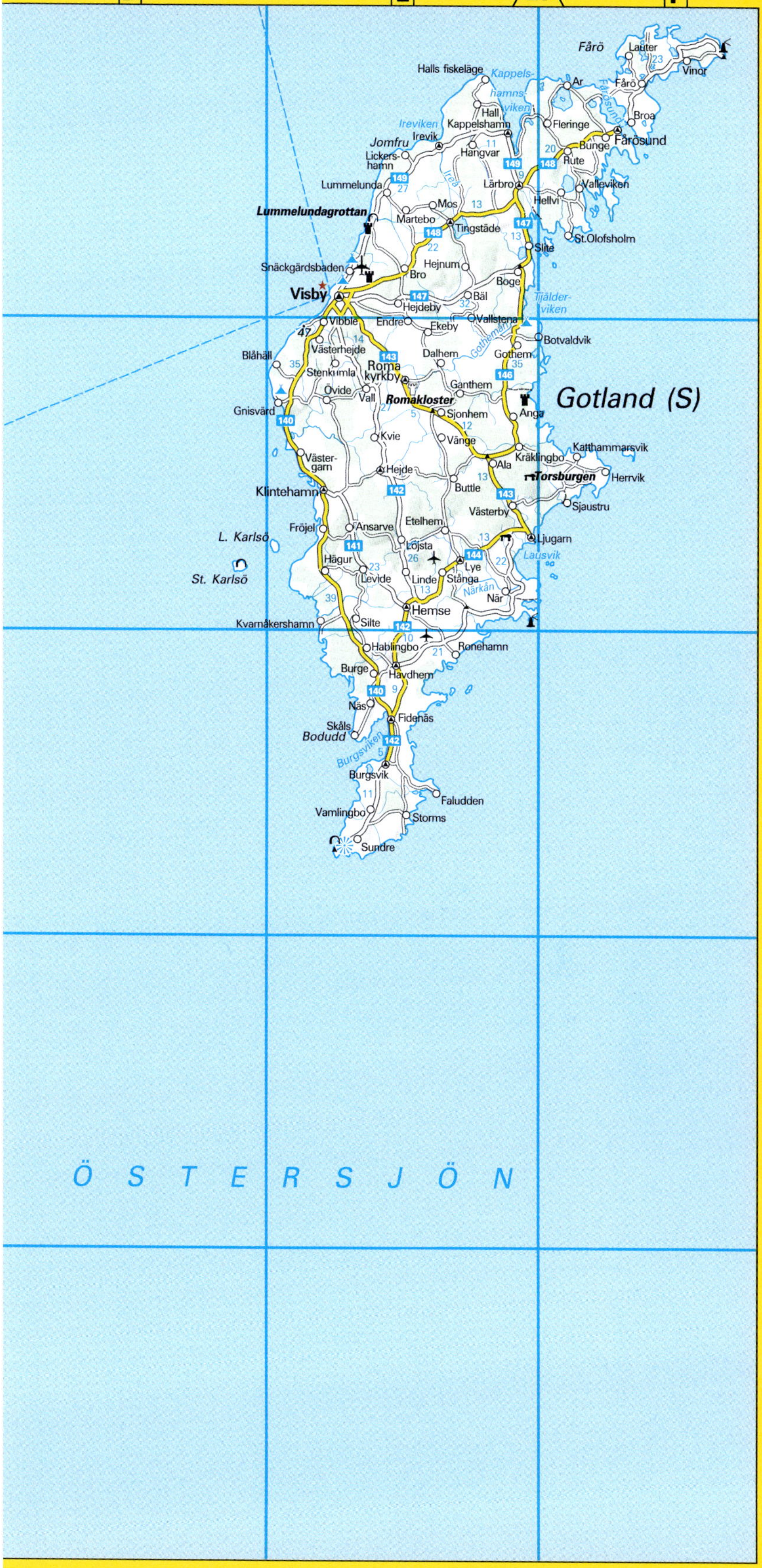
Fårö
Lauter
Vinor
Halls fiskeläge
Kappelshamnsviken
Ar
Fårö
Fårösund
Hall
Broa
Ireviken
Kappelshamn
Fleringe
Fårösund
Jomfru
Irevik
Hangvar
Bunge
Lickershamn
Rute
Lummelunda
Lärbro
Valleviken
Hellvi
Lummelundagrottan
Mos
Martebo
Tingstäde
St.Olofsholm
Slite
Snäckgärdsbaden
Hejnum
Bro
Boge
Visby
Bäl
Tjäldervikeh
Hejdeby
Endre
Vallstena
Vibble
Ekeby
Botvaldvik
Västerhejde
Dalhem
Gothem
Blåhäll
Stenkumla
Roma kyrkby
Ganthem
Gotland (S)
Övide
Vall
Romakloster
Anga
Gnisvärd
Sjonhem
Kvie
Vänge
Katthammarsvik
Västergarn
Kräklingbo
Ala
Hejde
Torsburgen
Herrvik
Klintehamn
Buttle
Sjaustru
Västerby
Fröjel
Ansarve
Etelhem
L. Karlsö
Ljugarn
Lojsta
Lausvik
Hägur
Lye
St. Karlsö
Levide
Linde
Stånga
När
Närkån
Kvarnåkershamn
Silte
Hemse
Hablingbo
Ronehamn
Burge
Havdhem
Näs
Fidenäs
Skåls Bodudd
Burgsviken
Burgsvik
Faludden
Vamlingbo
Storms
Sundre
ÖSTERSJÖN

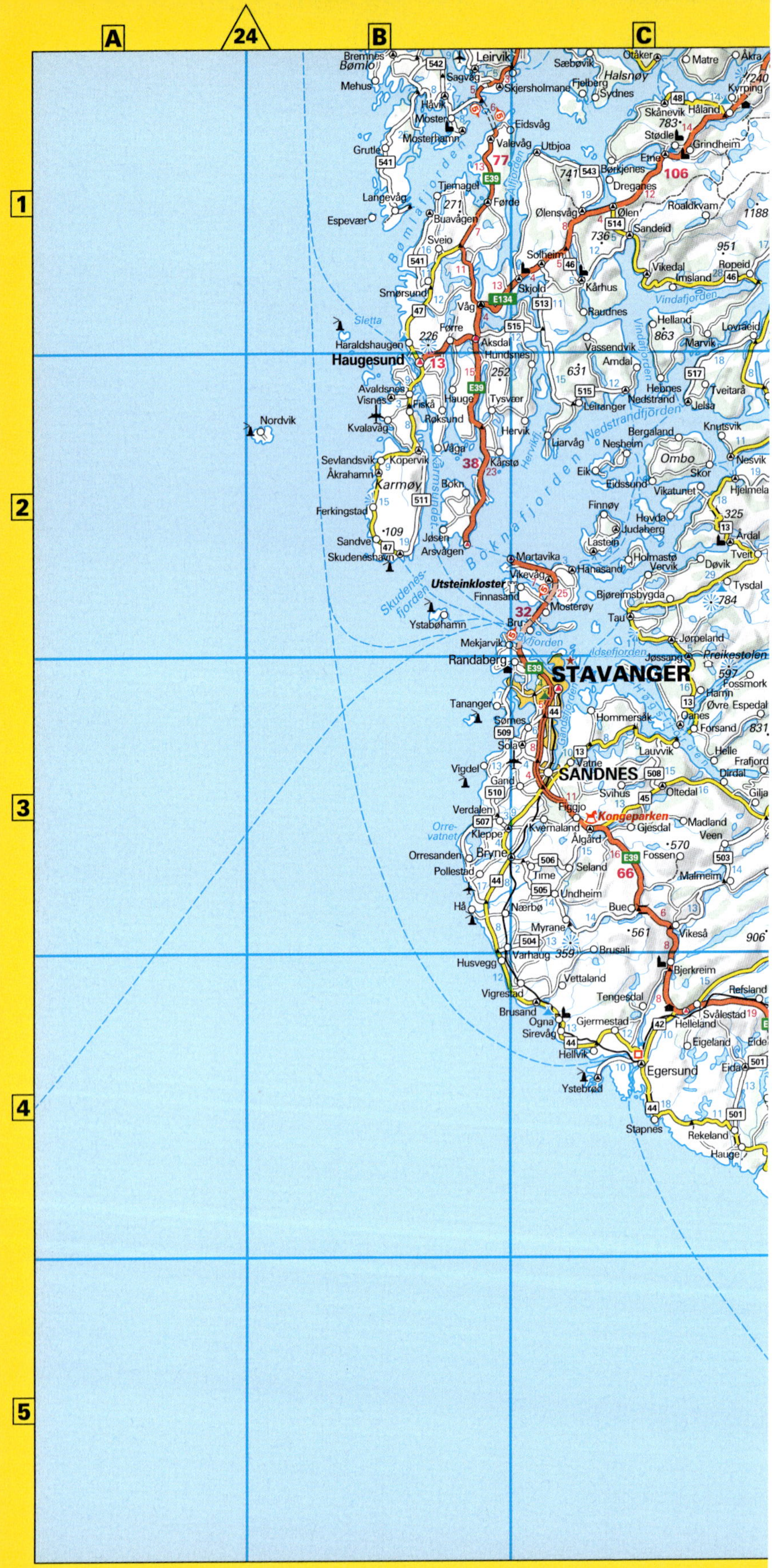
A
24
B
C
1
2
3
4
5
Bremnes
Bømlo
Leirvik
Mehus
Sagvåg
Skjersholmane
Sæbøvik
Halsnøy
Fjelberg
Sydnes
Otåker
Matre
Åkra
Kyrping
Håvik
Moster
Mosterhamn
Eidsvåg
Skånevik
Håland
Stødle
Grindheim
Etne
Grutle
Valevåg
Utbjoa
Børkjenes
Dreganes
Tjernagel
Langevåg
Espevær
Førde
Buavågen
Ølensvåg
Ølen
Sandeid
Roaldkvam
Bømlafjorden
Sveio
Solheim
Vikedal
Imsland
Ropeid
Smørsund
Skjold
Kårhus
Vindafjorden
Sletta
Våg
Raudnes
Helland
Førre
Aksdal
Lovraeid
Haraldshaugen
Vassendvik
Marvik
Haugesund
Hundsnes
Amdal
Hebnes
Nedstrand
Tveitarå
Avaldsnes
Visnes
Fiskå
Hauge
Tysvær
Leiranger
Jelsa
Nordvik
Kvalavåg
Røksund
Hervik
Nedstrandfjorden
Bergaland
Knutsvik
Våga
Hervikfj.
Liarvåg
Nesheim
Ombo
Nesvik
Sevlandsvik
Kopervik
Kårstø
Åkrahamn
Karmøy
Bokn
Eik
Skor
Eidssund
Vikatunet
Hjelmela
Karmsundet
Boknafjorden
Finnøy
Hovda
Ferkingstad
Judaberg
Årdal
Lastein
Sandve
Jøsen
Arsvågen
Skudeneshavn
Mortavika
Holmastø
Vervik
Tveit
Døvik
Hanasand
Vikevåg
Utsteinkloster
Finnasand
Skudenesfjorden
Bjøreimsbygda
Tysdal
Mosterøy
Ystabøhamn
Bru
Tau
Mekjarvik
Byfjorden
Jørpeland
Idsefjorden
Jøssang
Preikestolen
Randaberg
STAVANGER
Fossmork
Hamn
Øvre Espedal
Tananger
Gandsfjorden
Hommersåk
Oanes
Høgsfjorden
Forsand
Sømes
Sola
Lauvvik
Helle
Frafjord
Vigdel
Vatne
SANDNES
Dirdal
Gand
Svihus
Oltedal
Gilja
Verdalen
Figgjo
Kongeparken
Madland
Orrevatnet
Kleppe
Kvernaland
Gjesdal
Veen
Ålgård
Orresanden
Bryne
Seland
Fossen
Pollestad
Time
Malmeim
Undheim
Hå
Nærbø
Bue
Myrane
Vikeså
Varhaug
Brusali
Husvegg
Bjerkreim
Vettaland
Vigrestad
Tengesdal
Refsland
Brusand
Svålestad
Ogna
Gjermestad
Helleland
Sirevåg
Eigeland
Eide
Hellvik
Egersund
Eida
Ystebrød
Stapnes
Rekeland
Hauge

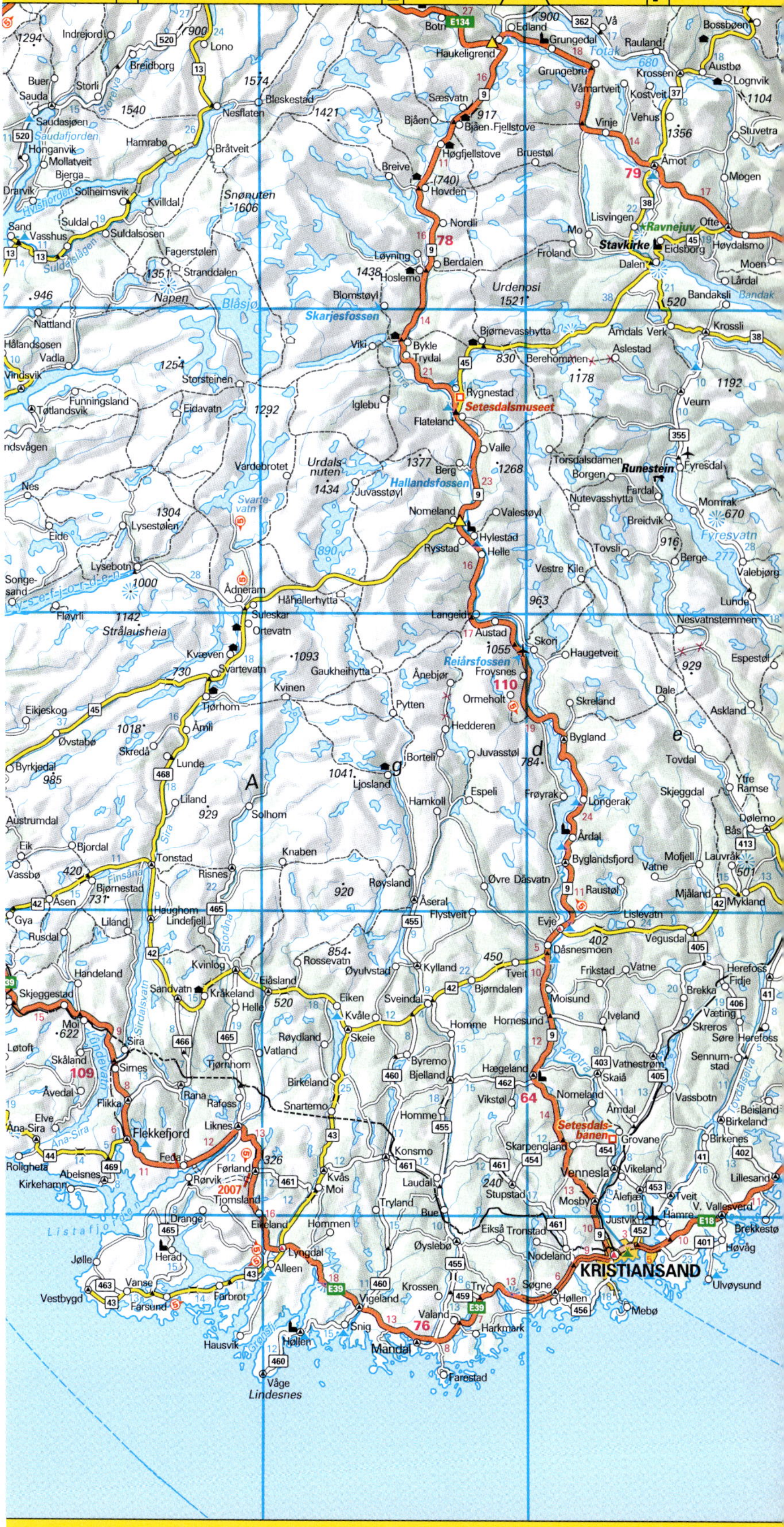
Botn
Haukeligrend
Edland
Grungedal
Vå
Rauland
Bossbøen
Totak
Austbø
Lognvik
Grungebru
Krossen
Våmartveit
Kostveit
Vinje
Vehus
Åmot
Mogen
Indrejord
Lono
Breidborg
Buer
Sauda
Storli
Saudasjøen
Saudafjorden
Nesflaten
Bleskestad
Sæsvatn
Bjåen
Bjåen Fjellstove
Høgfjellstove
Bruestøl
Stuvetra
Hamrabø
Bråtveit
Honganvik
Mollatveit
Bjerga
Breive
Hovden
Solheimsvik
Kvilldal
Snønuten
Nordli
Suldal
Suldalsosen
Vasshus
Sand
Fagerstølen
Løyning
Berdalen
Hoslemo
Stranddalen
Napen
Blåsjø
Mo
Livsingen
Ravnejuv
Ofte
Stavkirke
Eidsborg
Høydalsmo
Froland
Dalen
Moen
Lårdal
Urdenosi
Bandakslí
Bandak
Blomstøyl
Skarjesfossen
Nattland
Hålandsosen
Vadla
Vindsvik
Viki
Bykle
Trydal
Bjørnevasshytta
Åmdals Verk
Krossli
Aslestad
Berehommen
Storsteinen
Rygnestad
Setesdalsmuseet
Veum
Funningsland
Tøtlandsvik
Eidavatn
Iglebu
Flateland
Valle
Torsdalsdamen
Fyresdal
Runestein
Borgen
Fardal
Nutevasshytta
Vardebrotet
Urdalsnuten
Berg
Hallandsfossen
Juvasstøyl
Nes
Svartevatn
Nomeland
Valestøyl
Momrak
Breidvik
Fyresvatn
Lysestølen
Eide
Hylestad
Helle
Rysstad
Tovsli
Berge
Lysebotn
Songesand
Ådneram
Håhellerhytta
Vestre Kile
Valebjørg
Lunde
Fløyrli
Strålausheia
Suleskar
Ortevatn
Langeid
Austad
Skori
Nesvatnstemmen
Kvæven
Svartevatn
Gaukheihytta
Reiårsfossen
Åneabjør
Froysnes
Haugetveit
Espestøl
Kvinen
Tjørhom
Ormeholt
Pytten
Hedderen
Skreland
Dale
Askland
Eikjeskog
Øvstabø
Åmli
Skredå
Lunde
Bygland
Tovdal
Byrkjedal
Borteli
Juvasstøyl
Ljosland
Espeli
Frøyrak
Longerak
Skjeggdal
Ytre Ramse
Liland
Solhom
Hamkoll
Austrumdal
Dølemo
Bås
Årdal
Eik
Bjordal
Byglandsfjord
Mofjell
Lauvråk
Vatne
Tonstad
Knaben
Vassbø
Risnes
Bjørnestad
Øvre Dåsvatn
Røysland
Raustøl
Mjåland
Mykland
Åsen
Åseral
Flystveit
Haughom
Lindefjell
Gya
Liland
Evje
Lislevatn
Rusdal
Dåsnesmoen
Vegusdal
Kvinlog
Rossevatn
Øyulvstad
Kylland
Tveit
Frikstad
Vatne
Herefoss
Fidje
Handeland
Skjeggestad
Sandvatn
Kråkeland
Eiåsland
Eiken
Sveindal
Bjørndalen
Moisund
Brekka
Væting
Helle
Kvåle
Iveland
Skreros
Søre Herefoss
Mo
Sira
Skeie
Homme
Hornesund
Løtoft
Skåland
Røydland
Vatland
Sennumstad
Sirnes
Tjørnhom
Byremo
Bjelland
Vatnestrøm
Skaiå
Hægeland
Åvedal
Birkeland
Nomeland
Vassbotn
Flikka
Rana
Rafoss
Vikstøl
Åmdal
Beisland
Elve
Åna-Sira
Snartemo
Homme
Setesdalsbanen
Birkeland
Grovane
Flekkefjord
Liknes
Konsmo
Skarpengland
Birkenes
Feda
Vennesla
Vikeland
Rolighetа
Abelsnes
Førland
Kvås
Laudal
Stupstad
Lillesand
Kirkehamn
Rørvik
Moi
Tjomsland
Tryland
Mosby
Ålefjær
Tveit
V. Vallesverd
Listafjorden
Drange
Bue
Hamre
Eiseland
Hommen
Eikså
Tronstad
Justvik
Brekkestø
Herad
Øyslebø
Nodeland
Høvåg
Jølle
Lyngdal
Alleen
KRISTIANSAND
Ulvøysund
Vanse
Farbrot
Krossen
Try
Søgne
Vestbygd
Farsund
Vigeland
Høllen
Valand
Mebø
Snig
Harkmark
Hausvik
Høllen
Mandal
Farestad
Våge
Lindesnes

A
26
B
C
1
2
3
4
5
10
Bossbøen
Rauland
Vårmartveit
Krossen
Austbø
Lognvik
Kostveit
1104
Vehus
1356
Stuvetra
1541
Åmot
Bjordalen
1188
Tuddal
Øystøl
Høvdda
Tinnoset
Høymyr
Helleberg
Ormemyr
Vik
Bolkesjø
Ble fjellstue
Trollerudfossen
Jondalen
Aslaksrud
Hokksund
Vestfossen
Stengelsrud
Fiskum
Gransherad
Kongsberg
Kongsgruve
Meheia
904
Bygdeborg
Skollenborg
Saggrenda
465
Lonar
Sauland
673
Hjartdal
Hjartdøla
Ørvella
Heddal
Moland
Åse
103
Osstøl
Møgen
Norges største stavkirke
Notodden
Finnlia
Flata
Efteløt
1415
Yli
Reskjem
Breidset-hytta
Styggmann
871
Gran
Rud
Lisvingen
Ravnejuv
Ofte
Høydalsmo
1127
1370
Sanden
Morgedal
Nymoen
Seljord
Lifjell
1288
Hjukseevelta
Eidsborg
Stavkirke
Dalen
Moen
Lårdal
Bandak
Bandaksli
520
Kviteseid
Brunkeberg
Fiskhøl
Ulvenes
Verpe
Ufs
Lifjell
Klevar
Sauherad
Akkerhaugen
Bø
815
Nordagutu
Sørmyrsetra
Løvås
Besstul
Dammen
Svarstad
Luksefjell
Sjulstadfoss
Åmdals Verk
Aslestad
Krossli
Vrådal
Eidstod
944
Kilen
Omnes
Nes
Gvarv
Holte
Valebø
674
Vanebu
Steinsholt
1192
Veum
Fjågesund
Flåvatnet
Bergstod
Strengen
Lunde
Norsjø
Solberg
Mo
Torsholt
Haugen
Hvarnes
Austad
498
Stean
Homleid
850
Grova
Singusdal
Ulefoss
453
Helgja
Hoppestad
Skotfoss
Heggland
Kvelde
Kilen
Fyresdal
Runestein
Borgen
Dale
Fjone
Sunde
883
Kleppe
Nakksjø
Høydalen
SKIEN
Hustuft
Stavdal
Porsgrunn
Eikenes
Fardal
Breidvik
Momrak
670
Fyresvatn
Nos
Kjosen
Eidanger
360
Omsland
Langangen
Tovsli
916
Berge
277
Valebjørg
925
Bostrak
Drangedal
Rognsbru
Voll
Herre
Gautefall
Strandrak
500
Henseid
Gisholt
Brevik
Lunde
Tveitsund
Gryting
Straume
Sandnes
Nenset
Stathelle
Bjønnes
Bamble
Helgeroa
Nesvatnstemmen
Tjønnefoss
Bjørnstad
Neslandsvatn
Lenes
Rørholt
Feset
Langesund
Dørdal
Nevlunghavn
Almelia
638
Solem
349
Kroken
Valle
929
Espestøl
Sannidal
Helle
Vadfoss
Kil
Kragerø
Dale
Askland
Øy
Felle
Gjerstad
160
Katterås
Sundebru
Myra
636
Raudsandmoen
Øygardslia
Eidet
Flane
Levang
Tovdal
Nidelva
Åmli
Hol
Olimstad
Søndeled
Ytre Ramse
Skjeggdal
Kil
Vegårshei
Espeland
Øysang
Klovfjell
Akland
Bossvik
Risør
Bås
Dølemo
Hovde
Songe
Stangholmsgapet
Mofjell
Lauvråk
501
Nelaug
Brumoen
71
Gjeving
Raustøl
Vatne
Heldalmo
Nesgrenda
Tvedestrand
Mjåland
Mykland
Svenes
Hynnekleiv
Jomås
Bøylestad
Holt
Lislevatn
Vegusdal
240
Kilsund
Mjåvatn
Froland
Dalen
Vatne
Fidje
140
Strengereid
Brekka
Herefoss
Blakstad
Arendal
Væting
Skreros
Hørte
Søre Herefoss
Tromøy
Vatnestrøm
Metveit
Skiftenes
Hisøy
Øyestad
Sennum-stad
Rykene
Syndle
Fevik
Beisland
Vassbotn
Landvik
Vik
Åmdal
Birkeland
Grimstad
67
Grovane
Setesdalsbanen
Birkenes
Vennesla
Vikeland
Lillesand
Homborsund
Tveit
Ålefjær
Justvik
V. Vallesverd
Hamre
Brekkestø
Høvåg
KRISTIANSAND
Ulvøysund
Mebø
Skagerrak

27

Krokstadelva
DRAMMEN
Mjøndalen
Bygdeborg
Tørrbekk
Eidsfoss
Sande
Selvik
Svelvik
Berger
Tangen
Skoger
Stuabrua
Sundbyfoss
Hillestad
Hvittingfoss
Holmestrand
Vivestad
Våle
Nykirke
Fossan
Skoppum
Horten
Borre
Moa
Nes
Andebu
Nauen
Barkåker
Sem
Tønsberg
Vear
Prestbyen
Stokke
Geirastadir
Hagnes
Torp
Sundet
Hedrum
Sandefjord
Verningen
Tveitan
Larvik
Tjølling
Tønnsberg-tønne
Ula
Stavern
Slemmestad
Røyken
Fagerstrand
Nærsnes
Åros
Sætre
Klokkarstua
Hvitsten
Filtvet
Tofte
Holmsbu
Rødtangen
Son
Ås
Kambo
Moss
Værne kloster
Halmstad
Larkollen
Skallevoll
Husøy
Nesbrygga
Årøysund
Vrengen
Tjøme
Hvasser
Verdens Ende
Tønsbergfjorden
Oslofjorden
Oppegård
Vinterbru
Ski
Kråkstad
Frogn
Drøbak
Ås
Vestby
Hølen
Ringvoll
Elvestad
Spydeberg
Askim
Tomter
Skjønhaug
Godheim
Sand
Båstad
Enebakk
Ytre Enebakk
Torshov
Krokedal
Høland
Mørk
Våler
Lunder
Tekslnes
Ros
Svinndal
Nordby
Kjos
Mysen
Eidsberg
Trømborg
Skiptvet
Brekke
Rakkestad
Gjølstad
Furuholmen
Missingmyr
Karlshus
Tomb
Saltnes
Stang
Varteig
Øverby
Ise
Sarpsborg
Hafslund
Hauge
Tveter
Vikene
Slevik
FREDRIKSTAD
Holm
Skjeberg
Øyenkilen
Tangen
Papper
Revholmen
Korshavn
Skipstad
Skjærhalden
Singlefjorden
Halden
Festning Fredriksten
Berg
Isebakke
Svinesund
Idd
Høgdal
Näsinge
Bakke
Kungbäck
Blomsholm
Blomsholms-skeppet
Krokstrand
Prestebakke
Søtholmen
Kebal
Strömstad
Buar
Långegärde
Skee
Tjärnö
Överby
Rämne
Resö
Torim
Naverstad
Södra Bullaresj.
Tanumshede
Fossum
Långeby
Grebbestad
Gerum
Hällristningar
Sol-hem
St. Anrås
Fjällbacka
Hamburgsund
Kville
Bärfendal
Bovallstrand
Sotefjorden
Hunnebostrand
Kungshamn
Malmön
Skalhamn
Malmöfjord
Lysekil
Grundsund
Gullholmen
Ellös
Orust
Hälleviksstrand
Mollösund
Kyrkesund
Skärhamn
Bleket
Rönnäng
Marstrand
Kovikshamn
Hemnes
Halsnes
Sandum
Tørnby
Påterud
Skulerud
Iskleiva
Trosterud
Ivarsbyn
Fjäll
Krok
Hamnås
Rødenes
Javall
Näset
Østervallskog
N.Lien
Hærland
Klund
Kallak
Kåtorp
Elovsbyn
Kroken
Karlanda
Töcksfors
Leverbyn
Ørje
Sundsbyn
Rössbyn
Tvärdalen
Årnes
Våg
Granerud
Bjørnstad
Degernes
Sundsfabyn
Båstnäs
Låbbyn
Bergstrøm
Otteid
Lennartsfors
Trankil
Iglerød
Blomskog
Sundsbyn
Aremark
Fossby
Bråtnäs
Østerbo
Rokke
Håkenby
Dalen
Nössemark
Allingmo
Sund
Valsebo
Hedalen
Ør
Rävmarken
Bengtsviken
Sannerud
Håbol
Gunnarsbyn
Knipan
Klevmarken
Korsnjø
Svingen
Holtet
Vassbotten
Ed
Vassända
Bondemon
Mellbyn
Töftedal
N. Bullaresj.
Fagerhult
Böle
Brene
S.Kornsjön
Flötemarken
Gesäter
Kolsäter
Lerdal
Sundshult
Kåtebol
Rånnelanda
Mo
Önne
Smeviken
Suttene
Hedekas
Åttingsberg
Hällevads-holm
Grinås
Gunnarsröd
Färgelanda
Ellenö
Kernsjön
Dingle
Valbo Ryr
Munkedal
Saltkällan
Sågebacken
Fagerhult
Bro
Gårvik
Brastad
Hogstorp
UDDEVALLA
Svälte
Herrestad
Bokenäs
Ammenäs
Ryra
Ljungskile
Henån
Myckleby
Röra
Grinneröd
Svanesund
Svenshögen
Rålanda
Svanvik
Varekil
Lunden
Svartehallen
Stenungsund
Grössbyn
Myggenäs
Källekärr
St. Höga
Jordal
Jörlanda
Kode
Stora Dyrön
Tjuvkil
Kareby
Kungälv
Ytterby
Harestad
Skagerrak
Bohuslän
Festning Fredriksten

11

A
28
B
C
1
2
3
4
5
12
Rottneros
Selma Lagerlöfs bostad
Mårbacka
Sunne
Gunnarskog
Slobyn
Ö.Sälboda
Mangskog
Perserud
Ragnerud
Åmotfors
Arvika
Jössefors
Brunskog
Edane
Tortan
Skog
Elov
Västra Ämtervik
Östra Ämtervik
Mellan-Fryken
Ransäter
Sandviken
Olsätter
Stenåsen
Edeby
Öv.Ullerud
Bonäs
Deje
Blombacka
Molkom
Lindfors
Nedre Ullerud
Forshaga
Nilsby
Frykerud
Fagerås
Kil
Lökene
Ned. Fryken
Glafsfjorden
Värmlan
Ingersbyn
Högerud
Skärnäs
Högboda
Rennstad
Säldebråten
Brandsbol
Klässbol
Glava
Stora Gla
Sölje
Långsta
Värmskog
Degerbyn
Edsvalla
Hynboholm
Klarälven
Vallargärdet
Edsgatan
Ö.Fågelvik
Skåre
Nor
Vålberg
Grums
Segerstad
KARLSTAD
Hammarö
Vidöåsen
Kattfjorden
Skoghall
Hammarön
Takene
Lindenäs
Alster
Skattkärr
Färstad
Stömne
Butorp
Björnö
Borgvik
Slottsbron
Åsundatorp
Segmon
Mässvik
Ingnerud
Tørnby
Sandum
Rudsgården
Hogned
Påterud
Koppom
Växvik
Fjäll
Ivarsbyn
Trosterud
Sulvik
Älgå
Gränsjön
N.Lien
Östervallskog
Lyssås
Elovsbyn
Kroken
Mörtnäs
Smolmark
Karlanda
Töcksfors
Leverbyn
Stenslanda
Sundsbyn
Rössbyn
Lenungen
S.Ström
Granmon
Väng
Tvärdalen
Årjäng
Finntorp
Sundsbyn
Båstnäs
Åsebyn
Lobbyn
Sillerud
Ö.Boda
Stenbyn
Häljebol
Högsäter
Botten
Gillberga
Lennartsfors
Trankil
Breviken
Risviken
Blomskog
Sillebotten
Kettilsbyn
Ed
Nysäter
Harnäs
Sundsbyn
Galteviken
Ödebyn
Flatebyn
Kila
Kärrholmen
Brätnäs
Gustavsfors
Skogen
Värvik
Silen
Svanskog
Värmlandsbro
S.Ny
St.Backa
Årbult
Säffle
Tveta
Huggenäs
By
Råglanda
Torserud
Allingmo
Nossemark
Barkerud
Sund
Tegane
Kråkviken
Bollsbyn
Solvik
Lund
Edsleskog
Valsebo
Hedalen
Ärtemark
Laxarby
Stora Le
Mo
Rådane
Åmål
Botilsäter
Värmlandsnäs
Hökhult
Olserud
Rävmarken
Bengtsviken
Sannerud
Bengtsfors
Skåpafors
Heden
Bodane
Brevik
Knipan
Billingsfors
Baldersnäs
Fengersfors
Tösse
Millesvik
Gaperhult
Klevmarken
Håbol
Steneby
Dals Långed
Sandbol
Eskilsäter
Ekenäs
Vässända
Mustadfors
Ed
Högen
Berg
Tisselskog
Hult
Ö.Bodane
Bondemon
Mellbyn
Töftedal
Odskölt
St.Kilane
Håverud
Dalbosjön
Brommösund
Böle
Brene
Hallersbyn
Åsensbruk
Ränsberg
Bäckefors
Brännå
Skållerud
Dalskog
Köpmannebro
Gesäter
S.Kornsjön
Råggärd
Hjorthammaren
Kolsäter
Lerdal
Vänern
Dals-Rostock
Kåtebol
Rännelanda
Forsebol
Mellerud
Önne
Härsängen
Kållandsö
Läckö
Otterstad
Hedekas
Högsäter
Klöveskogs ka
Örnäs
Lugnås
Hällekis
Forshem
Åttingsberg
Grinstad
Bleken
Dalbergsån
Bolstad
Gössäter
Strö
Kinneviken
Gunnarsröd
Sundals-Ryr
Brålanda
Sunnersberg
Stigen
Färgelanda
Västerplana
Kinne-Kleva
Skalunda
Ellenö
Rölanda
Skerrud
Tofta
Lidköping
Husaby
Götene
Örslösa
Kållby
Bjurum
Valbo-Ryr
Råda
Munkedal
Frändefors
Timmervik
Tådene
Filsbäck
Lundsbrunn
Saltkällan
Bråten
St. Hästesjön
Gillstad
Vinninga
Öglunda
Sågebacken
Fagerhult
Frugården
Tun
Lovene
N.Härene
Bjurhem
Vänersnäs
Häle-Tängs kyrka
Slädene
Saleby
Skara
Axvall
Dättern
Öxnered
Vänersborg
Järpås
Synnerby
Varnhem
Svälte
Ardala
Stenum
UDDEVALLA
Väne-Ryr
Vargön
Flo
Grästorp
St.Levene
Hällum
Herrestad
Bjärklunda
Stenshult
TROLLHÄTTAN
Flakeberg
Håkantorp
Jung
Broddetorp
Ammenäs
Trökörna
Kvänum
Osttorp
Ryra
Oresjön
Väne-Åsaka
Främmestad
Vara
Bjurum
Henån
Ljungskile
Gärdhem
S.Kedum
Trävad
N.Vånga
Ugglum
Myckleby
Velanda
Borga
Gudhem
Valtorp
Orust
Grinneröd
Laxarebo
Nossebro
Lary
Falköping
Upphärad
Koberg
Jonslund
Eling
Vedum
Svanesund
Svenshögen
Lilla Edet
St.Mellby
Trävattna
Odensberg
Göteve
Vanderyd vattnet
Sollebrunn
Kyrkås
Tålanna
Fåglavik
Vartofta
Varekil
Svartehallen
Västerlanda
Göta
Prässebo
Magra
Hällestad
Floby
Svanvik
Stenungsund
Grössbyn
Livered
Gräfsnäs
S.Härene
Herrljunga
Kinnarp
Myggenäs
Nygård
Lo
Ekehagens fornby
Hudene
Mjäldrunga
Smula
Kållekärr
Lödöse
Hålanda
Kolbäck
Vårgårda
Östadkulle
Landa
Åsarp
Höga
Alvhem
Normannebo
Jordal
Vänga
Asklanda
Broddarp
Jäla
Solberga
Jörlanda
Skepplanda
Ålanda
Ljung
Annelund
Öra
Dove
Trädet
Kode
Diseröd
Alvängen
Hol
Kärtared
Ljur
Od
Murum
Blidsberg
Tjuvkil
Kareby
Kilanda
Östad
Sjövik
Alingsås
Tämta
Sibbared
Ålmestad
Dalum
Nätared
Kungälv
Nödinge-Nol
Ryd
Hjälmared
V.Bodarna
Tarabo
Borgstena
Timmele
Hökerum
Ytterby
Rödbo
Björboholm
Mjörn
Lygnared
Boda
Vänga
Nitta
Fristad
Liared
Kovikshamn
Hargstad
Gråbo
Floda
Tollered
Ödenäs
Hedared
Vralen

D E 29 F

Saxån
Hällefors
Persberg
Paradisgård
Torskbäcken
Hammarn
Filipstad
Grythyttan
Gammalkroppa
Brattfors
Daglösen
Nykroppa
Alvestorp
Sutterhöjden
Bjurbäcken
Lökа
Limmingen
Göranstorp
Storfors
Lungsund
Viken
Rockesholm
Lundsberg
Kedjeåsen
Anneberg
Karlsdal
Kyrksten
Bergsjö
Granbergsdal
Niklasdamm
Tåbacken
Gälleråsen
Väse
Ölme
Östervik
Dalåsen
Karlskoga
Immetorp
Kristinehamn
Linneback
Mårön
Hjälmarsnäs
Högeberg
Villingsberg
Sundby
Östervik
Björneborg
Degerfors
Falla
Grytsjön
Håkanbol
Sörgården
Backhammar
Visnum
Visnums-Kil
Medhamn
Åtorp
Fägelåsen
Nysund
Nybble
Skottlanda
Rudskoga
Gökhult
Runnäs
Däldenäs
Ålön
S.Råda
Gullspång
Skagern
Delebäck
Otterbäcken
Skagersvik
Midskog
Blomsterhult
Bråta
Sjötorp
Hova
Slättevalla
Torsö
Enåsa
Lyrestad
Torsö
Riksberg
Hasslerör
Mariestad
Leksberg
Ullervad
Töreboda
Halna
Valla
Moholm
Lugnås
Askeberga
Tidan
Skalkarike
Timmersdala
Väring
Lerdala
Stöpen
Ulvåker
SKÖVDE
Tibro
Forsby
Igelstorp
Hörnebo
Skultorp
Mofalla
Varola
Häggum
Borgunda
Edåsa
Korsberga
Stenstorp
Kungslena
Frojered
Klämmesbo
Tiarp
Ekedalen
Tidaholm
Skörstorp
Valstad
Madängsholm
Velinga
Kymbo
Härja
Kättilstorp
Slättäng
Vistorp
Ekeberg
Asbygd
Sandhem
Broholm
Fivlered
Mullsjö
Habo
Furusjö
Kölingared
Bjurbäck
Habo kyrka
Bankeryd
Vrån
Risbro
Tokeryd
Jönshyttan
Vintermossen
Hjulsjö
Rombohöjden
Vasselhyttan
Grängshyttan
Guldsmedshyttan
Nyhyttan
Brunnshyttan
Kärvingeborn
Järnboås
Klacka-Lerberg
Stadra
Striberg
Nora
Gracksåsar
Fogdhyttan
Hammarby
Gyttorp
Viker
Dalkarlsberg
Klockhammar
Filipshyttan
Garphyttan
Latorpsbruk
Lekhyttan
Kinkhyttan
Lanna
Tryggeboda
Vekhyttan
Fjugesta
Kräcklinge
Mullhyttan
Svartå
Edsberg
Åbytorp
Tångeråsa
Hardemo
Hasselfors
Viby
Porla
Ågrena
Vretstorp
Linddalen
Ramshult
Laxå
Backgården
Finnerödja
Rörens
Snavlunda
Svinnersta
Skyllberg
Långsmon
Anderstorp
Gårdsjö
Barrud
Mosshult
Markeback
Askersund
Ammeberg
Ålgarås
Hallerud
Unden
Tived
Olshammar
Myrhult
Svanhult
Igelbäcken
Sätra
Undenäs
Granvik
Tåtorp
Forsvik
Svanvik
Lagersfors
Karlsborg
Sanna
Mölltorp
Fagersanna
Skallhult
Brevik
Grevbäck
Hjo
S.Fågelås
Munkaskog
Brandstorp
Visingsö
Tunnerstad
Rökinge
Gränna
Uppgränna
Orserum
Bunn
Olmstad
Vireda
Skärstad
Haurida
Ryd
Måla kulle
Svartorp
Löa
Gammelbo
Stråssa
Svensnäs
Fanthyttan
Ramsberg
Hägernäs
Grimsö
Morskoga krog
Gusselby
O.Öskevik
Björka
Grönbo
Lindesberg
Vedevåg
Rockhammar
Klysna
Frövi
Näsby
Ervalla
Hagalund
Kil
Ölmbrotorp
Hovsta
Tjugesta
Ekersby
Tysslinge
Glanshammar
Lillkyrka
ÖREBRO
Ekeby-Almby
Aspholmen
Brickebacken
Rästa
Mosås
Norrbyås
Ekeby
Kumla
Kvarntorp
Askersby
Skollersta
Hallabrottet
Högsätter
Sannahed
Hallsberg
Pålsboda
Skogaholm
Svennevad
Hälla
Asbro
Lerbäck
Sjölunda
Rönneshytta
Haddebo
Berg
Dalskogen
Hjortkvarn
Björnhammaren
Mariedamm
Zinkgruvan
Hammar
Sänna
Tybble
Ljusfallshammar
Godegård
V.Rödja
Vilkhyttan
Medevi
Bona
Hättorp
Nykyrka
Karlsby
Kvarn
Kulla
MOTALA
Borensberg
Ask
Österstad
Klockrike
Fornåsa
Varv
Bjorkeberg
Nässja
Hagebyhöga
Vadstena
Normlösa
Rogslösa
Hov
Skänninge
Järstad
Borghamn
Bjälbo
Hogstad
Täkern
Svanshals
Väderstad
Rökstenen
Rök
Hästholm
Mjölby
Sättra
Ekeby
Mantorp
St.Åby
Ödeshög
Strålsnäs
Kråkeryd
Renemo
Hammarskog
Boxholm
Karsbo
Stava
Boet
Trehörna
Munkeryd
Sommen
Hårkrankeryd
Sten
Rosendal
Adelöv
Tranås
Brandsnäs
Gripenberg
Frinnaryd
Sundhultsbrunn
Hälla
Lommaryd
Aneby
Bordsjö
Bälaryd
Stora Nätaren
Riddarhyttan
Gunnilbo
Bjursjön
Färna
Forsen
Uttersberg
Tomasbo
Bysala
Solmyra
Karmansbo
Bernshammar
Näverkärret
Lärsäter
Gisslarbo
Spaboda
Kolsva
V.Skedvi
Orsta
Finnåker
Östеrhammar
Körtinge
Broka
Himmeta
Bergaby
Medåker
Fellingsbro
Ödeby
Alvängen
Arboga
Götlunda
Lunger
Sjölunda
Nannberga
Göksholm
Hästnäs
Hjälmaren
Biskopskvarn
Stora Mellösa
Vinön
Odensbacken
Läppe
Hampetorp
Sandvad
Villtungla
Kilsmo
Gillberga
Bystad
Billsbro
Högsjö
Brevens bruk
N.Glottra
Mårsjö
Bo
Bäsnäs
Regna
Kattala
Gölstorp
Igelfors
Grytgöl
Flasbjörke
Hällestad
Finspång
Karstorp
Borggård
Valstorp
Ubbetorp
Katterum
Tolskepp
Grytstorp
Bjärka
Roxenbaden
Stjärnorp
Roxen
Ljungsbro
Berg
LINKÖPING
Västerlösa
Ledberg
Vikingstad
Slaka
Sjögestad
Sturefors
Skeda
Gammalkil
Säljsätter
Nykil
Skeda udde
V.Harg
Fagerhult
Brokind
Hulta
Önnebo
Slätstorp
Ycke
Järnlunden
Rimforsa
Pikedal
Ulrika
Somvik
Måla
Malexander
Sommen
Svalsjö
Yxefall
Kisa
Marek
Synningeby
Hestra
Tidersrum
Asby
Verveln
Hestrahult
Norra Vi
Bänarp
Lagern
Österbymo

13

A
30
B
C
VÄSTERÅS
Enköping
Surahammar
Hallstahammar
Köping
Kungsör
Arboga
Torshälla
ESKILSTUNA
Strängnäs
Mälaren
Hjälmaren
Sigurdsristningen
SÖDERTÄLJE
Botkyrka
Sigtuna
Uppl.-Väsby
Kungsängen
Märsta
Gripsholm
Katrineholm
Flen
Vingåker
Gnesta
Järna
Trosa
NYKÖPING
Oxelösund
Norrköpings-Bukten
NORRKÖPING
LINKÖPING
Söderköping
Finspång
Åtvidaberg
Valdemarsvik
Kisa
Rimforsa
Gamleby
1
2
3
4
5
14

NORRTÄLJE
Riddarbol
Rånas
Östuna
Husby-Långhundra
Ubby
Rimbo
Husby-Sjuhundra
Harg
Rådmansby
Gräddö
Östhamra
Södersvik
Kapellskär
Gottröra
Stortjärn
Frötuna
Vreta
Åsby
Bergby
Hysingsvik
Spillersboda
St.-Arlanda
Lunda
Fiskesä
Rö
Furusund
Söderhall
Kårsta
Svartnö
Frösunda
Riala
Kimsta
Sättra
Bergshamra
Yxlö
Stångberga
Vettershaga
Blidö
Skånelaholm
Ekskogen
Svensboda
Rumsättra
Vagnsunda
Karby
Brottby
Vallentuna
Angarn
Roslags-Kulla
Svartlögafjärden
Kobbfjärden
Fresta
Österåker
Åsättra
V.Lagnö
Ljusterö
Bollstanäs
Bammarboda
Gälnan
Linanäs
TÄBY
Rydbo
Åkersberga
Långvik
Saxarfjärden
Tranvik
Sollentuna
Resarö
Oskar-Fredriksborg
Björkskärs-fjärden
FALLA
Vaxholm
Tynningö
Möja
Lidingö
Värmdö
Ängsvik
Kalvsvik
Solna
Vasa-mus.
NACKA
Gustavsberg
Kopparmora
Horsstensfjärden
Ekerö
Boo
Mörtnäs
Djurö
Stavsnäs
Sandhamn
HUDDINGE
Brunn
Saltsjöbaden
Stromma
Skälsmara
Norrsunda
Fagerholm
Klacknäset
Glado kvarn
STOCKHOLM
Tumba
Vidja
Nämdö
Vårsta
HANINGE
Västerhaninge
Sandemar
Dalarö
Kagghamra
Stegsholm
Tungelsta
Ornö
Västerby
Årsta havsbad
Oxnö
Söderby
Lätinge
Grödby
Sorunda
Landfjärden
Ludvigsberg
Muskö
Ösmo
Mysingen
Arbottna
St.Vika
Lund
Guldboda
Utö
Ryssnäset
Nynäshamn
Norsbol
Sandvik
Arnviken
Oxnögården
Grytnäs
Sågsten
Herrhamra
Östersjön
42
Fårö
Lauter
Vinor
Halls fiskeläge
Kappelshamnsviken
Ar
Fårösund
Hall
Broa
Ireviken
Kappelshamn
Fleringe
Jomfru
Irevik
Bunge
Fårösund
Hangvar
Lickershamn
Rute
E18
E4
74
72
69
22
27
276
278
274
222
229
227
226
225
259
268
273
280
76
77
73
149
148

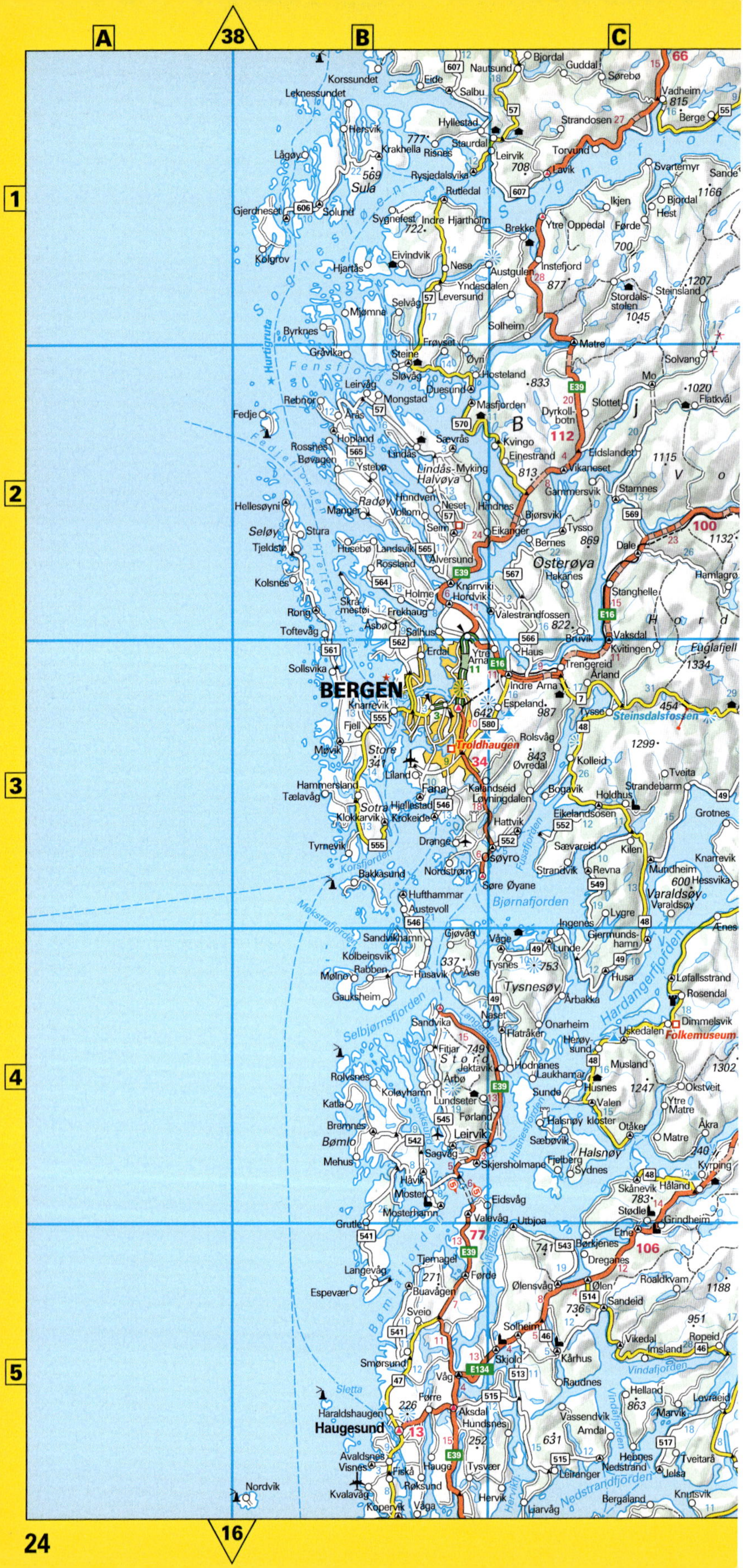
A
B
C
38
16
1
2
3
4
5
Korssundet
Leknessundet
Eide
Nautsund
Bjordal
Guddal
Sørebø
Vadheim
Berge
Salbu
Hyllestad
Staurdal
Strandosen
Hersvik
Krakhella
Risnes
Leirvik
Torvund
Lavik
Lågøy
Sula
Rysjedalsvika
Rutledal
Svartemyr
Sande
Ikjen
Bjordal
Hest
Gjerdneset
Solund
Sygnefest
Indre Hjartholm
Brekke
Ytre Oppedal
Førde
Kolgrov
Eivindvik
Nese
Austgulen
Instefjord
Hjartås
Yndesdalen
Leversund
Steinsland
Stordals-stølen
Selvåg
Mjømne
Solheim
Byrknes
Matre
Gråvika
Frøyset
Øyri
Solvang
Hurtigruta
Fensfjorden
Steine
Sløvåg
Hosteland
Leirvåg
Duesund
Mo
Flatkvål
Rebnor
Mongstad
Masfjorden
Dyrkoll-botn
Slottet
Fedje
Årås
Sævrås
Kvingo
Eidslandet
Rossnes
Hopland
Lindås
Einestrand
Bøvagen
Ystebø
Lindås-Myking
Halvøya
Vikaneset
Radøy
Hundven
Gammersvik
Stamnes
Hellesøyni
Manger
Vollom
Neset
Hindnes
Bjørsvik
Seløy
Stura
Seim
Eikanger
Tysso
Tjeldstø
Husebø
Landsvik
Bernes
Dale
Rossland
Alversund
Osterøya
Hakanes
Hamlagrø
Kolsnes
Knarrvik
Hordvik
Stanghelle
Holme
Skrå-mestøi
Rong
Frekhaug
Valestrandfossen
Åsbø
Toftevåg
Salhus
Bruvik
Vaksdal
Kvitingen
Eugiafjell
Erdal
Haus
Ytre Arna
Trengereid
Solsvika
Årland
BERGEN
Indre Arna
Espeland
Knarrevik
Tysse
Steinsdalsfossen
Fjell
Rolsvåg
Troldhaugen
Møvik
Store
Øvredal
Kolleid
Tveita
Lilland
Hammersland
Strandebarm
Kalandseid
Tælavåg
Fana
Løvningdalen
Bogavik
Holdhus
Grotnes
Sotra
Hjellestad
Klokkarvik
Krokeide
Eikelandsosen
Hattvik
Tyrnevik
Sævareid
Kilen
Drange
Osøyro
Knarrevik
Nordstrøm
Strandvik
Revna
Mundheim
Hessvika
Bakkasund
Korsfjorden
Søre Øyane
Varaldsøy
Hufthammar
Bjørnafjorden
Austevoll
Møkstrafjorden
Ingenes
Lygre
Sandvikhamn
Gjøvåg
Våge
Gjermunds-hamn
Ænes
Kolbeinsvik
Lunde
Rabben
Tysnes
Husavik
Mølnes
Åse
Husa
Løfallsstrand
Tysnesøy
Rosendal
Gauksheim
Årbakka
Selbjørnsfjorden
Naset
Hardangerfjorden
Sandvika
Onarheim
Flatråker
Dimmelsvik
Uskedalen
Folkemuseum
Herøy-sund
Fitjar
Stord
Jektavik
Hodnanes
Musland
Rolvsnes
Laukhamar
Arbø
Husnes
Okstveit
Kolayhamn
Sunde
Lundseter
Valen
Ytre Matre
Katla
Førland
Halsnøy kloster
Otåker
Bremnes
Leirvik
Husnesfjorden
Sæbøvik
Matre
Åkra
Bømlo
Halsnøy
Sagvåg
Skjersholmane
Fjelberg
Sydnes
Kyrping
Mehus
Håvik
Skånevik
Håland
Moster
Eidsvåg
Stødle
Mosterhamn
Grutle
Valevåg
Utbjoa
Etne
Grindheim
Børkjenes
Langevåg
Tjernagel
Dreganes
Roaldkvam
Espevær
Førde
Ølensvåg
Ølen
Buavågen
Sandeid
Sveio
Bømlafjorden
Solheim
Vikedal
Ropeid
Imsland
Kårhus
Smørsund
Skjold
Våg
Vindafjorden
Raudnes
Sletta
Førre
Helland
Haraldshaugen
Aksdal
Vassendvik
Lovraeid
Haugesund
Hundsnes
Amdal
Marvik
Avaldsnes
Visnes
Fiskå
Hauge
Tysvær
Hebnes
Tveitarå
Nedstrand
Jelsa
Leiranger
Nordvik
Kvalavåg
Røksund
Nedstrandfjorden
Hervik
Kopervik
Våga
Bergaland
Knutsvik
Ljarvåg

Høyanger
Dragsvik
Hella
Leikanger
Hermansverk
Sogndalsfjøra
Kaupanger
Ofredal
Seim
Årdalstangen
Tyinstølen
Balestrand
Kongsnes
Flesje
Vangsnes
Bårlog
Slinde
Rud
Stavkirke
Mannheller
Naddvik
St. Thomas
Kirkjestølane
Nystova
Ortnevik
Sæle
Feios
Djupvik
Ytre Frønningen
Revsnes
Fodnes
Vindedalen
Lærdalsøyri
Maristova
Limesand
Vikøyri
Vik
Fresvik
Kvigno
Sjurhaugsfossen
Hegg
Borlo
Fjærestad
Arnafjord
Fresvikbreen
Svea
Stønjumfoss
Blåflat
Vindhella
Borgund
Jukleegga
Solrenningshytta
Framfjord
Målset
Bruavoll
Lærdalstunnelen 24,3 km
Breidstlen
Undredal
Ombygget stavkirke
Aurlandsvangen
Hornshytta
Bjøberg
Valsvikdalen
Sendo
Nærøy
Gudvangen
Langhuso
Skardalseggene
Bystøl
Belle
Gullbrå
Stalheims-Kleivene Museum
Kjelfossen
Fretheim
Flåm
Stonndalen
Østerbø
Nesheim
Fjellstove
Vinjo
Stalheim
Oppheim
Grindaflethytta
Steinbergdalshytta
Iungsdalshytta
Djup
Brekkhus
Vatnahalsen
Vallo
Tvist
Kolle-Farnadal
Tvinne
Sause
Mjølfjell
Myrdal
Hodnedalsheller
Geiteryggshytta
Storestølen
Ryssefjell
Bergsjø
Evanger
Bavallen
Urdland
Ørneberget
Hallingskeid
Raggsteindalen
Gudbrandsgard
Skoro
Arnegard
Låghellerhyttene
Finse
Hovet
Hol
Liland
Voss
Skjervefossen
Folarskarnut
Hallingskarvet
Dalane Fjellstove
Ulvik
Osa
Velken
Hardangerjøkulen
Rembesdalseter
Prestholtsætre
Rong
Granvin
Hellenes
Tveit
Haugastøl
Ustaoset
Geilo
Kikut
Kjeåsen
Bruravik
Kvanndal
Hamre
Indre Bu
Eidfjord
Ustaelva
Ålvik
Tjoflot
Brimnes
Vøringsfossen
Kræekkja
Fagerheim
Tuva
Fykesundbrua
Utne
Ringøy
Sæbø
Fossli
Maurset
Halne
Øystese
Dyranut
Dyrafonn
Hjølmo
Ossjøen
Norheimsund
Herand
Kinsarvik
Tråstølen
Hardangerfjorden
Heinsæter
Lofthus
Vivelli
Bjoreidalshytta
Stigstuv
Tørvikbygd
Ullensvang
Fonnastøl
Hedlo
Bakkebu
Åga
Brattabø
Jondal
Børve
Trondsbu
Raudhelleren
Hadlaskar
Hardangervidda
Vikebygd
Viersla
Måge
Espe
Hårteigen
Kristofferbu
Bessa
Sandhaug
Kilelegret
Mårbu
Flatabø
Skjeggedal
Tyssestrengene
Eiknes
Sunndal
Tyssedal
Skjeggedalsfoss
Litlos
Storfjell
Stordalsbu
Odda
Breiabu
Belebotn
Kortmark
Tangen
Mogen
Buar
Hildal
Reinsnos
Middalsbu
Gjuvik
Skårfestenuten
Espelandsfoss
Låtefossen
Skare
Sandfloegga
Hamaren
Gardar
Seljestad
Solfonn
Austmannli
Røldal
Havradalen
Flisegga
Fjæra
Haukeliseter
Songadammen
Møsvatn
Varland
Eikemo
Breifonn
Håra
Novlefossen
Dyrskar
Kråmvik
Skinnarbu
Langfoss
Markhus
Prestegård
Urbø
Neset
Indrejord
Botn
Edland
Vå
Bossbøen
Lono
Haukellgrend
Grungedal
Rauland
Totak
Breidborg
Grungebru
Krossen
Austbø
Buer
Storli
Våmartveit
Lognvik
Sauda
Bleskestad
Kostveit
Saudasjøen
Nesflaten
Sæsvatn
Vehus
Saudafjorden
Bjåen
Bjåen Fjellstove
Vinje
Stuvetra
Hamrabø
Høgfjellstove
Bruestøl
Honganvik
Bråtveit
Mollatveit
Bjerga
Breive
Åmot
Mogen
Dravik
Solheimsvik
Kvilldal
Hovden
Snønuten
Lisvingen
Ravnejuv
Ofte
Nordli
Mo
Stavkirke
Eidsborg
Høydalsmo
Suldal
Suldalsosen
Vasshus
Sand
Froland
Berdalen
Løyning
Dalen
Moen
Fagerstølen
Hoslemo
Lårdal
Stranddalen
Urdenosi
Bandaksli
Bandak
Napen
Blåsjø
Blomstøyl
Nattland
Skarjesfossen
Bjørnevasshytta
Åmdals Verk
Krossli
Hålandsosen
Viki
Bykle
Aslestad
Vadla
Trydal
Berehommen
Vindsvik
Storsteinen
Rygnestad
Setesdalsmuseet
Veum
Funningsland
Iglebu

A 40 B C

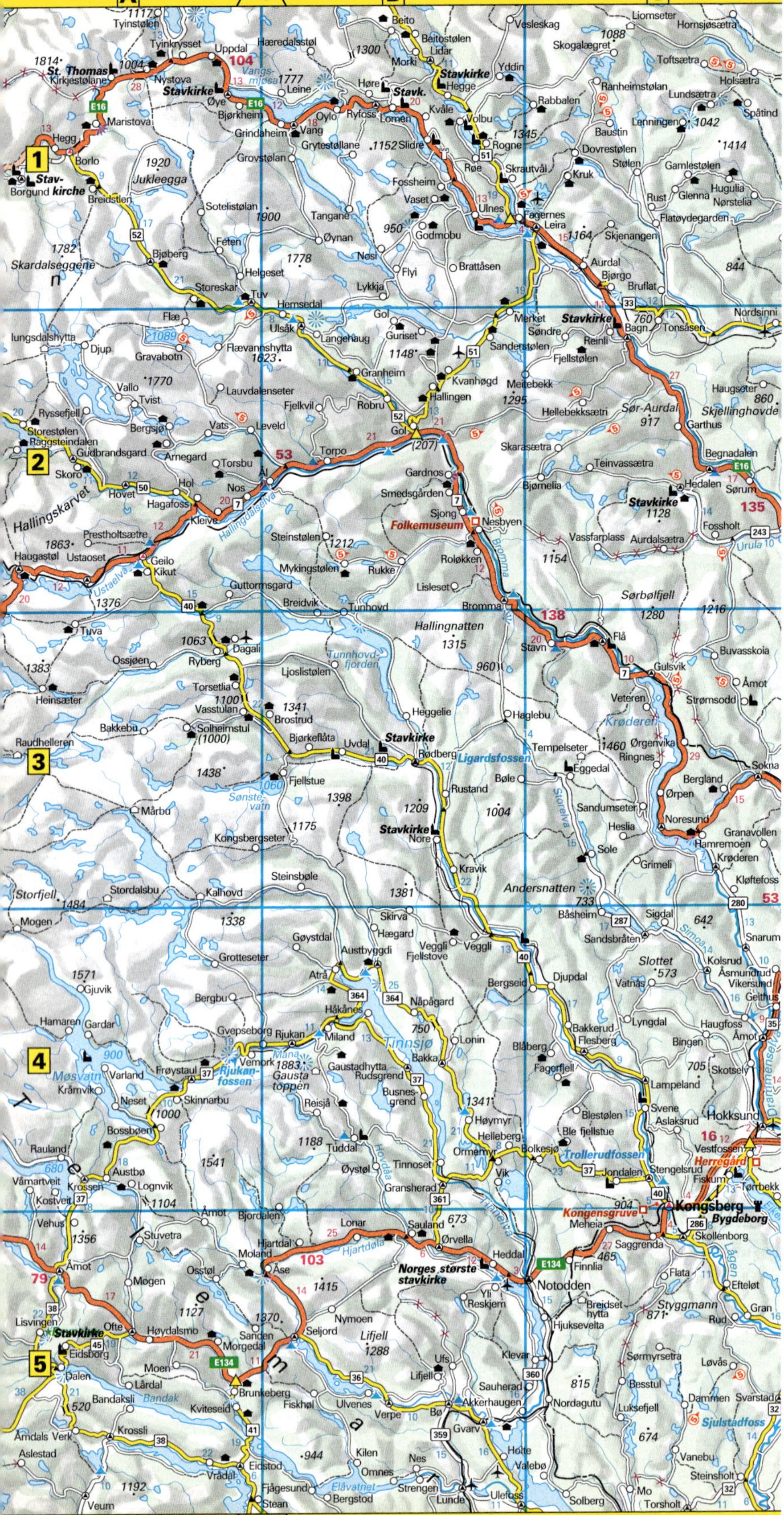

Tyinstølen
Tyinkrysset
Uppdal
St. Thomas
Kirkjestølane
Nystova
Stavkirke
Øye
E16
Maristova
Hegg
Borlo
Stav-
Borgund kirche
Breidstlen
Jukleegga
Skardalseggene
Bjøberg
Storeskar
Tuv
Hæredalsstøl
Vangsmjøsa
Leine
Bjørkheim
Grindaheim
Vang
Oylo
Ryfoss
Grytestøllane
Grovstølan
Sotelistølan
Tangane
Øynan
Feten
Helgeset
Hemsedal
Beito
Beitostølen
Lidar
Morki
Stavkirke
Hegge
Høre
Stavk.
Lomen
Kvåle
Volbu
Slidre
Rogne
Røe
Fossheim
Vaset
Godmobu
Ulnes
Nosi
Flyi
Brattåsen
Lykkja
Vesleskag
Skogalægret
Rabbalen
Skrautvål
Kruk
Fagernes
Leira
Aurdal
Bjørgo
Bruflat
Ranheimstølan
Baustin
Dovrestølen
Stølen
Liomseter
Hornsjøsætra
Toftsætra
Holsætra
Lundsætra
Lenningen
Spåtind
Gamlestølen
Hugulia
Rust
Glenna
Nørstelia
Flatøydegarden
Skjenangen
Flæ
Ulsåk
Langehaug
Gol
Guriset
Iungsdalshytta
Djup
Gravabotn
Flævannshytta
Vallo
Tvist
Lauvdalenseter
Ryssefjell
Storestølen
Raggsteindalen
Gudbrandsgard
Bergsjø
Vats
Leveld
Fjelkvil
Robru
Granheim
Kvanhøgd
Hallingen
Merket
Stavkirke
Bagn
Tonsåsen
Nordsinni
Reinli
Søndre
Sanderstølen
Fjellstølen
Meitebekk
Hellebekksætri
Sør-Aurdal
Haugseter
Skjellinghovde
Garthus
Begnadalen
Hedalen
Sørum
Stavkirke
Skarasætra
Teinvassætra
Gardnos
Smedsgården
Sjong
Folkemuseum
Nesbyen
Bjørnelia
Torpo
Arnegard
Torsbu
Ål
Nos
Skoro
Hovet
Hol
Hagafoss
Kleive
Hallingskarvet
Hallingdalselva
Prestholtsætre
Haugastøl
Ustaoset
Geilo
Kikut
Ustaelva
Steinstølen
Mykingstølen
Rukke
Rolokken
Lisleset
Guttormsgard
Breidvik
Tunhovd
Bromma
Vassfarplass
Aurdalsætra
Fossholt
Urula
Sørbølfjell
Hallingnatten
Stavn
Flå
Gulsvik
Buvassko ia
Åmot
Strømsodd
Tuva
Dagali
Ryberg
Ossjøen
Heinsæter
Tunnhovdfjorden
Ljoslistølen
Torsetlia
Vasstulan
Brostrud
Bakkebu
Solheimstul
Heggelie
Haglebu
Veteren
Krøderen
Ørgenvika
Ringnes
Raudhelleren
Bjørkeflåta
Uvdal
Stavkirke
Rødberg
Ligardsfossen
Tempelseter
Eggedal
Bøle
Fjellstue
Sønstevatn
Rustand
Bergland
Ørpen
Sokna
Mårbu
Stavkirke
Nore
Sandumseter
Heslia
Noresund
Granavollen
Hamremoen
Krøderen
Kongsbergseter
Sole
Grimeli
Kravik
Kløftefoss
Steinsbøle
Storfjell
Stordalsbu
Kalhovd
Andersnatten
Mogen
Skirva
Hægard
Gøystdal
Veggli
Fjellstove
Båsheim
Sigdal
Sandsbråten
Snarum
Grotteseter
Austbyggdi
Gjuvik
Atrå
Bergbu
Håkånes
Napågard
Bergseid
Djupdal
Slottet
Vatnås
Kolsrud
Åsmundrud
Vikersund
Geithus
Hamaren
Gardar
Gvepseborg
Rjukan
Miland
Tinnsjø
Lonin
Bakkerud
Flesberg
Lyngdal
Haugfoss
Bingen
Åmot
Møsvatn
Varland
Frøystaul
Vemork
Rjukanfossen
Gausta toppen
Gaustadhytta
Rudsgrend
Bakka
Blåberg
Fagerfjell
Skotselv
Krånvik
Neset
Skinnarbu
Reisjå
Busnes grend
Høymyr
Lampeland
Blestølen
Ble fjellstue
Svene
Aslaksrud
Hokksund
Drammenselva
Bossbøen
Tuddal
Hellebergt
Ormemyr
Bolkesjø
Trollerudfossen
Vestfossen
Herregård
Rauland
Våmartveit
Kostveit
Austbø
Krossen
Lognvik
Øystøl
Tinnoset
Gransherad
Vik
Jondalen
Stengelsrud
Fiskum
Torbekk
Vehus
Bjordalen
Åmot
Stuvetra
Lonar
Sauland
Ørvella
Kongensgruve
Kongsberg
Meheia
Bygdeborg
Skollenborg
Moland
Hjartdal
Hjartdøla
Heddal
E134
Finnlia
Saggrenda
Åmot
Mogen
Osstøl
Åse
Norges største stavkirke
Notodden
Flata
Efteløt
Yli
Reskjem
Breidsethytta
Styggmann
Hjuksevelta
Rud
Gran
Lisvingen
Stavkirke
Ofte
Høydalsmo
Morgedal
Sanden
Seljord
Nymoen
Lifjell
Eidsborg
Moen
Dalen
Lårdal
Bandaksli
Bandak
Kviteseid
Brunkeberg
Fiskhøl
Ulvenes
Verpe
Ufs
Lifjell
Klevar
Sauherad
Akkerhaugen
Nordagutu
Sørmyrsetra
Besstul
Løvås
Dammen
Svarstad
Luksefjell
Sjulstadfoss
Amdals Verk
Krossli
Gvarv
Bø
Aslestad
Eidstod
Vrådal
Kilen
Omnes
Nes
Holte
Valebø
Vanebu
Steinsholt
Veum
Fjågesund
Bergstod
Elåvatnet
Strengen
Lunde
Ulefoss
Solberg
Mo
Torsholt
Stean

18

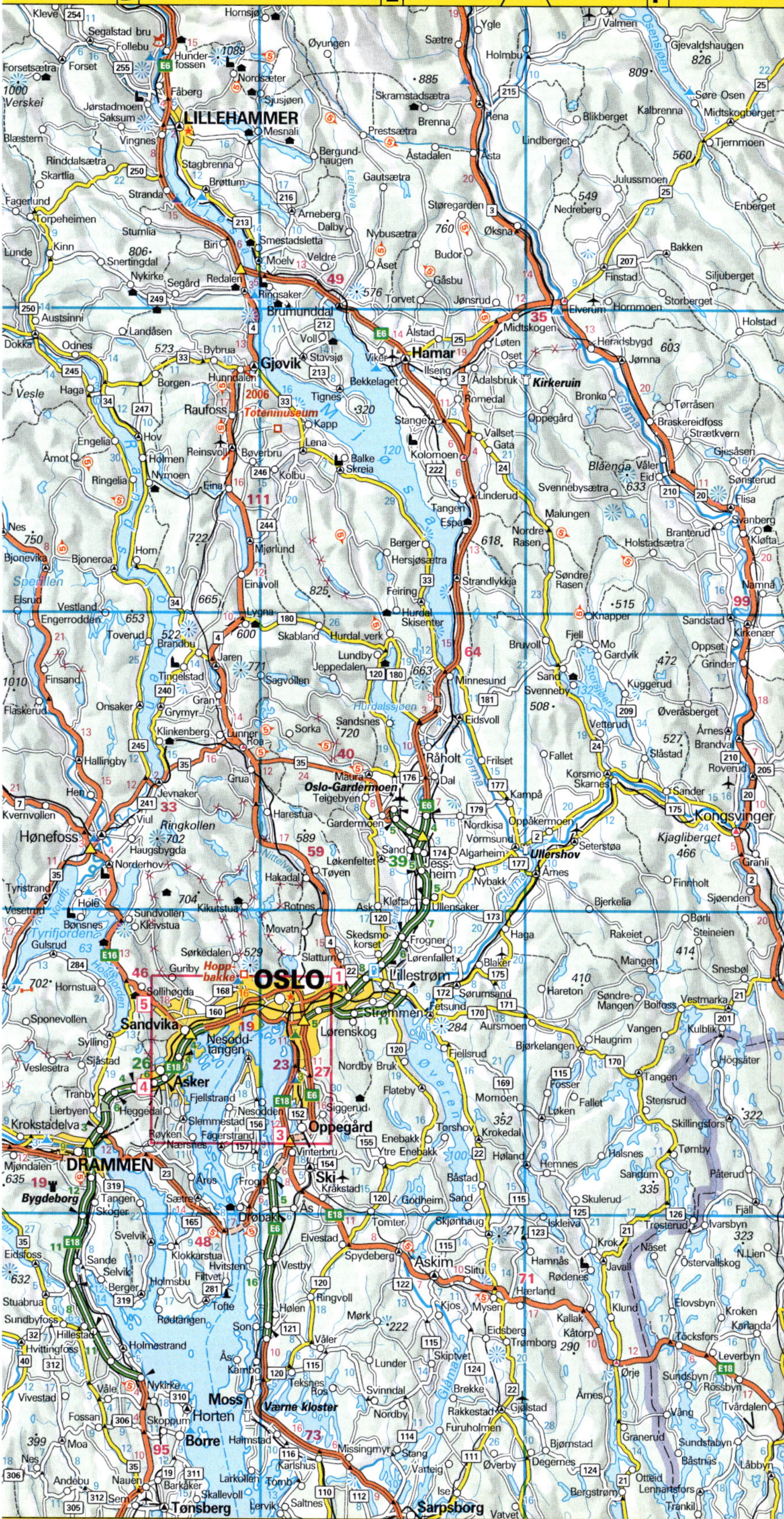
LILLEHAMMER
Kleve
Segalstad bru
Follebu
Hunderfossen
Forsetsætra
Forset
Verskei
Jørstadmoen
Saksum
Fåberg
Sjusjøen
Nordsæter
Hornsjø
Øyungen
Mesnali
Vingnes
Blæstern
Stagbrenna
Bergund-haugen
Rinddalsætra
Skartlia
Brøttum
Stranda
Fagerlund
Torpeheimen
Stumlia
Kinn
Lunde
Snertingdal
Nykirke
Segård
Redalen
Biri
Smestadsletta
Moelv
Veldre
Arneberg
Dalby
Ringsaker
Brumunddal
Austsinni
Landåsen
Dokka
Odnes
Bybrua
Gjøvik
Hunndalen
Stavsjø
Voll
Vesle
Haga
Borgen
Raufoss
Totenmuseum
Tignes
Kapp
Lena
Engelia
Hov
Holmen
Åmot
Ringelia
Reinsvoll
Nymoen
Bøverbru
Kolbu
Balke
Skreia
Eina
Nes
Bjoneroa
Bjonevika
Horn
Mjørlund
Einavoll
Sperillen
Elsrud
Vestland
Engerrodden
Toverud
Lygna
Skabland
Hurdal verk
Hurdal
Skisenter
Brandbu
Jaren
Finsand
Tingelstad
Sagvollen
Lundby
Jeppedalen
Hurdalssjøen
Gran
Grymyr
Onsaker
Flaskerud
Klinkenberg
Sorka
Lunner
Roa
Sandsnes
Hallingby
Grua
Jevnaker
Maura
Oslo-Gardermoen
Teigebyen
Hen
Kvernvollen
Hønefoss
Viul
Ringkollen
Haugsbygda
Harestua
Gardermoen
Norderhov
Løkenfeltet
Tøyen
Hakadal
Tyristrand
Vesetrud
Hole
Bønsnes
Sundvollen
Kleivstua
Kikutstua
Rotnes
Tyrifjorden
Gulsrud
Sørkedalen
Movatn
Skedsmo-korset
Slattum
Hornstua
Guriby
Sollihøgda
Holmenkollen Hoppbakke
OSLO
Sponevollen
Sandvika
Syllling
Vesleseitra
Sjåstad
Nesodd-tangen
Asker
Tranby
Lierbyen
Heggedal
Fjellstrand
Krokstadelva
Slemmestad
Nesodden
Røyken
Fagerstrand
Nærsnes
Mjøndalen
DRAMMEN
Bygdeborg
Tangen
Skoger
Sætre
Åros
Frogn
Drøbak
Ås
Ski
Kråkstad
Svelvik
Klokkarstua
Hvitsten
Eidsfoss
Sande
Selvik
Berger
Holmsbu
Filtvet
Tofte
Stuabrua
Sundbyfoss
Hillestad
Hvittingfoss
Rødtangen
Holmestrand
Vivestad
Våle
Nykirke
Fossan
Skoppum
Horten
Moss
Borre
Moa
Nes
Andebu
Nauen
Barkåker
Skallevoll
Larkollen
Tønsberg
Sem
Halmstad
Værne kloster
Rygge
Karlshus
Tomb
Saltnes
Lervik
Vestby
Hølen
Son
Kambo
Ringvoll
Mørk
Våler
Tekshes
Ros
Svinndal
Nordby
Missingmyr
Stang
Varteig
Sarpsborg
Ise
Vatvet
Ygle
Sætre
Holmbu
Skramstadsætra
Brenna
Prestsætra
Åstadalen
Åsta
Rena
Gautsætra
Leirelva
Støregarden
Nybusætra
Budor
Øksna
Åset
Gåsbu
Torvet
Jønsrud
Hamar
Ålstad
Løten
Midtskogen
Viker
Ilseng
Oset
Bekkelaget
Ådalsbruk
Kirkeruin
Romedal
Stange
Vallset
Gata
Kolomoen
Oppegård
Linderud
Tangen
Espa
Berger
Hersjøsætra
Strandlykkja
Feiring
Minnesund
Eidsvoll
Råholt
Dal
Frilset
Kampå
Nordkisa
Vormsund
Algarheim
Jessheim
Nybakk
Ullensaker
Klofta
Frogner
Lørenfallet
Lillestrøm
Strømmen
Lørenskog
Sørumsand
Fetsund
Aursmoen
Fjellsrud
Bjørkelangen
Nordby
Bruk
Flateby
Siggerud
Oppegård
Enebakk
Ytre Enebakk
Vinterbru
Godheim
Sand
Båstad
Torshov
Krokedal
Momoen
Tomter
Spydeberg
Skjønhaug
Askim
Slitu
Kjos
Mysen
Eidsberg
Trømborg
Skiptvet
Brekke
Rakkestad
Gjølstad
Furuholmen
Øverby
Degernes
Bjørnstad
Valmen
Gjevaldshaugen
Osensjøen
Søre Osen
Midtskogberget
Tjernmoen
Blikkberget
Kalbrenna
Julussmoen
Lindberget
Nedreberg
Enberget
Bakken
Siljuberget
Finstad
Elverum
Hornmoen
Storberget
Holstad
Heradsbygd
Jømna
Bronkø
Glomma
Tørråsen
Braskereidfoss
Strætkvern
Gjesåsen
Blæenga
Våler
Eid
Søndsterud
Flisa
Svennebysætra
Malungen
Nordre Rasen
Søndre Rasen
Branterud
Holstadsætra
Svanberg
Kløfta
Namnå
Knapper
Sandstad
Kirkenær
Bruvoll
Fjell
Mo
Gardvik
Oppset
Grinder
Sand
Svenneby
Kuggerud
Øveråsberget
Vetterud
Slåstad
Årnes
Brandval
Fallet
Roverud
Korsmo
Skarnes
Sander
Kongsvinger
Kjagliberget
Oppåkermoen
Seterstøa
Ullershov
Årnes
Finnholt
Granli
Bjerkelia
Sjøenden
Haga
Rakeiet
Børli
Steineien
Mangen
Snesbøl
Blaker
Hareton
Søndre-Mangen
Bolfoss
Vestmarka
Kulblik
Vangen
Haugrim
Høgsæter
Tangen
Stensrud
Skillingsfors
Fosser
Løken
Fallet
Hemnes
Halsnes
Tørnby
Sandum
Påterud
Skulerud
Høland
Iskleiva
Trosterud
Ivarsbyn
Fjäll
Krok
Næset
N.Lien
Hamnås
Rødenes
Javall
Østervallskog
Hærland
Klund
Elovsbyn
Kroken
Kallak
Kåtorp
Karlanda
Töcksfors
Leverbyn
Ørje
Sundsbyn
Rössbyn
Årnes
Tvårdalen
Vång
Granerud
Sundsfabyn
Båstnäs
Bergstrøm
Otteid
Lennartsfors
Trankil
Lånbyn
Øvre Mjøsa
Øyeren
Glåma

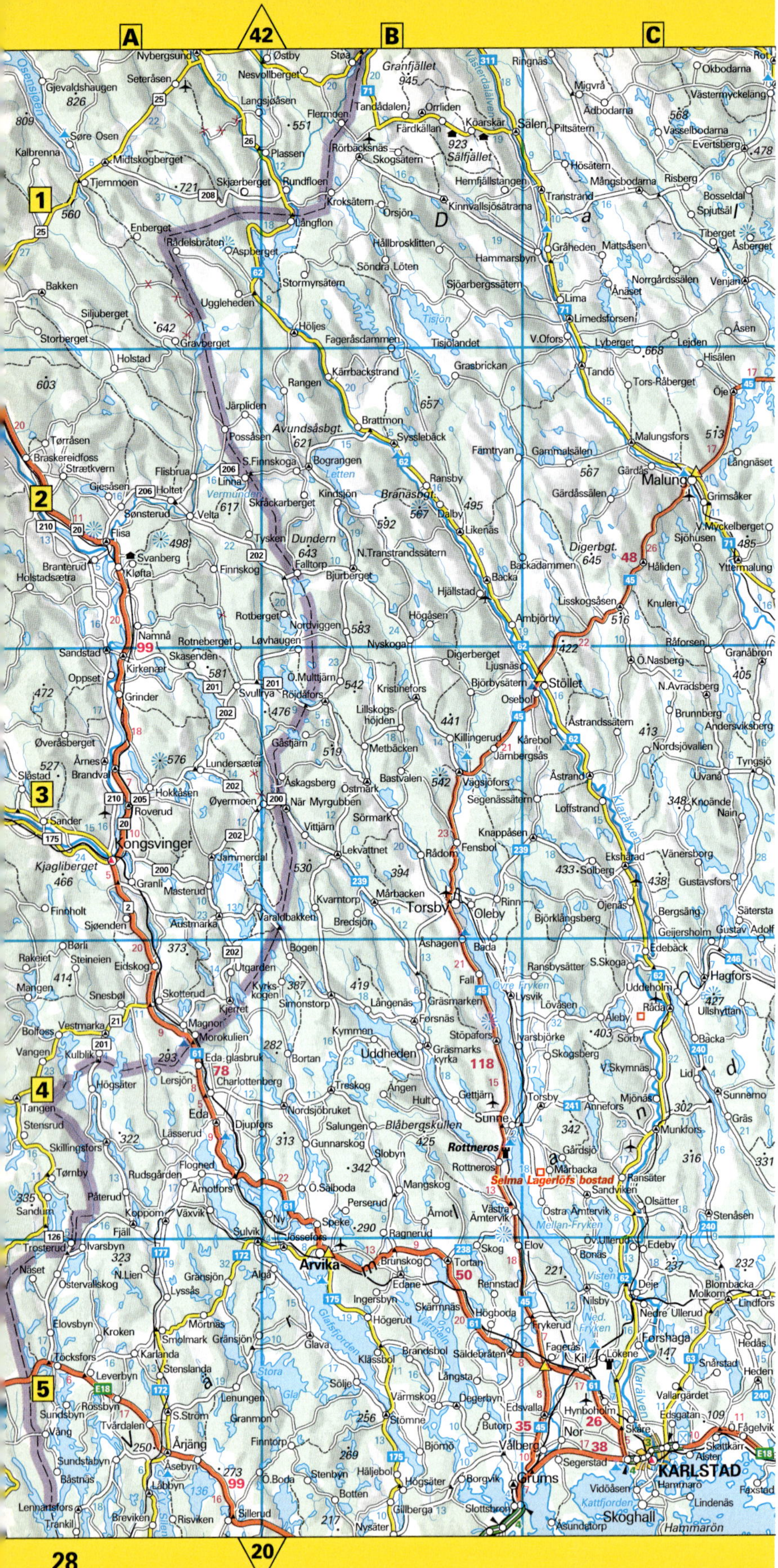
A
42
B
C
1
2
3
4
5
20
Nybergsund
Østby
Støa
Granfjället
945
Ringnäs
Okbodarna
Gjevaldshaugen
826
Seteråsen
Nesvollberget
Tandådalen
Orrliden
Migvrå
Ådbodarna
Västermyckeläng
809
Søre Osen
Langsjøåsen
Flermoen
Färdkällan
Köarskär
Sälen
Piltsätern
568
Vasselbodarna
Evertsberg
478
Kalbrenna
Midtskogberget
Plassen
Rörbäcksnäs
Skogsätern
923
Sälfjället
Hösätern
Tjernmoen
721
Skjærberget
Rundfloen
Hemfjällstangen
Mångsbodarna
Risberg
Bosseldal
Kroksätern
Orsjön
Kinnvallsjösätrarna
Transtrand
Spjutsäl
560
Enberget
Långflon
Tiberget
Åsberget
Rådelsbråten
Aspberget
Hällbrosklitten
Gråheden
Mattsåsen
Söndra Löten
Hammarsbyn
Stormyrsätern
Sjöarbergssätern
Norrgårdssälen
Venjan
Bakken
Ugglehede
Lima
Åsäset
Siljuberget
642
Höljes
Tisjön
Limedsforsen
Åsen
Storberget
Gravberget
Fageråsdammen
Tisjölandet
V.Ofors
Lyberget
668
Lejden
Holstad
Hisålen
603
Kärrbackstrand
Grasbrickan
Tandö
Tors-Råberget
Öje
Rangen
657
Järpliden
Brattmon
513
Tørråsen
Possåsen
Avundsåsbgt.
621
Sysslebäck
Malungsfors
Braskereidfoss
Strætkvern
S.Finnskoga
Bograngen
Letten
Fämtryan
Gammalsälen
Långnäset
Flisbrua
Linna
Gärdås
Malung
Gjesåsen
Holtet
Vermunden
Kindsjön
Ransby
567
Grimsåker
617
Skråckarberget
Brånäsbgt.
495
Gärdåssälen
Sønsterud
Velta
567
Dalby
Flisa
498
Tysken
Dundern
592
Likenäs
Digerbgt.
645
V.Myckelberget
Svanberg
643
Sjöhusen
485
Branterud
Kløfta
Finnskog
Falltorp
N.Transtrandssätern
Backadammen
Holstadsætra
Bjurberget
Backa
Håliden
Yttermalung
Hjällstad
Lisskogsåsen
Knulen
Rotberget
Nordviggen
583
Högåsen
Ambjörby
516
Namnå
Rotneberget
Løvhaugen
Nyskoga
Råforsen
Sandstad
Skasenden
422
Granåbron
Digerberget
Ö.Nasberg
Kirkenær
581
Ljusnäs
Oppset
Ö.Multtjärn
542
Kristinefors
Björbysätern
Stöllet
405
472
Svullrya
Röjdåfors
N.Avradsberg
Grinder
476
Lillskogshöjden
Osebol
Brunnberg
Anderviksberg
441
Åstrandssätern
Øveråsberget
Gåstjärn
Metbäcken
Killingerud
Kårebol
413
519
Jämbergsås
Nordsjövallen
527
Årnes
576
Lundersæter
Tyngsjö
Slåstad
Brandval
Åskagsberg
Östmark
Bastvalen
542
Vägsjöfors
Åstrand
Uvanå
Hokkåsen
Segenässätern
348
Knoände
Øyermoen
När Myrgubben
Loffstrand
Nain
Roverud
Sander
Sörmark
Vittjärn
Klarälven
Kongsvinger
Knappåsen
Lekvattnet
Fensbol
Råda
Ekshärad
Vänersborg
Kjagliberget
Jammerdal
466
530
394
433
Solberg
438
Gustavsfors
Granli
Mårbacken
Masterud
Kvarntorp
Torsby
Oleby
Rinn
Finnholt
Ojenäs
Bergsäng
Sätersta
Bredsjön
Björklängsberg
Sjøenden
Austmarka
Varaldbakken
Geijersholm
Gustav Adolf
Børli
Rakeiet
Steineien
373
Bogen
Åshagen
Bada
Edebäck
414
Eidskog
Utgarden
Ransbysätter
S.Skoga
Hagfors
Fall
Mangen
Snesbøl
Kyrkskogen
387
419
Övre Fryken
Uddeholm
427
Skotterud
Kjerret
Simonstorp
Långenäs
Gräsmarken
Lysvik
Lövåsen
Råda
Ullshyttan
Vestmarka
Magnor
Försnäs
Åleby
Bolfoss
Morokulien
282
Kymmen
Stöpafors
403
Sörby
Backa
Vangen
Kulblik
293
Eda glasbruk
Bortan
Uddheden
Gräsmarks kyrka
118
Ivarsbjörke
Skogsberg
V.Skymnäs
Lid
Högsäter
Lersjön
78
Charlottenberg
Treskog
Ängen
Gettjärn
Torsby
Mjönäs
302
Sunnemo
Tangen
Eda
Nordsjöbruket
Hult
Annefors
Stensrud
Salungen
Blåbergskullen
Sunne
342
Munkfors
Gräs
Skillingsfors
322
Lässerud
Djupfors
313
Gunnarskog
425
Gårdsjö
316
331
Tørnby
Slobyn
Rottneros
Mårbacka
Rottneros
Selma Lagerlöfs bostad
Sandviken
Rånsäter
Rudsgården
Flogned
342
Mangskog
Påterud
Amotfors
Ö.Saiboda
Västra Ämtervik
Östra Ämtervik
Olsätter
335
Sandum
Kopporn
Växvik
Perserud
Åmot
Stenåsen
Mellan-Fryken
Fjäll
Sulvik
Nyl
Speke
290
Ragnerud
Trosterud
Ivarsbyn
Jössefors
Skog
Elov
Ö.V.Ullerud
Edeby
323
Arvika
Brunskog
Tortan
Bonäs
237
232
Näset
N.Lien
Gränsjön
Alga
50
Edane
Rennstad
221
Visten
Deje
Blombacka
Östervallskog
Lyssås
Ingersbyn
Skärmnäs
Nilsby
Molkom
Lindfors
Glafsfjorden
Högerud
Högboda
Ned. Fryken
Nedre Ullerud
Elovsbyn
Kroken
Mörtnäs
Smolmark
Gränsjön
Frykerud
Forshaga
Hedås
Glava
Brandsbol
Säldebråten
Fagerås
Kil
Lökene
147
Töcksfors
Karlanda
Klässbol
Snårstad
Leverbyn
Stenslanda
Stora Gla
Sölje
Långsta
Heden
Rossbyn
Lenungen
Värmskog
Degerbyn
Vallargärdet
Sundsbyn
S.Ström
Granmon
256
Stömne
Edsvalla
Hynboholm
Edsgatan
109
Ö.Fågelvik
Våna
Tvärdalen
Butorp
35
26
Skåre
250
Finntorp
Björnö
Nor
38
Skattkärr
Sundsäbyn
Årjäng
269
Vålberg
Segerstad
Alster
Båstnäs
Åsebyn
273
99
Ö.Boda
Stenbyn
Häljebol
Högsäter
Borgvik
Grums
Vidöåsen
KARLSTAD
Hammarö
Faxstad
Lennartsfors
Låbbyn
136
Botten
Kattfjorden
Lindenäs
Trankil
Breviken
Risviken
Sillerud
217
Nysäter
Gillberga
Slottsbron
Åsundatorp
Skoghall
Hammarön

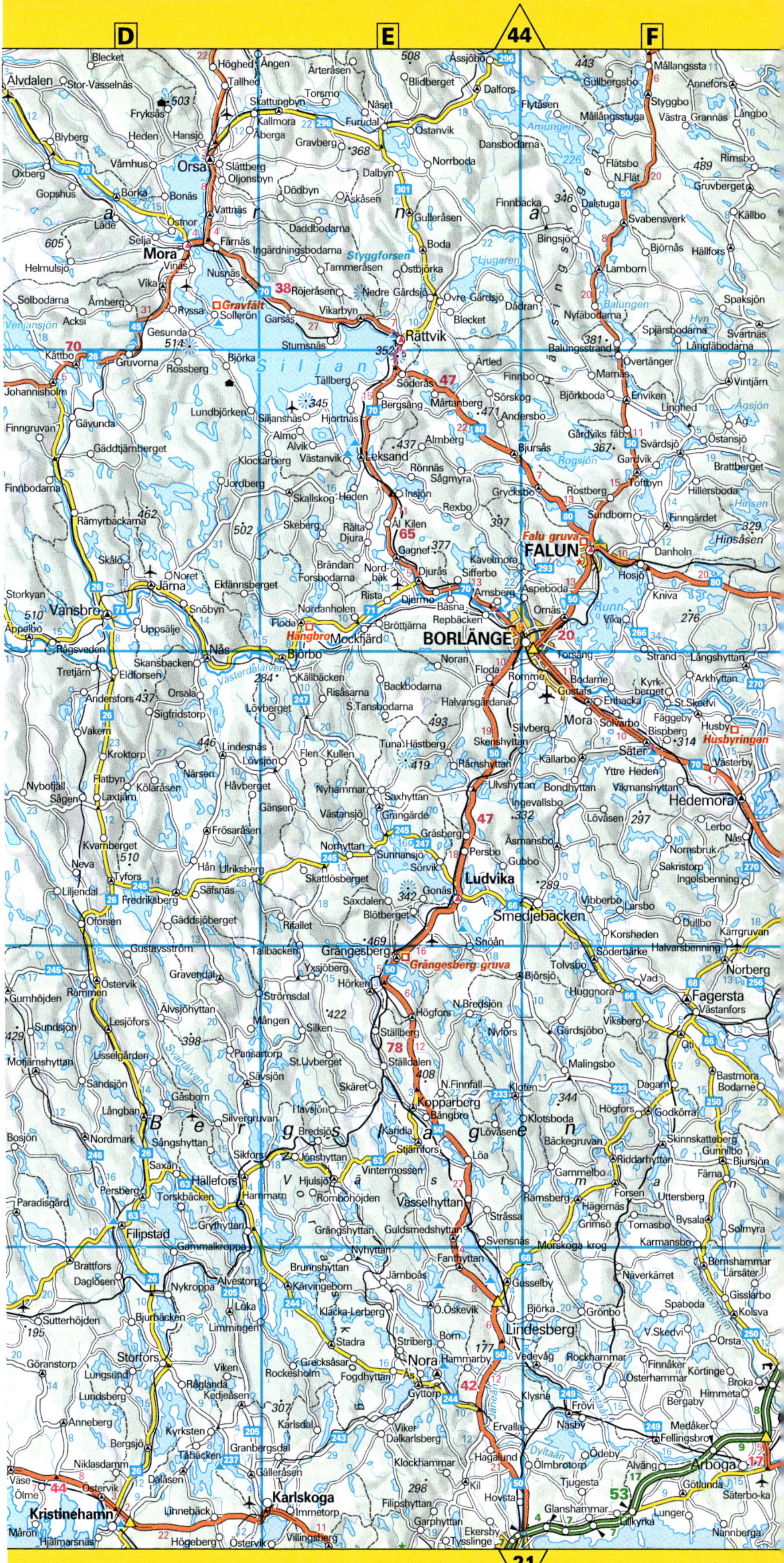

D
E
44
F
Älvdalen
Stor-Vasselnäs
Blecket
Höghed
Ängen
Tallhed
Ärteråsen
Assjöbo
Blidberget
Dalfors
Gullbergsbo
Mållangssta
Annefors
Styggbo
Västra Grannäs
Långbo
Fryksås
503
Skattungbyn
Torsmo
Näset
Kallmora
Åberga
Furudal
Östanvik
Flytäsen
Mållångsstuga
Amungen
Blyberg
Heden
Hansjö
Gravberg
368
Dansbodarna
Vamhus
Orsa
Slättberg
Oljonsbyn
Norrboda
Flätsbo
N.Flät
489
Rimsbo
Oxberg
Gopshus
Börka
Bonäs
Dödbyn
Dalbyn
Askåsen
Gruvberget
Finnbacka
346
Dalstuga
Kållbo
Läde
Östnor
Vattnäs
Gulleråsen
Svabensverk
Selja
Färnäs
Daddbodarna
Bingsjö
605
Mora
Ingärdningsbodarna
Boda
Björnås
Hällfors
Helmulsjö
Vinäs
Nusnäs
Styggforsen
Tammeråsen
Östbjörka
Ljugaren
Lamborn
Vika
Röjeråsen
Nedre Gärdsjö
Övre Gärdsjö
Solbodarna
Åmberg
Grävfält
Sollerön
Ryssa
Garsås
Vikarbyn
Dådran
Nyfäbodarna
Balungen
Spaksjön
Acksi
Venjansjön
Gesunda
514
Rättvik
Blecket
381
Spjärsbodarna
Svärtnäs
Stumsnäs
352
Balungsstrand
Långfäbodarna
Kättbo
Gruvorna
Rossberg
Björka
Siljan
Ärtled
Övertänger
Johannisholm
Tällberg
Söderås
Finnbo
Marnäs
Vintjärn
Lundbjörken
345
Mårtanberg
Sörskog
Björkboda
Enviken
Ågsjön
Siljansnäs
Hjortnäs
Bergsång
471
Andersbo
Linghed
Åg
Finngruvan
Gävunda
Almo
Alvik
437
Almberg
Bjursås
Gärdviks fäb
Svärdsjö
Östansjö
Gäddtjärnberget
Västanvik
Leksand
367
Rogsjön
Gardvik
Brattberget
Klockarberg
Rönnäs
Sågmyra
Toftbyn
Finnbodarna
Jordberg
Insjön
Gryckbo
Rostberg
Hillersboda
Skallskog
Heden
Rexbo
Sundborn
Hinsen
Rämyrbackarna
462
502
Skeberg
Rälta
Djura
Finngärdet
329
Ål
Kilen
397
Falu gruva
Husåsen
Gagnef
377
Kavelmora
FALUN
Danholn
Skålo
Norbet
Järna
Brändan
Forsbodarna
Nordbäk
Djurås
Sifferbo
Hosjö
Storkyan
Ekfännsberget
Rista
Djurmo
Amsberg
Aspeboda
Kniva
510
Vansbro
Snöbyn
Nordanholen
Bäsna
Repbäcken
Ornäs
Runn
Äppelbo
Uppsälje
Floda
Hångbro
Mockfjärd
Bröttjärna
BORLÄNGE
Vika
276
Rågsveden
Nås
Björbo
Noran
Forsång
Strand
Långshyttan
Tretjärn
Skansbacken
Eldforsen
Västerdalälven
284
Källbäcken
Floda
Romme
Bodarne
Arkhyttan
Andersfors
437
Orsala
Risåsarna
Backbodarna
Gustafs
Kyrkberget
Dalälven
Sigfridstorp
Lövberget
S.Tansbodarna
Halvarsgårdarna
Enbacka
St.Skedvi
Vakern
446
493
Silvberg
Mora
Solvarbo
Fäggeby
Husby
Husbyringen
Lindesnäs
Flen
Kullen
Tuna Hästberg
Skenshyttan
Bispberg
314
Kroktorp
Lövsjön
419
Källarbo
Säter
Västerby
Nyböfjäll
Flatbyn
Närsen
Hävberget
Rämshyttan
Yttre Heden
Sågen
Kölaråsen
Laxtjärn
Gänsen
Nyhammar
Saxhyttan
Ulvshyttan
Bondhyttan
Vikmanshyttan
Hedemora
Västansjö
Grangärde
Ingevallsbo
332
Lövasen
297
Kvarnberget
Frösaråsen
Gräsberg
Lerbo
Neva
510
Norrhyttan
Sunnansjö
Persbo
Åsmansbo
Norrsbruk
Nås
Tyfors
Hån
Ulriksberg
Skattlösberget
Sörvik
Gubbo
Sakristorp
Liljendal
Säfsnäs
342
Gonäs
Ludvika
289
Ingolsbenning
Fredriksberg
Saxdalen
Smedjebacken
Vibberbo
Larsbo
Oforsen
Gäddsjöberget
Blötberget
Dullbo
Rifallet
469
Snöån
Korsheden
Kärrgruvan
Gustavsström
Tallbacken
Grängesberg
Grängesberg gruva
Tolvsbo
Söderbärke
Halvarsbenning
Norberg
Yxsjöberg
Björsjö
Gravendal
Hörken
Vad
Östervik
Strömsdal
N.Bredsjön
Huggnora
Fagersta
Gumhöjden
Rämmen
Högfors
Västanfors
Älvsjöhyttan
422
Nyfors
Viksberg
Lesjöfors
Mången
Silken
Gärdsjöbo
Sundsjön
Ställberg
Otj
429
398
Pansartorp
Ställdalen
Malingsbo
Bastmora
Bodarne
Morjärnshyttan
Lisselgården
St.Uvberget
408
Sävsjön
Svartälven
N.Finnfall
Kloten
Dagarn
Sandsjön
Skäret
344
Gåsborn
Kopparberg
Högfors
Godkörra
Långban
Havsjön
Bångbro
Klotsboda
Silvergruvan
Bredsjö
Kandla
Lövåsen
Skinnskatteberg
Bosjön
Nordmark
Sångshyttan
Bäckegruvan
Gunnilbo
Jönshyttan
Stjärnfors
Riddarhyttan
Bjursjön
Sikfors
Löa
Saxån
Hällefors
Vintermossen
Gammelbo
Färna
Persberg
Hammarn
Hjulsjö
Ramsberg
Forsen
Uttersberg
Torskbäcken
Rombohöjden
Hägernäs
Paradisgård
Vasselhyttan
Grimsö
Tomasbo
Bysala
Grythyttan
Strässa
Filipstad
Grängshyttan
Guldsmedshyttan
Svensnäs
Karmansbo
Sölmyra
Gammalkroppa
Morskoga krog
Nyhyttan
Bernshammar
Fanthyttan
Brattfors
Brunnshyttan
Järnboås
Gusselby
Daglösen
Alvestorp
Närkärret
Lärsäter
Nykroppa
Kärvingeborn
Ö.Öskevik
Gisslarbo
Löka
Björka
Grönbo
Klacka-Lerberg
Spaboda
Kolsva
Sutterhöjden
Bjurbäcken
Limmingen
Lindesberg
V.Skedvi
195
Stadra
Born
177
Orsta
Storfors
Striberg
Vedevåg
Göranstorp
Viken
Grecksåsar
Nora
Hammarby
Rockhammar
Finnåker
Köping
Lungsund
Rockesholm
Fogdhyttan
Ås
Österhammar
Kortinge
Ragländа
Broka
Lundsberg
Gyttorp
Klysna
Frövi
Himmeta
Kedjeåsen
Bergaby
307
Anneberg
Karlsdal
Ervalla
Näsby
Medåker
Kyrksten
Viker
Bergsjö
Täbäcken
Granbergsdal
Dalkarlsberg
Fellingsbro
Hagalund
Arboga
Klockhammar
Dyltaån
Ödeby
Niklasdamm
Gälleråsen
Ölmbrotorp
Alvång
Väse
Dalåsen
Kil
298
Götlunda
Tjugesta
Ölme
Östervik
Karlskoga
Filipshyttan
Hovsta
Säterbo-ka
Kristinehamn
Linnebäck
Immetorp
Glanshammar
Lillkyrka
Lunger
Mårön
Hjälmarsnäs
Högeberg
Östervik
Villingsberg
Garphyttan
Ekersby
Tysslinge
Nannberga
21

A 44 B C

1
2
3
4
5
Finnfara
Annefors
Herte
Hällbo
Kilafors
Sibo
Segersta
Vannsätter
Hanebo
Bergviken
Söderala
Marmaverken
Bergvik
Sandarne
Ljusne
Hamnäs
Skog
Vallvik
Storjungfrun
Långbo
Rickebo
Bofara
Tönsen
Rimsbo
Stugubacken
Holmsveden
Gruvberget
Holmsbo
Algnäs
Västby
Sunnäs
Trollharen
Sillvik
Axmar bruk
Katrineberg
Mosjön
Lingbo
Klubbäcken
Tönnebro
Gåsholma
Hällfors
Lövtjärn
Norrbo
Högbacka
Testeboån
Svartsbo
Mörtebo
Axmar
Hari
Källsjön
Åmot
Viksjö
Vifors
Norrsundet
Spaksjön
Vallsbo
Ockelbo
Bergby
Rönnbacken
Gåsbo
Hagsta
Hamrångefjärden
Svartnäs
St.Björnmossen
Långfäbodarna
Vittersjö
Katrineholm
Iggön
L.Björnmossen
Kolforsen
Vintjärn
Jädraås
Brattfors
Kolkilamp
Råhällan
Trödje
Hilleviksfj.
Eskön
Ivantjärn
Högbodarna
Agsjön
Åg
Kungsfors
Oppala
Utnora
Östansjö
Oslättfors
Björke
Brattberget
Botjärn
Kalltjärn
Åbyggeby
Utvalnäs
Engesberg
Lumsheden
Järbo
Öjaren
Forsby
Gävlebukten
Hinsen
Stocksbo
Jäderfors
Högbo bruk
GÄVLE
Lund
Furuvik
Hagmuren
Valbo
Skutskär
Långsand
Gårdskärs fiskehamn
Hinsåsen
Korså bruk
Åshammar
Backberg
Sandviken
Sälgsjön
Gårdskär
Fågelsundet
Hosjön
Västerberg
Storvik
Kungsgården
Forsbacka
Kubbo
Lövstabukten
Hällen
Killskär
Ängelsfors
Hofors
Storsjön
Hästbo
Älvkarleby
Fagerviken
Hällnäs
Fagersta
Hammarby
Jordåsen
Älvkarleö
Karlholmsbruk
Torsåker
Främlingshem
Dalen
Årsunda
Berga
Kessmansbo
Storfjärden
Hyttön
Marma
Långshyttan
Stigsbo
Tröskén
Kågbo
Mehedeby
Valla
Skärplinge
Österlövsta
Vavd
Årböle
Stjärnsund
Västland
Dalälven
S. Spjutbo
Bodås
Bastfallet
Gisselbo
Hedesunda
Östveda
Åkerby
Lövstabruk
Husby
Västanhede
Österbo
Strömsberg
Husbyringen
Kloster
Byvalla
Söderfors
Bäcklösen
Tolfta
Gustavsbo
Ängsnäs
Älbo
Hillebola
Garpenberg
Västerby
Vikbyn
Horndal
Grönsinka
Österfärnebo
Gysinge
Hadeholm
Djupa
Vida
Tierp
Gräsbo
Hedemora
Fors
Ullfors
Tobo
Prästarby
Garpenbergsgård
Stusshyttan
Bondarvet
Västanhede
Bärrek
Nässja
Botarbo
Tegelsmora
Nås
Bengtsbo
Kerstinbo
Horsskog
Skogbo
Månkarbo
Upplanda
Örbyhus
Österbybruk
By
Tyttbo
Upplanda
Årligbo
Ettingbo
Aspnäs
Örbyhus
Dannemora
Ingolsbenning
Grytnäs
Avesta
Folkärna
Tärnsjö
Östa
Östervåla
Vendel
Andersbenning
Krylbo
Nordano
Vivastbo
Holm
Husby
Andersby
Svedja
Nolmyra
Harbo
Morkarla
Bäsinge
Brovallen
Ekedal
Runhällen
Ottarshögen
Läby
Kärrgruvan
Vansjö
Möklinta
Rödjebro
Haga
Skyttorp
Norberg
Rosshyttan
Österbo
Viksta
Lyan
St.Klingbo
Huddunge
Björklinge
Askarbäck
Salsta
Kölinge
Nykrogen
Hede
Enåker
Granlunda
Västerbykil
Vattholma
Norrhörende
Saladamm
Skuttunge
Dralinge
Rasbokil
Broddbo
Ölsta
Östfora
Ullbolsta
Ängelsberg
Heby
Vansjö
Hedtorp
Jumkil
Lövstalöt
Ängeby
Västervåla
Västerfärnebo
Morgongåva
Storvreta
Gullvalla
Sala
Skulla
Bälinge
Arentuna
Örby
Bastmora
Vittinge
Gåvsta
Bodarne
Sörgärdsbo
Salbohed
Sörby
Järlåsa
Åland
Halmbyboda
Fläckebo
Sätrabrunn
Kila
Väsby
Varmsätra
Åkerby
Jälla
Virsbo
Gammelby
Kumla kyrkby
Börje
Gunsta
Tärna
Salinge
Ribbingebäck
Vänge
Läby
Seglingsberg
Altuna
Danmark
UPPSALA
Gunnilbo
Ransta
Broarna
Österunda
Lagga
Bjursjön
Hagby
Vreta och Ytternäs
Sunnersta
Färna
Ramnäs
Vad
Fjärdhundra
Ramstalund
Dalby
Alsike
Östuna
Romfartuna
Alsta
Bysala
Sevalla
Härnevi
Skultuna
Örsundsbro
Vik
Ekoln
Knivsta
Solmyra
Frösthult
Kårsta och Bredsdal
Lisjö
Surahammar
Tillberga
Långtora
Giresta
Slottsskogen
Vassunda
Holm
Hökåsen
Tortuna
Spånsätra
Hemlinge
Hammarång
VÄSTERÅS
Enköping
Litslena
Ekolsund
Häggeby
Söderskogen
Kolbäcksån
Anundshögen
Hummelsta
Övergran
Odensala
Lärsäter
Hallstahammar
Boglösa
Håtunabo
Märsta
Gisslarbo
Vedbo
Irsta
Haga
Grillby
Håtuna
Sigtuna
Kolsva
Odensvi
Svinnegarn
Bredsand
Norrsunda
Kolbäck
Säby
Dingtuna
Kungsåra
Tjärn
Fånö
Bålsta
Orsta
Munktorp
Tipple
Västeråsfjärden
Kärrbo
Svinnegarnsviken
Vallby
Lillkyrka
Råby
Rosersberg
Kortinge
Gångholmen
Tidö-Lindö
Ängsö
Kalmar
Uppl.-Väsby
Broka
Strömsholm
Lybeck
Ingeby
Arnö
Veckholm
Lässa
Bro
Brunna
Himmeta
Köping
Ullvi
Tidö
Ormhäll
Sundby
Härjarö
Kungsängen
Otorp
Rytterne
Mälaren
Grönsö
Medåker
Valskog
Björsund
Äsby
Sylta
Kungsör
Kvicksund
Målarbaden
Fiholm
Göndal
Ådö
Arbogaån
Tumbo
Torshälla
Sigurdsristningen
Björktorp
Överselö
Karlskär
Jakobsberg
Arboga
Gravudden
Hällbybrunn
Jäder
Kjulaås
Fogdö
Strängnäsfj.
Selaön
Kungsberga
Munsö
Färentuna
Säterbo-Kil
Nybygget
Råby-Rekarne
ESKILSTUNA
Fogdön
Tynnelsö
Sandudden
Sjölunda
Borsökna
Härad
Abborrberget
Målsåker
Segersta
Lista
Strängnäs
Stallarholmen
Stenhamra
Skå
Skogstorp
Hällberga
Grundbro
Birka
Nännberga
Gillberga
Hällsta
Kälbro
Tobo
Överenhörna
Rasta
JÄR
E4
E18
E20
Husby

22

Ängskär
Norrboda
Öregrunds-
grepen
Söderboda
Gräsö
Gräsö
Rosten
Forsmark
Berkinge
Öregrund
Elvisjö
Valö
Norrskedika
Söderby
Bjurön
Strömsbro
Östhammar
Sundsveden
Rovsättra
Börstil
Ytterby
Tvärno
Raggarön
Ellan
Gubbo
Hökhuvud
Harg
Gimo
Hargshamn
Backby
Skäfthammars ka
Myrtorp
Boda
Herräng
Kilby
Syding-ösby
Sanda
Grisslehamn
Ekeby
Alunda
Tulka
Väddö
Stensunda
Bysättra
Hallstavik
Häverö
Skoby
Häverödal
Edeby
Stavby
Bladåker
Edebo
Faringe
Skebobruk
Sandviken
Edinge
Bärby
Almsta
Vällnora
Stabby
Unungen
St.Väsby
Knutby
Råda
Rörvik
Edsbro
Söderby Karl
Almunge
Galltorp
Simpnäs
Länna
Uddnäs
Sättraby
Koludden
Anderssvedja
Arholma
Rörsby
Norrbyggeby
Svanberga
Roslags-Bro
Nysättra
Skeppsmyra
Härg
Riddarbol
Rånas
Rimbo
NORRTÄLJE
Rådmanby
Husby-Långhundra
Ubby
Husby-Sjuhundra
Gräddö
Gottröra
Stortjären
Osthamra
Södersvik
Kapellskär
Åsby
Bergby
Frötuna
Vreta
Hysingsvik
Spillersboda
St.-Arlanda
Fiskesa
Söderhall
Furusund
Lunda
Kårsta
Svartnö
Frösunda
Riala
Kimsta
Sättra
Bergshamra
Yxlö
Stångberga
Skånelaholm
Ekskogen
Vettershaga
Blidö
Svensboda
Karby
Rumsättra
Vagnsunda
Vallentuna
Brottby
Roslags-Kulla
Angarn
Fresta
Åsättra
V.Lagnö
Österåker
Ljusterö
Bollstanäs
Bammarboda
Gälnan
Linanäs
TÄBY
Rydbo
Åkersberga
Tranvik
Långvik
Sollentuna
Resarö
Oskar-Fredriksborg
Saxarfjärden
Vaxholm
Tynningö
Möja
Björkskärs-fjärden
FÄLLA
Lidingö
Värmdö
Angsvik
Kalvsvik
Solna
Vasa-mus.
NACKA
Gustavsberg
Kopparmora
Drottningholm
Boo
Mörtnäs
Djurö
Horsstensfjärden
Kobbfjärden
Svartlögafjärden
Södra Kvarken
Ahvenanraumа
Ålands hav
Ahvenanmeri
Åland
Ahvenanmaa
Saggöfjärden
Boxöfjärden
Isaksö
Geta
Bertbyvik
Finbo
Skarpnåtö
Näs
Strömma
Långbergsöda
Odkarby
Saltvik
Bovik
Finström
Sund
Storby
Hammarland
Bjärström
Godby
Kastelholms
Signilskärsfjärden
Eckerö
Kattnäs
Näfsby
Gölby
Tranvik
Skeppsvik
Torp
Jomala
Torp
Lumparn
Gottby
Önningby
Mariehamn
Maarianhamina
Lemland
Rödhamnsfjärden
E18
E4
12 16 76 292 288 283 273 282 280 77 278 276 274 268 222 169 72 22 114 129 50 55 60

1
2
3
4
5
Åland
Ahvenanmaa
Norrhavet
Saggöfjärden
Boxöfjärden
Södra Kvarken
Ahvenanrauma
Signilskärsfjärden
Ålands hav
Ahvenanmeri
Lumparn
Östërfjärden
Rödhamnsfjärden
Gasskärsströmmen
Teili/
Delet
Lappvesi
Isaksö
Geta
Finbo
Skarpnåto
Strömma
Bovik
Finström
Godby
Storby
Eckerö
Hammarland
Bjärström
Kattnäs
Torp
Skeppsvik
Näfsby
Gölby
Jomala
Torp
Gottby
Mariehamn
Maarianhamina
Lemland
Önningby
Kastelholms
Näs
Bertbyvik
114
129
Odkarby
Saltvik
Långbergsöda
Sund
Hulta
Finby
Bomarsund
Tranvik
Prästö
60
Simskälä
Sandö
Vårdö
Hummelvik
Grundsunda
Enklinge
Kumlinge
Seglinge
Sottunga
Fiskö
Husö
Norrboda
Lumparland
Långnäs
Överö
Granboda
Flaka
Sonnboda
Degerby
Sanda
Hastersboda
Hummersö
Föglö
Brattö
Ellan
Backby
Grisslehamn
Väddö
Häverö
283
Edeby
Sandviken
Älmsta
50
Stabby
Råda
Rörvik
Simpnäs
Arholma
Anderssvedja
Svanberga
Roslags-Bro
Nysättra
Härg
Skeppsmyra
76
NORRTÄLJE
Rådmanby
Gräddö
Östhamra
Södersvik
Frötuna
Vreta
E18
Kapellskär
22
Hysingsvik
Spillersboda
278
Furusund
Svartno
Bergshamra
Yxlö
Blidö
Vetters-
haga
Svensboda
276
Vagnsunda
Svartlögafjärden
Kobbfjärden
V.Lagnö
Ljusterö
Gälnan
Tranvik
Långvik
Möja
Björkskärs-
fjärden
Kalvsvik
Kopparmora
Djurö
Horsstensfjärden

Rauma
Eurajoki
Kiukainen
Kokemäki
Harjavalta
Huittinen
Eura
Säkylä
Pyhäjärvi
Punkalaidun
Alastaro
Loimaan kunta
Loimaa
Laitila
Uusikaupunki
Sundholm
Pöytyä
Mynämäki
Aura
Lieto
Raisio
Naantali
Kultaranta
TURKU/
ÅBO
Kaarina
Piikkiö
Kuusiston linna
Paimio
Halikko
Pargas/
Parainen
Qvidja
Nagu/
Nauvo
Korpo/
Korppoo
Storlandet
Kimito/
Kemiö
Dalsbruk/
Taalintehdas
Houtskär/
Houtskari
Iniön aukko / Iniöfjärden
Gullkrona fjärd
Lappfjärden
Hangon läntinen selkä
Hangö västra fjärd
Jurmo
Utö
Kökar
Mörskär
Kalskär
Örö

A
48
B
C
1
2
3
4
5
Valkeakoski
Hämeenlinna
Toijala
Viiala
Urjala
Forssa
Jokioinen
Loimaa
Humppila
Somero
Salo
Halikko
Riihimäki
Hyvinkää
Janakkala
Hattula
Hauho
Lammi
Loppi
Nurmijärvi
Tuusula
Vihti
Karkkila
Lohja/Lojo
VANTAA
VANDA
ESPOO
ESBO
Kirkkonummi/Kyrkslätt
Karis/Karjaa
Pohja/Pojo
Ekenäs/Tammisaari
Hanko/Hangö
Russarö
Tvärminne
Perniö
Kisko
Suomusjärvi
Sammatti
Nummi
Pusula
Inkoo/Ingå
Siuntio/Sjundeå
Porkkalafjärden
Porkkalanselkä
Hangon läntinen selkä
Hangö västra fjärd
Vanajavesi
Pyhäjärvi
Hiidenvesi
Lohjanjärvi
Pikasääre neem
Naissaar
Tallinna laht
Paldiski
Pakri neem
Väike-Pakri
Suur-Pakri
Keila
Osmussaar
Kurske väin
Lohusalu
Kloogaranna

D
E
49
F
Heinola
Asikkala
Hollola
LAHTI
Nastola
Kuusankoski
Kouvola
Valkeala
Orimattila
Mäntsälä
Järvenpää
Kerava
Porvoo/
Borgå
Sippola
Anjalankoski
Hamina
Vehkalahti
Karhula
KOTKA
Loviisa/
Lovisa
HELSINKI/
HELSINGFORS
Suomenlinna/
Sveaborg
o. Gogland
Suomenlahti
Finska Viken
Soome laht
TALLINN
Maardu
Loksa
Kunda
Rakvere
Lagedi
Jüri
Kehra
Aegviidu

LAPPEENRANTA
Imatra
Joutseno
Svetogorsk
Luumäki
KOTKA
Hamina
VYBORG
ВЫБОРГ
Primorsk
Sovetskij
Finskij za
o. Gogland
o. Moščnyj
o. Malyj
o. Seskar
o. Bol'šoj Tjuters
o. Malyj Tjuters
Lužskaja guba
Narva laht
Narvskij zaliv
KOHTLA-JÄRVE
NARVA
Ivangorod
Rakvere
Kunda
Sillamäe
Pohja-Eesti klint

D
E
51
F
Ladožskoe
ozero
Mustala
Hijtola
Kulikovo
Berezovo
Kuznečnoe
Ruči
Dymovo
Bogatyri
Zaicevo
Sevastjanovo
Priozersk
Приозерск
Larionovo
Borodinskoe
Maslovo
oz. Vuoksa
oz. Sudakovskoe
Motornoe
Sinevo
Vyborgskoe
Mel'nikovo
Kommunary
Lazurnoe
Oz'orskoe
Torfjanoe
Vesnino
Zaostrov'e
Plodovoe
Vladimirovka
Balahanovo
Džatijevo
Jablonovka
Čeremutino
Weschtschewo
Romaški
Suhodol'e
Žitkovo
Baryševo
Novaja Derevnja
Saperno e
Gromovo
Vešcevo
oz. Rakovoe
Losevo
Petrovskoe
Portovoe
Ol'hovka
Solov'evo
Strel'covo
Klimovo
Borisovo
Koloskovo
Krasnozernoe
Mičurinskoe
oz. Glubokoe
Pravdino
Zaporožskoe
Krasnosel'skoe
Sosnovo
Snegirevka
Pjatireče
oz. Višnevskoe
Korobicyno
Kotovo
Denisovo
Kirillovskoe
Kirpičnoe
Ovsjanoe
Orehovo
boloto
Neodolimoe
Kamenka
Voločaevka
Peski
Vjun
Kamyševka
Pušnoe
Kirovskoe
Cvelodubovo
Olšanik
Vaskelovo
Pervomajskoe
Garbolovo
Kanneljarvi
Pobeda
Rjabovo
Termolovo
Kerro
Gruzino
Matoksa
Kras'kovo
Poljany
Lebjaže
Ogon'ki
Il'ičevo
Volojarvi
Lužki
Elizavetinka
Zerkal'nyj
Gor'kovskoe
Roščino
Leninskoe
Verh.Osel'ki
Ozerki
Osetrovo
Zelenaja
Rošča
Privetninskoe
Uškovo
Zelenogorsk
Agalatovo
Osel'ki
Repino
Černaja Rečka
Komarovo
Smoljačkovo
Sertolovo
Peski
Pesočnoe
Beloostrov
Vartemjagi
Toksovo
Lepsari
Liv
Pesočnyj
Levašovo
Jukki
Kuz'molovskij
Sestroreck
Сестрорецк
Sestroreckij razliv
SANKT PETERBURG
САНКТ ПЕТЕРБУРГ
Lisij Nos
o. Kotlin
Kronštadt
Кронштадт
Vsevoložsk
Всеволожск
m. Seraja Lošad'
Šepelevo
Černaja Lahta
Lebjaže
Kandakjulja
Lipovo
Bol.Ižora
Mal. Ižora
Staraja
Razmetelevo
mys Ustinskij
SOSNOVYJ BOR
СОСНОВЫЙ БОР
Kovaši
Lomonosov
Ломоносов
PETRODVOREC
ПЕТРОДВОРЕЦ
Petergof
Nov. Kališče
Koporskaja guba
boloto Tamengontskoe
Neva
Nizino
Ust-Ižora
Kernovo
Petrovskoe
Vladimirovka
Petroslavjanka
Garkolovo
Sista-Palkino
Voronino
Annino
Susary
Metallostroj
Maloe Stremlenie
Bol.Stremlenie
Rajkovo
Globicy
Lopuhinka
Zaborod'e
Krasnoe Selo
Ropša
Aleksandrovskaja
Pjatčino
Kopor'e
Star. Meduši
Zaostrov'e
Djatlicy
Lagolovo
PUŠKIN
ПУШКИН
Pavlovsk
Павловск
Gorki
Kipen'
Glubokoe
Velikino
Pereles'e
Ižorskaja
Loškovicy
Kas'kovo
Ceremykino
Skvoricy
Taicy
Kommunar
oz. Babinsko
Kotly
Udosolovo
Begunicy
Bol.Žabino
Star.Nizkovicy
Pudost
Romanovka
Babino
Vojnosolovo
Bol.Ruddilovo
Čirkovicy
Bujanicy
Vohonovo
Kobralovo
Pillovo
Domašovo
Klopicy
Volgovo
Kolpany
GATČINA
ГАТЧИНА
Semrino
Pružicy
vozvyšennosť
Bol.Tjaglino
Kikericy
Terpilicy
Gubanicy
Elizavetino
Krikkovo
Kerstovo
Bol.Ozerticy
Bol.Bornicy
Pižma
Susanino
Gurlevo
Volosovo
Волосово
Kikerino
Vopša
Voskresenskoe
Opol'e
Konohovicy
Nikol'skoe
Alekseevka
Kurkevicy
Men'kovo
Kobrinskoe
Sala
Vruda
Kalitino
Tihkovicy
Vyrica
Vejmarn
Domaškovicy
Kingisepp
Кингисепп
Moloskovicy
Zapol'e
Kurovicy
Letošicy
Oredež
Syrkovicy
Vyra
Siverskij
Nedoblicy
Krjakovo
Černoe
Klenna
Kursk
Dajmišče
Roždestveno
Porhovo
Luga
Ivanovskoe
Ljady
Sosnicy

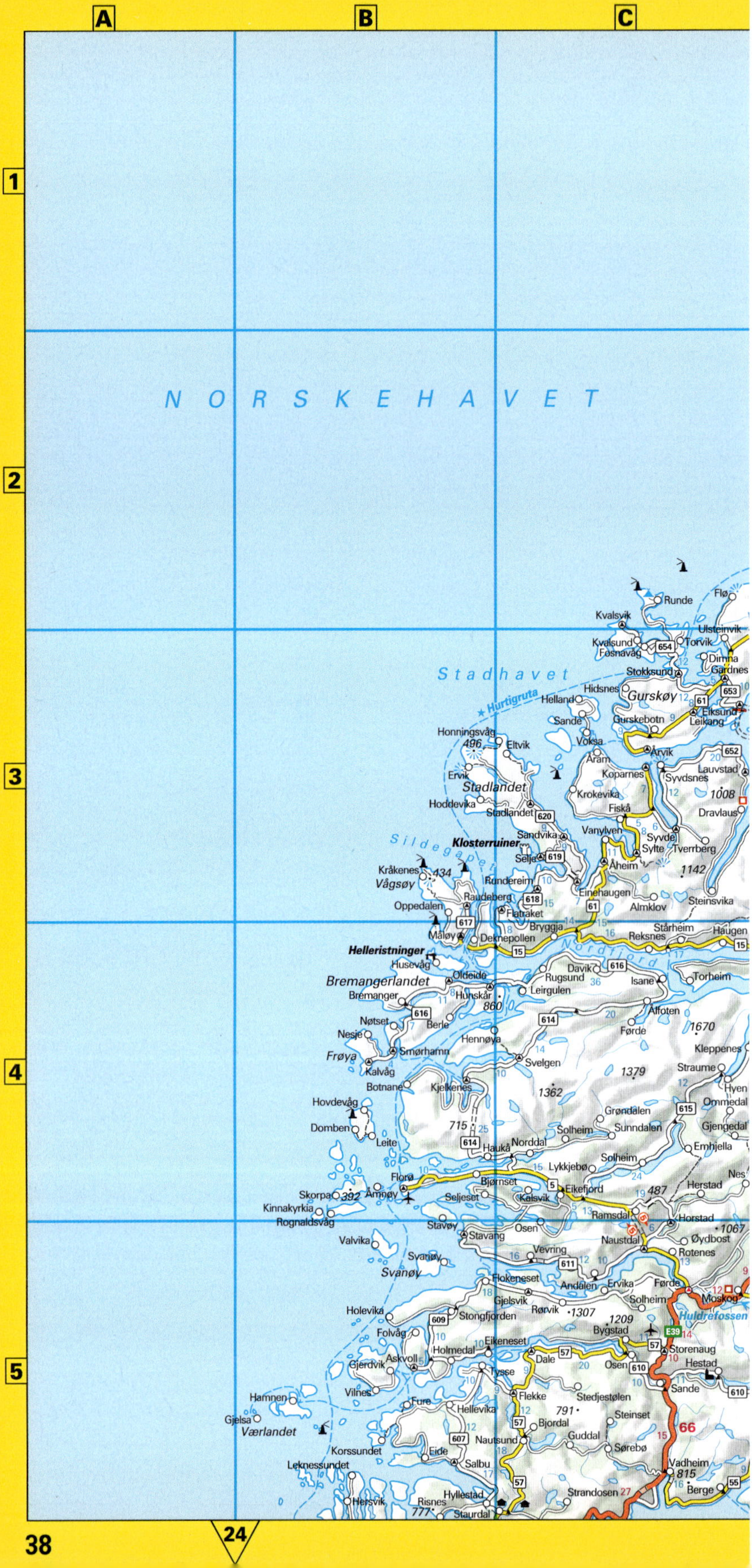

A
B
C
1
2
3
4
5
NORSKEHAVET
Stadhavet
Hurtigruta
Sildegapet
Nordfjord
Runde
Flø
Kvalsvik
Kvalsund
Fosnavåg
Torvik
Ulsteinvik
Dimna
Gardnes
Stokksund
Hidsnes
Gurskøy
Helland
Eiksund
Leikang
Sande
Gurskebotn
Voksa
Årvik
Åram
Koparnes
Lauvstad
Syvdsnes
Honningsvåg
Eltvik
Ervik
Stadlandet
Krokevika
Fiskå
1008
Dravlaus
Hoddevika
Stadlandet
Sandvika
Vanylven
Syvde
Sylte
Tverrberg
Klosterruiner
Selje
Åheim
1142
Kråkenes
434
Vågsøy
Rundereim
Einehaugen
Raudeberg
Almklov
Steinsvika
Oppedalen
Flatraket
Bryggja
Ståreim
Haugen
Måløy
Deknepollen
Reksnes
Helleristninger
Husevåg
Davik
Rugsund
Isane
Torheim
Bremangerlandet
Oldeide
Bremanger
Hunskår
Leirgulen
860
Ålfoten
Førde
1670
Nøtset
Berle
Nesje
Hennøya
Kleppenes
Smørhamn
Frøya
Svelgen
Straume
Kalvåg
1379
Hyen
Botnane
Kjelkenes
1362
Ommedal
Hovdevåg
Grøndalen
Gjengedal
Domben
715
Solheim
Sunndalen
Leite
Hauka
Norddal
Emhjella
Solheim
Lykkjebø
Florø
Nes
Bjørnset
487
Herstad
Skorpa
392
Ammøy
Seljeset
Kalsvik
Eikefjord
Kinnakyrkja
Ramsdal
Horstad
Rognaldsvåg
Stavøy
Osen
1067
Stavang
Øydbost
Valvika
Naustdal
Svanøy
Vevring
Rotenes
Svanøy
Flokeneset
Andalen
Ervika
Førde
Moskog
Holevika
Gjelsvik
Rørvik
1307
Solheim
Huldrefossen
Stongfjorden
1209
Folvåg
Bygstad
Holmedal
Eikeneset
Storenaug
Askvoll
Dale
Osen
Hestad
Gjerdvik
Tysse
Vilnes
Sande
Hamnen
Fure
Flekke
Stedjestølen
Gjelsa
Hellevika
791
Steinset
Værlandet
Bjordal
66
Nautsund
Guddal
Korssundet
Eide
Sørebø
Leknessundet
Salbu
Vadheim
815
Hyllestad
Berge
Hersvik
Risnes
Strandosen
777
Staurdal
E39
24

Kristiansund
Tømmervåg
Seivika
Rensvik
Bremsnes
Kvalvåg
Kvisvika
Hestvika
Frei
Kanestraum
Averøya
Hurtigruta
Hustadvika
Orfjorden
Sandøy
Vevang
Hustad
Askvåg
Tevik
Averøy
Kvernes
Ørjavika
Bergsøyfjorden
Aspa
Eikrem
Gjemnes
Torvikbukt
Kvalvåg
Flemma
Angvik
Fræna
Trollkyrkja
Tverrfjell
Eide
Batnfjordsøra
Bud
Elnesvågen
Tornes
Sylte
Furset
Steinløysa
Heggem
Raudsand
Ona
Sandøy
Ågårdsvik
Sæter
Småge
Vagøy
Orta
Aukra
Finnøy
Steinshamn
Hollingsholm
Skaret
Lonset
Hjelset
Kleive
Nesset
Eidsvåg
Sundsbøen
Tangen
Solholmen
Mordal
Molde
Årø
Fiskerimuseum
Grønneset
Horsgora
Buvik
Ranvik
Tjelle
Bogge
Myklebust
Fjørtoft
Otrøy
Oppstad
Midsund
Moldefjorden
Langfjorden
Myklebostad
Nauste
Eresfjord
Sølsnes
Mittet
Dale
Flem
Ulla
Nordøyane
Rogne
Dryna
Harøyfjorden
Setemes
Vestad
Furneset
Åfarnes
Austnes
Kjerstad
Brattvåg
Haram
Eik
Fiksdal
Vik
Vestnes
Tomra
Rekdal
Reistad
Vikebukt
Rødven
Romsdalsfjorden
Eid
Isfjorden
Grøvdal
Øverås
Roald
Skjeltene
Søvik
Synes
Giske
Valderøy
Hoff
Lorgje
Eidsvik
Vatne
Skodje
Krogsæter
Skorgenes
Daugstad
Våge
Torvik
Åndalsnes
Veblungsnes
Sogge
Dalsbygda
Tresfjord
Venås
Voll
Innfjorden
Mardalen
Mardalsfoss
Stigfoss
Alnes
Ålesund
Borgund
Spjelkavik
Digernes
Sjøholt
Valle
Vagsvik
Øvstedal
Horgheim
Marstein
Flatmark
Trollstigen
Bøstølen
Langevåg
Magerholm
Storfjorden
Sula
Søvika
Aursnes
Kråka
Dyrkorn
Kvitnes
Hareid
Sulasundet
Solevåg
Sykkylven
Ikornnes
Mo
Øverøye
Øvrestøl
Hjørungavåg
Festøya
Hundeidvik
Nysætra
Stordalen
Alstad
Langdal
Stavemsgjerde
Turbinstasjon
Slettafoss
Stuguflotten
Brøstet
Kvamen
Vartdal
Standal
Straumsgjerdet
Hole
Liabygda
Stranda
Valldal
Sylte
Linge
Trandal
Store Standal
Lekneset
Kolås
Sæbø
Fjørstad
Eidsdalen
Høgli
Norddal
Tafjord
Tunga
Kabben
Storhø
Rjåneset
Berkneset
Ørsta
Åsen
Volda
Bondalseidet
Skylstad
Skår
Viddal
Indreeide
Rødal
Kaldhussæter
Reindalsseæter
Vatne
Hunnes
Bjørke
Ljøen
Søstrefoss
Geiranger
Grande
Storseterfossen
Folkestad
Straumshamn
Austefjord
Hellesylt
Tryggestad
Dalsnibba
Skarvdalsegga
Kaldvatn
Frøysadal
Vollset
Breidablikk
Øybergsæter
Skjåksæter
Billingen
Bjørkedal
Navelsaker
Hornindal
Lyngvoll
Grotli
Heggja
bygda
Hjelle
Grodås
Svormuseet
Kjøs
Sommerskisenter
Pollfoss
Stamsætre
Nordfjordeid
Nes
Kleivnes
Stryn
Mindresunde
Flo
Videseter
Framruste
Slette
Lote
Hennebygda
Randabygd
Dokset
Rake
Loen
Fosnes
Hjelle
Sunndalen
Skridulaupbu
Anda
Hestenesøyri
Moldreim
Nos
Innvik
Sande
Olden
Mysubytta
Sotasæter
Lundadalsætre
Vereide
Gravhaug
Sandane
Utvik
Karistova
Eide
Bødal
Lodalskåpa
Kjenndal
Hestbrepiggan
Gimmestad
Vassenden
Kvila
Byrkjelo
Gytri
Myklebust
Fåbergstølen
Breim
Nonsfossen
Snønipa
Rustøy
Høgste
Breakulen
Brigsdal
Briksdalsbreen
Tunsbergdalsbreen
Fåberg
Gjerde
Bergset
Rausdalsete
Nørdstedalssæter
Vassenden
Høydalssæter
Bøvertun
Kandal
Mykland
Egge
Førde
Klakegg
Åmot
Jostedal
Krossbu
Skei
Årseter
Ardal
Kjøsnes
Tungastølen
Mørkri
Hervassbu
Aksla
Alhus
Sægrov
Sygnesand
Lunde
Høgebru
Husøy
Fortun
Turtagro
Sanddal
Vassenden
Støfring
Grovebreen
Brevasshytta
Nes
Sage
Skjolden
Skogadalsbøen
Viskedalen
Hårklau
Supphella
Luster
Holsen
Fjærland
Mundal
Gaupne
Vallestadfossen
Råheim
Viksdalen
Mjell
Mel
Nystølen
Berge
Ugulvik
Rånnøy
Marifjøra
Nes
Feigumfoss
Murane
Vetti
Vettisfossen
Eldalsosen
Selseng
Kroken
Hjelle
Sværen
Gunnvorbreen
Vassli
Hafslo
Solvorn
Urnes
Stavkirke
Øvre Årdal
Sletterust
Tyinosen
Høyanger
Dragsvik
Sogndalsfjøra
Dalen
Seim
Tyinstølen
Ofredal
Årdalstangen
Hella
Balestrand
Leikanger
Hermansverk
Kaupanger
Nystova
St. Thomas
Kirkjestølane
Kongsnes
Flesje
Vangsnes
Feios
Bårlog
Slinde
Rud
Stavkirke
Mannheller
Naddvik
Revsnes
Fodnes

25

A 52 B C

Kristiansund
Hurtigruta
Orfjorden
Bremsnes
Henda
Bruhagen
Averøya
Sandøy
Vevang
Tevik
Averøy
Kvernes
Rensvik
Kvalvåg
Frei
Møst
Aspa
Gjemnes
Bergsøyfjorden
Torvikbukt
Sevilla
Ranes
Eide
Batnfjordsøra
Furset
Steinløysa
Heggem
Angvik
Skaret
Lonset
Kleive
Hjelset
Eidsvåg
Ranvik
Nesset
Eidsøra
Tjelle
Bogge
Grønneset
Buvik
Horsgora
Langfjorden
Myklebostad
Sølsnes
Mittet
Dale
Åfarnes
Nauste
Eresfjord
Øverås
Rødven
Eid
Romsdalsfjorden
Våge
Torvik
Isfjorden
Åndalsnes
Grøvdal
Veblungsnes
Sogge
Dalsbygda
Venås
Voll
Innfjorden
Stigfoss
Horgheim
Trollstigen
Bøstølen
Øvrestøl
Murstein
Flatmark
Mardalen
Mardalsfoss
Reitan
Alstad
Langdal
Turbinstasjon
Stavemsgjerde
Slettafoss
Brøstet
Kabben
Tunga
Tafjord
Rødal
Storhø
Reindalsseæter
Tømmervåg
Talgsjøen
Seivika
Kvisvika
Kanestraum
Eikrem
Torjulvågen
Gyl
Kvalvåg
Flemma
Hals
Korsnes
Skålvik
Halsa
Hennset
Engan
Betna
Valsøybotn
Heggem
Bøverfjorden
Solem
Årnes
Surnadalsfjorden
Aksneset
Surnadalsøra
Skei
Brøskja
Melhus
Tingvoll
Kvenna
Røkkum
Rykkjem
Ålvund
Rottås
Meisingset
Todalen
Raudsand
Ålvundeid
Åfar
Oppdøl
Nerdal
Øksendalsøra
Sunndalsøra
Aura
Holssanden
Bygdemuseum
Elverhøy
Fale
Romfo
Grøa
Brandstad
Store Dalen
Kalkjin
Vike
Holbua
Finnset
Aursjøhytta
Geitavollen
Stuguflotten
Storhø
Bjorli
Lesjaskog
Gåsbue
Sørhella
Lesjaverk
Filling
Ekra
Lesja
Rustesætre
Bøsætre
Kårøyen
Brattset
Øvre Rindal
Storås
Bjørnstad
Rindal
Seter
Mo
Øvre Sæter
Vålåskardet
Honnstad
Røv
Gråhaugen
Rostadsæter
Trollheimen
Snota
Jøldalshytta
Trollheimshytta
Oppheim
Kårvatn
Blåhø
Skardvollen
Storlia
Gjevilvasshytta
Gjevilvatn
Haugen
Osen
Vognill
Gravem
Lønset
Gjøra
Vangshaugen
Hafsåsen
Jenstad
Engan
Grøvudalshytta
Snøhetta
Snøheim
Kongsvoll
Hjerkinn
Skredalegret
Dovregubbens hall
Gautåsætre
Grønsætrin
Furuhauglie
Fokstugu
Dombås
Vegaskilet
Tofte
Lågen
Dovre
Slådalen
Dovreskogen
Høvringen
Skarvdalsegga
Nysætre
Skarstind
Breidablikk
Øybergsæter
Skjåksæter
Billingen
Grotli
Pollfoss
Stamsætre
Framruste
Slette
Bismo
Skridulaupbu
Staurust
Brimi
Trælvika
Vågåmo
Holungsøyi
Sel
Lunddalsætre
Skjåk
Lom
Fossbergom
Garmo
Randen
Laim
Åsår
Mysubytta
Sotasæter
Soleggen
Darthus
Bjølstad
Otta
Heidal
Kringen
Hestbrepiggan
Røysheim
Bøverdal
Smørlie
Randsverk
Leirflaten
Kvanndalsvollan
Galdesanden
Fugelsætrin
Rusti
Sjoa
Vassenden
Elvesæter
Juvasshytta
Glittertind
Meringsdalen
Høydalssæter
Rausdalsete
Nordstedalssæter
Bøvertun
Galdhøpiggen
Spiterstulen
Glitterheim
Hindseter
Musætrin
Vollsete
Jotunheimen
Årseter
Krossbu
Leirvassbu
Myrheng
Sytle
Hervassbu
Nysetrene
Skåbu
Mørkri
Fortun
Turtagro
Grasviki
Sage
Luster
Skjolden
Gjendesheim
Maurvangen
Nedre Heimdalen
Dalsætra
Espedalen
Skogadalsbøen
Gjendebu
Knutsholstind
Storhøliseter
Merrahalsen
Feigumfoss
Murane
Vetti
Vettisfossen
Eidsbugarden
Høyfjellsmus.
Bygdin
Valdresflya
Haugseter
Strand
Hjelle
Tyinholmen
Torfinnsbu
Vollsbu
Øvre Årdal
Sletterust
Tyinosen
Ole
Revsjøbu
Liomseter
Dalen
Seim
Tyinstølen
Vesleskag
Skogalægret
Ofredal
Årdalstangen
Tyinkrysset
Uppdal
Hæredalsstøl
Beito
Beitostølen
Lidar
Naddvik
St. Thomas
Kirkjestølane
Nystova
Stavkirke
Vangsmjøsa
Øye
Leine
Høre
Stavk.
Morki
Stavkirke
Hegge
Yddin
Ranheimstølan
E39
E136
E6
E16
1
2
3
4
5

26

Løkken
Sjømoen
Krokstad
Horg
586
Reinsfjell
941
Hovin
Gaulfossen
Foss
Kråklivollen
Åsårlivollen
Sjøvollan
Flora
1026
Øyvollen
Storerikvollen
909
Tydal
Øyfjell
1251
Meldal
813
Grutseter
Lauvåsen
Støren
Gressli
Ås
Kjerstad
Solemsætra
Rognes
930
1042
Å
809
Trøyen
Almås
840
1089
Trondsaunet
Mobrua
Resell
1218
Soknedal
Hov
Hage
Økdal
Singsås
803
Gåre
Haltdalen
Holddalsvollan
Vektarhaugen
Grindal
1321
Halland
Holtan
Budal
Forbygda
Rennholsvollen
Stuggudalen
Rennebu
42
Heggvoll
1084
1146
Ålen
Jensåsvollen
920
Stamnan
Berkåk
Enmoen
Storbudalen
Myrhaug
Reitan
Storelvvollen
Flaseter
1238
Killingsdalen
1251
Fløttumsætra
886
1016
Slættet
Ulsberg
Enmovoll
Skarpmoen
Meiåvollan
Kjerringvollen
Rugisjø
748
Innset
Midtlisætra
Glåmos
Brynhildsvollen
Oppdal-fjellstue
948
Nåvårdalen
1332
Forellhogna
1246
Hegsetvoll
Vika
Brekken
1605
Brudalen
1258
Torpet
600
Fagerhaug
Sååhaugen
Olavsgruva
911
24
Enmolægeret
Stensåsen
Hallset
1095
Bjørgan
Asenvoll
Røros
Oppdal
Bustaden
Kvikne
Bratthøa
1221
Harsjøen
1073
Feragen
Yset
Odden
Dalsbyggda
1621
Orkelsjøhytta
Storøyvollan
Gruva
Sevatdalen
Risan
75
Støa
Magnillsætra
Osmoan
Os
Røste
1128
Setra
Fjølburøsta
Mjøasætra
1524
Estensvoll
700
945
Røset
Korssjøen
Storvollen
Dalvangen
1039
Håmålvoll
1543
Langen
Drivstua
Borkhussætra
Nytrøa
Vingelen
Hodalen
Sørvika
1641
Lonåsmoen
Tolga
Gløtlægret
Fossbakken
Kvennan
Sumundshytta
Narbuvoll
Kvilvangen
1292
Bekkelægret
Småbakkan
Savalen
Tune
Kløftvangen
Midtdal
Døllii
Motrøen
Malmåsen
Storvollen
Stuglisætra
Fåset
Tynset
1315
Sålekinna
1595
Sæter
Hjerkinnsætre
1499
Kolbotn
Storrøsta
Eidsætra
Jonasvollen
1610
Trondsjø
Raudsjødalen
Holøydal
Dalholen
Moan
Follheim
1666
Brydal
Elgpiggen
1604
Nyvollen
Langsjøen
Sletten
Grimsbu
1247
Trondsvangan
Tylldal
Spekedalssætra
Bjørklund
Folldal
Krokhaugen
1266
Buvika
Grimsdalshytta
Reinslisætra
Langsætra
Alvdal
1168
Finstad
Gjota
Sømådal
Holen
662
994
820
Skjellåvollen
Haverdalssætri
Follandsvangen
1183
Femund
Flatsætra
1173
Nymoen
972
Unsetbrenna
Haugsetsætra
1858
Dørålsætre
Kvislåsætra
Barkald
Hogsetvollen
948
1827
1518
Unset
1275
Fiskevollen
Breisjøsætra
Storhøa
Femundsvika
Straumbu
Elvål
Galtsætra
Rondslottet
2178
102
Horndalen
Neset
Grøtebratten
1142
Bergset
Rendalssølen
Galten
1948
Bjørnhollia
1755
Rondvassbu
Atnbrua
Mistdalen
Peer Gynthytta
700
Sølenstua
1650
Hanestad
1070
Vollom
Hornset
Femundssundet
Mysusæter
Enden
Fossum
1153
Raphamn
Sollia
975
Otnes
670
Elvbrua
Rondablikk
Gunstadsætra
Ytre Rendal
Nyseterbekken
Eldåsæter
Skjerdingfjell
Atna
1060
1424
Østvollen
Snerta
Akrestrømmen
Elvdal
1435
Flenøya
Illvålsætra
Kvam
1430
Storfjellstua
Venåsen
Friisbua
1140
Vinjestøtta
Friland
1188
Sulsætra
Venabu
Nordstulen
Flendalen
987
Vinstra
Imsdalen
440
Burua
Venabygd
Koppang
Harpefoss
Øksendalen
Fefor
Hundorp
Ringebu
1350
Imsenden
Stensby
Gålå
Stavkirke
Stor-Elvdal
Lønrusten
Leirsætra
Skjærvangen
Skotten
Gåla
Bekken
Valsætrin
Veidarvon
Rottås
1025
1232
Stai
869
Sjøli
Høgåsensætra
Kristensetra
Kvitfjell alpinsenter
Fåvang
Vetåbua
Messelt
991
Goppollen
Søre
625
Rasta
Fagerhøy
Åmotsetrene
Messeltsætra
1009
Jota
143
Syra
Karinusbua
1126
Nordre Løset
Vassenden
Vådalen
1057
Djupslia
1244
Opphus
Løvlund
Gausdal
Skollfjellet
Osvoll
Svatsum
Tretten
Kjeiken
1090
Kroksætra
Strand
Deset
876
Nordre Osen
Sandvik
Svingvoll
92
Åm
1060
Helleberg
Øyer
Nyskolla
Valmen
Aulstad
Kleve
Hornsjø
Ygle
Hornsjøsætra
Segalstad bru
Follebu
1089
Øyungen
Sætre
Toftsætra
Hunderfossen
Holmbu
809
Forsetsætra
Forset
Nordsæter
Holsætra
1000
Verskei
Fåberg
Sjusjøen
885
Rena

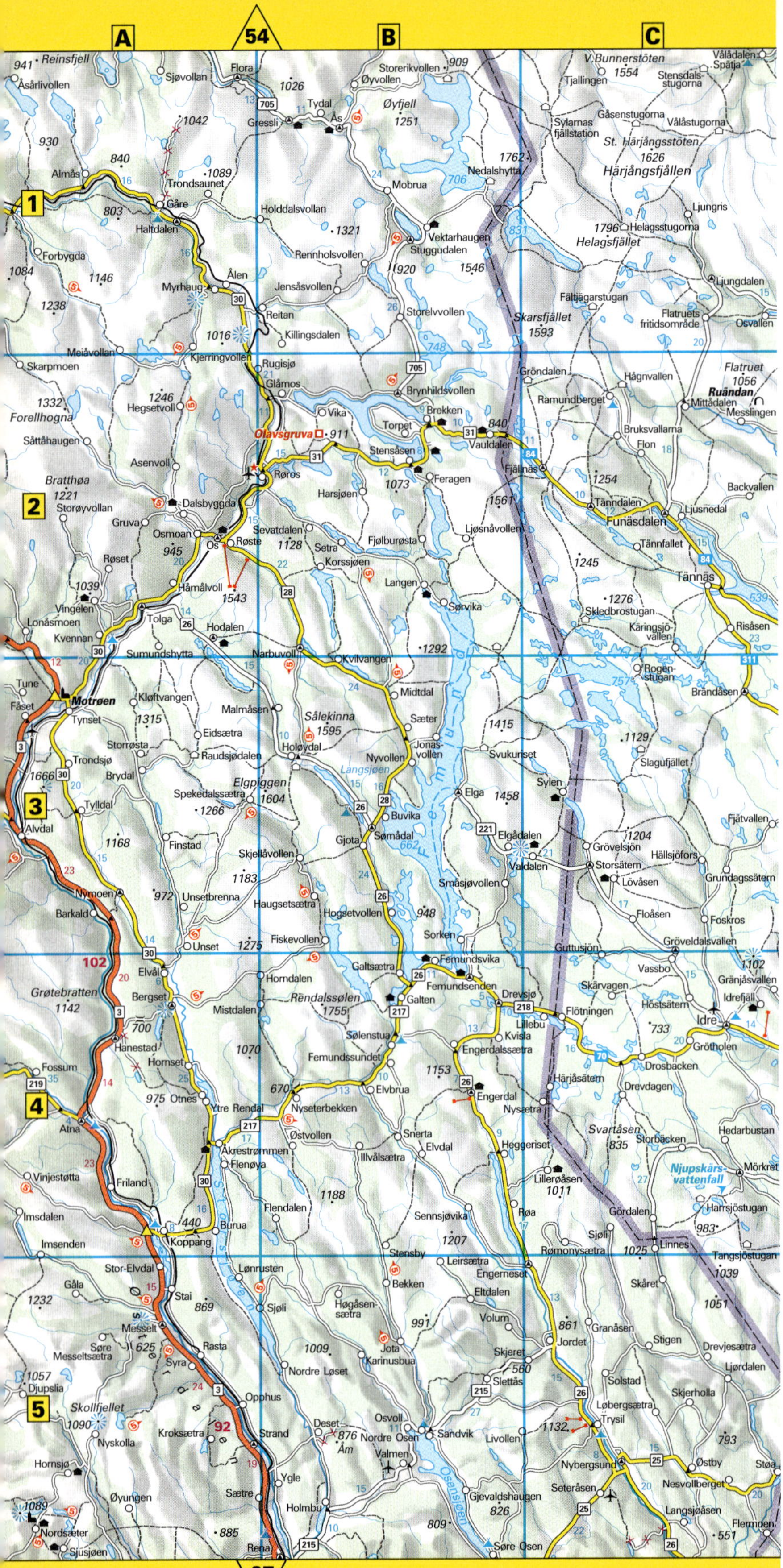
A
54
B
C
1
2
3
4
5
27
Reinsfjell
Åsårlivollen
Sjøvollan
Flora
Storerikvollen
Øyvollen
Øyfjell
Tydal
Gressli
Ås
1026
1251
V. Bunnerstöten
1554
Tjallingen
Stensdalsstugorna
Våládalen
Spåtja
Sylarnas fjällstation
Gåsenstugorna
Vålåstugorna
St. Härjångsstöten
1626
Härjångsfjällen
Nedalshytta
Mobrua
Almås
Trondsaunet
Gåre
Haltdalen
Forbygda
Holddalsvollen
Vektarhaugen
Stuggudalen
Helagsstugorna
Helagsfjället
Ljungris
Ljungdalen
Rennholsvollen
Ålen
Myrhaug
Jensåsvollen
Reitan
Killingsdalen
Storelvvollen
Fältjägarstugan
Skarsfjället
1593
Flatruets fritidsområde
Osvallen
Meiåvollan
Skarpmoen
Kjerringvollen
Rugisjø
Glåmos
Brynhildsvollen
Gröndalen
Hågnvallen
Flatruet
1056
Ruändan
Mittådalen
Messlingen
Hegsetvoll
Forellhogna
Såttåhaugen
Olavsgruva
Vika
Brekken
Torpet
Vauldalen
Ramundberget
Bruksvallarna
Flon
Asenvoll
Røros
Stensåsen
Feragen
Fjällnäs
1254
Tänndalen
Ljusnedal
Funäsdalen
Backvallen
Bratthøa
Storøyvollan
Dalsbygda
Harsjøen
1073
Gruva
Osmoan
Os
Røste
Sevatdalen
Setra
Fjølburøsta
Ljøsnåvollen
Tännfallet
Tännäs
Røset
Korssjøen
Langen
1245
Vingelen
Håmålvoll
1543
Sørvika
Skledbrostugan
Käringsjövallen
Risåsen
Lonåsmoen
Kvennan
Tolga
Hodalen
Sumundshytta
Narbuvoll
Kvilvangen
Rogenstugan
Brändåsen
Tune
Fåset
Motrøen
Tynset
Kløftvangen
Midtdal
Malmåsen
Sæter
Eidsætra
Sålekinna
1595
Jonasvollen
Svukuriset
Slagufjället
Storrøsta
Trondsjø
Raudsjødalen
Holøydal
Nyvollen
Langsjøen
Brydal
Tylldal
Spekedalssætra
Elgpiggen
1604
Elga
1458
Sylen
Fjätvallen
Alvdal
Finstad
Buvika
Sømådal
Gjota
Elgådalen
Gröveisjön
Hällsjöfors
Storsätern
Lövåsen
Grundagssätern
Valdalen
Skjellåvollen
Småsjøvollen
Nymoen
Barkald
Unsetbrenna
Haugsetsætra
Hogsetvollen
Floåsen
Foskros
Sorken
Unset
Fiskevollen
Guttusjön
Gröveldalsvallen
Elvål
Horndalen
Galtsætra
Femundsvika
Femundsenden
Vassbo
Gränjåsvallen
Grøtebratten
Bergset
Rendalssølen
1755
Galten
Drevsjø
Skärvagen
Höstsätern
Idrefjäll
Idre
Mistdalen
Lillebu
Flötningen
Hanestad
Sølenstua
Kvisla
Engerdalssætra
Grötholen
Hornset
Femundssundet
Drosbacken
Fossum
Elvbrua
Härjåsätern
Drevdagen
Otnes
Ytre Rendal
Nyseterbekken
Engerdal
Nysætra
Atna
Østvollen
Snerta
Elvdal
Svartåsen
Storbacken
Hedarbustan
Akrestrømmen
Illvålsætra
Heggeriset
Flenøya
Lillerøåsen
Njupskärs-vattenfall
Mörkret
Vinjestøtta
Friland
Flendalen
Harrsjöstugan
Gördalen
Imsdalen
Burua
Sennsjøvika
Røa
Sjöli
Koppang
Linnes
Imsenden
Stensby
Rømonysætra
Tangsjöstugan
Stor-Elvdal
Lønnrusten
Leirsætra
Engerneset
Gåla
Stai
Bekken
Eltdalen
Skåret
Sjøli
Høgåsensætra
Volum
Granåsen
Messelt
Rasta
Jordet
Stigen
Drevjesætra
Søre Messeltsætra
Jota
Karinusbua
Skjeret
Ljørdalen
Djupslia
Syra
Nordre Løset
Slettås
Solstad
Skjerholla
Opphus
Løbergsætra
Skollfjellet
Nyskolla
Kroksætra
Deset
Osvoll
Sandvik
Livollen
Trysil
Strand
Nordre Osen
Åm
Valmen
Nybergsund
Østby
Støa
Hornsjø
Ygle
Seteråsen
Nesvollberget
Øyungen
Sætre
Holmbu
Gjevaldshaugen
Langsjøåsen
Nordsæter
Sjusjøen
Rena
Søre Osen
Flermoen
Femunden
Osensjøen
Glomma

D
E
55
F
Låsbole
Norderön
Marby
Sunne
475
Ope
Optand
Åsgård
1423
Hosjöbottnarna
1159
Hallbodarna
Vällviken
Orrviken
Marieby
Brunflo
Singsjön
Anaristugan
Bydalen
Lunndörrsstugorna
Höglekardalen
Vällje
Månsåsen
Mälang
Solberg
Häggsåsen
Bölåsen
Hara
Löfsåsen
Linehäll
Hosjö
Björsjö
Lunndörrsfjället
1504
Gräftåvallen
Fåker
Rossbol
Sundsjö
1250
Myrviken
Oviken
Sanne
Viken
Loke
Glen
Lockåsbodarna
Kinderåsen
Berge
Pilgrimstad
Gällö
Tossåsen
1371
Väster-Arådalen
Kövra
Funäs
Hackås
E14
Sörböle
Revsund
Grimnäs
Nordsätern
Ljåbodarna
Matnäset
Rogsta
Tunvågen
Kvisselnkojan
Dalåsen
Flatnor
Östersjö
Stavre
Torsborg
Vigge
Bodsjöbyn
Döviken
Storsjö
Galåbodarna
Salsån
Putten
Hoverberg
Dödre
Nor
Svenstavik
Skucku
Vâle
Börtnan
Öster Galåbodarna
Röron
Tjutboda
Sidsjö
Sandnäset
Henvålen
527
Kälen
Stor-Hallen
Brånan
547
Hållvallen
Skålan
Åsarna
Gillhov
Särvsjön
1169
Ocksjön
Strångsund
Nysätern
Kroknäs
535
Myrvallen
Olavallen
Vispvallen
Lunnäset
Kvarnsjö
Nästeln
Digerberget
Gammelbodarna
Fallet
Näsvallen
Klövsjö
191
Handsjö
Storhågna
Rätan
Örasjöbodarna
Vemdalsskalet
Utanbergsvallarna
Böle
Saxvallbygget
Långå
1009
Rätansbyn
Överturingen
577
Medskogen
Vemdalen
Norr-Hede
Björnrike
561
Hede
Hedeviken
Nederhögen
Bryngelhögen
Håvero
Viken
Klaxåsen
730
Kölvallen
Sandviken
Sörtjärn
Rannsundet
Vemhån
Klaxås-Nybodarna
Torrflonäs
Skärsjövålen
Nyvallen
Håkansvallen
Märrviken
955
1277
Sånfjället
Storåsen
Överhogdal
Högvålen
Rånddalen
Bäckarna
Stensån
Sörvallen
Dalsvallen
Västerhållan
Fåssjödal
Härjedalen
673
Knätten
Bäckvallen
Ytterhogdal
Ransjö
Sörvattnet
Slagavallen
Hovärken
Linsell
Flor
Strådalen
1125
Glissjöberg
Duvberg
606
Andåsen
Lofsdalen
Glöte
Mosätt
Dravagen
Aspan
Ytterberg
Sveg
Svegssjön
Överberg
Älvros
Kolsätter
Vålåsen
734
Ulvkälla
Remmen
Messubodarna
Fjätbodarna
1196
Herrö
Ängersjö
Häggsberget
Djursvallen
Storfjäten
Risbrunn
Siksjön
Öjingsvallen
Fjätervålen
Härjåsjön
Lövhögen
Kroppfjäll
Frägnvallen
630
Acksjöbergskojan
567
Öjvvasseln
Kölsvallen
Lillhärdal
Olingdal
Lövnäsvallen
Olingsjövallen
Fågelsjö
Rullbo
Flovallen
Östansjö
Åsen
720
Bergvallen
792
Jucklabergsvallen
Sjöändan
Heden
Nordomsjön
Haftorsbygget
Strandasmyrvallen
Särna
Kryptjärn
Tandsjöborg
624
Kölsvallen
Granusjön
706
Sandsjö
Hamra
Grönsåsen
Sidvallen
Olingskog
Abborrsjöknoppen
Björkberg
Långnäset
Lånus
821
Ulvsjön
Tjäderåsen
Bornåsjösätern
Frängsletsjön
Kräckelbäcken
Särnstugan
Sjungarbygget
Mossiberg
Sunnet
994
Skärtjärn
Rånäs
Myggsjö
Älvho
Tackåsen
Noppikoski
Hägnåsen
Kullbodskojan
140
Nornäs
742
Navarnäs
Kvarnberg
Norrsjön
Bunkris
Flögåsen
740
Rymnäsbodarna
764
Våtkölssätern
Tyrinäs
Bössbo
Unntorp
Skålbygget
Sörsjön
747
Storbron
Trängslet
651
Rosentorp
904
Lövnäs
Blikstugan
Ribbåsen
Prästvallen
Fulunäs
Vervnäs
Hällstugan
Näckådalen
Åmådalen
Grundforsen
Ringnäs
Åsen
Brunnsberg
Klitten
Djupnäs
546
Ängen
Granfjället
945
Västerdalälven
Rot
Blecket
Höghed
Älvdalen
Okbodarna
Tallhed
Tandådalen
Orrliden
Migvrå
Stor-Vasselnäs
503
Skattungbyn
Torsmo
Västermyckeläng
Fryksås
Kallmora
Färdkällan
Köarskär
Sälen
Piltsätern
Ädbodarna
568
Vasselbodarna
Blyberg
Heden
Hansjö
Åberga
Gravberg
29

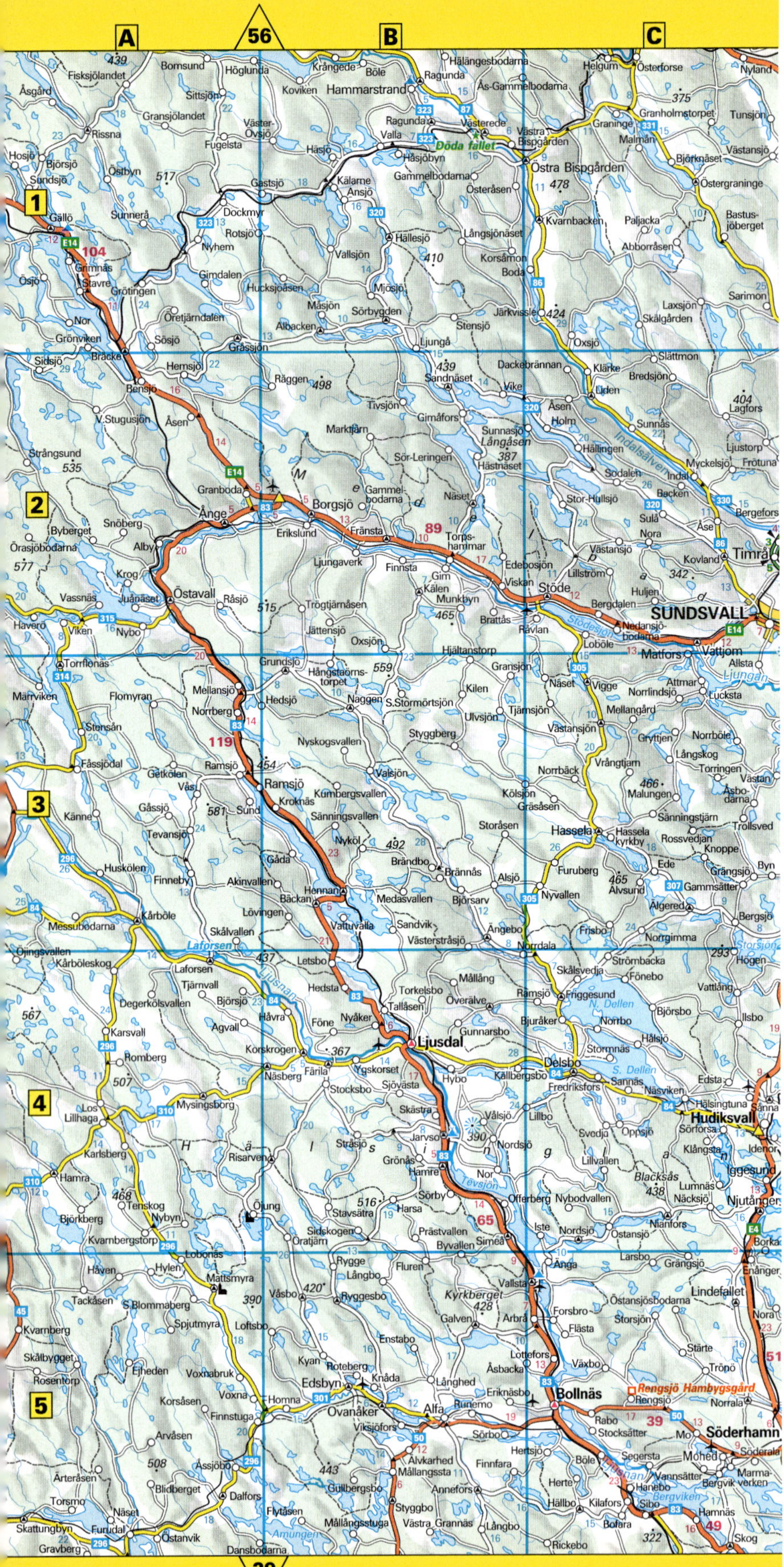
A
56
B
C
1
2
3
4
5
29
Fisksjölandet
Bornsund
Höglunda
Krångede
Böle
Hälangesbodarna
Helgum
Österforse
Nyland
Åsgård
Sittsjön
Koviken
Hammarstrand
Ragunda
Ås-Gammelbodarna
Gransjölandet
Granholmstorpet
Tunsjön
Rissna
Väster-Övsjö
Fugelsta
Hasjö
Valla
Västerede
Västra Bispgården
Graninge
Malmån
Hosjö
Björsjö
Sundsjö
Östbyn
Döda fallet
Håsjöbyn
Östra Bispgården
Björknäset
Västansjö
Gastsjö
Kälarne
Ansjö
Gammelbodarna
Österåsen
Östergraninge
Gällö
Sunnerå
Dockmyr
Rotsjö
Nyhem
Hällesjö
Långsjönäset
Kvarnbacken
Paljacka
Bastusjöberget
Gimånäs
Stavre
Grötingen
Vallsjön
Korsåmon
Boda
Abborråsen
Östjö
Gimdalen
Hucksjöåsen
Måsjön
Mjösjö
Sörbygden
Järkvissle
Laxsjön
Skålgården
Sarimon
Nor
Öretjärndalen
Albacken
Stensjö
Grönviken
Sösjö
Grässjön
Ljungå
Oxsjö
Slättmon
Sidsjö
Bräcke
Hemsjö
Dackebrännan
Klärke
Bredsjön
Räggen
Sandnäset
Vike
Lagfors
Bensjö
Tivsjön
Åsen
Holm
Uden
V.Stugusjön
Gimåfors
Sunnäs
Sunnasjö
Långåsen
Ljustorp
Strångsund
Marktjärn
Sör-Leringen
Hästnäset
Hällingen
Myckelsjö
Fröltuna
Indalsälven
Sodalen
Indal
Granboda
Gammelbodarna
Näset
Backen
Ånge
Borgsjö
Stor-Hullsjö
Bergefors
Byberget
Snöberg
Erikslund
Fränsta
Torpshammar
Sulå
Åse
Örasjöbodarna
Alby
Ljungaverk
Finnsta
Edebosjön
Västansjö
Nora
Timrå
Krog
Gim
Viskan
Lillström
Kovland
Vassnäs
Juånäset
Östavall
Råsjö
Kälen
Munkbyn
Stöde
Huljen
Havero
Viken
Nybo
Trögtjärnåsen
Brattås
Rävlan
Bergdalen
SUNDSVALL
Jättensjö
Stödesjön
Loböle
Nedansjöbodarna
Oxsjön
Hjältanstorp
Matfors
Vattjom
Torrflonäs
Grundsjö
Gransjön
Allsta
Hängstaorns-torpet
Ljungan
Märrviken
Flomyran
Mellansjö
Hedsjö
Naggen
S.Stormörtsjön
Kilen
Näset
Vigge
Attmar
Norrlindsjö
Lucksta
Norrberg
Ulvsjön
Tjärnsjön
Mellangård
Stensån
Styggberg
Västansjö
Gryttjen
Norrböle
Fåssjödal
Nyskogsvallen
Vrångtjärn
Långskog
Torringen
Getkölen
Ramsjö
Valsjön
Norrbäck
Västan
Ramsjö
Kumbergsvallen
Kölsjön
Malungen
Åsbodarna
Våsj
Kroknäs
Gräsåsen
Känne
Gåssjö
Sund
Sänningsvallen
Storåsen
Hassela
Sänningstjärn
Trollsved
Tevansjö
Hassela kyrkby
Rossvedjan
Nyköl
Knoppe
Gåda
Brändbo
Brännås
Furuberg
Ede
Grängsjö
Byn
Huskölen
Alsjö
Finneby
Akinvallen
Hennan
Nyvallen
Älvsund
Gammsätter
Björsarv
Bäckan
Medasvallen
Kårböle
Algered
Bergsjö
Messubodarna
Lövingen
Vattuvalla
Sandvik
Ängebo
Frisbo
Skålvallen
Västersträsjö
Norrdala
Norrgimma
Öjingsvallen
Laforsen
Strömbacka
Kårböleskog
Letsbo
Storsjön
Högen
Laforsen
Fönebo
Tjärnvall
Hedsta
Mållång
Vattlång
Ljusnan
Degerkölsvallen
Björsjö
Torkelsbo
Skålsvedja
Friggesund
Överälve
Tallåsen
Ramsjö
N. Dellen
Björsbo
Håvra
Ilsbo
Föne
Nyåker
Bjuråker
Norrbo
Karsvall
Agvall
Ljusdal
Gunnarsbo
Stormnäs
Hålsjö
Korskrogen
Romberg
Fårila
Ygskorset
Delsbo
Nåsberg
Hybo
Källbergsbo
S. Dellen
Edsta
Stocksbo
Sjövästa
Fredriksfors
Sannäs
Näsviken
Los
Mysingsborg
Lillhaga
Skästra
Hälsingtuna
Hudiksvall
Vålsjö
Lillbo
Sörforsa
Risarven
Straåsjö
Järvsö
Nordsjö
Svedja
Oppsjö
Idenor
Karlsberg
Klångsta
Grönås
Hamre
Lillvallen
Iggesund
Hamra
Nor
Tevsjön
Blacksås
Lumnäs
Sörby
Offerberg
Nybodvallen
Njutånger
Tenskog
Öjung
Harsa
Näcksjö
Björkberg
Nybyn
Stavsätra
Nianfors
Sidskogen
Prästvallen
Iste
Nordsjö
Ostansjö
Kvarnbergstorp
Oratjärn
Byvallen
Simeå
Borka
Lobonäs
Rygge
Larsbo
Grängsjö
Enånger
Håven
Hylen
Fluren
Långbo
Änga
Mattsmyra
Vallsta
Lindefallet
Tackåsen
S.Blommaberg
Våsbo
Ryggesbo
Kyrkberget
Östansjöbodarna
Spjutmyra
Loftsbo
Galven
Arbrå
Forsbro
Storsjön
Nora
Kvarnberg
Flästa
Enstabo
Skålbygget
Lottefors
Växbo
Stärte
Kyan
Roteberg
Åsbacka
Trönö
Rosentorp
Ejheden
Voxnabruk
Knåda
Långhed
Edsbyn
Rengsjö Hambygsgård
Homna
Eriknäsbo
Bollnäs
Rengsjö
Voxna
Norrala
Korsåsen
Finnstuga
Ovanåker
Alfa
Runemo
Rabo
Viksjöfors
Stocksätter
Mo
Söderhamn
Arvåsen
Sörbo
Hertsjö
Segersta
Moheda
Söderala
Assjöbo
Älvkarhed
Finnfara
Böle
Årteråsen
Mållangssta
Vannsätter
Marmaverken
Bidberget
Annefors
Herte
Hanebo
Bergvik
Torsmo
Dalfors
Gullbergsbo
Bergviken
Hällbo
Kilafors
Sibo
Näset
Flytåsen
Styggbo
Hamnäs
Skattungbyn
Furudal
Mållångsstuga
Västra Grannäs
Långbo
Bofara
Amungen
Gravberg
Östanvik
Dansbodarna
Rickebo
Skog

D
E
57
F
Ångermanälven
Bote
Fålasjö
Grundtjärn
Östmarkum
Vamme
Trysunda
Torsåker
Styrnäs
Hällsjö
Dal
Docksta
Käxed
Norrtjärn
Getberg
Värns
Bollstabruk
Sandslån
Ullånger
Viksätter
Ulvöhamn
Nyland
Röksta
Mjällom
Forsed
Köja
Bjärtrå
Jäppling
Nyland
Norrfällsviken
Sandviken
Nordingrå
Storvattnet
Lungvik
Kramfors
Herrskog
Saltea
Rävsön
Habborn
Lunde
Nora
Bönhamn
Sandö bro
Klocke-
strand
Kvissle
Bölesta
Fällsvikshamnen
Nyadal
Ramvik
Berghamn
Högsjö
Lövvik
Gåltjärn
Utansjö
Viksjö
Furuhult
Höga Kusten
Nordanå
Aspnäs
Välånger
Hemsö
Uland
Sanna
Älandsbro
Brunne
Norrstig
Lungön
Säbrå
Stigsjö
Härnösand
Åsäng
Snö
Gånsvik
Stavreviken
Bye
By
Solumshamn
Hässjö
Tornom
Söråker
Åvikebruk
Backås
Barsviken
Hovid
Skäggsta
Åvikebukten
Alnö
Vi
Tynderö
Bäräng
Tunadal
Gustavsberg
Skeppshamn
Alnön
Spikarna
Stockvik
Svartvik
Sundsvalls-
bukten
Skottsund
Juniskär
Kvissleby
Berga
Njurundabommen
Junibodsand
Brämön
Öjen
Myrbodarna
Skärsätt
Galtström
Årskogen
Ragvaldsnäs
Bottenhavet
Norrfjärden
Gnarp
Husta
Sörfjärden
Jättendal
Hårte
Mellanfjärden
Harmånger
Stocka
Strömsbruk
Via
Bergön
Runsten
Stensön
Östby
Arnöviken
Hudiksvallsfjärden
Kuggörarna
Saltvik
Hornslandet
Mössön
Hölick
Agön
Agö hamn
Karskär
Långvinds bruk
Långvind
Skärså
Hamlegårdsstrand
Stålnäset
Källvik
Sandarne
Ljusne
Vallvik
Storjungfrun
30

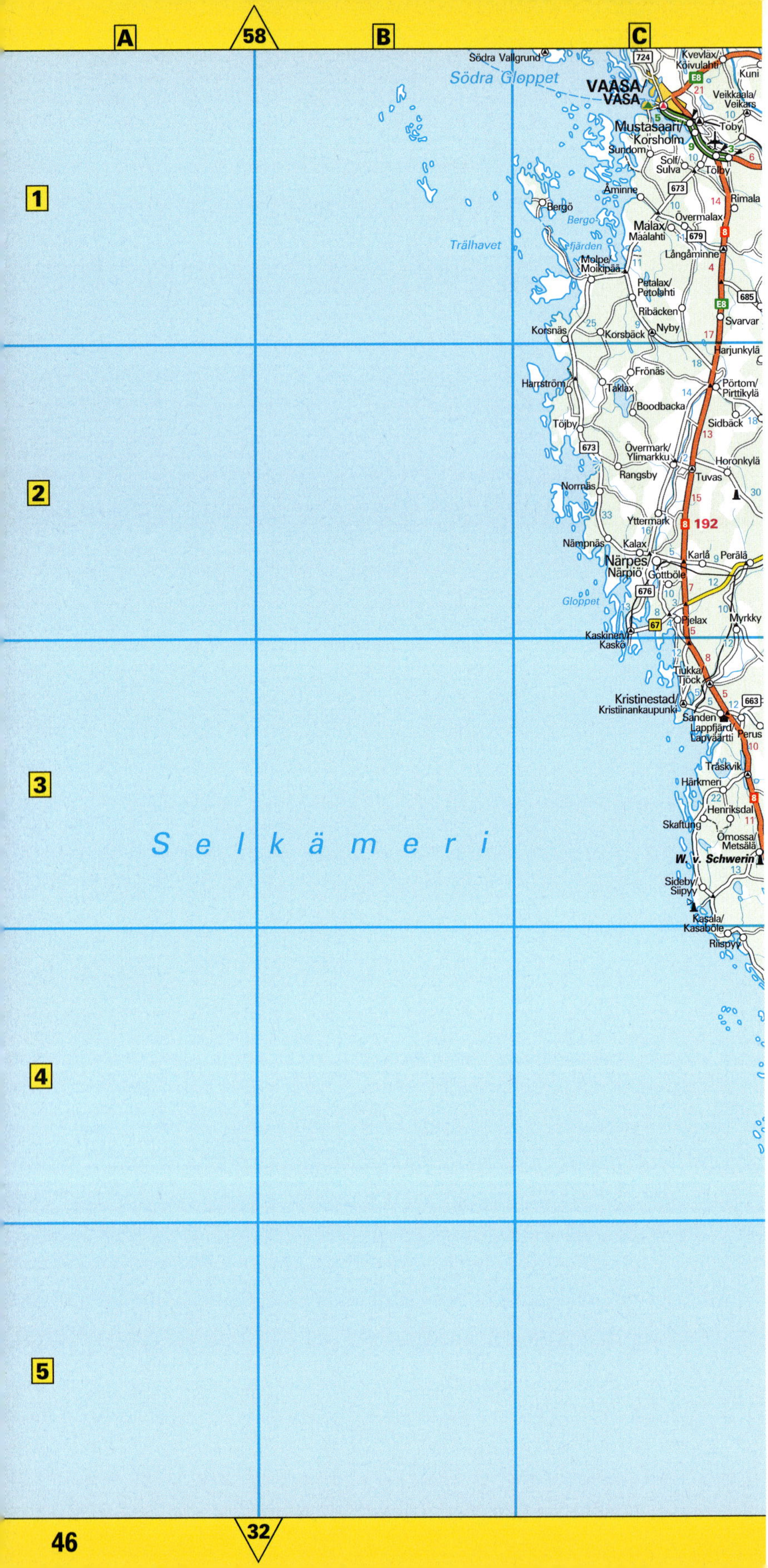
A
58
B
C
1
2
3
4
5
Södra Vallgrund
Södra Gloppet
VAASA/
VASA
Kvevlax/
Koivulahti
Kuni
Veikkaala/
Veikars
Mustasaari/
Korsholm
Toby
Sundom
Solf/
Sulva
Tölby
Åminne
Bergö
Bergö
Trålhavet
Rimala
Övermalax
Malax/
Maalahti
Långåminne
Molpe/
Moikipää
Petalax/
Petolahti
Ribäcken
Svarvar
Nyby
Korsnäs
Korsbäck
Harjunkylä
Frönäs
Harrström
Taklax
Pörtom/
Pirttikylä
Boodbacka
Sidbäck
Töjby
Övermark/
Ylimarkku
Horonkylä
Rangsby
Tuvas
Norrnäs
Yttermark
192
Nämpnäs
Kalax
Närpes/
Närpiö
Gottböle
Karlå
Perälä
Gloppet
Pjelax
Myrkky
Kaskinen/
Kaskö
Tiukka/
Tjöck
Kristinestad/
Kristiinankaupunki
Sanden
Lappfjärd/
Lapväärtti
Perus
Träskvik
Härkmeri
Henriksdal
Skaftung
Ömossa/
Metsälä
W. v. Schwerin
Sideby/
Siipyy
Kasala/
Kasaböle
Riispyy
Selkämeri
32

Vöyri
Koskenkylä
Kyrönjoki
Vähäkyrö
Lehmäjoki
Untamala
Isokyrö
Laihia
Ylistaro
Hakola
Karjanlahti
Kauhava
Kantola
Lappajärvi
Vimpeli
Alajärvi
Lapua
Hirvijoki
Lehtimäki
Seinäjoki
Nurmo
Ilmajoki
Koskenkorva
Kurikka
Jurva
Kuortane
Alavus
Tuuri
Töysä
Ähtärinranta
Peräseinäjoki
Jalasjärvi
Teuva
Kauhajoki
Karijoki
Virrat
Parkano
Kihniö
Isojoki
Honkajoki
Kankaanpää
Merikarvia
Ikaalinen
Kyrösjärvi
Hämeenkyrö
Noormarkku
Pomarkku
Reposaari
Mäntyluoto
Yyteri
PORI
Ulvila
Nakkila
Harjavalta
Kokemäki
Eurajoki
Huittinen
Vammala
Nokia
Sastamala
Karhijärvi
Pyhäjärvi
Rautavesi
Lauttakylä

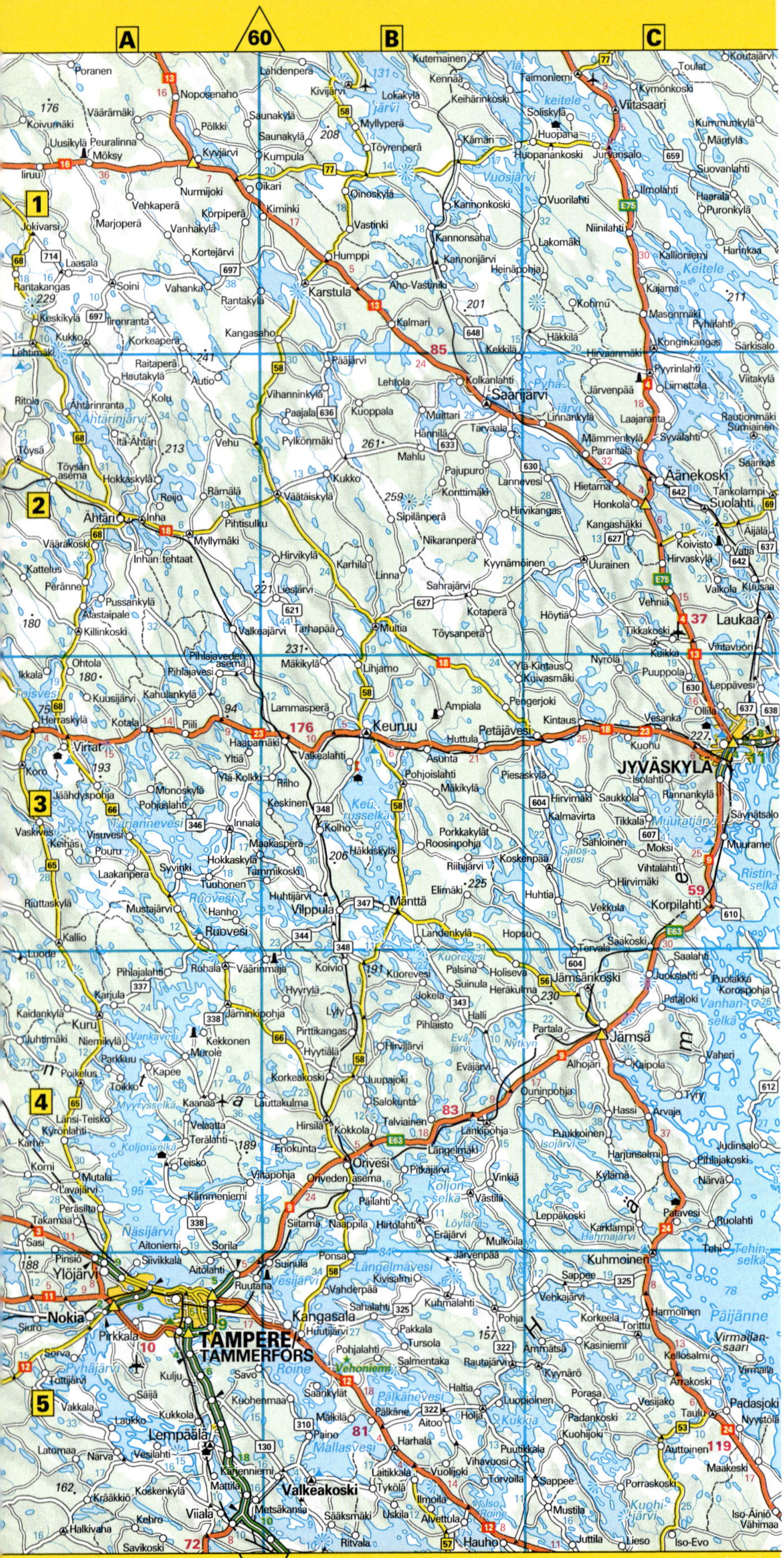
A
60
B
C
1
2
3
4
5
34
Karstula
Saarijärvi
Äänekoski
Suolahti
Laukaa
Ähtäri
Virrat
Keuruu
Petäjävesi
JYVÄSKYLÄ
Multia
Viitasaari
Kivijärvi
Kannonkoski
Pihtipudas
Soini
Kyyjärvi
Mänttä
Vilppula
Ruovesi
Jämsä
Jämsänkoski
Korpilahti
Orivesi
Kangasala
Ylöjärvi
Nokia
TAMPERE/
TAMMERFORS
Pirkkala
Lempäälä
Valkeakoski
Kuhmoinen
Padasjoki
Luopioinen
Hauho
Viiala
Pälkäne
Näsijärvi
Keitele
Päijänne
Längelmävesi
Keurusselkä
Tarjannevesi
Ruovesi
Vesijärvi
Pyhäjärvi
Mallasvesi
Roine
Kuorevesi
Ähtärinjärvi

Nilakka
Taipale
Parika
Varpasmaa
Maaninka
Kolmisoppi
Pasalankylä
Vuotjärvi
Losomäki
Leppäselkä
Pulkonkoski
Kinnulanlahti
Pöljänmylly
Kuuslahti
Haluna
Viitaniemi
Jokijärvi
Ristinen
Kurolanlahti
Talluskylä
Käärmelahti
Hamula
Siilinjärvi
Murtolahti
Vuotlahti
Juankoski
Mäntyjärvi
Ylä-Vehkalahti
Koivulahti
Ruokovesi
Väänälänranta
Reima
Nousionmäki
Kortteinen
Hamula
Äyskoski
Leinolanlahti
Hirvilahti
Juuruvesi
Muuruvesi
Niemisjärvi
Kallavesi
Västinniemi
Kaavi
Pirttimäki
Tervo
Suolahti
Riuttala
Lamperila
Jännevirta
Ryönä
Niinivedenpää/Niinivesi
Hautomäki
Retunen
Vesanto
Vesamäki
Hyvölä
Karttula
Oltä-Karttula
Kurkiharju
Riistavesi
Vartiala
Laukka-aho
Ahveninen
Viitataival
Kaislastenlahti
Tuusjärvi
Horonkylä
Käpysalo
Syvänniemi
Haminalahti
KUOPIO
Asuma
Hiidenlahti
Ohtaanniemi
Sonkari
Titilänkylä
Haapamäki
Soinlahti
Pihkainmäki
Pitkälahti
Kallavesi
Hermonranta
Tuusniemi
Närhilä
Pohjois-Konnevesi
Virmasvesi
Koskenkylä
Hiltulanlahti
Kohma
Kiesimä
Saikari
Niinivesi
Virmaanpää
Pellesmäki
Kirmunmäki
Kurkimäki
Litmaniemi
Juurikkamäki
Kerkonkoski
Mustolanmäki
Airakselan asema
Vehmasmäki
Vehmersalmi
Hointaival
Karkaala
Pitkälahti
Ruskila
Pyydyskylä
Vaajasalmi
Räsälä
Enonlahti
Istunmäki
Pakarila
Pukkiharju
Salminen
Sotkanniemi
Mustinlahti
Silmutjoki
Iisvesi
Valkeamäki
Ukonlahti
Liimattala
Rautalampi
Lempyy
Paukarlahti
Tuppurinmäki
Konnevesi
Konnekoski
Suonenjoki
Länsi-Saamainen
Suvavesi
Konnevesi
Vehvilä
Oravikoski
Leppämäki
Hytölä
Hanhitaipale
Leivä
Jalkala
Soisalo
Haapamäki
Sirkkamäki
Petäjämäki
Palokangas
Konnuslahti
Kurjala
Kärkkäälä
Hankamäki
Pörölänmäki
Hänniskylä
Sorsavesi
Näätänmaa
Myhinpää
Hulkkola
Leppävirta
Manila
Ristimäki
Sakinmäki
Suontee
Lamminmäki
Soinilansalmi
Hankavesi
Haapakoski
Hietakylä
Lankamaa
Armisvesi
Mataramäki
Sorsakoski
Tarvaala
Hankasalmi
Vanaja
Isokylä
Unnukka
Mustinsalo
Niinimäki
Venekoski
Kotamäki
Huhtimäki
Timola
Simuna
Vaalijala
Jäppilä
Kankainen
Partaharju
Tihusniemi
Kallioaho
Kontiomäki
Sarkamäki
Venetmäki
Syvänsi
Varkaus
Saarilampi
Sauvamäki
Paltanen
Pieksämäki
Siikamäki
Rauhamäki
Puttola
Hankasalmen as.
Naarajärvi
Savio
Lievestuore
Niemisjärvi
Pyhäjärvi
Maavuskylä
Maavesi
Harjuranta
Murtoinen
Etelä-Niskamäki
Tahkoranta
Leppälahti
Metsolahti
Hoho
Kylmämäki
Lamminmäki
Kolma
Palosenmäki
Vehmaskylä
Huutokoski
Joroinen
Huuhimäki
Kankainen
Rutakoski
Pölläkkä
Tyrväälä
Hurskaala
Tiemassaari
Leppävesi
Haapaselkä
Oravasaari
Huikko
Häppälä
Halkokumpu
Montola
Sysmä
Kokonkylä
Loukolampi
Vanamola
Nykälä
Toivakka
Makkola
Kutemajärvi
Kantala
Virtasalmi
Kerisalo
Haukanmaa
Viisarimäki
Synsiö
Härkäjärvi
Hällinmäki
Pohjois-Virmas
Lahnalahti
Haapaniemi
Nisula
Paloskylä
Särkimäki
Haarajoki
Mallos
Häkkilä
Ankele
Sydänmaa
Ristikangas
Salmenkylä
Kaitainen
Rutalahti
Kouhi
Havumäki
Kangasniemi
Harjunmaa
Asemankylä
Kangasjärvi
Narila
Tuusmäki
Päiväkunta
Pyhävälä
Haukivuori
Vuorenmaa
Kohiseva
Pakinmaa
Oittila
Laitiala
Vuojalahti
Lusniemi
Kyyvesi
Pitkäaho
Tuusjärvi
Rutajärvi
Leivonmäki
Hokka
Läsänkoski
Pulliala
Kalvitsa
Hyötyy
Vehmaa
Juva
Kivisuo
Putkilahti
Kortesalmi
Simpiänniemi
Kakriala
Pajulankylä
Loukee
Näärinki
Hatsola
Hauna
Savenaho
Kälä
Ihastjärvi
Järvenpää
Tammikoski
Pappinen
Hirvenlahti
Harjumaa
Vehmaskylä
Kilpola
Ollikkala
Luhanka
Tammihaara
Suontee
Hirvijärvi
Maininiemi
Vanhamäki
Hiirola
Nuutilanmäki
Rautjärvi
Väisälänsaari
Vanhala
Kuvaala
Kolkanranta
Lempää
Joutsa
Pärnämäki
Puula
Kovala
Rämälä
Siikakoski
Vuorenkylä
Marjotaipale
Kuitula
Tuukkala
Korpijärvi
Huuhanaho
Rusi
Suonsalmi
Rahula
Maarala
Hangastaipale
Rautavesi
Haminanmäki
Korpikoski
Ylivesi
Vehkasalo
Niemistenkylä
Uimaniemi
Pöyry
Rantakylä
Mikkeli
Kokkosenlahti
Syysjärvi
Luonteri
Leppäkoski
Nokka
Hirvensalmi
Syväsmäki
Tuukkala
Parkkila
Soiniemi
Ruskeala
Jääsjärvi
Ripatti
Ruorasmäki
Kissakoski
Ryökäsvesi
Otava
Pitkälahti
Särkilahti
Liikola
Hartola
Kilkinkylä
Savela
Anttola
Riihiniemi
Joutsjärvi
Saviniemi
Hietanen
Sysmä
Murakka
Vehkalahti
Hartosenpää
Mikkanen
Tiilikkala
Närhilä
Loytö
Hangastenmaa
Huttula
Valittula
Peruvesi
Rahikkala
Ristiina
Louhivesi
Suopelto
Juotsjärvi
Pohjola
Mansikkamäki
Pertunmaa
Toivola
Myntilä
Ollikkala
Pellosniemi
Someenjärvi
Rapala
Kalho
Kuivajärvi
Vihantasalmi
Kuomiokoski
Yövesi
Suurlahti
Virtaa
Lepsala
Mäntyharju
Heiniemi
Himalansaari
Onkiniemi
Kuortti
Koirakivi
Järvenpää
Nuoramoinen
Hietaniemi
Juolasvesi
Lyytikkälä
Nikkaroinen
Paaso
Varpanen
Liijansaari
Karilanmaa
Pääsinniemi
Koskenmylly
Enonlahti
Jäniskylä
Punkka
Ravioskorpi
Kousankylä
Kinni
Suomijärvi
Kalkkinen
Marjoniemi
Lusi
Imjärvi
Ahvenisto
Nurmaa
Herajärvi
Suomenniemi
Luotolahti
Särkijärvi
Pärnämäki
Mouhu
Halmeniemi
Kiesilä
Asikkalanselkä
Mustajärvi
Ruotsalainen
Hirvisalo
Voikoski
Vanonen
Pulkkila
Asikkala
Keltaniemi
Heinolan
Hujansalo
Paljakka
Orilampi
Valtola
Korpijärvi
Kuolimo
Urajärvi
Rutalahti
Heinola
Konnivesi
Ansalahti
Hillosensalmi
Käävänkylä
Kurhila
Vääksy
Salo
Huhdasjärvi
Karijärvi
Vuohijärvi
Säänjärvi

A
62
B
C
1
2
3
4
5
36
Kolmisoppi
Pasalankylä
Haluna
Vuotjärvi
Losomäki
Viitaniemi
Polvela
Lamsaari
Kinnulanlahti
Pöljänmylly
Kuuslahti
Siilinjärvi
Murtolahti
Vuotlahti
Juankoski
Mäntyjärvi
Petrovaara
Kajoo
Otravaara
Sumukka
Timovaara
Kaarmelahti
Hamula
Nousionmäki
Ylä-Vehkalahti
Martonvaara
Väänälänranta
Reimä
Juuruvesi
Muuruvesi
Kortteinen
Pullinmäki
Niinivaara
Suovaara
Tuopanjoki
Hirvilahti
Kallavesi
Lamperila
Jannevirta
Ryönä
Västinniemi
Kaavi
Sivakkavaara
Onnivaara
Sammakkovaara
Kurkiharju
Vartiala
Riistavesi
Retunen
Lehtovaara
Laukka-aho
Luikonlahti
Huutokoski
Kaislastenlahti
KUOPIO
Asuma
Tuusjärvi
Rauvantaipale
Hukkala
Haapovaara
Syvänniemi
Haminalahti
Ohtaanniemi
Saarivaara
Polvijärvi
Pihkainmäki
Hiidenlahti
Maarianvaara
Pitkälahti
Hirvonranta
Rikkavesi
Horsmanaho
Koskenkylä
Hiltulanlahti
Kallavesi
Kohma
Tuusniemi
Kokonvaara
Kirmumäki
Paakkila
Sola
Kurkimäki
Pellesmäki
Litmaniemi
Rikkaranta
Viinijärvi
Airakselan asema
Vehmasmäki
Vehmersalmi
Juurikkamäki
Kalaton
Kärkäälä
Pitkälahti
Enonlahti
Varislahti
Outokumpu
Harmaansalo
Salminen
Sotkanniemi
Räsälä
Ruskila
Kojanlahti
Kuusjärvi
Iisvesi
Valkeamäki
Mustinlahti
Kosula
Maljasalmi
Viinijärvi
Lempyy
Paukarlahti
Tuppurinmäki
Ukonlahti
Juojärvi
Ahonkylä
Konttkala
Suonenjoki
Länsi-Saamainen
Suvavesi
Viuruniemi
Leppämäki
Laukansalo
Ristinpohja
Levä
Vehvilä
Oravikoski
Soisalo
Lintula
Uusi Valamon
Hepo-
Ristinkylä
Jalkala
Petäjämäki
Palokangas
Konnuslahti
Kurjala
Haapamäki
Palokki
Varistaipale
Korpivaara
Pörölänmäki
Näätänmaa
Kypäräjärvi
Karvio
Suurmaki
Teerisuo
Hulkkola
Suontee
Leppävirta
Soinilansalmi
Rummukkala
Petrume
Suurijärvi
Sarvikumpu
Haapakoski
Hietakylä
Lamminmäki
Kermajärvi
Petruma
Mataramäki
Kotamäki
Huhtimäki
Sorsakoski
Unnukka
Heinävesi
Isokylä
Kuittua
Latvalampi
Vaalijala
Jäppilä
Timola
Mustinsalo
Niinimäki
Koivumäki
Kerma
Sappu
Partaharju
Kontiomäki
Tihusniemi
Sarkamäki
Syriä
Heinäveden asema
Vihtari
Tetrivaara
Syvänsi
Varkaus
Malkkila
Säynelahti
Paltanen
Siikamäki
Rauhamäki
Kangaslampi
Leivonmäki
Naarajärvi
Pieksämäki
Harjuranta
Kurenlahti
Pöllakkä
Etelä-Niskamäki
Maavuskylä
Maavesi
Pyyli
Lamminmäki
Kolma
Tahkoranta
Pisamaniemi
Viljolahti
Hevonlahti
Leipämäki
Tyrväälä
Vehmaskylä
Huutokoski
Rekitaipale
Hurskaala
Joroinen
Tiemassaari
Ihamaniemi
Montola
Haapaselkä
Vanamola
Ahvensalmi
Sysmä
Torasalo
Hanhivirta
Loukolampi
Katajamäki
Haukivesi
Oravi
Enonvesi
Nykälä
Kutemajärvi
Virtasalmi
Haapaniemi
Hyypiänniemi
Kantala
Hällinmäki
Pohjois-Virmas
Lahnalahti
Kerisalo
Loislahti
Harkäjärvi
Rantasalmi
Asikkala
Juvola
Enonkoski
Häkkilä
Ankele
Sydänmaa
Kolkontaipale
Muhola
Karvila
Mallos
Kaitainen
Kolkonjärvi
Asemankylä
Kangasjärvi
Narila
Rantasalmen asema
Varparanta
Harjunmaa
Haukivuori
Vuorenmaa
Tuusmäki
Kolkonranta
Päiviälä
Pakinmaa
Hiltula
Joutsenmäki
Luusniemi
Kohiseva
Tuusjärvi
Parkumäki
Vuojalahti
Kyyvesi
Pitkäaho
Kolkonpää
Niittylahti
Hyötyy
Leipämäki
Tunnila
Kallislahti
Haapavesi
Kalvitsa
Vehmaa
Juva
Paatela
Pihlajalahti
Aholahti
Hokka
Läsänkoski
Pullala
Loukee
Näärinki
Kiiskilä
Kakriala
Pajulankylä
Hatsola
Järvenpää
Kyrsyä
Kuhakoski
Simpiänniemi
Ihastjärvi
Kommerniemi
Harjumaa
Kilpola
Vehmaskylä
Ollikkala
Vanhamäki
Hiirola
Nuutilanmäki
Rautjärvi
Kaskii
Sulkava
Kolkanranta
Lauteala
Väisälänsaari
Vanhala
Kovala
Kuvaala
Puula
Korpijärvi
Rämälä
Siikakoski
Heikkurila
Ruokoniemi
Ahvionsaari
Tuukkala
Huuhanaho
Koikkala
Soiniemi
Kaartilankoski
Suonsalmi
Korpikoski
Rahula
Maarala
Siikakoski
Ylivesi
Karjulanmäki
Pöyry
Mikkeli
Kokkosenlahti
Syysjärvi
Ryhälä
Rantakylä
Tuukkala
Auvila
Hirvensalmi
Syväsmäki
Luonteri
Risulahti
Ripatti
Ryökäsvesi
Pitkälahti
Kietävälä
Telataipale
Kissakoski
Otava
Parkkila
Haapaselkä
Kiikinkylä
Savela
Anttola
Tiimola
Luukkonen
Auvila
Savinjemi
Hietanen
Mikkanen
Löytö
Hangastenmaa
Sepänkylä
Hartosenpää
Tiilikkala
Närhilä
Huttula
Rokansalo
Puumala
Peruvesi
Ristiina
Louhivesi
Pertunmaa
Toivola
Rahikkala
Hurissalo
Lietvesi
Mynttilä
Pellosniemi
Huuhkala
Hauklappi
Ollikkala
Someenjärvi
Suurlahti
Vihantasalmi
Kuomiokoski
Yövesi
Niinisaari
Luukkola
Mäntyharju
Heiniemi
Ruokotaipale
Kuortti
Koirakivi
Himalansaari
Ollila
Peräkylä
Järvenpää
Hietaniemi
Juolasvesi
Lyytikkälä
Punkka
Liiansaari
Mauriola
Petraselkä
Kietävälä
Enonlahti
Varpanen
Laamala
Junnikkala
Utula
Kousankylä
Jäniskylä
Heräjärvi
Suomijärvi
Ahvenisto
Nurmaa
Kinni
Suomenniemi
Luotolahti
Suikka
Pämämäki
Mouhu
Kuivainen
Pettilä
Saimaa
Hirvisalo
Halmeniemi
Kiesilä
Paljakka
Voikoski
Partakoski
Pönniälä
Solkei
Suuri Jänkäsalo
Kuolimo
Kuhala
Orilampi
Vanonen
Hyrkkälä
Ilkonselkä
Valtola
Saikkola
Käävänkylä
Levänen
Ansalahti
Hillosensalmi
Savitaipale
Rehula
Karijärvi
Huhdasjärvi
Vuohijärvi
Kaskei
Saarijärvi
Taipalsaari

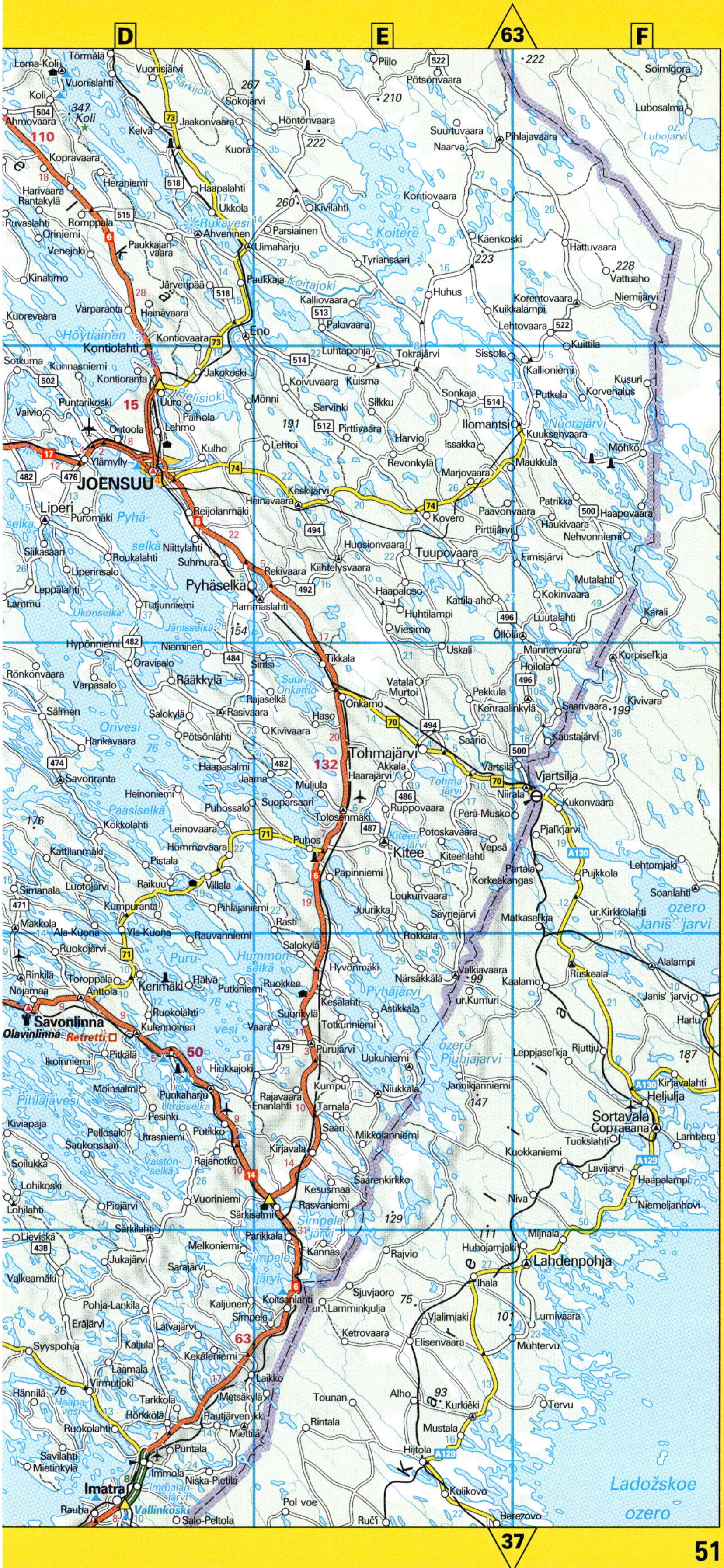
D
E
63
F
Loma-Koli
Törmälä
Vuonislahti
Vuonisjärvi
Koli
347 Koli
Ahmovaara
Kelvä
Jaakonvaara
Sokojärvi
Höntönvaara
Piilo
Pötsönvaara
Suurtuvaara
Naarva
Pihlajavaara
Soimigora
Lubosalma
oz. Lubojarvi
Kopravaara
Heraniemi
Haapalahti
Ukkola
Kivilahti
Kontiovaara
Harivaara
Rantakylä
Ruvaslahti
Romppala
Oriniemi
Venejoki
Paukkajanvaara
Rukavesi
Ahveninen
Uimaharju
Parsiainen
Koitere
Kaenkoski
Tyriansaari
Hattuvaara
Vattuaho
Kinahmo
Järvenpää
Paukkaja
Koitajoki
Huhus
Korentovaara
Niemijärvi
Varparanta
Heinävaara
Kalliovaara
Palovaara
Kuikkalampi
Lehtovaara
Kuorevaara
Höytiäinen
Kontiolahti
Kontiovaara
Eno
Luhtapohja
Tokrajärvi
Sissola
Kuittila
Sotkuma
Kunnasniemi
Kontioranta
Jakokoski
Kuisma
Kallioniemi
Kusuri
Puntarikoski
Uuro
Pielisjoki
Mönni
Koivuvaara
Sarvinki
Silkku
Sonkaja
Putkela
Korvenalus
Vaivio
Ontoola
Paihola
Lehmo
Pirttivaara
Harvio
Ilomantsi
Kuuksenvaara
Nuorajärvi
Ylämylly
Kulho
Lehtoi
Issakka
Revonkylä
Maukkula
Möhkö
JOENSUU
Marjovaara
Liperi
Puromäki
Pyhäselkä
Heinävaara
Keskijärvi
Kovero
Patrikka
Haapovaara
Reijolanmäki
Paavonvaara
Pirttijärvi
Haukivaara
Nehvonniemi
Siikasaari
Roukalahti
Niittylahti
Suhmura
Huosionvaara
Tuupovaara
Eimisjärvi
Liperinsalo
Pyhäselkä
Rekivaara
Kiihtelysvaara
Mutalahti
Leppälahti
Lammu
Hammaslahti
Haapalouso
Kokinvaara
Ukonselkä
Tutjunniemi
Huhtilampi
Kattila-aho
Luutalahti
Karali
Jänisselkä
Viesimo
Öllölä
Hypönniemi
Nieminen
Uskali
Mannervaara
Korpisel'kja
Rönkönvaara
Oravisalo
Siitsi
Tikkala
Hoilola
Varpasalo
Rääkkylä
Suuri-Onkamo
Vatala
Pekkula
Murtoi
Rajaselkä
Onkamo
Kenraalinkylä
Saarivaara
Kivivara
Sälmen
Salokylä
Rasivaara
Haso
Orivesi
Kivivaara
Harikavaara
Pötsönlahti
Saario
Kaustajärvi
Tohmajärvi
Haapasalmi
Akkala
Savonranta
Jaama
Haarajärvi
Värtsilä
Vjartsilja
Heinoniemi
Muljula
Tohmajärvi
Niirala
Kukonvaara
Paasiselkä
Suoparsaari
Puhossalo
Ruppovaara
Perä-Musko
Kokkolahti
Tolosenmäki
Leinovaara
Puhos
Potoskavaara
Pjal'kjarvi
Kattilanmäki
Hummovaara
Kiteenjärvi
Kitee
Vepsä
Pistala
Kiteenlahti
Partala
Pujkkola
Lehtomjaki
Raikuu
Villala
Papinniemi
Korkeakangas
Simanala
Luotojärvi
Pihlajaniemi
Loukunvaara
Soanlahti
Kumpuranta
Rasti
Säynejärvi
Matkasel'kja
ur.Kirkkolahti
Janis'jarvi
Makkola
Ala-Kuona
Yla-Kuona
Rauvanniemi
Rokkala
Ruokojärvi
Salokylä
Hummonselkä
Alalampi
Rinkilä
Toroppala
Kerimäki
Hälvä
Putkiniemi
Ruokkee
Hyvönmäki
Närsäkkälä
Valkiavaara
Kaalamo
Ruskeala
Nojanmaa
Anttola
Kesälahti
Pyhäjärvi
Janis'jarvi
Savonlinna
Olavinlinna
Retretti
Ruokolahti
Kulennoinen
Suurikylä
Astikkala
ur.Kumuri
Harlu
Totkunniemi
Vaara
Pitkälä
Purujärvi
ozero Pjuhajarvi
Leppjasel'kja
Rjuttju
Ikonniemi
Hiukkajoki
Uukuniemi
Kirjavalahti
Moinsalmi
Punkaharju
Rajavaara
Kumpu
Niukkala
Jannikjanniemi
Heljulja
Pihlajavesi
Puruvesi
Enanlahti
Tarnala
Sortavala
Сортавала
Kiviapaja
Pesinki
Pellosalo
Saukonsaari
Utrasniemi
Putikko
Saari
Mikkolanniemi
Tuokslahti
Lamberg
Kirjavala
Kuokkaniemi
Lavijarvi
Soilukka
Rajanotko
Haapalampi
Lohikoski
Vuoriniemi
Kesusmaa
Saarenkirkko
Niva
Lohilahti
Piojärvi
Rasvaniemi
Niemeljanhovi
Lieviskä
Särkilahti
Särkisalmi
Parikkala
Simpelejärvi
Huhojarvjaki
Miljnala
Melkoniemi
Kannas
Rajvio
Lahdenpohja
Jukajärvi
Valkeamäki
Sarajärvi
Ihala
Pohja-Lankila
Kaljunen
Koitsanlahti
Sjuvjaoro
ur. Lamminkjulja
Eräjärvi
Latvajärvi
Simpele
Vjalimjaki
Lumivaara
Syyspohja
Kaljula
Ketrovaara
Elisenvaara
Muhtervu
Laamala
Kekäleniemi
Virmutjoki
Laikko
Hännilä
Haapavesi
Tarkkola
Metsäkylä
Tounan
Alho
Kurkiëki
Tervu
Hörkkölä
Ruokolahti
Rautjärven kk.
Rintala
Mustala
Miettilä
Savilahti
Mietinkylä
Puntala
Hijtola
Immola
Niska-Pietilä
Imatra
Immalanjärvi
Kulikovo
Ladožskoe ozero
Rauha
Vallinkoski
Pol voe
Salo-Peltola
Ruči
Berezovo
37

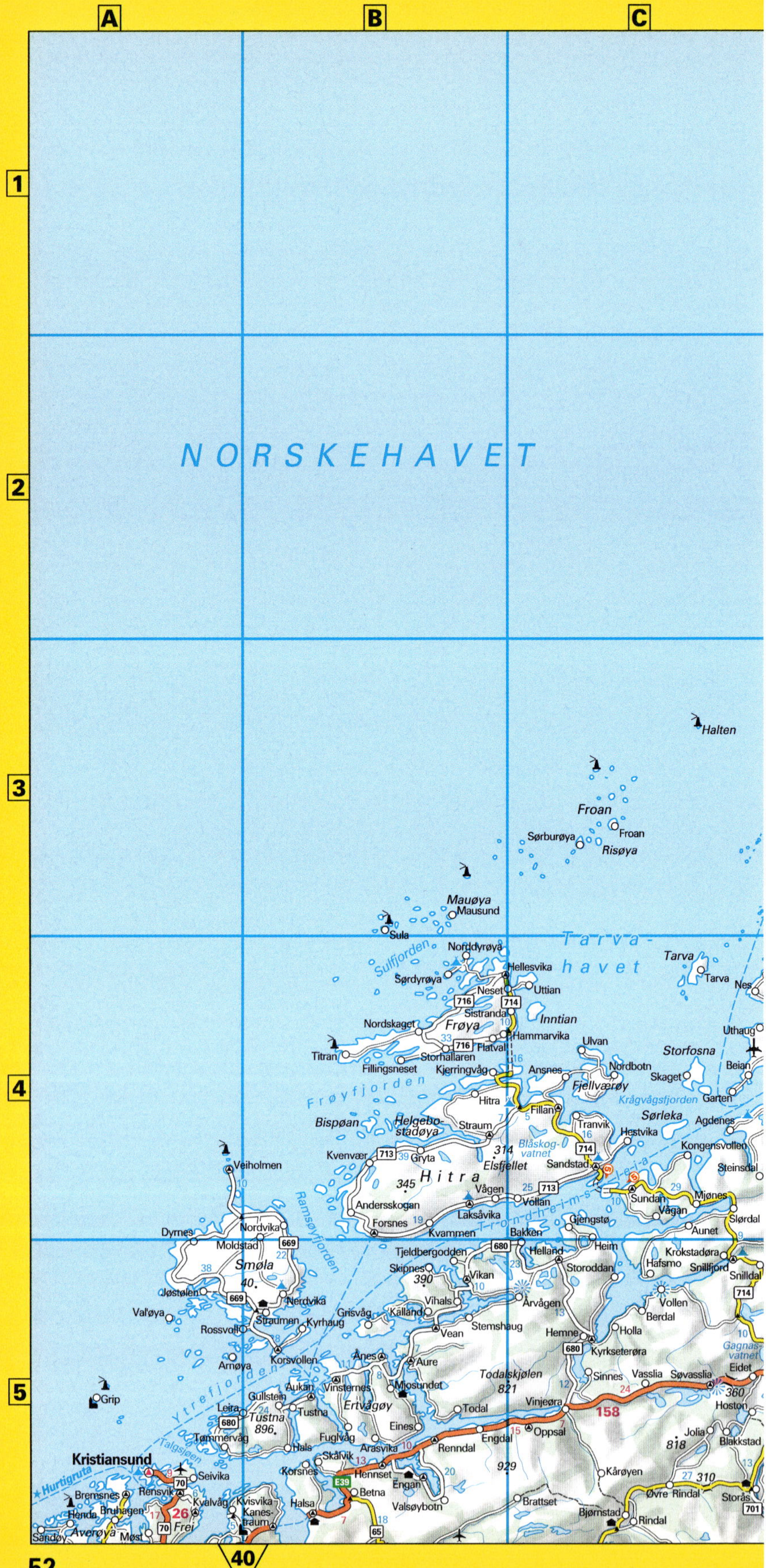
A
B
C
1
2
3
4
5
NORSKEHAVET
Halten
Froan
Froan
Sørburøya
Risøya
Mauøya
Mausund
Sula
Tarva-havet
Tarva
Tarva
Nes
Sulfjorden
Norddyrøya
Sørdyrøya
Hellesvika
Neset
Uttian
Sistranda
Inntian
Nordskaget
Frøya
Hammarvika
Titran
Flatval
Storhallaren
Fillingsneset
Kjerringvåg
Ulvan
Storfosna
Uthaug
Beian
Ansnes
Nordbotn
Skaget
Fjellværøy
Krågvågsfjorden
Garten
Frøyfjorden
Hitra
Fillan
Sørleka
Agdenes
Bispøan
Helgebostadøya
Straum
Tranvik
Hestvika
Kongensvollen
Kvenvær
Gryta
Elsfjellet
Sandstad
Blåskogvatnet
Steinsdal
Veiholmen
Hitra
Vågen
Vollan
Trondheimsleia
Sundan
Vågan
Mjønes
Andersskogan
Laksåvika
Ramsøyfjorden
Forsnes
Kvammen
Gjengstø
Bakken
Slørdal
Aunet
Dyrnes
Nordvika
Moldstad
Smøla
Tjeldbergodden
Helland
Heim
Krokstadøra
Hafsmo
Snillfjord
Snilldal
Skipnes
Vikan
Storoddan
Jøstølen
Nerdvika
Vihals
Arvågen
Vollen
Berdal
Valøya
Straumen
Kyrhaug
Grisvåg
Kalland
Stemshaug
Vean
Hemne
Holla
Rossvoll
Korsvollen
Ånes
Aure
Kyrkseterøra
Gagnasvatnet
Arnøya
Ytrefjorden
Aukan
Vinsternes
Mjosundet
Todalskjølen
Sinnes
Vassli
Søvasslia
Eidet
Grip
Gullstein
Tustna
Ertvågøy
Vinjeøra
Hoston
Leira
Tustna
Todal
Talgsjøen
Tømmervåg
Fuglvåg
Eines
Engdal
Oppsal
Jolia
Blakkstad
Halsa
Arasvika
Renndal
Kristiansund
Skålvik
Hennset
Kårøyen
Hurtigruta
Seivika
Korsnes
Engan
Bremsnes
Rensvik
Betna
Øvre Rindal
Storås
Henda
Bruhagen
Kvalvåg
Kvisvika
Kanestraum
Halsa
Valsøybotn
Brattset
Bjørnstad
Rindal
Sandøy
Averøya
Møst
Frei

40

Kvaløya
Kalvøya
Borgan
Lyngsneset
Lekafjorden
Skotnes
Hulemalerier
Fjølvika
Gravvik
Djupvika
Skjølstad
Skog
Årfora
Rødseidet
Eiterfjorden
Bagråsa
Austafjord
Drag
Elvåsen
Måneset
Eidshaug
Saltbotn
Indre-Folda
Valøya
Vikna
Lødding
Indre Vikna
Sørålen
Kolvereid
Storvatnet
Hunnestad
Mellom
Vikna
Rørvik
Ottersøya
Horvereid
Hofles
Geisnes
Salsbruket
Bondøya
Våg
Nordøvan
Brønnøyfjorden
Nærøya
Arnøy
Strandval
Opplø
Mjøsundvatnet
Gjæslingan
Sørøyråsa
Steine
Lund
Abelvær
Foldefjorden
Austtun
Salsvatnet
Straumen
746
Folda
Fosnes
Salen
Grönningsfjell
Jøa
Tranås
Seierstad
457
Røyklifjellet
Hende
Store Grønningen
277
Aglen
Holvika
Breksittan
Årnes
Myrvika
Foss
Duna
Utvorda
Lauvøyfjorden
Vetterhusbotn
Vetterhus-hatten
648
Bjørøy
Sandmoen
Skorstad
Ytterby
Lødding
Sitter
Otterøya
Eidsvatnet
Halmøya
Namsfjorden
Otterøy
Vemundvik
Skogmo
Lauvsnes
Nord-Statland
Ranemsletta
Kvaløysætra
Skage
Hasvåg
Kilan
Sør-Flatanger
Fjell
Tøttdal
Namsos
Melen
Øysletta
Spillum
Namsen
Homstad
Hurtigruta
685
Hemna
Sætervika
Jøssundfjorden
Bangsund
Klinga
Svefjorden
612
Beingardsheia
Reitan
Helvik
Jøssund
Vingsand
Romstad
Bangsjøen
Helleristninger
Aunet
Jøssundvarden
568
Åsnes
Sjøåsen
Sundet
Osen
Fjösvassheia
Årgård
Solem
Nastadsæter
498
Vassmoen
Bessaker
Viksvatn
Dorrås
Liasetter
Kvenvnland
Vassdølsetran
Namdalseid
Gilten
Hammer
Brandsfjorden
Hofstad
540
Råsåsen
Øksnes
Værøya
Drevflesleia
Sumstad
Finnvollvatnet
Hølstad
Almenningen
Roan
Fagerdal
Stordal
Lonin
Almlia
Tørring
Flekstad
Valøya
Frohavet
Kiran
Nordskjørin
Finnvollheia
676
Sprova
Vellamelen
Kne
Helleristninger
Skjørafjorden
540
Kjerringheia
Sem
199
Stokkøya
Harbak
Måmyra
Malm
Beitstad
Sunnan
Hosen
Harsvika
Svartholseteren
Folladalen
For
Hatlingsetra
Børmarka
Holden
Hammar
Lund
Tørvik
Stokksund
Stjern
Byafossen
Lægran
Stordalen
Sela
Steinkjer
Skei
Støa
Linesøya
Naustan
Skansen
Follafoss
Lerkehaug
Ogna
Ognadalen
Morkamoen
Sandsetra
Beitstadfjorden
Sørdia
Melsteinen
Tårnes
Stordalsvatnet
Ommunddalen
616
Ulvasshaug
Tua
Ålberg
Gangstad
Henning
Bodom
Åsenøya
Lauvøy
Skråfjorden
Mære
Mokkavatnet
Selnes
Eid
Åfjorden
Skjelstad
Kjerknesvågen
Sem
Innherad
Lysøysundet
Morvollen
Vestvik
Sparbu
Tiltrem
Mørriaunet
Ormsetvatnet
Straumen
Borgin
Leksdalsvatnet
442
Fauskan
Teksdalen
516
Moldøra
Skarnsundbrua
Røra
Leksdalen
Åkran
Verrasundet
Kjerringsvik
Vangshylla
Hylla
Øksvoll
Kopparen
Tverrlia
Fosna
Hallem
Kjesbuvat
Helgådalen
483
Elverg
Fines
Meltingen
Mosvik
Ytterøy
Verdal
Stiklestad
Vuku
374
Botngård
Stallvika
Rausjøseter
Saltvikhamna
Ytterøy
Brannan
Verdalselva
843
Hylfjell
Opphaug
Stjørna
Austdalen
Husbysjøen
Berget
Grønlia
Meltingen
Røvik
Levanger
Lysthaugen
Steine
Verdal
Vaterholm
Stjørnfjorden
Selnes
Skauga
Alset
Tronvika
Slipra
Vika
Okkenhaug
Buran
Inndalen
Brekstad
489
Olsøya
Aunet
Alstadhaug
Skogn
Munkeby
Inna
Fevåg
Myran
Leksvik
Ekne
85
Sul
Valset
Bukta
Kråkmoen
Åtlo
Hølen
Markabygd
Historik jernvinning
Hermanssnasa
Mølnbukt
Hasselvika
Leira
Storvatnet
Kjerringklumpen
601
Åsen
Gryte
Trættlia
Heglesvollen
1035
884
Selva
Frosta
Mølnå
Kråkfjell
Rissa
Seter
Hindrem
Tautra
516
Forra
Arnset
Rein
Botnen
Vanvikan
Gravrøser
Nes
Stokkvola
Sulåmoen
Trondheimsfjorden
Risvollen
Feren
Brattbaken
Lensvik
Stadsbygda
Rørvika
Haugan
Skatval
Stjørdalhalsen
Okkelberg
Blåstöyten
920
Solem
Selbekken
Strindfjorden
Auran
Hegra
Reinåa
Tippen
507
Fjergen
Øyangen
Ingdalen
Flakk
Trolla
TRONDHEIM
Malvik
Hell
Einang
Flornes
68
Grostad
566
Elvran
Hegrafestning
Meråker
Kopperå
Auset
Byneset
Myrsund
275
Hommelvik
Granås
Midtkilvollen
1100
611
Åstan
35
606
Sunndal
Mannsæterbakken
Fjellkjøsa
Viggja
Eggen
Brennmoen
Gjølme
Børsa
Heimdal
Jervan
Venna
340
1098
Skarvan
Stordal
Cognas
Orkanger
Buvika
Leinstrand
537
Tømra
Kluksdal
2008
Vigdalen
Melhus
Klæbu
Bøttern
Selbusjøen
Amdal
689
Børdalsvollen
Bjørneggen
1110
Fannrem
Skaun
710
Garberg
728
Øyum
Kvål
Okstad
Selbustrand
Mebonden
Hammer
Ler
53
Svorkmo
537
Korsveien
Lundamo
Aftret
Rollset
1441
Sjømoen
Horg
Mosletta
Reinsfjell
941
909
Storerikvollen
Løkken
Krokstad
Hovin
586
Kråklivollen
Åsårlivollen
Sjøvollan
Flora
1026
Øyvollen
Gaulfossen
Foss
Grutseter
Lauvåsen
813
Meldal
Tydal
Øyfjell
Kjerstad
Støren
930
1042
Gressli
Ås
1251

A 64 B C

Kvaløya
Kalvøya
Borgan
Lyngsneset
Valøya
Austafjord
Drag
Elvåsen
Måneset
Rødseidet
Vikna
Hunnestad
Mellom
Lødding
Indre Vikna
Rørvik
Eidshaug
Sørfjorden
Søralten
Ottersøya
Kolvereid
Saltbotn
Indre-Folda
Storvatnet
Bondøya
Brønnøyfjorden
Væg
Horvereid
Hofles
Geisnes
Liafossen
Salsbruket
Nærøya
Arnøy
Strandval
Oppløy
Mjøsundvatnet
Gjæslingan
Steine
Lund
Straumen
Abelvær
Austtun
Salsvatnet
Grönningsfjell
Folda
Foldefjorden
Fosnes
Salen
Jøa
Hende
Tranås
Seierstad
Royklifjellet
Grønningen
Store
Lekafjorden
Skotnes
Fjølvika
Hulemalerier
Gravvik
Djupvika
Skjølstad
Skog
Årfora
Eiterfjorden
Årsand
Kolbotn
Terråkfjellet
Fuglstad
Abjørvatnet
Foldereid
Heimsnes
Indre-Folda
Nonsfjellet
Blåfjellet
Bjørhusdalen
Nesan
Aunet
Bjøråa
Kongsmoen
Kjøringvassfjellet
Årfjellet
Finnvollan
Domåsen
Brekkvasselv
Tromsfjellet
Strompdalen
Kjølstadfjellet
Bjørlia
Øyevatnet
Hognes
Trongfossen
Flåttådalen
Trones
Tunnsjøelva
Lassemoen
Flått
Grøndalen
Assveet
Åsmulen
Skorovatn
Namdalen
277
Aglen
Holvika
Breksittan
Myrvika
Foss
Duna
Utvorda
Årnes
Vetterhusbotn
Vetterhushatten
Grongstadvatnet
Dragelt
Åsan
Gartland
Eidsvatnet
Bjørøy
Halmøya
Sandmoen
Skorstad
Otterøya
Lauvøyfjorden
Ytterby
Lødding
Vemundvik
Ranemsletta
Skogmo
Høylandet
Hammar
Brembu
Aunet
Heimdalshaugan
Harran
Fiskumfossen
Nesåpiggen
Sitter
Lauvsnes
Nord-Statland
Kvaløysætra
Namsfjorden
Namsos
Skage
Bergsmoen
Grong
Bergfossen
Gosen
Godejorda
Nyneset
Sibirien
Fjell
Tøttdal
Hemna
Bangsund
Spillum
Melen
Homstad
Øysletta
Formofoss
Sanddøla
Nynesfjella
Jøssundfjorden
Beingardsheia
Reitan
Klinga
Geitfjellet
Heia
Bugvassfjella
Jøssund
Jøssundvarden
Aunet
Romstad
Bangsjøen
Luru
Lurudal
Grautdalen
Gressåmoen
Åsnes
Sjøåsen
Fjösvassheia
Årgård
Solem
Nastadsæter
Vegset
Heggland
Agle
Andorsjøen
Vassmoen
Kvenvnland
Dorrås
Liasæter
Holem
Snåsa
Almoseteren
Vassdølsetran
Namdalseid
Gilten
Hammer
Kolven
Finnvollvatnet
Hølstad
Råsåsen
Øksnes
Snåsavatnet
Jørstad
Kjenstad
Prestesæteren
Stordal
Flekstad
Helleristninger
Åsa
Megard
Almlia
Tørring
Kne
Valøya
Imsa
Eggjaseteren
Langvatnet
Jævsjøen
Finnvollheia
Sprova
Vellamelen
Sem
Brannheiklumpen
Grønningen
Folladalen
Malm
Beitstad
Sunnan
For
Hatlingsetra
Holsengseteren
Heggsjöfjellet
Holderen
Holden
Hammar
Lund
Byafossen
Lægran
Rokta
Sela
Steinkjer
Skei
Støa
Skjelstad
Skjækerhatten
Gaundalen
Edevik
Slåtnatjakke
Skansen
Follafoss
Sandsetra
Lerkehaug
Ogna
Ognadalen
Gaulstad
Holdern
Ulvsvasshaug
Tua
Beitstadfjorden
Ålberg
Gangstad
Sørdia
Henning
Bodom
Skjækervatnet
Skjækerfjella
Torrön
Skjelstad
Mære
Mokkavatnet
Kjerknesvågen
Sem
Innherad
Skjækerdalshytta
Ormsetvatnet
Vestvik
Børgin
Sparbu
Leksdalsvatnet
Lågsjön
Sandviken
Skildake
Mellanfjärden
Moldøra
Straumen
Harbakkfjell
Skarnsundbrua
Vangshylla
Hylla
Røra
Leksdalen
Helgådalen
Åkran
Skäcker-fjällen
Kjerringsvik
Hallem
Kjesbuvat
Stiauker
Angsfjärden
Meltingen
Mosvik
Ytterøy
Verdal
Stiklestad
Vuku
Kleppen
Vera
Mansjöstugan
Sockertoppen
Saltvikhamna
Brannan
Verdalselva
Hylfjell
Veravatnet
Søre Moen
Anjeskutan
Kolåsen
Meltingen
Røvik
Levanger
Lysthaugen
Steine
Verdal
Lappkapell
Slipra
Vika
Okkenhaug
Buran
Inndalen
Vaterholm
Tronvika
Alstadhaug
Skogn
Munkeby
Inna
Åbo
Melen
Anjan
Baksjönäset
Sundet
Ekne
Ådalsvollen
Hojem
Markabygd
Historik jernvinning
Hermanssnasa
Sul
Sandvika
Sundsvalen
Kallsjön
Ätlo
Gryte
Trættlia
Innsvatn
Storrensjön
Åsen
Heglesvollen
Kråkfjell
Skalstugan
Frosta
Mølnå
Forra
Sulåmoen
Såxvallen
Vassnäs
Nes
Stokkvola
Risvollen
Feren
Brattbakken
Kjøljaugan
Skalsvattnet
Medstugan
Haugan
Skatval
Okkelberg
Blåstöyten
Øystervollen
Stalltjärnstugan
Häggsjön
Auran
Stjørdalhalsen
Hegra
Reinåa
Medstugansjön
Tännforsen
Nordhallen
Einang
Flornes
Tippen
Fjergen
Bodsjöedet
Tväråstugan
Hell
Elvran
Hegrafestning
Meråker
Rensjøsætern
Sta
Duved
Hommelvik
Granås
Midtkilvollen
Kopperå
Tångböle
Eggen
Sunndal
Mannsæterbakken
Skurdalsvollen
Ånn
Brennmoen
Stordal
Storlien
Jervan
Venna
Tømra
Skarvan
Enafors
Amdal
Børdalsvollen
Kluksdal
Selbusjøen
Garberg
Bjørneggen
Rundhögen
Handöl
Nordbottnen
Okstad
Selbustrand
Mebonden
Hammer
Bunnerviken
Rollset
Aftret
Mosletta
Blåhammarens fjällstation
Ottfjället
Reinsfjell
Storulvåns fjällstation
V.Bunnerstöten
Vålådalen
Spåtia
Stensdalsstugorna
Åsårlivollen
Sjøvollan
Flora
Storerikvollen
Tjallingen
Øyvollen
Tydal
Øyfjell
Gåsenstugorna
Sylarnas fjällstation
Vålåstugorna
Gressli
Ås

42

65

Bjørnstad
1169
Steinfjella
Namsen
Store Namsvatnet
1138
Gelvenåkko
Kultsjön
Stornäs
Vallen
Marssjön
Marsliden
Grytsjö
Midtivatnet
Namsvassgardan
Autjoklimpen
1239
Slipsiken
834
Slipsikstugan
Nursfjellet
1183
Saxnäs
826
Sørås
1009
Vektaren
Namsskogan
Leipikvattnet
Norra Borgafjällen
1426
Satsfjället
1113
491
Bångnäs
Raukasjön
510
Vektarlia
Røyrvik
Kjærnes
Vallervatnet
Bjurälven
Raukasjön
Sutme
1440
Jengejetneme
Hällforsen
Gjersvika
773
25
Huddingsvatnet
Ornes
Mesklumpen
925
Ankarvattnet
St. Gitssjön
1150
Jomafjellet
Bygget
Ornäsfjället
1071
Borgasjön
Borgafjäll
1035
Gitsfjället
Nyvika
Ankarede
Värjaren
Tunnsjørørvika
Mariafjellet
793
Nyvikmoen
1038
St.Blåsjön
Kapell
Saxborga
1235
Buorkantjakke
Tjønnvik
Limingen
Holmmo
Stor-Blåsjön
1101
Lövsjö
782
Jormlien
Åsarna
Uredakkefjället
Selkentjakkstugan
Dabbnäs
Mesjön
812
Tunnsjøen
Limingen
Jormvattnet
Mellanskogsfj.
1249
1120
Härbergsdalen
Stor Dabbsjön
Västjö
Risbäck
876
Tunnsjøen
Liljorm
1126
Ertsegefjället
1163
Bastunäsfjället
Oxfjället
Ingelsvatnet
St. Arksjön
Ingjelsvatn
Bränna
Storjorm
Storväktaren
741
Trångmon
Havdalsvatnet
Østnes
Viken
Kyrkbolandet
Jerikklumpen
1174
Blomhöjden
Sjoutnäset
Rajastrand
1026
Havdalsfjellet
Nordbakk
Bjørkvattnet
Kvarnbergsvattnet
Kycklingvattnet
Junsterforsen
Inviken
Lillånäs
Arnbygget
Lermon
Storsjouten
Nyhem
Norrsjön
Harrsjö
Leirbakken
Kvelia
Frostviken
Brännkl.
785
739
972
Brattlifjället
Storjoudan
Saxälven
Näset
Skjelbreid
Kvesjøen
Gäddede
Fiskåfjället
1193
Svansele
430
74
Sandvika
Limannvika
74
27
342
Gussvattnet
Östra Sakrivattnet
Tjärnmyrberget
Totsås
Laksjøen
Holand
Kalvik
Hetögeln
V.Fiskåvattnet
Klumpvattnet
Fånsjön
Rotnäset
Norråker
Neset
Håkafot
Fågelberget
646
Fågelberget
Tisvatnet
Sandsjøen
664
Murufjället
479
Risede
Harrsjön
Skansnäset
Lauvsjølia
Häggnäset
765
Hest-
1390
Merrafjellet
kjøjen
Fågelsjön
Torsfjärden
Kveaunet
Hällingsåfallet
Sjulsåsen
Svaningssjön
Gardsjön
Holden
1043
Gusspiggen
Aspnes
1187
Munsfjället
Lidsjöberg
Fånån
Luruvatnet
Svaningen
Ström
Gärdviken
1284
Oivisfjellet
Munsvattnet
Djupuddbodarna
Lenglingen
Gissmanssvattnet
·995
Finnhuva
Berglia
Sørli
Hotagsfjällen
St.Ringsjön
Glubbhögen
Berglielva
1045
Penningkeisen
974
Gärdnäs
Ringvattnet
Inderdalen
Jule
Stuguvatnet
Bakken
Brandklumpen
Byvattnet
Dragan
Blåfjellshatten
1332
Eide
1019
Sandknölarna
684
Svanaberget
Näxåsen
Middagsfjellet
Østborg
Gunnarvattnet
Storfulvurn
1333
Goegkemesspielte
·846
Røngen
Vinklumpen
938
Hillsand
469
Jävsjön
Linnset
Valsjöbyn
883
Valsjön
340
964
Skalfjället
Vedjeön
Höstoppen
Burvattnet
Mahkene
1266
Stora Stensjön
Hasslingsåfallen
Nils Jonsavattnet
Renålandet
Aspnäs
Rötviken
Hotagen
·918
Lakavattnet
St. Stensjön
Rörvattnet
Ojarn
Klövsand
Sarvesgaise
·1080
1229
Stuore Tjåure
1087
Långvattnet
Tjänafjället
793
Ojarssjön
Ålghallen
342
Sösjö-
fjällen
Stora
Häggsjövik
Hotagen
Storåbränna
Digeröfjärden
Öhn
1247
Mjölkvattsfjället
1212
Himmelsraften
1090
Tuvattnet
Henningskälen
Torrödet
1002
Oldfjällen
Korsvattnet
Valle
Ansätten
Ansätten
Ålåsen
Älviken
Flykälen
Häggsjön
Bakvattnet
Bredkälen
983
Plassagaise
Övre Oldsjön
N.Skärvången
Laxviken
Laxsjö
Skärvångssjön
Storån
Yxskaftkälen
Hallhåxåsen
Överäng
Jänsmässholmen
S.Skärvången
Mörtsjön
Ytteräng
Högrun
Åkersjön
Ottsjön
Oldklumpen
878
857
Önrun
Stångviken
Lövsjön
Gåxsjön
Lomåsen
Hallviken
Frankrike
Lövsjön
Kakuåsen
Hällristningar
Olden
Åkersjön
Vallrun
Gysen
Ottsjön
Juvuln
Finnsäter
Föllinge
Storåsen
Gåxsjö
Gisselås
Tyckelvalen
663
Bottnen
Rörtjärn
Västsjön
Rönnöfors
Storholmsjön
344
Forsåsen
Fagerdal
Sikås
Anvågen
Sandviksjön
Klumpen
Grenas
Sulviken
584
Aspbacken
Enarsvedjan
Lillholmsjö
Raftsjöhöjden
Sulsjön
844
Suljätten
Lien
340
Edsforsen
344
Hammerdal
Öv.Konäs
Djupsjön
Gärde
Landön
Gravbränna
Munkflohögen
Ede
Gärdessjön
Tångeråsen
Landögssjön
Getan
Hällristningar
Västbyn
Storbränna
Trekilen
Husa
Kallsjön
·671
Holmsved
Bredbyn
Lundsjön
Lorås
Solberg
Kaxås
Bäcken
Kall
Kälom
339
Offerdal
Änge
Krok
Landvågen
Norderåsen
Granbo
336
640
Tulleråsen
Ollsta
Jämtland
Kougsta
Stavre
Näversjöberg
1420
Fäviken
Bonäset
Lungre
Alsen
Högarna
Ringsta
Österåsen
Åre
Nordannälden
Häggenås
66
Såböle
Bleckåsen
Aspås
Storhögen
Järpen
Högåsen
Rönningsberg
Valne
Nälden
Aspåsnäset
416
Dalen
Mörsil
Mattmar
Vaplan
Nyby
Undersåker
Hålland
Trångsviken
E14
Krokom
Litsnäset
165
Ytterån
Dvärsett
Handog
Brynjegård
Trillevallen
Bole
Hällbacken
Säter
Lit
Bye
Fjäl
Åsen
Mjälä
Önsjön
Fjällandet
Indalsälven
Öttsjö
Ytterocke
Brasta
Rödön
Klappe
Nyvallen
Sällsjö
Ås
Kyrkås
Midskog
321
Storsjön
Häckrenlägret
Ån
Näverede
Hammarnäs
Frösö
Frösö
ÖSTERSUND
Häckrenmagasinet
87
Hallen
Norderön
Lillsjöhögen
Vallbo
Brynje
Ope
1159
Låsböle
Sunne
475
Marby
Hosjöbottnarna
Hallbodarna
Optand
1423
Anarisstugan
Bydalen
Vallviken
Orrviken
Marieby
Ådgård
Brunflo
Lunndörrsstugorna
Höglekardalen
Vällje
Månsåsen
Målang
Solberg
Singsjön
Gräftåvallen
Häggsåsen
Bölåsen
Löfsåsen
45
Rossbol
Hara

43

A
66
B
C
1
2
3
4
5
Marssjön
Blaikliden
Eriksberg
Grytsjö
Dorris
Fatsjöluspen
Grannäs
Bångnäs
Stalon
Stor-Dainan
Hällforsen
Kroksjö
Hornsjö
Lövnäs
1035 Gitsfjället
St. Gitssjön
Granliden
Strömnäs
Rönnös
Mesjön
Brännåker
Mark
Skog
Risbäck
Granberget
Skansholm
Västjö
741 Oxfjället
Storbäck
Rajastrand
Långfors
Lillnäs
Harrsjö
Högland
Bredsele
Kroksjö
Saxälven
Tjärnmyrberget
Norråker
Rotnäset
Tjädernäset
Skansnäset
Lövstrand
Västra Tåsjö
Stormyren
V.-Karbäcken
Ö.-Karbäcken
Tåsjön
Fånån
Brattbäcken
Djupuddbodarna
Siljeåsen
Viken
Nybäcken
Gissmansvattnet
Glubbhögen
Ringvattnet
Tåsjö
631
Lövvik
Alanäs
Flåsjön
Dragan
Näxåsen
469
Ritjelsberget 654
Havsnäs
Hoverudden
Risudden
Älavattnet
Järvsand
Lövberga
Åspnäs
Klövsand
Digeröfjärden
Österkälen
Öhn
Strand
Ösjön
Strömsund
336
Näsviken
Bredkälen
Ulriksfors
Russfjärden
Hallhåxåsen
Hallviken
Gisselås
Fagerdal
Grenas
Hammerdal
Hammerdalssjön
Ede
Edefors
Lorås
Solberg
Gravasundet
Högarna
402
Storhögen
Nyby
Brynjegård
Fjällandet
Näverede
Lybäck
Lillsjöhögen
439
Fisksjölandet
Åsgård
Rissna
Gransjölandet
Fugelsta
Hansbo
Liden
Skikkisjön
Vojmsjön
Malgomaj
N.Tresund
S.Tresund
Heligfjäll
Sjöberg
Nästansjö
Siksjönäs
Nordansjö
Öv.Malgonäs
Malgovik
Andersmark
Blaikfjället
724 Klinkhöjden
Djupdal
715 Sagatun
Granlinden
V.Ormsjö
Ö.Ormsjö
Ormsjön
Tvåtjärn
Arksjö
Avaträsk
Bellvik
Nappsjö
Fågelsta
Rörströmssjön
Östibyn
Rörström
Gravfält
Hoting
Fågelhasberget 462
Björksjönäs
Stora Skyrsjön
474 Hålla
Nagasjön
Nagasjökälen
Gåxsjön
Rudsjön
Bodumsjön
Hössjön
Blekaberget 515
Rudsjön
Trångsjön
Österåsen
Malmsjön
Vågdalen
Fångsjön
Sporrsjön
Storhöjden
Stamsele
Täxan
Vängelälven
Norrby
Krokfors
Görvik
Görviksjön
Storfinnsjön
Sörviken
Sörvikssjön
Tannsjön
Terrsjö
Skallsjön
542 Fullsjön
Rensjön
Borgvattnet
495
Skyttmon
Hocksjön
Björkhöjden
Oravattnet
Boberg
Mårdsjö
Selet
470
Köttsjön
Selsålandet
Mållångsjön
Overammer
Fårsån
Stugun
Mörtån
Selsviken
Bomsund
Höglunda
Krångede
Sittsjön
Koviken
Hammarstrand
Västerövsjö
Näsvattnet
Nybygget
Nyliden
Iliden
Lubbträsket
Långstrand
Gråtanliden
Storviksstrand
Sjulsmark
Storseleby
99
Volgsele
Vojmån
Strandkullen
Fianberg
Frostberget
Mötingselberget
Lomsjökullen
Laxbäcken
Vilhelmina
Kyrkstadmuseum
Rembacka
Svannäs
Strömåker
Dalasjö
Statsås
Kittelforsen
Brännå
Mesjö
Meselefors
Råsele
Fjälltuna
Häggås
Måntorp
Viktorp
Ångermanälven
106
Mårdsjö
Granberget
Stamsjön
442
Dorotea
Laiksjö
Lavsjö
Varpsjö
Avasjön
Avasjö
Flyn
Grundsjö
Svanabyn
Hocksjö
Lesjön
Bölesberget 398
Rossön
Nörd-Stensvattnet
Bodum
Jansjö
Bergsjö
Stuguvattentjälen
Vildmarkskapell
443 Svartberget
Backe
Bäckatorpet
Silsjönäs
Sil
Vängel
Söredsta
Norrånäs
Stenviksstrand
Nordankäl
Nordsjö
Nässjögrottan
Nässjö
416
Ramsele
Flyn
Vallen
Sel
Tynnerås
Sundmo
Strömnäs
Lungsjön
Edsele
Fjällbohög
Lövåsen
Vägersjön
Gässjö
370
Berg
Gideåberg
Stensjö
505
Runåberg
Ammer
Böle
Ragunda
Rågunda
Valla
Döda fallet
Hälängesbodarna
Ås-Gammelbodarna
Västerede
Västra Bispgården
Skarvsjöby
Skarvsjön
Norrheden
Norråker
Bergsäter
Jovan
Ulvoberg
N.Latikberg
Storberget
Bäsksele
Latikberg
Djursjöberg
Bomsjön
Långtjärn
Siksjö
Rismyrliden
Idvattnet
Idbacka
558 Näverberget
Almsele
Sångsjön
Samskkäl
Lomsjö
Stamsjön
Sämsjölandet
Sämsjön
Grynberget
Forsnäs
Södra Noret
Stenbithöjden 666
Granåsen
Kålen
Övra
Åkerbränna
Hömyran
Omsjö
Ruske
Lillsele
Valvik
Vallen
Betarsjön
Ysjö
Tågsjöberg
Djurpark
Junsele
Mo
Eden
Tara
Tarsele
Gårelehöjden
Betåsen
Imfors
Hålaforsen
Åsmon
Forsås
Näsåker
Ångermanälven
Sörtanflo
Norrtanflo
Salsjö
Norrby
Utanede
Krången
Gåsnäs
Meåstrand
Ärtrik
Mobodarna
Mo
Helgum
Lövliden
Nordsjö
Långsele
Faxälven
Sollefteå
Österforse
Granholmstorpet
375
Graninge
Malmån
Strömnäs
Nysele
605
Gunnarn
Juktån
Grundfors
Umeälven
E12
Åskilje
Åskiljeby
Pauselet
Paulund
Bertingberg
Brånaberg
Bergnäs
Pauträsk
Pauträsket
Finnäs
Paubäcken
109
Björkås
Hedmark
Risträsk
624
Sandås
Norrbäck
Björkberg
716 Alsbergel
Vinliden
Järvsjö
Norrvik
St. Arasjön
Hacksjö
Gransjön
Mårdsjöberg
Råberg
650
Nyland
Gransjöriset
Sandsjö
Näversjöberget
Västansjö
Norra Insjö
Torvsjö
Södra Insjö
Gärdsjönäs
Siksjö
605 Vittjärnberget
Yxsjö
Tallberg
Tensjö
Gideälven
Torvsele
Algovik
Älgsjö
Åsele
Bomsjö
Söråsele
Kvällträsk
Östernoret
Österstrand
Överrissjö
Vispsjön
Västra Gavsele
Östra Gravsele
Påludden 482
Björksele
Långvattnet
Hällbymagasinet
Hälla
Nytjärn
Holmträsk
Käl
Storsjö
Mossaträsk
Gulsele
Högtjärn
507
Solberg
Degersjö
Sunnersta
Gärdsele
Kläppsjö
Holmsjö
Vestanbäck
Sunnansjö
Överå
Myckelgensjö
Storsjön
Lövneset
Grundtjärn
Brännan
Omsjö
Hermansjö
Jansjö
Fängsjön
505
Stugusjön
Lövsjön
201
Rockesjön
Aspeå
Resele
Ållsjön
Selsjön
351
Forsmo
386
Ed
Flo
Rämslemon
Mullrå
Nyland
Tunsjön
Å n g e r m a n d a l
44

D E 67 F

Lycksaberg
Viterliden
Röka
Åmliden
Norrbränna
Lillholmträsk
Örträsk
Malån
Österjörn
Stavaträsk
Lundbacken
Björksele
Säter
Gissträsk
Bjurträsk
Ålgträsk
Svansele
Häbbersliden
Norrholm
Kittelforsen
Svartliden
Lidstr.
Raggsjö
St.Kvammarn
Norsjövallen
Kusfors
Petiknäs
Bole
Renström
Kankberg
Strömfors
Blåvikssjön
Norrbyberg
Vormsele
Vormträsk
Kvarnåsen
Finnäs
Björknäs
Norsjö
Holmträsk
Bjursele
Renfors
Boliden
Gruvmuseum
Blåvik
Nyträsk
Åmträsk
Norsjön
Amberg
Pjäsörn
Svartnäs
Myrberg
Långselet
Brutorp
Rusele
Tvåråberg
Ruskele
Kattisberg
Ajaursjön
Bastuträsk
Finnfjorsfallet
Blåviken
Mettjaur
Ruskträsk
Forsholm
Ajaur
Risliden
Sör-Lidsträsket
Risberg
Blåviksjön
Medelås
Falträsk
Altarliden
493
Brännäs
Hemmingen
Arnträsket
Röjnoret
Åtjärn
Kattisträsk
Grönliden
Kattisavan
Rustr.
Stenkulla
Husbondliden
Annelund
Granträsket
Mensträsket
Högås
Rusfors
Umgranselle
Manjaur
Gustavsberg
Källheden
Tallberg
467
Dallund
Stensund
Sikselé
Lossmen
Bålforsen
Mårdseleforsen
Mårdsele
Kalvträsk
Fisktjärniden
Oravan
Rormyrberget
Lyckan
Inner-Busjö
Ytter-Busjö
Lossmen-träsket
Holmträsk
Morliden
Degerlund
Fäbodliden
Tallträsk
Holmlund
Lycksele
Arvträsk
Maltträsk
Sävsjön
Stavträsk
Åsträsk
Åsen
Brännvattnet
Svanamyran
Bjurträsk
Tuvträsk
Arvträsk
Malttr.
Holmträsket
Petisträsk
Villvattnet
Rönnfors
Bratten
Berglunda
Karonsbo
Vilan
Ekorrträsk
Bjursele
Åmsele
Långträsk
Storbrännan
Sikån
Kroksjö
Stötting-fjället
Vägsele
Tannsele
Slipstensjön
Ekträsk
Granoträsk
Tallträsk
Rödingträsk
Bläliden
Rotsjön
Åttonträsk
Ytterfors
Knaften
Ekorrsele
367
Storsävarträsk
Sjöbotten
Malsjöbi
Malkälen
Lidsjön
662
Västermyrriset
Hornmyr
Gäddträsk
Lillsele
Stryckfors
Degernäs
Floda
Stugusjö
Långbäcken
Vänjaurbäck
Strycksele
Rössjön
Bergnäs
Storsandsjö
Kamsjön
Lillögda
Nyby
Hällnäs
Byssträsk
Innerträsk
Siksjön
Nordanås
Granträsk
Vänjaurträsk
Långsele
418
Granberget
Fällbäck
Kussjön
Risliden
Lövås
583
Umeälven
Botsmark
Stensjö
Mossa-vattenbgt.
Flakaträsk
Buberget
Volmsjö
Loadeälven
Norrfors
Vargträsk
Nyliden
Granö
Buberget
296
Vindel-Ånäset
Ytterstmark
Borgsjö
Gigsele
Baksjöliden
Skarda
Skurträsk
Ottonträsk
Vindeln
Häggnäs
Skärträsk
Tallsjö
Lögda
Vargån
Örträsksjön
Sundö
Degerön
Vindelälven
Överrådo
Mickelsträsk
Basar-myran
Lögdasjön
Innifallan
Örträsk
Utifällan
Skivsjön
Halsingfors
Tvärålund
Rödånäs
Nordansjöberget
585
587
Käringberget
504
Fårberget
Nyåkerstjärn
Sunnansjö
Rödåsel
Kroksjö
Oxvattnet
Klippen
Fredrika
Lögdasund
Öreström
Ström
Ramsele
Gullsjö
Tavelsjö
Fjälltuna
Skinnmudd-selet
Viska
Sunnanå
Rambo
Harrselfors
Tvärabäck
Stärkesmark
Sand
Ytterrissjö
Nordanås
Näsland
Haddingen
Häggsjö
507
Storberget
Holmarna
Sörholmsjö
Näsmark
Ångermanbalen
487
Lillarmsjö
Kolksele
Vännfors
Lakasjö
Tegelträsk
Öv.Nyland
Balsjö
Bjurholm
Bracksele
Holmsjö
Vännäs
Vännäsby
Kassjö
Norrfors
Tegel-träsket
Östansjö
Stennäs
Bredträsk
Abborrtjärn
Vitvattnet
Brännland
Sörfors
Stornorrfors
Tjärn
Kalvbäcken
Flarkån
Karlsbäck
Vännäs
Agnäs
Pengsjö
Grubbe
Remmaren
Aspsele
Strömåker
Storforsen
271
Överboda
Lägsta
Älghult
Mjösjöby
Bjärten
Brattsbacka
Tallberg
Hörnsjö
Degersjön
Rödvattnet
Lockstа
Studsviken
Önskasjön
Vibo
Hössjö
Djäkneböle
Åbosjö
Knäsjö
Angsta
500
Glesskallbgt.
Norrfors
N.Nordsjö
Nyåker
Gräsmyr
Yttersjö
Södersel
Nordsjö
Hummelholm
Nyland
Innertällmo
Nyliden
Kantsjö
Orrböle
Pengsjö
Gålberget
Storborgaren
Trehörningsjö
Storfall
Högland
Bjännberg
Sörmjöle
Järvberget
Ytterttällmo
Borg
Hemling
Långvattnet
Klöse
Örsbäck
Näsbacken
St.-Tagsjö
Nordsjö
515
Långviksmon
Flyggsjö
Fällan
Baggård
Brattfors
Hörneå
111
417
Mattarbodum
Sunnansjö
Hyngelsböle
Olofsfors
Långed
Hörnefors
Brattsjö
Seltjärn
Risbäck
Uttersjö
Dravik
Flärke
Håknäs
Remmarbäcken
Hädanberg
Björna
Gidea
Salberg
Nordmaling
Norrbyn
Hällsund
Skalmsjö
Kubbe
Hundsjö
Svedje
Rullnäs
Hundsjö
Lögdeå
Rundvik
Bredvik
Björnsjö
Nyland
Ava
Rönnholm
Kråken
Bureåborg
Sörflärke
Gideå
Järnäs
Bredbyn
354
Paddalsliden
Skademark
Himmersundet
Sörkråken
412
Anundsjö
Västergrundsjö
Järnäsklubb
Gottne
Holm
Galasjö
Mellansel
Fors
Utanlandsjö
273
Gidböle
Godmersta
Långron
Mosjö
Skorped
Moliden
Hanabäck
Stybbersmark
Degerfjärden
Bölen
Täfteå
Grundsunda
Degersjö
Djupsjö
Nybyn
Västerhus
Gimåt
Bygdom
Oppsjö
Billsta
Själevad
Arnäs
Ovansjö
Husum
Åkvisslan
Gratnäs
Sidensjö
Överhörnäs
ÖRNSKÖLDSVIK
Björksjön
Liltannsjö
Brynge
Domsjö
Sillviken
Ultrå
370
Drömme
Orrvik
Rössjö
Bjästa
Utby
Sörvåge
Skagshamn
Sånga
Galsjöbruk
Bjällsta
427
Överlännäs
Degersjön
Skule
Köpmanholmen
Grisslan
Ångermanälven
Bote
Näske
Grundtjärn
Fålasjö
Ostmarkum
Trysunda
Vamme
Torsåker
Styrnäs
Käxed
Hällsjö
Dal
Norrtjärn
Dockstа
Sandslån
Getberg
Ulvöhamn
Värns
E12
E4
130
363
365
360
353
352
92
335
348
334
90
95
364
370

Stavaträsk
Norrlångträsk
Tämeträsk
Åbyn
Lundbacken
Räftfors
Lillkågeträsk
N.Stensjön
Renholmen
Tåme
Byskeälven
Storkågeträsk
Stormark
Häbbersliden
Storkågeträsk
Byske
Drängsmark
Byske-fjärden
Kankberg
Gran
Högdalen
Furuögrund
Strömfors
Kusmark
Ostvik
Boliden
Gruvmuseum
Frostkåge
Ostanbäck
Svanström
Ersmark
Kåge
Pålstrandudden
Långselet
Brutorp
Varuträsk
Finnfjorsfallet
Åliden
Boviken
Vattenkvarn
Forsbacka
SKELLEFTEÅ
Medle
Grönliden
Krångfors
Myckle
Bergsbyn
Hälfjärden
Klutmark
Bergliden
Kroksjön
Tjärn
Ursviken
Källheden
Liden
Skelleftehamn
Bjurfors
Örviken
Rönnskär
Gummark
Brännkälen
Långviken
Skelleftebukten
Degerlund
Kläppen
Bureå
Ljusvattnet
Järvtjärn
Sjöbotten
Hjäggböle
Risån
Brännvattnet
Burvik
Villvattnet
N.Åbyn
S.Åbyn
S.Renbergsvattnet
Holmsvattnet
Ljusvattnet
Storbrännan
Mjövattnet
Sikån
Andersfors
Kåsböle
Övre Bäck
Bjuröfjärden
Tallträsk
Burträsk
Bodbyn
Tjärn
Rotsjön
Vallen
Uttersjöbäcken
Bjuröklubb
Kvarnbyn
Kvarnriset
Mårtensboda
Västanträsk
Bygdeträsk
Hökmark
Fjälbyn
Bjurön
Sjöbotten
Bjurfors
Bodan
Vebomark
Mångbyn
Nolbyn
Risvattnet
Lidsjön
Floda
Söderby
Kålaboda
Brotråsk
Lövånger
Blackhamn
Bygdsiljum
Brände
Korssjön
Gulltjärn
Estersmark
Inneråträsk
Lövsele
Flarken
Nysätra
Botsmark
Akullsjön
Noret
Ånäset
Överklinten
Skäran
Ytterstmark
Granån
Gumboda
Bjännfors
Krokbäck
Robertsfors
Klintsjön
Skärträsk
Häggnäs
Sikeå
Sikeåhamn
Mickelsträsk
V.Sjulsmark
Rödånäs
Gravmark
Risböle
Rickleå
Ytter-Åkulla
Kroksjö
Åkerbäck
Bygdeå
Bullmark
Bobacken
Bodbyn
Sävarån
Haddingen
Storliden
Ratan
Djäknebod
Ratu
Kassjö
Gunnismark
Hissjön
N.Sandåsen
Norrfors
Bäcksjön
Ersmark
Sävar
Sörfors
Ivarsboda
Stornorrfors
UMEÅ
Anumark
Ytterboda
Norrfjärden
Överboda
Klabböle
Täftea
Holmön
Röbäck
Västerbottens museum
Östnäs
Holmön
Degersjön
Djäkneböle
Skeppsvik
Yttertavle
Västra Kvarken
Stöcksjö
Yttersjö
Stöcke
Ängesön
Nyland
Bjännberg
Täftefj.
Strömbeck
Obbola
Holmsund
Sörmjöle
Normjöle
Mjölefjärden
Hörnefors
Norrbyn
Kråken
Sörkråken
Botten
Norra Gloppet
Östra
Valsörsgloppet
Östero
Björkön
Västerö
Björköby
Särkimo
Replot fjärden
Köklot
Söderudden
Revö-fjärden
Raippaluoto/ Vallgrund
Brändövik
Österhankmo
Replot/ Raippaluoto
Petsmo
Jungsund
Norra Vallgrund
Kvevlax/ Koivulahti
Södra Vallgrund
Södra Gloppet
Kuni
VAASA/ VASA
Veikkaala/ Veikars
Mustasaari/ Korsholm
Toby

46

Marjaniemi
Hailuoto
Ojakylä
Luodonselkä
Pajuniemi
Säärenperä
Varjakka
Karinkanta
Lumijoki
Siikajoki
Keskikylä
Tauvo
Hirvasperä
Ylipää
Siikajoki
Olkijoki
Lahtiranta
Revonlahti
Raahe
Pattijoki
Lapaluoto
Saloinen
Ruukki
Relleti
Tuomioja
Kopsa
Piehinki
Möykkylä
Lukkaroinen
Vihanti
Pyhäjoki
Parhalahti
Kopisto
Myllyperä
Viirre
Keskikylä
Pirttikoski
Polusperä
Yppäri
Ylinenoja
Vasankari
Pahkasalo
Pyhänkoski
Ahonperä
Saukonperä
Merijärvi
Pyhäjoki
Mehtäkylä
Piipsjärvi
Oulainen
Kalajoki
Pitkäsenkylä
Petäjäkoski
Taluspera
Ala-Kääntä
Törmäperä
Rahja
Someronkylä
Tynkä
Alavieska
Roukala
Himankakylä
Kangas
Torvenkylä
Kärkiskylä
Kähtävä
Typpö
Niemelänkylä
Rautila
Lohtajanselkä
Pahkala
Rautio
Ojakylä
Vähäkangas
Himanka
Röntiö
Kalajoki
Ylivieska
Ainali
Mutkalampi
Vattajanniemi
Lohtaja
Hilliä
Korvenkylä
Raudasmäki
Ala-Viirre
Vääräjoki
Karhi
Lestijoki
Märsylä
Sievin as.
Väli-Viirre
Väli-Kannus
Markkula
Marinkainen
Kungas
Eskola
Jyrinki
Järvikylä
Ruotsalo
Vuolle
Yli-Viirre
Kannus
Sievi
Kokkola/ Karleby
Rimmi
Kälviä
Riippa
Riutta
Eugmo
Öja
Hilli
Krekilä
Oikemus
Jämsä
Karjulanmäki
Kiiskilä
Perhonjoki
Perho å
Välikylä
Toholampi
Holm
Larsmo/ Luoto
Lahnakoski
Oivu/ Åivo
Alikylä
Norppa
Kleemola
Risöhäll
Nedervetil/ Alaveteli
Määttälä
Jakobstad/ Pietarsaari
Kronoby/ Kruunupyy
Merjäv
Ullava
Purontaka
Lepplax
Emmes
Pirttiniemi
Jöusen
Snåre
Jylhä
Pörkenäs
Kolppi/ Kållby
Salonkylä
Korpi
Hanhisalo
Sykäräinen
Sundby
Ytteresse
Esse/ Ähtävä
Rahkonen
Viiperi
Kansäkangas
Syri
Soklot
Pedersöre/ Pedersören kunta
Hästbacka
Terjärv/ Teerijärvi
Köyhäjoki
Andrasjön
Nykarleby/ Uusikaarlepyy
Kovjoki
Kaustinen
Purmo
Lappfors
Marjusaari
Vexala
Lappo
Tunkkari
Kanala
Monäs
Markby
Lillby
Sääksjärvi
Högnabba
Veteli
Meriläinen
Halsua
Munsala
Ytterjeppo
Ina
Polso
Laggars
Hirvlax
Marken
Jepua/ Jeppo
Ävist
Storbacka
Evijärvi
Småbonders
Sillanpää
Ylikylä
Gloppet
Monå
Överjeppo
Jungar
Storvist
Kerttusnkylä
Monå fjärd
Pensala
Pelkkala
Evijärvi
Isokylä
Räyrinki
Pulkkinen
Oravais fjärden
Ekola
Särkikylä
Teugmo
Lepistönmäki
Jokikylä
Kivikangas
Oxkangar
Oravais/ Oravainen
Knjola
Fräntilä
Pitkäsalo
Patana
Haukilahti
Kvimo
Voltti
Perkiömäki
Kortesjärvi
Lammi
Oksakoski
Maxmo/ Maksamaa
Karvsor
Kimo
Vakkuri
Purmojärvi
Övermark
Peltokangas
Komossa
Alahärmä
Pittinen
Itäkylä
Kuoppala
Härmä
Rintala
Tyynismaa
Söyrinki
Sääksjärvi
Vassor
Kärklax
Tuckur
Lappajärvi
Hallapuro
Vinni
Lotlax
Vörå/ Vöyri
Hakola
Karjanlahti
Viinikka
Tarvola
Kärna
Sahi
Vimpeli
Ylihärmä
Karvala
Poranen
Koskenkylä/ Koskeby
Kaurajärvi
Varpula
Lammi
Hühmarkoski
Lappajärvi
Lakaniemi
Koskela
Kauhava
Kantola
Teerineva
Kyrönjoki
Yliluoma
Kosola
Olli
Koivumäki
Kangas
Hirvijoki
Ylipää
Luoma-aho
Vähäkyrö
Lehmäjoki
Untamala
Orava
Pelkkikangas
Uusikylä
Perämeri
Pohjanmaa

A 70 B C

OULU
Kempele
Oulunsalo
Kempeleenlahti
Luodonselkä
Turkansaari
Oulujoki
Liminka
Tupos
Muhos
Pyhäkoski
Utajärvi
Vaala
Niskanselkä
Haiskinselkä
Oulujärvi
Juorkuna
Kiiminginjoki
Kalliuskoski
Paavola
Ruukki
Vihanti
Siikajoki
Rantsila
Oulainen
Haapavesi
Pulkkila
Pyhäntä
Ylivieska
Nivala
Kärsämäki
Sievi
Haapajärvi
Pyhäjärvi
Kiuruvesi
Reisjärvi
Lestijärvi
Pihtipudas
Kolima
Kivijärvi
Keitele
Viitasaari
Ylä-Keitele
Alvajärvi
Pyhäjärvi
Elämäjärvi
Muurasjärvi
Vuonamonlahti
Matoselkä
Koivujärvi
Paatinjärvi
Otermajärvi
1
2
3
4
5

48

Pyssyperä
Joukokylä
Neulikko
Auho
Aittokylä
Naulaperä
Tervavaara
Ala-Näljänkä
Kuurtola
Lonkka
Myllylähti
Aittovaara
Lobuka
Kannas
Kiantajärvi
Pesiöranta
Losovaara
Lylykylä
Pesiökylä
Suomussalmi
Näätävaara
Peuraniemi
Puras
Ämmänsaari
Palovaara
Haapala
Laaja
Kivarinjärvi
Puolanka
Leipivaara
Rasinkylä
Kurrto
Aittokoski
Kotiranta
Parvavaara
Ladvozero
Hepoköngäs
Vuokkijärvi
Raate
Vihajärvi
Kytömäki
Komulanköngäs
Hallavaara
Kuikkavaara
Väisälä
Mäkelänranta
Ala-Vuokki
Kalpio
Väryrylä
Paljakka
Hoikka
Pyykkölänvaara
Pahkavaara
Lehtola
Kotila
Lietekylä
Kangaskylä
Hyrynjärvi
Hakokylä
Jumaliskylä
Jumalisjärvi
Voukkijärvi
Somere
Hyrynsalmi
Latva
Peuravaara
Viitavaara
Saarivaara
Lantto
Oravivaara
Tulijärvi
Uva
Heikkisenvaara
Keskinen
Kongasmäki
Törmänmäki
Pihlajavaara
Seitenoikea
Riitakylä
Luvanjärvi
Ollilanniemi
Moisiovaara
Kongasjärvi
Kypärävaara
Pekankylä
Liminpuro
Jokikylä
Matkavaara
Osmankajärvi
Raappananmäki
Ristijärvi
Vanhakylä
Rämpsänkylä
Mikitanjärvi
Tapanikylä
Hirvivaara
Iso-Pyhäntä
Kiveslahti
Kivesjärvi
Vaarankylä
Uura
Pyhäntä
Lamminkylä
Ypykkävaara
Kivesjärvi
Paltamo
Mieslahti
Härmänkylä
Iivantiira
Kaivanto
Hakasuo
Kuuskanlahti
Melalahti
Härmänmäki
Lahtaskoski
Vuosanganjärvi
Kiveskylä
Paltaselkä
Hiisijärvi
Vuosanka
Manamansalo
Variskylä
Kontiomäki
Haukilahti
Sipinen
Koskenmäki
Paltaniemi
Jormua
Paakkinmäki
Teerivaara
Kellojärvi
Kuluntalahti
Lemetinvaara
Petäjävaara
Juonto
Koutaniemi
Tuulimäki
Anttila
Heinämäki
Ala-Vieksi
Timoniemi
Kuusiranta
Vuoreslahti
Kajaani
Vihtamo
Vuolijoki
Rehja
Nuasjärvi
Naapurinvaara
Kaitainsalmi
Viitavaara
Hietaperä
Itäranta
Vuokatti
Soidinvaara
Ontojärvi
Vuottolahti
Mainua
Kontinjoki
Korholanmäki
Sotkamo
Iso-Kumanen
Otanmäki
Parkua
Katerma
Tervasalmi
Lehtovaara
Mustolanmutka
Jormasjärvi
Tipasjoki
Ontojoki
Murtomäki
Tuhkakylä
Juurikkalahti
Sapsoperä
Tipasoja
Hatulanmäki
Karsikkovaara
Lykinto
Kallela
Rotimo
Rasimäki
Lahnasjärvi
Viinamäki
Nimisenkangas
Vepsä
Halla-aho
Pirttimäki
Saviaho
Saukko
Iso Tipasjärvi
Järvenpää
Raudanvesi
Komula
Ällävaara
Marttisenjärvi
Keskusvankila
Naulavaara
Karankamäki
Laakajärvi
Maanselkä
Sukeva
Kaarakkala
Kiltuanjärvi
Kalmomäki
Salahmi
Rumo
Palosenjärvi
Omenamäki
Sivakka
Vieremä
Kainuunmäki
Hirvijärvi
Laakajärvi
Jyrkkä
Savimäki
Turula
Kulvemäki
Puukari
Koiravaara
Luupujoki
Sonkakoski
Lehtimäki
Kauppilanmäki
Aittokoski
Oinasjärvi
Hiirikylä
Koppelo
Ylä-Valtimo
Valkeiskylä
Ryhälänmäki
Niinimäki
Valtimo
Uramonkylä
Sonkajärvi
Haajainen
Partala
Soinlahti
Pajukoski
Rämeelä
Ryönänjoki
Matalalahti
Petäys
Vehmasjärvi
Sammakkola
Ylikylä
Runni
Iisalmi
Ihotunlahti
Koirakoski
Jokikylä
Paisua
Ruutana
Haapajärvi
Huotari
Issakka
Mustolanmäki
Saarmäki
Savikylä
Siikalahti
Vuorimäki
Peltosalmi
Honkakoski
Itäkoski
Sulkavanjärvi
Ruotaanmäki
Horsmanmäki
Rautavaara
Katajamäki
Taipale
Juminen
Sulkava
Kotikylä
Angervikko
Syvärinpää
Korpinen
Korpimäki
Nerkoo
Heinäaho
Jonsa
Keyritty
Ala-Keyritty
Porsanmäki
Palomäki
Vaaraslahti
Martikkala
Kangaslahti
Ylä-Luosta
Lampaanjärvi
Lapinlahti
Puoliväli
Varpaisjärvi
Karsanlahti
Pielavesi
Lappetelä
Järvenpää
Luostanlinna
Mäkikylä
Keyritty
Hankamäki
Penttilänlahti
Heinämäki
Venetmäki
Lappalahti
Suurimäki
Talvikuvuori
Reittiö
Palonurmi
Lehtovaara
Vaikko
Jylhä
Onkivesi
Mäntylahti
Syväri
Kari
Lahovaara
Löytynmäki
Katajamäki
Juurikka
Nipanen
Pielavesi
Tuovilanlahti
Vianta
Pajujärvi
Lammasaho
Valkeiskylä
Nilsiä
Lastukoski
Säyneinen
Raholanvaara
Länsi-Säviä
Säviä
Pajuskylä
Ahkiolahti
Tölvä
Koivumäki
Konttimäki
Alapitkä
Venäänaho
Panka
Maaninka
Kolmisoppi
Pasalankylä
Vuotjärvi
Taipale
Varpasmaa
Haluna
Losomäki
Nilakka
Pulkonkoski
Kinnulanlahti
Kuuslahti
Vuotlahti
Vijtaniemi
Poljänmylly
Jokijärvi
Ristinen
Kurolanlahti
Käärmelahti
Hamula
Siilinjärvi
Murtolahti
Mäntyjärvi
Juankoski
Hamula
Talluskylä
Leinolanlahti
Ruokovesi
Nousionmäki
Ylä-Vehkalahti
E63
84
107
78
20

A
71
B
C

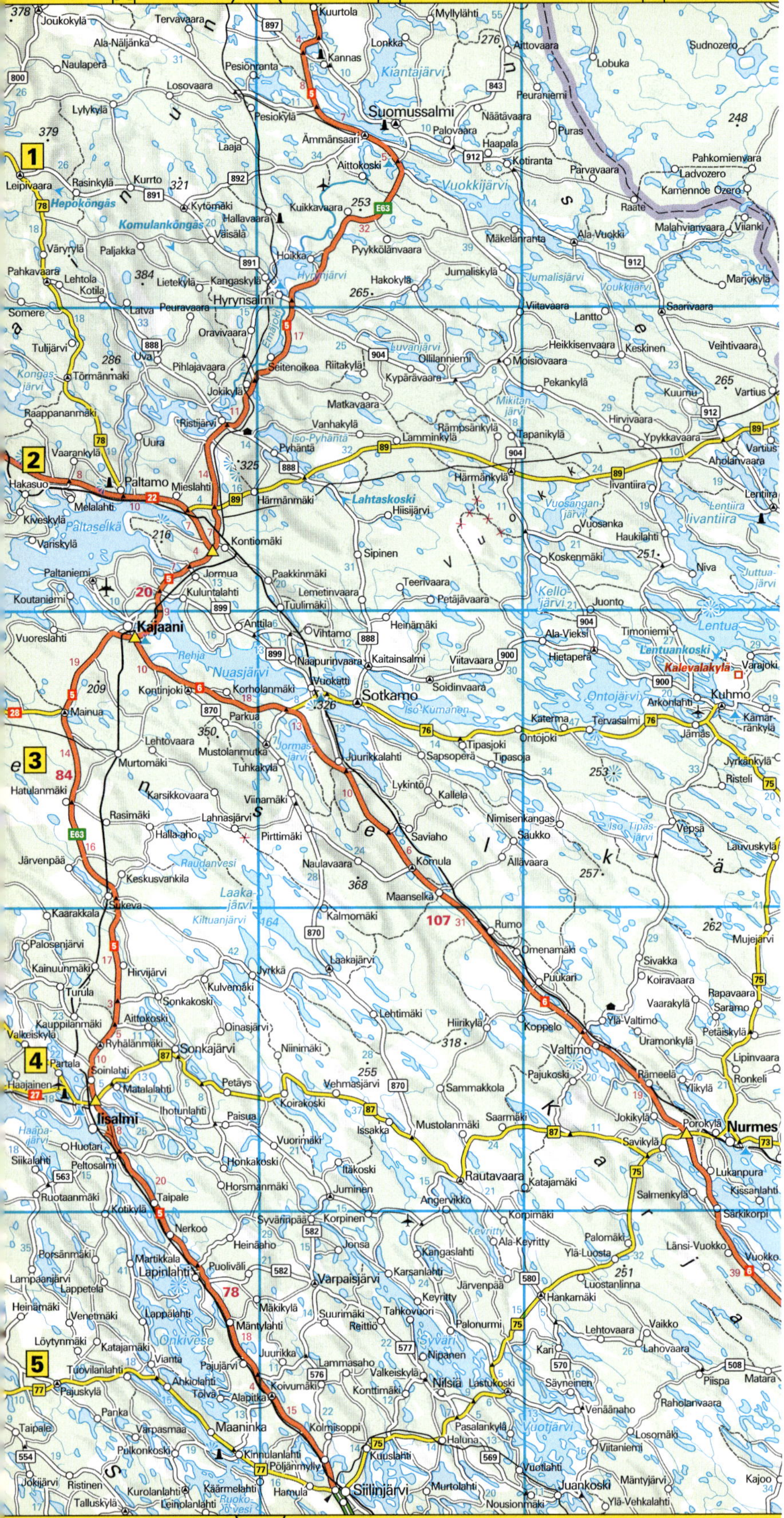
Joukokylä
Tervavaara
Ala-Näljänkä
Naulaperä
Losovaara
Lylykylä
Leipivaara
Rasinkylä
Kurrto
Hepokongäs
Komulankongäs
Kytömäki
Hallavaara
Väisälä
Väryrylä
Paljakka
Pahkavaara
Lehtola
Kotila
Lietekylä
Kangaskylä
Hyrynsalmi
Latva
Peuravaara
Somere
Oravivaara
Tulijärvi
Uva
Pihlajavaara
Törmänmäki
Raappananmäki
Ristijärvi
Uura
Vaarankylä
Paltamo
Mieslahti
Hakasuo
Melalahti
Kiveskylä
Paltaselkä
Variskylä
Paltaniemi
Koutaniemi
Jormua
Kuluntalahti
Kajaani
Vuoreslahti
Kontinjoki
Mainua
Lehtovaara
Murtomäki
Mustolanmutka
Hatulanmäki
Karsikkovaara
Rasimäki
Halla-aho
Lahnasjärvi
Järvenpää
Keskusvankila
Sukeva
Kaarakkala
Palosenjärvi
Kainuunmäki
Turula
Kauppilanmäki
Valkeiskylä
Partala
Haajainen
Iisalmi
Soinlahti
Matalalahti
Ryhälänmäki
Sonkajärvi
Huotari
Siikalahti
Peltosalmi
Ruotaanmäki
Taipale
Kotikylä
Nerkoo
Porsanmäki
Martikkala
Lapinlahti
Lampaanjärvi
Lappetela
Heinämäki
Venetmäki
Lappalahti
Löytynmäki
Katajamäki
Onkivesi
Vianta
Tuovilanlahti
Pajuskylä
Ahkiolahti
Tölvä
Alapitkä
Maaninka
Panka
Varpasmaa
Pulkonkoski
Kurolanlahti
Jokijärvi
Ristinen
Talluskylä
Käärmelahti
Leinolanlahti
Hamula
Kinnulanlahti
Siilinjärvi
Kuurtola
Kannas
Lonkka
Myllylähti
Kiantajärvi
Pesionranta
Pesiokylä
Suomussalmi
Ämmänsaari
Palovaara
Näätävaara
Aittokoski
Kuikkavaara
Pyykkölänvaara
Hoikka
Hyrynjärvi
Hakokylä
Jumaliskylä
Seitenoikea
Riitakylä
Ollilanniemi
Kypäräväära
Jokikylä
Matkavaara
Vanhakylä
Iso-Pyhäntä
Pyhäntä
Lamminkylä
Härmänmäki
Lahtaskoski
Hiisijärvi
Kontiomäki
Sipinen
Paakkinmäki
Lemetinvaara
Tuulimäki
Teerivaara
Petäjävaara
Anttila
Vihtamo
Heinämäki
Naapurinvaara
Kaitainsalmi
Viitavaara
Vuokatti
Sotkamo
Soidinvaara
Korholanmäki
Parkua
Iso-Kumanen
Jormasjärvi
Tuhkakylä
Juurikkalahti
Sapsoperä
Tipasjoki
Tipasoja
Lykintö
Kallela
Viinamäki
Pirttimäki
Saviaho
Naulavaara
Komula
Raudanvesi
Laakajärvi
Kiltuanjärvi
Maanselkä
Kalmomäki
Rumo
Omenamäki
Laakajärvi
Jyrkkä
Kulvemäki
Sonkakoski
Aittokoski
Lehtimäki
Hiirikylä
Koppelo
Puukari
Ylä-Valtimo
Valtimo
Oinasjärvi
Niinimäki
Vehmasjärvi
Sammakkola
Pajukoski
Petäys
Koirakoski
Ihotunlahti
Paisua
Issakka
Mustolanmäki
Saarmäki
Vuorimäki
Honkakoski
Horsmanmäki
Itäkoski
Rautavaara
Katajamäki
Juminen
Angervikko
Syvärinpää
Korpinen
Korpimäki
Kevritty
Ala-Keyritty
Heinäaho
Jonsa
Kangaslahti
Puoliväli
Varpaisjärvi
Karsanlahti
Järvenpää
Mäkikylä
Keyritty
Suurimäki
Tahkovuori
Reittiö
Palonurmi
Syväri
Mäntylahti
Juurikka
Lammasaho
Nipanen
Koivumäki
Valkeiskylä
Konttimäki
Nilsiä
Lastukoski
Kolmisoppi
Pasalankylä
Haluna
Vuotjärvi
Kuuslahti
Pöljänmylly
Murtolahti
Nousionmäki
Vuotlahti
Juankoski
Mäntyjärvi
Ylä-Vehkalahti
Aittovaara
Lobuka
Sudnozero
Peuraniemi
Puras
Haapala
Kotiranta
Parvavaara
Vuokkijärvi
Raate
Pahkomienvaara
Ladvozero
Kamennoe Ozero
Mäkelänranta
Ala-Vuokki
Malahvianvaara
Viianki
Jumalisjärvi
Voukkijärvi
Marjokylä
Viitavaara
Lantto
Saarivaara
Heikkisenvaara
Keskinen
Veihtivaara
Moisiovaara
Pekankylä
Vartius
Kuumu
Mikitanjärvi
Rämpsänkylä
Tapanikylä
Hirvivaara
Ypykkävaara
Aholanvaara
Härmänkylä
Iivantiira
Lentiira
Vuosanganjärvi
Vuosanka
Haukilahti
Koskenmäki
Niva
Juttuajärvi
Kellojärvi
Juonto
Timoniemi
Lentua
Ala-Vieksi
Hietaperä
Lentuankoski
Kalevalakylä
Varajoki
Ontojärvi
Kuhmo
Arkonlahti
Kamarankylä
Katerma
Tervasalmi
Ontojoki
Jämäs
Jyrkänkylä
Risteli
Nimisenkangas
Saukko
Iso Tipasjärvi
Vepsä
Lauvuskylä
Ällävaara
Mujejärvi
Sivakka
Koiravaara
Rapavaara
Vaarakylä
Saramo
Petäiskylä
Uramonkylä
Lipinvaara
Rämeelä
Ylikylä
Ronkeli
Jokikylä
Porokylä
Nurmes
Savikylä
Lukanpura
Salmenkylä
Kissanlahti
Särkikorpi
Palomäki
Ylä-Luosta
Länsi-Vuokko
Vuokko
Luostanlinna
Hankamäki
Lehtovaara
Vaikko
Lahovaara
Kari
Säyneinen
Piispa
Matara
Venäänaho
Raholanvaara
Losomäki
Viitaniemi
Kajoo

D E F

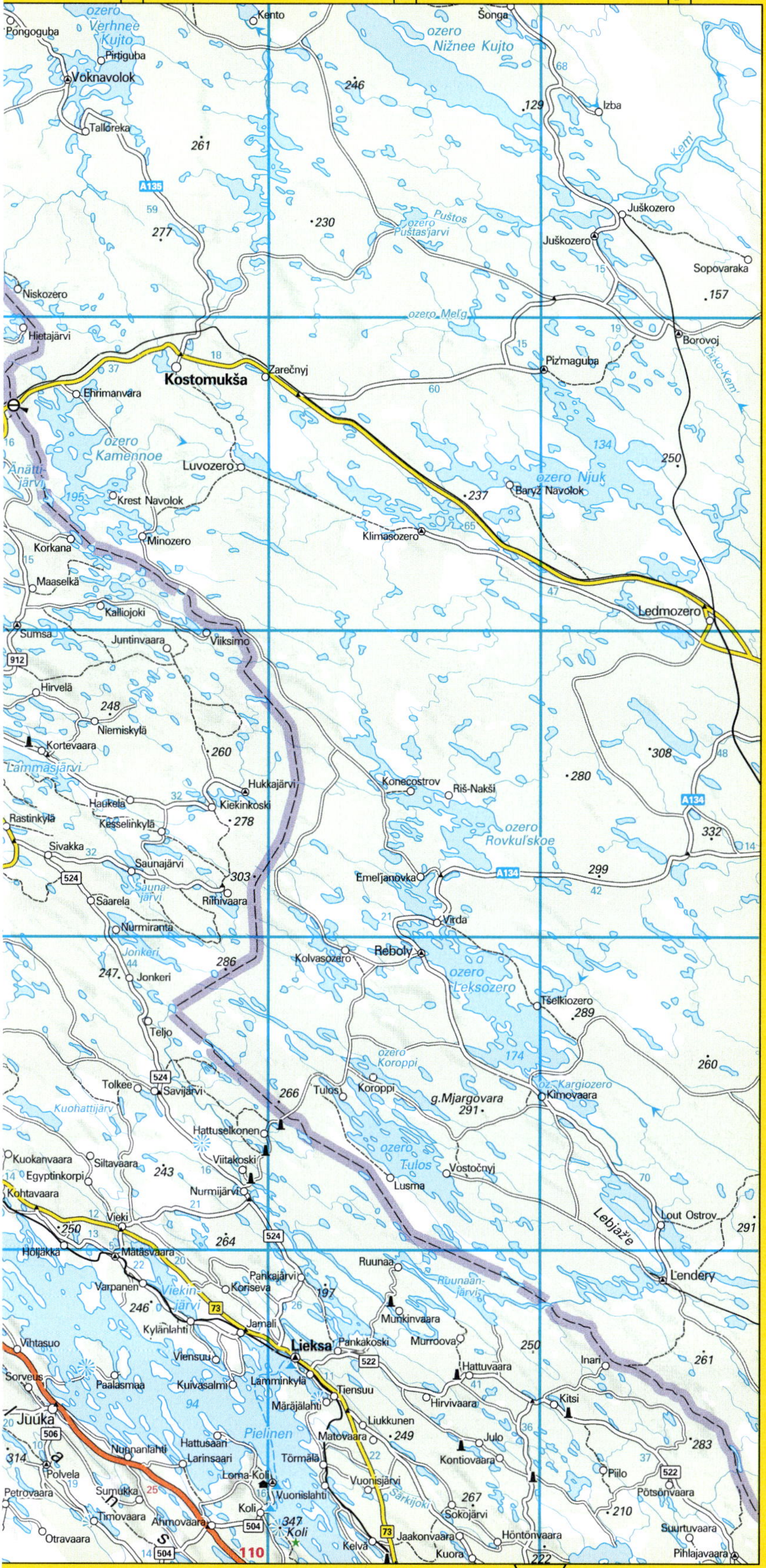
ozero Verhnee Kujto
Pongoguba
Kento
Šonga
ozero Nižnee Kujto
Pirtiguba
Voknavolok
246
129
Izba
Tallöreka
261
Kem'
A135
59
277
230
ozero Puštas'järvi
Puštos
Juškozero
Juškozero
15
Sopovaraka
Niskozero
157
ozero Mel'g
Hietajärvi
19
Borovoj
15
18
37
Zarečnyj
Piz'maguba
Kostomukša
Čirko-Kem'
Ehrimanvara
60
ozero Kamennoe
134
16
Luvozero
250
Änättijärvi
ozero Njuk
237
Baryš Navolok
195
Krest Navolok
65
Korkana
Minozero
Klimasozero
15
Maaselkä
47
Ledmozero
Kalliojoki
Sumsa
Juntinvaara
Viiksimo
912
Hirvelä
248
Niemiskylä
Kortevaara
260
308
48
Lammasjärvi
280
Hukkajärvi
Konecostrov
Riš-Nakši
Haukelä
32
Kiekinkoski
A134
Rastinkylä
Kesselinkylä
278
ozero Rovkul'skoe
332
Sivakka
32
Saunajärvi
14
299
524
303
Emel'janovka
A134
Sauna-järvi
42
Saarela
Riihivaara
21
Virda
Nurmiranta
Jonkeri
286
Kolvasozero
Reboly
44
ozero Leksozero
247
Jonkeri
Tšelkiozero
289
Teljo
174
ozero Koroppi
260
524
Tolkee
Savijärvi
266
Tulos
Koroppi
g.Mjargovara
oz. Kargiozero
Kimovaara
Kuohattijärvi
291
Hattuselkonen
Kuokanvaara
Siltavaara
Viitakoski
ozero Tulos
Vostočnyj
Egyptinkorpi
243
16
70
14
Kohtavaara
Nurmijärvi
Lusma
21
Lebjaže
12
Vieki
Lout Ostrov
291
250
13
264
524
Höljäkkä
Mätäsvaara
Ruunaa
L'endery
22
20
Pankajärvi
Ruunaanjärvi
Varpanen
Viekinjärvi
Koriseva
197
246
26
Munkinvaara
73
Jamali
Kylänlahti
250
Vihtasuo
Lieksa
Pankakoski
Murroova
261
Viensuu
522
Inari
Sorveus
Hattuvaara
Paalasmaa
Kuivasalmi
Lamminkylä
11
41
Tiensuu
94
Kitsi
Märäjälahti
Hirvivaara
Juuka
Liukkunen
20
506
Pielinen
36
283
10
Matovaara
249
Julo
Nunnanlahti
Hattusaari
22
314
Polvela
Larinsaari
Törmälä
Kontiovaara
37
19
Piilo
522
Loma-Koli
Petrovaara
Sumukka
25
Vuonisjärvi
Pötsönvaara
Vuonislahti
Särkijoki
267
210
Koli
Timovaara
Ahmovaara
504
347 Koli
Sokojärvi
Suurtuvaara
Otravaara
14
504
110
Kelvä
73
Jaakonvaara
Höntönvaara
Kuora
222
Pihlajavaara

51

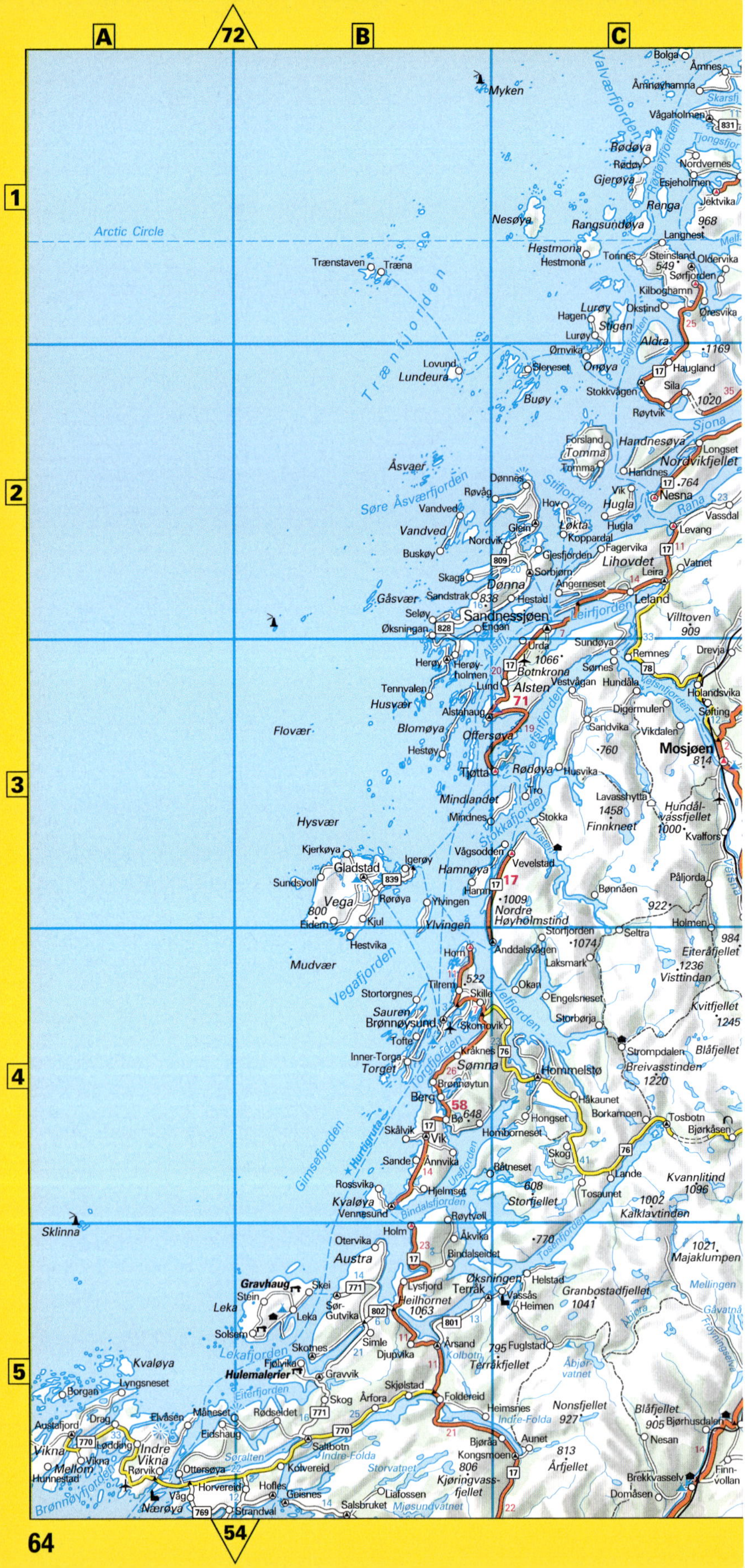

A
72
B
C
1
2
3
4
5
Myken
Valværfjorden
Bolga
Åmnes
Åmnøyhamna
Vågaholmen
831
Rødøya
Rødøy
Rødøyfjorden
Tjongsfjor
Nordvernes
Gjerøya
Esjeholmen
Renga
Jektvika
968
Nesøya
Rangsundøya
Arctic Circle
Langnest
Hestmona
Hestmona
Tonnes
Steinsland
549
Oldervika
Trænstaven
Træna
Sørfjorden
Kilboghamn
Lurøy
Okstind
Øresvika
Hagen
Stigen
Lurøy
Aldra
25
Trænfjorden
Ørnvika
1169
Lovund
Lundeura
Sleneset
Onøya
17
Haugland
Sila
Stokkvågen
Buøy
1020
35
Røytvik
Sjona
Forsland
Tomma
Tomma
Handnesøya
Longset
Nordvikfjellet
Åsvaer
Handnes
17
764
Dønnes
Stifjorden
Søre Åsværfjorden
Røvåg
Vik
Hugla
Nesna
Rana
23
Vandved
Hov
Vassdal
Vandved
Løkta
Hugla
Levang
Glein
Koppardal
Nordvik
Buskøy
Fagervika
17
11
809
Glesfjorden
Lihovdet
Vatnet
20
Sorbjørn
Leira
Skaga
Dønna
Angerneset
14
Gåsvær
Sandstrak
838
Hestad
Leland
16
Seløy
Sandnessjøen
Leirfjorden
Villtoven
Øksningan
828
Engan
909
7
Urda
Sundøya
33
Remnes
Drevja
Alstfj.
1066
Herøy
Herøy-holmen
20
17
Botnkrona
Sørnes
78
Tennvalen
Lund
Alsten
Vestvågan
Hundåla
Vefsnfjorden
Holandsvika
Husvær
71
Søfting
Alstahaug
Digermulen
Flovær
Blomøya
Offersøya
19
Sandvika
Vikdalen
12
Hestøy
Vefsnfjorden
760
Mosjøen
2
Tjøtta
Rødøya
Husvika
814
Mindlandet
Tro
Lavasshytta
Hundål-
1458
vassfjellet
Mindnes
Stokka
Finnkneet
1000
Kvalfors
Hysvær
Stokkafjorden
Vistenfjorden
Kjerkøya
Vågsodden
Vevelstad
Gladstad
Igerøy
Hamnøya
Påljorda
Sundsvoll
839
17
Hamn
Bønnåen
Vega
Rørøya
Ylvingen
1009
922
800
Nordre
Holmen
Eidem
Kjul
Ylvingen
Høyholmstind
Storfjorden
Seltra
984
Hestvika
1074
Anddalsvågen
Eiteråfjellet
Mudvær
Horn
Laksmark
1236
Vegafjorden
Visttinden
522
Okan
Tilrem
Stortorgnes
Skille
Engelsneset
Kvitfjellet
Sauren
Velfjorden
Storbørja
1245
Brønnøysund
Skomovik
Tofte
Strompdalen
Blåfjellet
Inner-Torga
Kråknes
76
Torget
Torgfjorden
Sømna
Hommelstø
Breivasstinden
26
1220
Brønnøytun
Håkaunet
Berg
58
648
Borkamoen
Tosbotn
Hongset
Bjørkåsen
Hurtigruta
Skålvik
17
Bø
Vik
Homborneset
Gimsefjorden
Skog
76
Sande
Ånnvika
Båtneset
41
14
Lande
Kvannlitind
Ursfjorden
1096
Rossvika
Hjelmset
608
Tosaunet
1002
Kvaløya
Storfjellet
Bindalsfjorden
Kalklavtinden
Vennesund
Røytvoll
Sklinna
Holm
770
Tosenfjorden
Otervika
Åkvika
23
1021
Austra
Majaklumpen
Bindalseidet
17
14
Gravhaug
Skei
Øksningen
Helstad
Mellingen
Stein
771
Lysfjord
Terråk
Sør-
Granbostadfjellet
Gutvika
Heilhornet
Vassås
Leka
802
Heimen
1041
Leka
1063
801
13
Abjøra
Gåvatnå
Solsem
Fromingselva
6
Simle
11
Årsand
Skotnes
21
795
Fuglstad
Djupvika
Lekafjorden
Kolbotn
Kvaløya
11
Terråkfjellet
Abjør-
vatnet
Fjelvika
Hulemalerier
Gravvik
Lyngsneset
Skjølstad
Eiterfjorden
Borgan
Skog
Årfora
Foldereid
Nonsfjellet
Blåfjellet
Drag
Måneset
Rødseidet
771
Heimsnes
Austafjord
Elvåsen
927
905
Bjørhusdalen
Indre-Folda
25
Vikna
770
Lødding
Eidshaug
770
21
Indre
Saltbotn
Bjøråa
Aunet
Nesan
Vikna
Sørsalten
Indre-Folda
Kongsmoen
813
Mellom
Vikna
Rørvik
14
Ottersøya
Kolvereid
Storvatnet
806
Årfjellet
Hunnestad
Kjøringvass-
fjellet
Brekkvasselv
Finn-
Brønnøyfjorden
Horvereid
Hofles
Geisnes
17
vollan
Vàg
Liafossen
Domåsen
Nærøya
769
12
Strandval
14
Salsbruket
Mjøsundvatnet
22
54

74

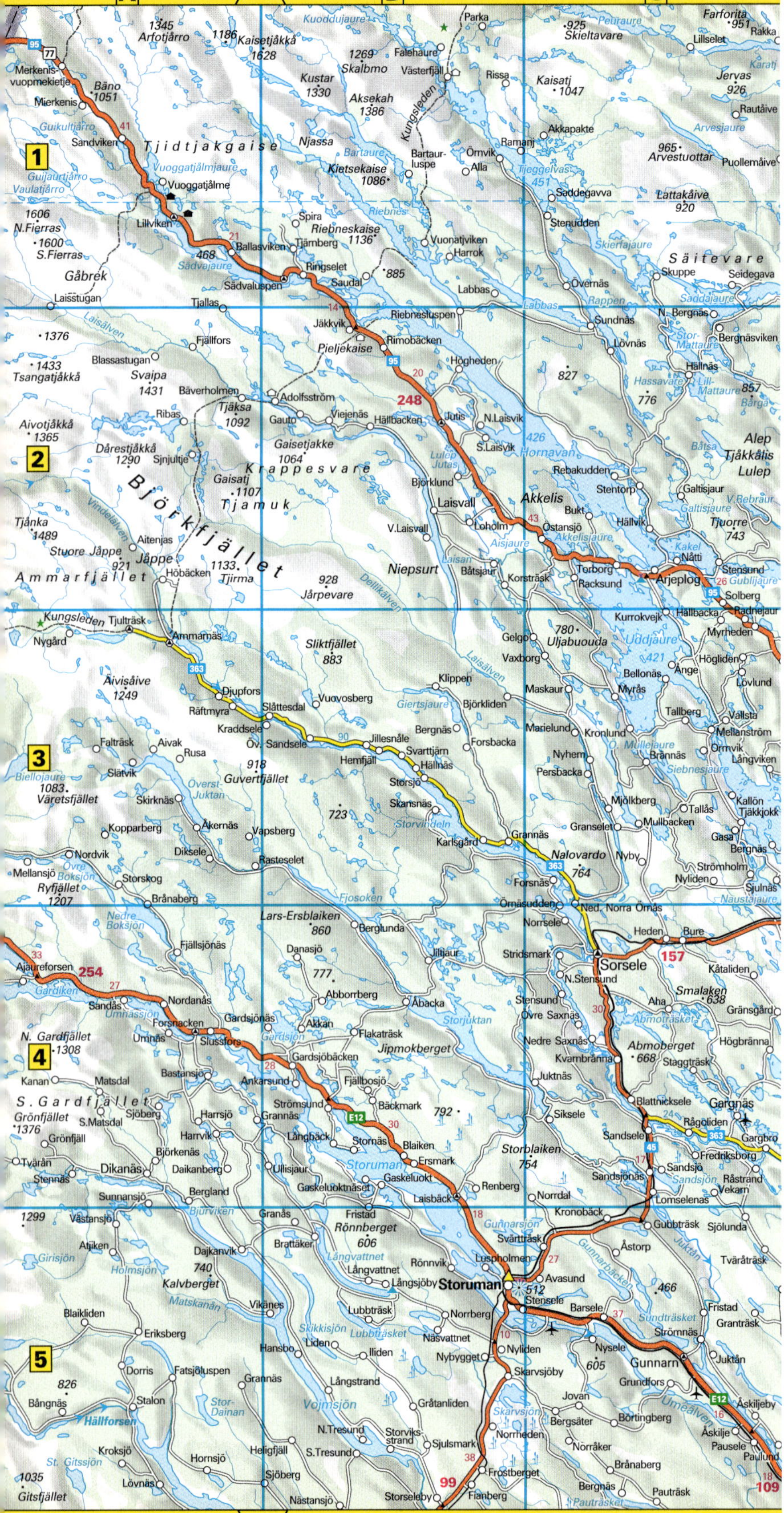
A
B
C
1
2
3
4
5
Merkenis-vuopmekietje
Mierkenis
Bäno 1051
1345 Arfotjärro
1186
Kaisetjåkkå 1628
Kuoddujaure
Parka
Falehaure
Västerfjäll
1269 Skalbmo
Kustar 1330
Aksekah 1386
Kungsleden
Rissa
Kaisatj 1047
925 Skieltavare
Peuraure
Farforita 951
Rakka
Lillselet
Karatj
Jervas 926
Rautåive
Guikultjärro
Sandviken
Tjidtjakgaise
Njassa
Bartaure
Bartaur-luspe
Örnvik
Alla
Ramanj
Akkapakte
Arvesjaure
965 Arvestuottar
Puollemåive
Guijaurtjärro
Vaulatjärro
Vuoggatjålmjaure
Vuoggatjålme
Kietsekaise 1086
Tjeggelvas 451
Saddegavva
Lattakåive 920
1606 N.Fierras
1600 S.Fierras
Gåbrek
Lillviken
Spira
Riebnes
Riebneskaise 1136
Ballasviken
Tjärnberg
Vuonatjviken
Harrok
Stenudden
Skierfajaure
468
Sädvajaure
Ringselet
Sädvaluspen
Saudal
885
Labbas
Övernäs
Säitevare
Skuppe
Seidegava
Laisstugan
Tjallas
Labbas
Rappen
Saddajaure
Jäkkvik
Riebnesluspen
Sundnäs
N. Bergnäs
Laisälven
1376
Fjällfors
Pieljekaise
Rimobäcken
Lövnäs
Stor-Mattaure
Bergnäsviken
1433 Tsangatjåkkå
Blassastugan
Svaipa 1431
95
Högheden
Hällnäs
Bäverholmen
Adolfsström
248
827
Hassavare
Lill-Mattaure
857 Bårga
776
Ribas
Tjåksa 1092
Gauto
Viejenäs
Hällbacken
Jutis
N.Laisvik
Aivotjåkkå 1365
Dårestjåkkå 1290
Sjnjultje
Gaisetjakke 1064
S.Laisvik
426
Hornavan
Båtsa
Alep Tjåkkålis Lulep
Krappesvare
Lulep Jutas
Rebakudden
Stentorp
Galtisjaur
Björkfjället
Gaisatj 1107
Tjamuk
Björklund
Laisvall
Akkelis
Bukt
Hällvik
Galtisjaure
V.Rebräur
Vindelälven
Tjånka 1489
Aitenjas
V.Laisvall
Loholm
Östansjö
Akkelisjaure
Tjuorre 743
Stuore Jåppe 921
Jåppe
Aisjaure
Kakel
Nätti
Ammarfjället
Höbäcken
1133 Tjirma
Niepsurt
Laisan
Båtsjaur
Korsträsk
Torborg
Racksund
Arjeplog
Stensund
Gubliljaure
928 Jårpevare
Dellikälven
Solberg
Kungsleden
Tjulträsk
Kurrokvejk
Hällbacka
Radnejaur
Nygård
Ammarnäs
Sliktfjället 883
Gelgo
780 Uljabuouda
Uddjaure
Myrheden
Vaxborg
421
Högliden
363
Laisälven
Bellonäs
Ange
Aivisåive 1249
Djupfors
Klippen
Maskaur
Myrås
Lövlund
Vuovosberg
Giertsjaure
Björkliden
Tallberg
Råftmyra
Slättesdal
Marielund
Kronlund
Vallsta
Kraddsele
Bergnäs
Mellanström
Falträsk
Aivak
Öv. Sandsele
Jillesnåle
Forsbacka
O. Mullejaure
Örnvik
Rusa
Svarttjärn
Nyhem
Brännäs
Långviken
918
Hemfjäll
Hällnäs
Persbacka
Siebnesjaure
Slätvik
Guvertfjället
Biellojaure
Överst-Juktan
Storsjö
1083 Väretsfjället
Skirknäs
Mjölkberg
Tallås
Kallön
Tjäkkjokk
723
Skansnäs
Storvindeln
Mullbacken
Kopparberg
Åkernäs
Vapsberg
Granselet
Gasa
Karlsgård
Grannäs
Nalovardo 764
Bergnäs
Nordvik
Diksele
Nyby
Mellansjö
Övre Boksjön
Rasteselet
Strömholm
Ryfjället 1207
Storskog
363
Forsnäs
Nyliden
Sjulnäs
Brånaberg
Fjosoken
Ömåsudden
Ned. Norra Ömås
Naustajaure
Nedre Boksjön
Lars-Ersblaiken 860
Berglunda
Norrsele
Heden
Bure
Fjällsjönäs
Danasjö
Jiltjaur
Stridsmark
Sorsele
157
Kåtaliden
Ajaureforsen
254
777
Gardiken
Abborrberg
N.Stensund
Smalaken 638
Sandås
Nordanås
Umnässjön
Abacka
Stensund
Aha
Gränsgård
Gardsjönäs
Storjuktan
Övre Saxnäs
Abmotrasket
N. Gardfjället 1308
Forsnacken
Akkan
Högbränna
Umnäs
Slussfors
Gardsjön
Flakaträsk
Nedre Saxnäs
Abmoberget 668
Jipmokberget
Kvarnbränna
Staggträsk
Gardsjöbacken
Bastansjö
Ankarsund
Fjällbosjö
Juktnäs
Kanan
Matsdal
S.Gardfjället
Grönfjället 1376
S.Matsdal
Sjöberg
Strömsund
Grannäs
Bäckmark
792
Blattnicksele
Gargnäs
Harrsjö
E12
Siksele
Rågoliden
Harrvik
Långbäck
Stornäs
Blaiken
Sandsele
363
Gargbro
Grönfjäll
Björkenäs
Ersmark
Storblaiken 754
45
Fredriksborg
Tvärån
Stennäs
Dikanäs
Daikanberg
Ullisjaur
Storuman
Gaskeluokt
Sandsjö
Råstrand
Sandsjönäs
Sandsjön
Vekarn
Sunnansjö
Bergland
Gaskeluoktnäset
Renberg
Laisbäck
Norrdal
Lomselenäs
1299
Västansjö
Bjurviken
Granås
Fristad
Kronobäck
Gubbträsk
Sjölunda
Rönnberget 606
Gunnarsjön
Svartträsk
Girisjön
Atjiken
Dajkanvik
Brattåker
Långvattnet
Åstorp
Tväråträsk
Holmsjön
Rönnvik
Lusphemmen
Gunnarbäcken
Juktan
740 Kalvberget
Långvattnet
Långsjöby
Storuman
512
Avasund
Matskanån
Vikanes
Stensele
466
Blaikliden
Lubbträsk
Barsele
Fristad
Eriksberg
Norrberg
Sundträsket
Granträsk
Skikkisjön
Lubbträsket
Näsvattnet
Strömnäs
Hansbo
Liden
Iliden
Nybygget
Nyliden
Nysele
Gunnarn
Juktån
826
Dorris
Fatsjöluspen
Grannäs
Skarvsjöby
605
Långstrand
Grundfors
Bångnäs
Stalon
Stor-Dainan
Vojmsjön
Gråtanliden
Jovan
E12
Åskiljeby
Hällforsen
Skarvsjön
Bergsäter
Börtingberg
Umeälven
N.Tresund
Storviksstrand
Norrheden
Åskilje
Kroksjö
Hornsjö
Heligfjäll
S.Tresund
Sjulsmark
Norråker
Pausele
St. Gitssjön
Paulund
1035 Gitsfjället
Lövnäs
Sjöberg
99
Frostberget
Brånaberg
Bergnäs
Pauträsk
109
Nästansjö
Storseleby
Fianberg
Pauträsket

56

D
E
75
F
Björkholmen
Randijaur
Björknäs
553
Ligga
Skaite
Urtimjaur
Jutsavare
Vårsjö
Harrejaur
Lompolovaara
Nattavaara by
Nattavaara
Uppavare
751
Parkijaure
Parkijaur
Stora Luleälven
Sarkavare
Siekavaara
Randijaure
Klubbudden
Vajkijaur
Njetjavare
Messaure
Högträsk
559
Vuojat
Karats
Lullekietje
Puornaluokta
Luovos
Latnjajaure
Vajkijaure
Strömnäs
Purkijaur
Juggijaur
Fatjas
Koskivaara
Palovaara
926
Jarre
Purkijaure
Jokkmokk/
Dálvvadis
Sierre
Alep Udtje
738
Puornak
Brändön
Slakka
Palkijaur
Piertinjaure
N.Mattisudden
Ov.Kuouka
Pärlan
Mattisudden
Ned.Kuouka
Vuotnajaur
Polcirkeln
Lilla Luleälven
Nordanå
Hällberget
Vajmat
Själlarim
Letsi
Sanden
Kåskats
Padjerim
Murjek
Muorkafors
Porsi
Tjavelkjåvrre
677
Vuollerimforsen
Kirtik
Vuolvojaure
Tårrajaur
Larve
Vuollerim
Mörtberg
Bergviken
Björklunda
Tjåura
840
Majtum
Storbacken
Rimjokk
Nausta
Naustajaure
54
603
Kåpponis
Furunäs
Sundsnäs
Ovansjö
Stenträsk
Framnäs
Kåikul
Koltrasket
Udtja
Metträsk
Sudok
Kilkok
Gittun
Subbat
720
Uttjábuovdda
Storsand
Luleälven
Eggelats
Allovare
Tuortaure
Edefors
Strand
Forsnäs
696
Bállja
Kronogård
Kuoletis
Lillå
Laxede
Sarkasvare
Puottaure
Krokfors
Sörsviksudden
Stor-Ståkke
788
Kittajaur
Pieski
Snesudden
Kroktjärn
Ned.Forsnäs
Forsudden
Reuna
Kåbdalis
Grundsanden
685
Lill-Ståkke
Kuollejaure
Piteälven
Kuollejaur
Tiellejaur
Njakaure
Spikberg
Harads
Lill-Varjisträsk
Bodträskfors
Akkajaur
Jåknajaure
16
Gammelgården
Djupträsk
Svannäs
Jåkna
Labtjevare
Stor-Varjisträsk
Spadnovare
S.Harads
Abraure
Trollforsen
Norden
Trollberget
Heden
Hapträsk
Rödingsträsk
Abraur
Norrstrand
44
594
Åberget
155
Njalle
Abborrtjärn
Trollforsen
Granberget
Sarvasudden
Ripeluokt
Piteälven
Dalen
Vitberget
Snittjesbo
Granholmen
Malmesjaure
Nästräsk
Älvsbacka
Suddesjaur
Östansjö
Storheden
Vidsels flygpl.
Småbruken
Björkberg
Strömnäs
Bergnäs
Moskosel
Gransel
Bredsel
Isträsk
Sijemtjivvelg
673
Bellunåive
Harrejaureliden
646
Tabmokåive
586
Ljusträsk
Storforsen
Vidsel
49
Långnäs
Grundvattnet
Tällberg
Mader
Stormyrheden
Sleng
Pilträsk
Näsudden
Riddarberg
Fållboheden
Baktåive
Strittjomvare
Lomträsk
Ö.Granberg
Döttern
693
Sandviken
Rättsel
Edet
Auktsjaur
St.Tallberg
Brännäs
Nattberget
Storön
Norrmalm
Nordanås
Utterbacken
Viståsen
Njallejaur
Muskus
Långträsket
Kikkejaure
Rönnberg
41
Utterträsk
Visttråsk
Tjipko
741
Ov. Långträsk
Vuotner
Åkroken
Visttheden
Storavan
Sarvasåive
Glottje
Akkavare
Bäcklund
Lauker
Lövviken
Fleviken
Gullön
V.Granudden
Nakte-
berget
Rävaberget
Laukersjön
Arvidsjaursjön
Klappen
Renvallen
Deppis
Grannäs
S.Brännträsk
Teugerträsk
Vittjåkk
Arvidsjaur
Åselet
Storsund
73
Fiskträsk
724
Månsträsk
Backen
Framnäs
Renträsk
N.Holmnäs
Ö.Kikkejaure
Dartsel
Bänkerträsk
Racknäs
Sjöträsk
Nyträsk
Forsheden
Grundträskliden
Långsel
Lyckoträsk
Skellefteälven
Tallnäs
Pjesker
Brännan
Koler
Tällträsk
Sunnanå
Storberg
Kalvträsk
Manjärvträsk
Strömnäs
Björklund
Öberg
Kokträsk
Åsträsk
Gråträsk
Bastuselet
Nya Bastuselet
Åbborrträsk
Huvåsen
Ljungby
Hedberg
Aspliden
Sundsnäs
Hultet
Bockträsk
Bastuselet
Bäcknäs
Risnabben
Björkliden
Jakobslund
Hundberg
Björkland
Rismyrheden
Grundträsk
Nyvall
Storlångträsk
Långträsk
Flötuträsk
Adakgruvan
Hålberg
Högbacken
S.Johannisberg
Adakliden
Adak
Baktsjaur
Näverliden
Kåtaselet
Ulriksberg
Finnliden
Granberget
Stennäs
Rönnliden
Storbacken
Svanträsk
Kåxliden
Holmfors
Granholm
Kedjeheden
Utterliden
Pite-Byske
Brännberg
Moräng
Högbränna
Granberg
Myrheden
Holmsjö
Högheden
Glommersträsk
V.Lainejaur
Springliden
Lainejaur
Holmforš
Brånan
N.Malånäs
Sandfors
Holmen
Ullbergsträsk
Träskholm
Åselet
Malåvannäs
Missenträsk
Järvträsk
St.Skäppträsket
Björkliden
Stensträsk
Grundträsk
Brännäs
Nässudden
511
Grönbo
Vindelälven
Malå
Långträsk
Vithatten
140
Storträsk
Storkliten
Melsträsk
Släppträsket
Skäppträskån
Brännträsk
515
Degerträsk
Skoträsk
Släppträsk
Fårträsk
Grundträsk
Högberg
Granbergsträsk
Storklinta
351
Knöllen
Vindelgransele
Näsbergsbrennan
Brännudden
Mensträsk
Treholmsforsen
Brännäs
Nyågård
Öresund
Storforsen
Aspliden
Nåda
Rentjärn
Nickmoret
Björkliden
Ö.Åliden
Grundfors
Kristineberg
461
Viterliden
Rökå
Norrbränna
Petikträsk
Jörn
Österjörn
Stavaträsk
Lycksåberg
Björkås
Åmliden
Lillholmträsk
Örträsk
Ålgträsk
Lundbacken
Säter
Svanselet
Björksele
Gissträsk
Bjurträsk
Malån
Norrholm
Kittelforsen
Svartliden
Lidsträsk
Raggsjö
St.Kvammarn
Kusfors
Häbbersliden
Raggsjön
Norsjövallen
Böle
Petiknäs
Kvarnåsen
Finnäs
Björknäs
Renström
Kankberg
Blåvikssjön
Norrbyberg
Vormsele
Vormträsk
Norsjön
Norsjö
Holmträsk
Renfors
Strömfors
Blåvik
Nyträsk
Åmträsk
Bjursele
Skellefteälven
Boliden
Rusele
Tväråberg
Arnberg
Pjäsöm
Svartnäs
Gruvmuseum
Bläviksjön
Bläviken
Mettjaur
Ruskträsk
Ruskselle
Kattisberg
Ajaursjön
Myrberg
Långselet
Brutorp
45
97
43
26
17
374
37
32
94
95
3
373
48
26
24
12
365
370
19
31
8
6
5
14
20
30
363
28
27
23
36
35
57

76

A B C

1
2
3
4
5
Lompolovaara
Nattavaara by
Sarvisvaara
Arro
Storberget
Torasjärvi
Skröven
Paharova
Angesån
Lahnasuando
Limingoan
Pirttiniemi
Suaninki
Teurajärvi
Grantorp
Salmi
Kivijärvi
Rovakka
Vinsa
Limingojärvi
Siekavaara
Torrivaara
185
337
Palovaara
Koskivaara
Slättberg
Buollnja
468
E10
Lansjärv
Öv. Lansjärv
413
Jokk
344
Penttäja
Ylinenjärvi
270
Vallsjärv
V. Ansvar
Mukkavaara
Kuurajärvi
Ruokojärvi
Härkmyran
474
Vuottaráyddo
Västerberg
Bönträsk
Ertsjärv
Naisheden
396
392
Lillselet
Polcirkeln
Risträsk
Flakaberg
Jänkisjärvi
Karkea
Muorkafors
Naisjärv
Lansån
Lång-forsselet
Storbäcken
Strömsnäs
257
Kuusijärvi
Lillsaivis
Kopparsjärv
216
Lomträsk
Raitajärvi
284
Murjek
Storsaivis
405
Marsjärv
Rödupp
Posjärv
Råneälven
Tväredet
Stråkan
Alsjärv
Hirvijärvi
Puostijärvi
98
Mörtberg
418
Vuottas
Alsån
Angesån
Bönälven
Nybyn
Gyljen
Pålkem
(Bålggem)
355
Kölmjärv
Pojmis
Miekojärvi
253
Randaträsk
Hedensbyn
Överkalix
Matkajärvi
Koltrasket
336
Bredträsket
Mieko-järvi
Ekfors
Lakaträsk
Lillåfors
Mårdsel
Dockas
245
Liehittäjä
Lilleälven
Storsand
418
Tällberg
Kesasjärv
Svarbyn
Svartträsk
V-Killisjarvi
Lakaträsket
Storåholm
Talljärv
257
Svartberget
Edefors
Grundträsk
Storsvedjan
Räktjärv
227
Laxede
Gullträsk
Klingersel
Långfors
Tallån
Granträsket
Lombheden
Kälvudden
246
Mjöträsk
Aspliden
Ytterholmen
258
Långsel
Räktfors
Kypäsjärv
Sörsviksudden
Lillberg
Sangisälven
Ned.Forsnäs
Degervattnet
Bergträsk
Strandforssel
Tjäruträsk
Lomben
Grundsanden
Sandträsk
Svanisträsket
Valvträsk
Bjoråhed
Övermorjärv
Granträsk
210
Kukasjärvi
Bodträskfors
Harads
168
Åträsk
Gunnarsbyn
207
Forsbyn
Grubbnäsudden
Djupträsk
Gransjö
Forsträskhed
Forsnäs
Grundfors
Morjärv
Klinten
97
Västerbyn
Abramsån
Lassbyn
356
Kamlungeträsk
Vitvattnet
S.Harads
Svartlå
Sörbyn
Fredrikafors
Avafors
Kamlunge
Ned.Svartlå
255
Sundsnäs
Ängesträsk
Långsel
Kalixälven
Lilla
Orrträsk
Rödingsträsk
Österby
Ljuså
Niemisel
Långfors
Lappträsk
Degerselet
384
Långtjärn
Vitåfors
Storå
Korpikå
Rågraven
390
Marieberg
356
Orrbyn
Töreälven
Torböle
Kälsjarv
N.Bredåker
Åskogen
146
Bondersbyn
Staträsk
S.Bredåker
Bodön
Töre
Börjelsbyn
Åkerholmen
Gemträsk
Praetholm
E4
Björkberg
Långsjön
Buddbyn
Råneälven
Böle
Färholmen
Dammet
Kalix
Rasmyran
Vittjärv
171
Skogså
Råneå
Jämtön
Rolfs
Istråsk
Svartbjörsbyn
140
48
Siknäs
Siknäsfjärden
Näsbyn
Svanamyran
383
Smedsbyn
Rånefjärden
Påläng
Tällberg
Brännberg
Boden
Svartbyn
Pålänge
106
Nyborg
Öv.Tväråsel
Degernäs
Sävast
Sundom
Rörbäck
Rånöfj.
Rånäsudden
356
Ängesbyn
Bergön
Östanfjärden
Edet
Nybyn
Nystrand
Vändträsk
Mockträsk
Persön
Storön
Bergås
Alträsk
31
Siksundet
Bodön
Muskus
Unbyn
97
73
Storö-fj.
Visträsk
Älvsbyn
N.Sunderbyn
Brändön
Batöfjärden
Rånön
Vistheden
94
Korsträsk
Hollsvattnet
Selet
Avan
S.Sunderbyn
Rutvik
Fleviken
Pålsträsk
Gammelstaden
Bensbyn
Stor-Teuger
Böinge
Luleälven
Harufjärden
Klöverträsk
Alviksträsk
Arvidsträsk
Bjurträsk
Karlsvik
LULEÅ
Altergård
206
Storsund
Tväråsel
94
Ale
Långnäs
Bänkerträsket
Teugerträsk
Alvik
Gäddvik
Bergnäset
Harrviken
Backträsk
Antnäs
Måttsund
Granträsk
Sikfors
Brandöfjärden
Lyckoträsk
Holmträsk
Sjulsmark
Långträsk
Kallax
Kaptensviken
Hälleström
Sandön
Koler
Tällträsk
Arnemark
Ersnäs
Ersnäsfjärden
204
Långsund
Strömnäs
Årträsk
47
Sörbrändö-fjärden
Hultet
Kilberg
Rönnberget
106
Piteälven
Rosvik
Norrfjärden
Alhamn
Yttersta
Norr-bodarna
374
334
Lillpite
Böle
Kopparnäs
Trundön
Flötuträsk
Sandön
Kallfjärden
Öjebyn
Roknäs
Finnliden
Fagerheden
Storfjärden
Piteå
Pite-Byske
Kalamark
Svensbyn
Granholm
Bergsviken
373
Munksund
Granträskmark
Hortlax
Pitholmer
Åselet
Blåsmark
Klubbfors
Hemmingsmark
Brännfors
Pitsund
Grönbo
Kålen
Hogsböle
Bondöfjärden
Hedfors
Halmfors
Melsträsk
Jakobsfors
Byskeälven
Malbäck
Ålund
Järvre
351
404
Knöllen
Degerträsk
Fällfors
Gagsmark
130
Nygard
Aspliden
Källbomark
Klöverfors
Finnträsk
Kinnbäck
Selet
81
Stavaträsk
Tåmeträsk
Åbyn
Lundbacken
Norrlångträsk
56
Räftfors
Lillkågeträsk
N.Stensjön
Renholmen
Byskeälven
Storkågeträsk
Stormark
Tåme
Häbbersliden
Storkågeträsk
95
Drängsmark
Byske
Byskefjärden
Kankberg
Grat
Högdalen
Strömfors
Furuögrund
Ostvik
Kusmark
Boliden
Gruvmuseum
Frostkåge
Svanström
Ersmark
Ostanbäck
Långselet
Kåge
Pålstrandudden
Brutorp
Åliden
Varuträsk

58

Pello
Matinlompolo
Korpilompolo
Nuasniemi
Nuasjärvi
Kontojärvi
Marraskoski
Ounasjoki
Yli-Nampa
Ala-Nampa
Perunkajärvi
Kuoksajärvi
Lehmivaara
Valkeakoski
Rantajärvi
Lankojärvi
Ylipää
Romakkajärvi
Mäntyjärvi
Typpyrä
Tapionkylä
Lampsijärvi
Sirkakoski
Raanujärvi
Pohtimolampi
Turtola
Koutus
Kaaranes
Sonka
Sinettä
Poikajärvi
Svanstein
Ajankijärvi
Jolanki
Mieko-järvi
Iso-Vietonen
Palojärvi
Sinetänsalmi
Viiri
Norvajärvi
Norvasalmi
Vikajärvi
Perävaara
Sinettäjärvi
Nivankylä
Olkkajärvi
Juoksenki
Ajanki
Liinanki
Juoksengi
Ratasjärvi
Meltosjärvi
Ylikylä
Arktikum
Saarenkylä
Niskanpää
Pakisjärvi
Pessalompolo
ROVANIEMI
Kulus
Korva
Pakisvaara
Karhujupukka
Ratasvuoma
Lohijärvi
Niskanperä
Oikarainen
Kaulinranta
Kuivakangas
Haapakylä
Kantomaanpää
Tengeliönjoki
Kaitajärvi
Hirvas
Mellakoski
Mellajärvi
Louejärvi
Valajaskoski
Övertorneå
Aavasaksa
Törmäsjärvi
Portimojärvi
Haarasaajo
Muurola
Välikangas
Lähdejänkkä
Kapusta
Pisa
Kemijoki
Taipale
Ulkula
Kivilompolo
Ylitornio
Niemis
Nuottionranta
Louejoki
Ruikka
Luppio
Väystäjä
Petäjäskoski
Leipee
Jaatila
Haukitaipele
Välijoki
Hedenäset
Kainuunkylä
Varajärvi
Kätkävaara
Martimo
Pekanpää
Martimojoki
Littiäinen
Salmi
Vitsaniemi
Sihtuuna
Sivakkajoki
Peura
Koivu
Suolijoki
Matkakoski
Kaakamavaara
Loue
Ossauskoski
Koivukylä
Reutuaapa
Vuomajärvi
Korpikylä
Tornionjoki
Kaisajoki
Varejoki
Vähäjoki
Matojärvi
Koutojärvi
Pukinlehto
Aapajärvi
Tervolan asema
Sattajärvi
Runkaus
Tervola
Lövheden
Lehmikumpu
Karungi
Karunki
Oja
Linkka
Kangas
Aapajoki
Arpela
Yli-Paakkola
Pahtaoja
Paakkola
Långbacken
Kukkola
Övre Vojakkala
Kukkolankoski
Könölä
Lautamaa
Koskenkylä
Sompujärvi
Tainijoki
Hömyrfors
Avajärvi
Kattilasaari
Nedre Vojakkala
Ala-Vojakkala
Vojakkala
Kalkkimaa
Ala-Paakkola
Puukkokumpu
Hosio
Björkfors
Naartijärvi
Vittikko
Karsikkojärvi
Härkönen
Maula
Ilmola
Näverrys
Taininiemi
Holmträsk
Lantjärv
Sangis
Sangijärvi
Haparanda
Tornio
Liedakkala
Bredviken
Alaniemi
Säivis
Västra Nikkala
Alatornio
Keminmaa
Saarikoski
Bisogrund
Karlsborg
Båtskärsnäs
Staffans
Salmis
Nikkala
Kaakamo
Lautiosaari
Juokuanvaara
Pömiö
Yli-Karppä
Röyttä
Matala
Bodöfj.
Seskarö
Seskaröfj.
Jokikylä
Lahola
Kemi
Skomakarfjärden
Putteenpeä
Seskarön
Maksniemi
Hamarinperä
Luujoki
Puukkofjärden
Veitsiluoto
Viantie
Simo
Ajos
Sarvenselkä
Simoniemi
Koivuniemi
Simonkylä
Kuivajoki
Hyry
Heinikoski
Gunnarsfjärden
Kuivaniemi
Halttula
Yli-Olhava
Taipale
Olhava
Maunula
Tyykiluoto
Pohjois-Ii
Kestilä
Ii
Asemankylä
Halosenniemi
Martinniemi
Haukipudas
Kello
Hailuoto
Marjaniemi
Ojakylä
Pajuniemi
Luodonselkä
Säärenperä
Varjakka
Siikajoki
Karinkanta
Lumijoki
Tauvo
Keskikylä
Bottenviken
Perämeri

A
78
B
C

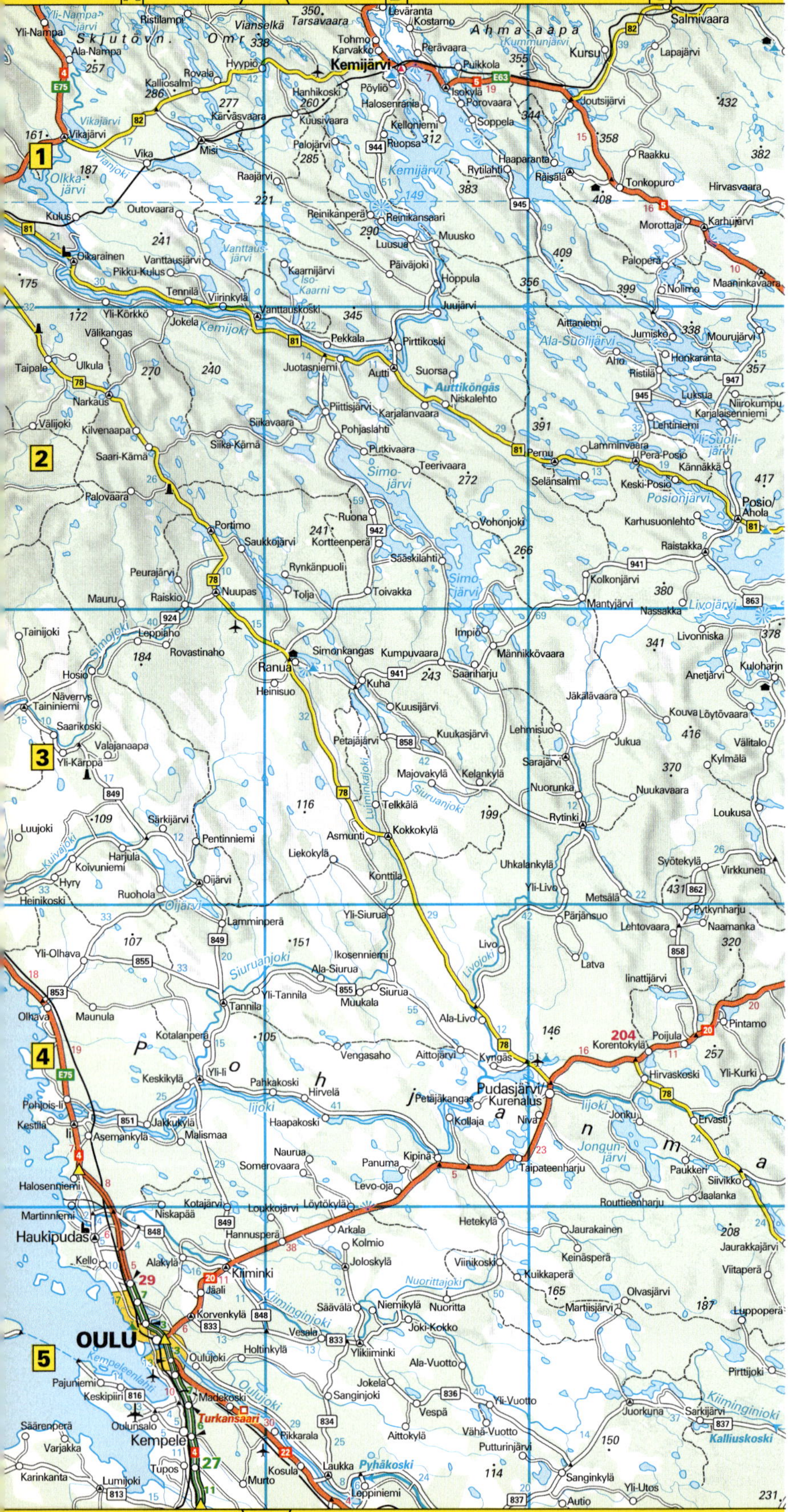
Yli-Nampa
Ristilampi
Vianselkä
Tarsavaara
Leväranta
Kostamo
Salmivaara
Skjutövn.
Omr.
Ahmaaapa
Kummunjärvi
Ala-Nampa
Tohmo
Karvakko
Peräväara
Kursu
Lapajärvi
Hyypiö
Kemijärvi
Puikkola
Rovala
Kalliosalmi
Hanhikoski
Pöyliö
Isokylä
Porovaara
Joutsijärvi
Halosenranta
Kärväsvaara
Kuusivaara
Kelloniemi
Soppela
Vikajärvi
Misi
Vika
Palojärvi
Ruopsa
Viantijoki
Olkkajärvi
Haaparanta
Raakku
Raisala
Rytilahti
Raajärvi
Kemijärvi
Tonkopuro
Hirvasvaara
Outovaara
Reinikanperä
Reinikansaari
Morottaja
Karhujärvi
Kulus
Muusko
Luusua
Oikarainen
Vanttausjärvi
Vanttausjärvi
Palopera
Pikku-Kulus
Kaarnijärvi
Iso-Kaarni
Päiväjoki
Hoppula
Maaninkavaara
Tennilä
Viirinkylä
Nolimo
Yli-Körkkö
Vanttauskoski
Jokela
Kemijoki
Juujärvi
Aittaniemi
Jumisko
Mourujärvi
Välikangas
Pekkala
Pirttikoski
Ala-Suolijärvi
Aho
Honkaranta
Taipale
Ulkula
Juotasniemi
Autti
Suorsa
Ristilä
Auttiköngäs
Niskalehto
Luksua
Niirokumpu
Narkaus
Piittisjärvi
Karjalanvaara
Karjalaisenniemi
Välijoki
Kilvenaapa
Siikavaara
Pohjaslahti
Lehtiniemi
Siika-Kämä
Yli-Suolijärvi
Saari-Kämä
Putkivaara
Pernu
Lamminvaara
Pera-Posio
Kännäkkä
Simojärvi
Teerivaara
Selänsalmi
Keski-Posio
Posionjärvi
Posio/Ahola
Palovaara
Ruona
Vohonjoki
Karhusuonlehto
Portimo
Saukkojärvi
Kortteenperä
Raistakka
Sääskilahti
Rynkänpuoli
Peurajärvi
Kolkonjärvi
Tolja
Toivakka
Mauru
Raiskio
Nuupas
Mantyjärvi
Nassakka
Livojärvi
Tainijoki
Leppiaho
Simojoki
Impiö
Rovastinaho
Simonkangas
Kumpuvaara
Männikkövaara
Livonniska
Ranua
Saariharju
Kuloharju
Hosio
Heinisuo
Kuha
Anetjärvi
Näverrys
Taininiemi
Kuusijärvi
Jäkälävaara
Kouva
Löytövaara
Saarikoski
Petäjäjärvi
Kuukasjärvi
Lehmisuo
Jukua
Välitalo
Valajanaapa
Yli-Karppa
Majovakylä
Kelankylä
Sarajärvi
Kylmälä
Siuruanjoki
Nuorunka
Nuukavaara
Telkkälä
Luiminkajoki
Rytinki
Loukusa
Luujoki
Särkijärvi
Asmunti
Kokkokylä
Pentinniemi
Kuivajoki
Harjula
Liekokylä
Syötekylä
Virkkunen
Koivuniemi
Uhkalankylä
Hyry
Konttila
Oijärvi
Yli-Livo
Ruohola
Metsälä
Heinikoski
Oijärvi
Yli-Siurua
Pytkynharju
Lamminperä
Pärjänsuo
Lehtovaara
Naamanka
Livo
Yli-Olhava
Latva
Siuruanjoki
Ikosenniemi
Ala-Siurua
Livojoki
Iinattijärvi
Yli-Tannila
Siurua
Muukala
Olhava
Maunula
Tannila
Ala-Livo
Pintamo
Kotalanperä
Korentokylä
Poijula
Pohjois-Ii
Vengasaho
Aittojärvi
Kurgas
Hirvaskoski
Yli-Kurki
Keskikylä
Yli-Ii
Pahkakoski
Hirvelä
Pudasjärvi/Kurenalus
Iijoki
Petäjäkangas
Kestilä
Ii
Jakkukylä
Haapakoski
Kollaja
Niva
Jonku
Ervasti
Asemankylä
Malismaa
Jongunjärvi
Naurua
Somerovaara
Panuma
Kipinä
Taipateenharju
Paukkeri
Siivikko
Halosenniemi
Levo-oja
Jaalanka
Kotajärvi
Routtieenharju
Martinniemi
Niskapää
Loukkojärvi
Löytökylä
Haukipudas
Hannusperä
Arkala
Hetekylä
Jaurakainen
Jaurakkajärvi
Kello
Kolmio
Alakylä
Kiiminki
Joloskylä
Viinikoski
Keinäsperä
Viitaperä
Jääli
Nuorittajoki
Kuikkaperä
Olvasjärvi
Kiiminkijoki
Säävälä
Niemikylä
Nuoritta
Martiisjärvi
Luppoperä
Korvenkylä
Joki-Kokko
OULU
Vesala
Holtinkylä
Ylikiiminki
Kempeleenlahti
Oulujoki
Ala-Vuotto
Pirttijoki
Pajuniemi
Jokela
Keskipiiri
Madekoski
Sanginjoki
Yli-Vuotto
Kiiminkijoki
Juorkuna
Sarkijärvi
Turkansaari
Vespä
Kalliuskoski
Säärenperä
Oulunsalo
Pikkarala
Aittokylä
Väha-Vuotto
Varjakka
Kempele
Putturinjärvi
Karinkanta
Lumijoki
Tupos
Kosula
Laukka
Pyhäkoski
Sanginkylä
Yli-Utos
Murto
Leppiniemi
Autio

60

D E 79 F

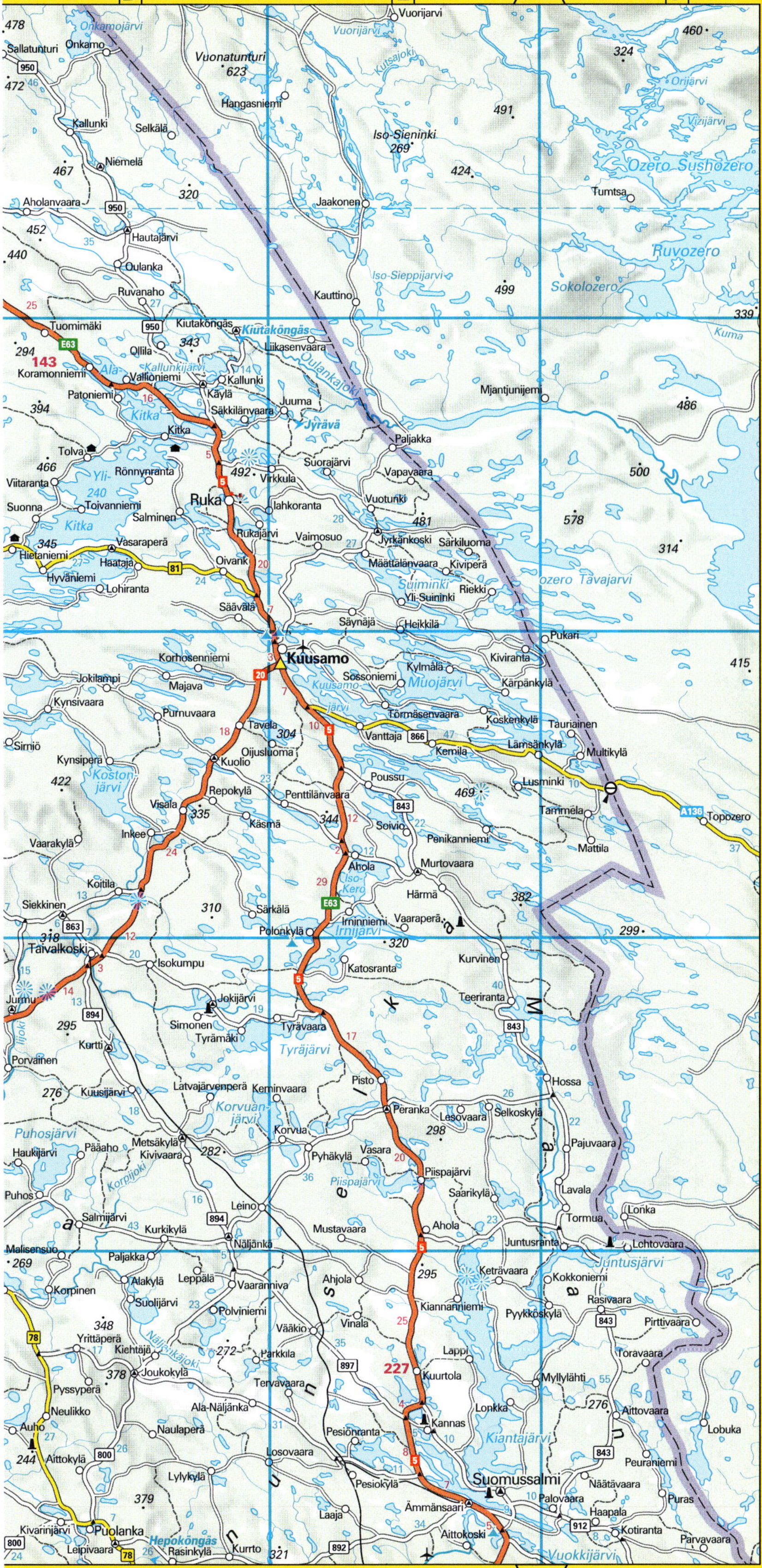

Onkamojärvi
Sallatunturi
Onkamo
Vuonatunturi
623
Hangasniemi
Vuorijärvi
Kutsajoki
Orijärvi
Vizijärvi
Kallunki
Selkälä
Niemelä
Iso-Sieninki
Ozero Sushozero
Tumtsa
Aholanvaara
Jaakonen
Hautajärvi
Oulanka
Ruvanaho
Kauttino
Iso-Sieppijärvi
Ruvozero
Sokolozero
Kuma
Tuomimäki
Kiutakongäs
Kiutaköngäs
Liikasenvaara
Oulankajoki
Ollila
Koramonniemi
Vallioniemi
Kallunkijärvi
Kallunki
Käylä
Patoniemi
Kitka
Juuma
Säkkilänvaara
Jyrävä
Mjantjunijemi
Paljakka
Tolva
Suorajärvi
Yli-Kitka
Rönnynranta
Virkkula
Vapavaara
Viitaranta
Suonna
Toivanniemi
Ruka
Iahkoranta
Vuotunki
Salminen
Rukajärvi
Jyrkänkoski
Särkiluoma
Hietaniemi
Vasaraperä
Vaimosuo
Haataja
Oivanki
Määttälänvaara
Kiviperä
Hyvärniemi
Lohiranta
Suiminki
Riekki
Yli-Suininki
Ozero Tavajarvi
Säävälä
Säynäjä
Heikkilä
Pukari
Korhosenniemi
Kuusamo
Kiviranta
Jokilampi
Majava
Sossoniemi
Kylmälä
Kuusamojärvi
Muojärvi
Kärpänkylä
Kynsivaara
Purnuvaara
Törmäsenvaara
Koskenkylä
Tauriainen
Tavela
Vanttaja
Sirniö
Oijusluoma
Kemilä
Lämsänkylä
Multikylä
Kynsiperä
Kuolio
Kostonjärvi
Poussu
Lusminki
Repokylä
Penttilänvaara
Visala
Tammelä
Topozero
Käsmä
Soivio
Inkee
Penikanniemi
Mattila
Vaarakylä
Ahola
Murtovaara
Koitila
Iso-Kero
Härmä
Siekkinen
Särkälä
Iminniemi
Vaaraperä
Polonkylä
Irnijärvi
Taivalkoski
Isokumpu
Katosranta
Kurvinen
Jurmu
Jokijärvi
Teeriranta
Simonen
Tyrävaara
Tyrämäki
Tyräjärvi
Kurtti
Porvainen
Pisto
Hossa
Latvajärvenperä
Keminvaara
Kuusijärvi
Peranka
Lesovaara
Selkoskylä
Puhosjärvi
Korvuanjärvi
Korvua
Metsäkylä
Kivivaara
Pajuvaara
Haukijärvi
Pääaho
Pyhäkylä
Vasara
Piispajärvi
Korpijoki
Saarikylä
Puhos
Leino
Lavala
Salmijärvi
Tormua
Lonka
Ahola
Mustavaara
Kurkikylä
Näljänkä
Juntusranta
Lehtovaara
Malisensuo
Juntusjärvi
Paljakka
Keträvaara
Ahjola
Kokkoniemi
Alakylä
Leppälä
Korpinen
Vaaranniva
Suolijärvi
Kiannanniemi
Rasivaara
Polviniemi
Pyykköskylä
Pirttivaara
Yrittäperä
Vääkiö
Vinala
Kiehtäjä
Näljänkäjoki
Toravaara
Parkkila
Lappi
Joukokylä
Kuurtola
Myllylähti
Pyssyperä
Tervavaara
Neulikko
Ala-Näljänkä
Lonkka
Aittovaara
Kannas
Auho
Naulaperä
Pesionranta
Lobuka
Aittokylä
Kiantajärvi
Losovaara
Peuraniemi
Lylykylä
Pesiokylä
Suomussalmi
Näätävaara
Palovaara
Puras
Ämmänsaari
Kivarinjärvi
Puolanka
Laaja
Haapala
Aittokoski
Kotiranta
Leipivaara
Hepokongäs
Rasinkylä
Kurtto
Parvavaara
Vuokkijärvi
Suomenselkä
Maanselkä

61

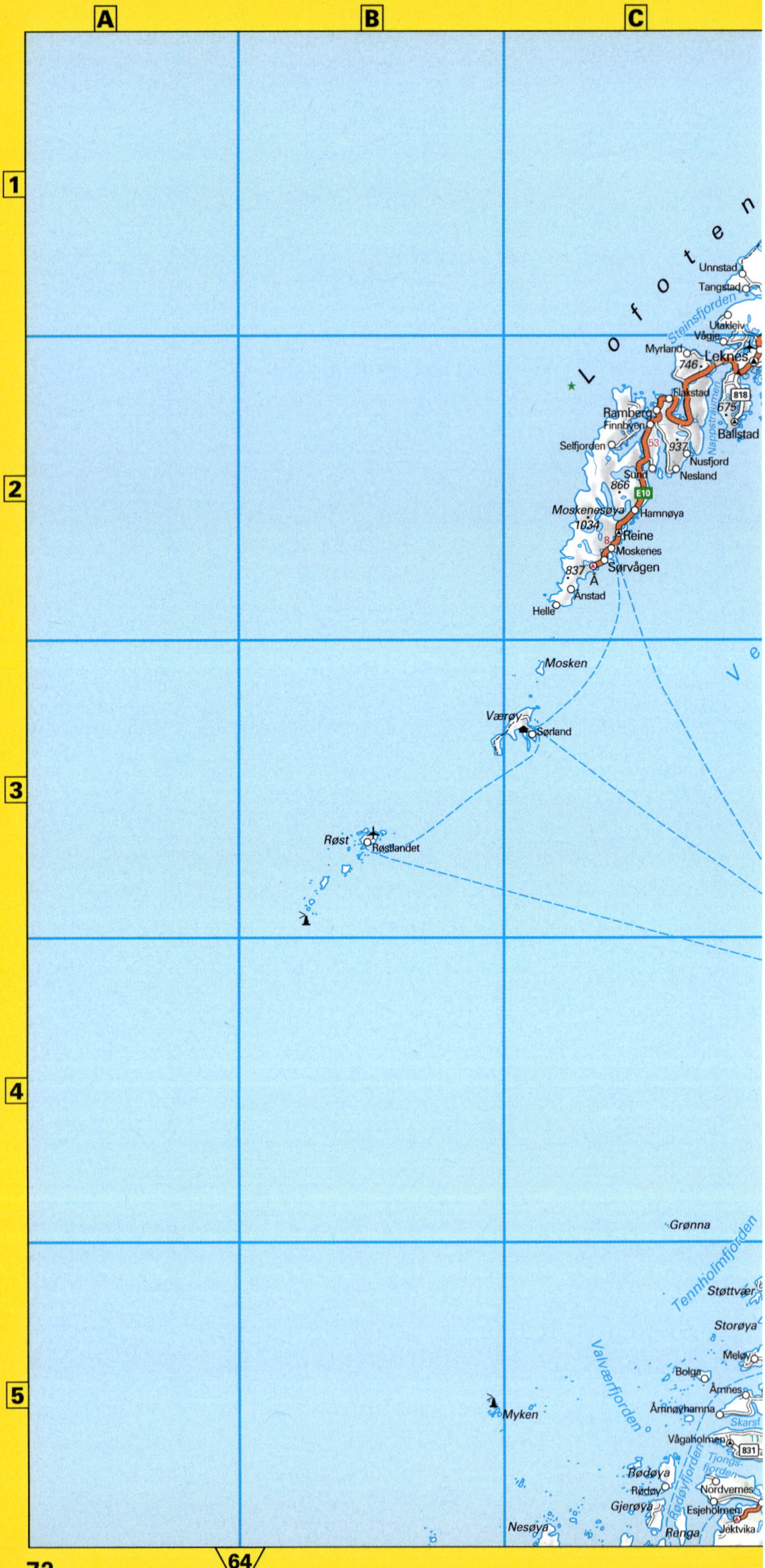
A
B
C
1
2
3
4
5
Lofoten
Unnstad
Tangstad
Steinsfjorden
Utakleiv
Vågje
Myrland
Leknes
746
Flakstad
Nappstraumen
818
675
Ramberg
Finnbyen
Ballstad
Selfjorden
53
937
Nusfjord
Sund
Nesland
866
E10
Moskenesøya
Hamnøya
1034
8
Reine
Moskenes
837
Sørvågen
Å
Ånstad
Helle
Mosken
Ve
Værøy
Sørland
Røst
Røstlandet
Grønna
Tennholmfjorden
Støttvær
Storøya
Valværfjorden
Meløy
Bolga
Åmnes
Myken
Åmnøyhamna
Skarsf
Vågaholmen
831
Rødøyfjorden
Tjongsfjorden
Rødøya
Rødøy
Nordvernes
Gjerøya
Esjeholmen
Nesøya
Renga
Jektvika
64

Stokmarknes
Hadsel
Hadseløya
Melbu
Fiskfjord
Våtvol
Kongsvika
Evenskjer
Fjelldal
Gullesfjordbotn
Kaljord
Helgenes
Hadselfjorden
Myrland
Hanøyvika
Kongselva
Kanstad
Fiskøy
Tjeldøya
Ramsund
Vargeneset
Kjerstad
Kjellstad
Ramnes
Strønstad
Fiskebøl
Trollfjorden
Raften
Dalheim
Erikstad
Lødingen
Russhaugen
Straumnes
Laukvika
Grunnførfjord
Morfjorden
Øksneshavn
Rinøya
Nes
Skarstad
Barøya
Langvågen
Kvalnes
Hovsund
Gimsøy
Liland
Digermulen
Vestbygda
Selsøya
Valle
Kjerringvika
Sætran
Vestersand
Brenna
Vestpollen
Austvågøy
Nordmarka
Holand
Offersøya
Eggum
Alstad
Sundklakk
Årstein
Borge
Klepstad
Svolvær
St.Molla
Haversund
Tysnes
Korsnes
Ulvika
Vestvågøy
Valberg
Kabelvåg
Bognes
Skardberget
Ørsnes
L.Molla
Storjorda
Haukøya
Skullbru
Moholmen
Skrova
Tranøya
Tannøya
Hol
Henningsvær
Helland
Nordkil
Hundholmen
Kjelkvika
Stamsund
Buvåg
Leirvåg
Tysfjorden
Steine
Hamarøy
Hamsund
Ulsvåg
Kjøpsvik
Mortsund
Presteid
Hulløya
Haukås
Drag
Tørrnes
Skutvika
Kaldvågfjorden
Innhavet
Finnøy
Finnøya
Karlsøy
Helland
Kjerr
Nesberg
Øverås
Lundøya
Mjelde
Steigen
Sagfjorden
Svartfjell
Råna
Engeløya
Grunnfjorden
Ålstad
Røtnes
Josommerset
Hellemofjorden
Lauvøy
Bogen
Straumfjorden
Tømmerneset
Kvalnes
Hatten
Rota
Sandnes
Nordskot
Liland
Storvatnet
Falkelva
Strindvatnet
Rekvatnet
Lund
Kråkmo
Måløy
Vestfjorden
Hurtigruta
Alvnes
Hopen
Alpøy
Myklebostad
Botnen
Nordfold
Mørsvikfjorden
Husøyvær
Leiranger
Stavnes
Mørsvik
Brennvika
Kråktinden
Nordfolda
Vinkfjorden
Vinknes
Reinoksfjellet
Breidvika
Laukvika
Flekkos
Sandbakken
Vinkfjorden
Slåttvik
Hjartøya
Storeidet
Folda
Sagfjorden
Horndal
Korken
Gaskacokka
Kobbvatnet
Helløya
Rørstad
Jordbru
Bonåsjøen
Sørfjordmoen
Hurrejiekna
Karlsöyvær
Eidet
Strandå
Tårnvika
Langvatnet
Bjørnsvika
Kati
Kjerringøy
Sørfolda
Gaulis
Fjær
Fjærlia
Øyjorda
Leirfjorden
Kalvika
Langvatnet
Færøya
Faulevatnet
Sjunkhatten
Røsvik
Lakshola
Misten
Storfossen
Kvalvika
Selnes
Festvåg
Kines
Gyltvika
Landegode
Steigtinden
Sjunkfjord
Helligvær
Sørvær
Fenes
Valvika
Landeggfjorden
Skau
Jordbru
Lappfjellet
Heggmoen
Djupvika
Andkilvatnet
Heggmovatnet
Helland
Vatnet
Kosmo
Straumen
Geitvågen
Nordvika
Kvitblik
Grønåsen
Givær
Store Hjartøy
Osan
Løding
Mjønes
Straumsnes
Sisovatnet
Bliksvær
Bodø
Vågan
Fauske
Blåmannsisen
Saltstraumen
Skjerstadfjorden
Venset
Kvalnes
Øynes
Låkså
Saltfjorden
Straumøya
Sand
Skjerstad
Solvik
Sjønstå
Alsvik
Evja
Breivik
Storvika
Hellarmo
Fleinvær
Nordarnøy
Arnøy
Mårnes
Børelva
Kvarv
Skipmannvik
Sørarnøy
Skånland
Børvasstinden
Misværfjorden
Saltdalsfjorden
Setså
Sulitjelma
Fleina
Sandhørnøya
Oldereid
Misvær
Soksenvika
Horsdal
Lurfjelltinden
Rognan
Nordfugløy
Eggesvika
Jakobsbakken
Daja
Fugløya
Saura
Botn
Sund
Kjelling
Svartnes
Medby
Baldoaivve
Sørfugløy
Skjellvika
Tverrvika
Beiarnfjorden
Vesterli
Loamejavrre
Femris
Inndyr
Dragegid
Valle
Skauvoll
Storjorda
Sørdal
Røkland
Saltdalselva
Storfjellet
Tjorvihytta
Kunna
Storvika
Oppsal
Sundsfjorden
Øvre Saltdal
Balvatnet
Fore
Mevik
Marka
Sokumvatnet
Trones
Storeng
Balvasshytta
Teksmona
Ørnes
Høyforsmoen
Habrestinden
Rusåga
Russånes
Satertind
Skoglund
Ajep Saulo
Kyskmoen
Gråtånes
Tellingen
Lifjell
Saltfjellet
Skaitidalen
Stuor-Jervas
Meløya
Mesøy
Neverdalen
Glomfjorden
Glomfjord
Bergulnes
Tausa
Smilebreen
Nordre Bjøllåvatn
Junkerdal
Vallsjøen
Vassdalsvik
Gråtådalen
Beiardalen
Storjord
Junkerdalen
Engavågen
Skogfjellet
Ølfjellet
Gamfossbrua
Åmøya
Bjerangen
Storglomvassbrakka
Midtistua
Lønsdal
Hålsa
Leirmoen
Søndre
Graddis fjellstue
Merkenis-vuopmekietje
Ågskardet
Holand
Storjorda
Skjelåtinden
Staupåmoen
Bjøllådalen
Lønstindan
Viskisfjellet
Mierkenis
Storglomvatnet
Krukkistua
Vestisen
Lønselva
Semska
Guikuljárro
Svartisen
Semskfjellet
Reppa
Blakkadalen
Steintoppen
Straumsvika
Snøtinden
Bolna
Straitastjåkkå
Nordfjorden
Austisen
Steinfjella
Ikesjaure
Guikaurjárro

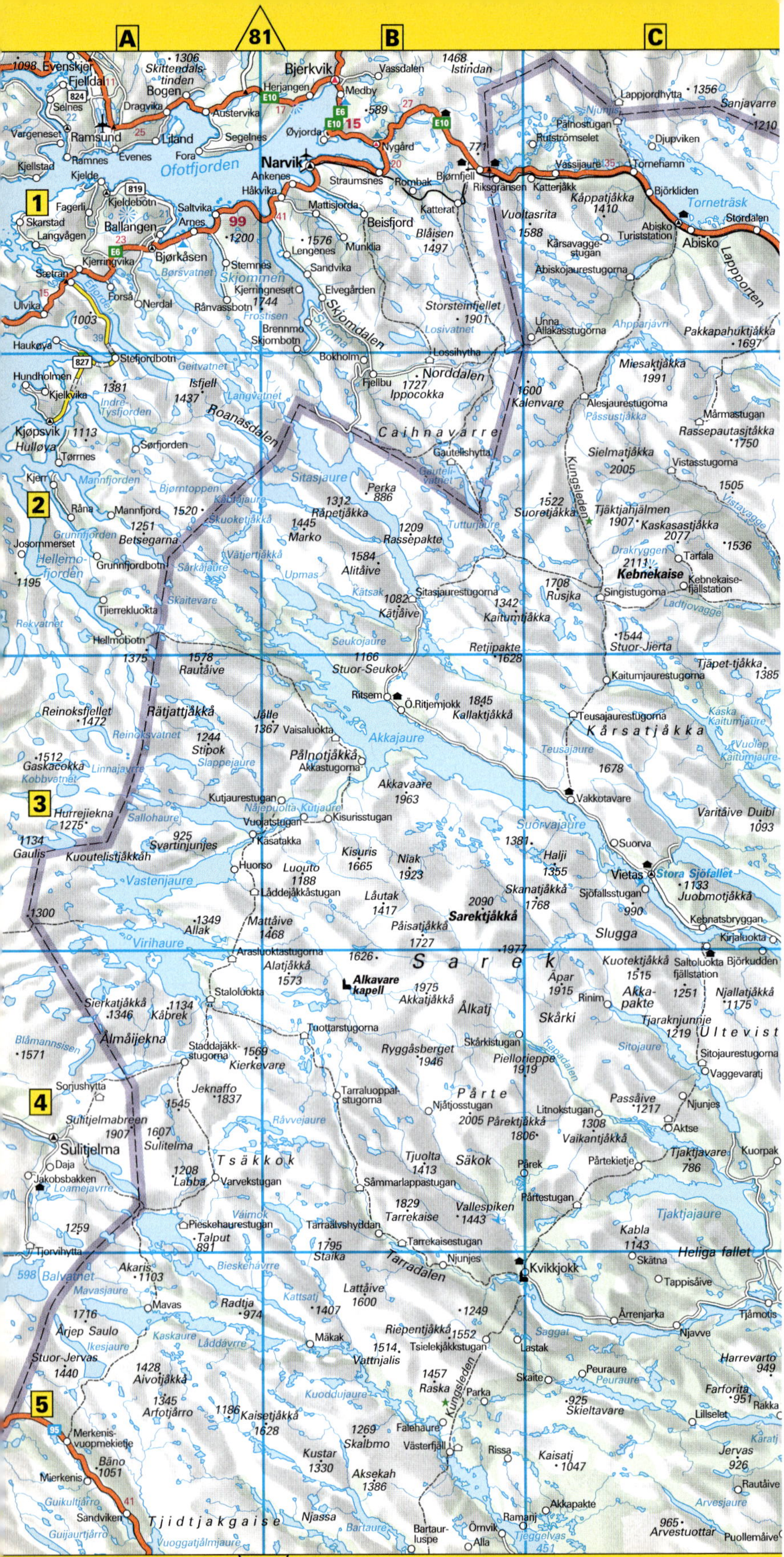

A
81
B
C
1
2
3
4
5
Evenskjer
Fjelldal
Skittendalstinden
1306
Bogen
Bjerkvik
Herjangen
Medby
Vassdalen
1468
Istindan
Selnes
Dragvika
Austervika
Ramsund
Liland
Segelnes
Øyjorda
Nygård
Vargeneset
Ramnes
Evenes
Fora
Ofotfjorden
Narvik
Ankenes
Håkvika
Straumsnes
Rombak
Bjørnfjell
Riksgränsen
Katterjåkk
Vassijaure
Torneträsk
Tornehamn
Kjellstad
Kjelde
Kjeldebotn
Fagerli
Skarstad
Langvågen
Ballangen
Saltvika
Arnes
Mattisjorda
Beisfjord
Katterat
Vuoltasrita
1588
Kåppatjåkka
1410
Björkliden
Abisko
Abisko Turiststation
Stordalen
Lapporten
Lappjordhytta
1356
Sanjavarre
1210
Pålnostugan
Njunjes
Rutströmselet
Djupviken
Bjørkåsen
Stemnes
Lengenes
Munkija
Blåisen
1497
Kårsavagge-stugan
Abiskojaurestugorna
Sætran
Kjerringvika
Forså
Nerdal
Børsvatnet
Skjomen
Kjerringneset
1744
Rånvassbotn
Sandvika
Elvegården
Skjomdalen
Storsteinfjellet
1901
Losivatnet
Ulvika
Efjorden
1003
Frostisen
Brennmo
Skjombotn
Unna Allakasstugorna
Ahpparjávri
Pakkapahuktjåkka
1697
Haukøya
Stefjordbotn
Bokholm
Lossihytha
Norddalen
Fjellbu
1727
Ippocokka
Miesaktjåkka
1991
Hundholmen
Kjelkvika
1381
Geitvatnet
Isfjell
1437
Langvatnet
Indre Tysfjorden
Roanasdalen
1600
Kalenvare
Alesjaurestugorna
Pässustjåkka
Mårmastugan
Rassepautasjtjåkka
1750
Kjøpsvik
1113
Hulløya
Tørrnes
Sørfjorden
Caihnavarre
Gautelishytta
Gautelivatnet
Sielmatjåkka
2005
Vistasstugorna
Kungsleden
Kjerr
Mannfjorden
Bjørntoppen
Sitasjaure
Perka
886
1505
Vistavagge
Råna
Mannfjord
1520
1251
Betsegarna
Kåbejaure
Skuoketjåkka
1312
Råpetjåkka
1445
Marko
1209
Rassepakte
Tutturjaure
1522
Suoretjåkka
Tjåktjahjålmen
1907
Kaskasastjåkka
2077
1536
Josommerset
Grunnfjorden
Hellemofjorden
Grunnfjordbotn
Vätjertjåkkå
Sårkajaure
Upmas
1584
Alitåive
Drakryggen
2111
Tarfala
Kebnekaise
Kebnekaise-fjällstation
1195
Skaitevare
Kåtsak
1082
Sitasjaurestugorna
Kåtjåive
1342
Kaitumtjåkka
1708
Rusjka
Singistugorna
Ladtjovagge
Rekvatnet
Tjierrekluokta
Hellmobotn
1375
Seukojaure
Retjipakte
1628
1544
Stuor-Jierta
1578
Rautåive
1166
Stuor-Seukok
Tjäpet-tjåkka
1385
Kaitumjaurestugorna
Ritsem
Ö.Ritjemjokk
1845
Kallaktjåkkå
Reinoksfjellet
1472
Rätjattjåkkå
Jålle
1367
Vaisaluokta
Teusajaurestugorna
Kårsatjåkka
Kåska Kaitumjaure
Reinoksvatnet
1244
Stipok
Slappejaure
Akkajaure
Teusajaure
Vuolep Kaitumjaure
1512
Gaskacokka
Kobbvatnet
Linnajavre
Pålnotjåkkå
Akkastugorna
1678
Hurrejiekna
1275
Kutjaurestugan
Nåjepuolta
Kutjaure
Akkavaare
1963
Vakkotavare
Varitåive Duibl
1093
Sallohaure
Vuojatstugan
Kisurisstugan
Suorvajaure
1134
Gaulis
Kuoutelistjåkkåh
925
Svartinjunjes
Kåsatakka
Kisuris
1665
Niak
1923
1381
Halji
1355
Suorva
Vietas
Stora Sjöfallet
1133
Juobmotjåkkå
Vastenjaure
Huorso
Luouto
1188
Låddejåkkåstugan
Låutak
1417
2090
Sarektjåkkå
Skanatjåkkå
1768
Sjöfallsstugan
990
1300
1349
Allak
Mattåive
1468
Påisatjåkkå
1727
Slugga
Kebnatsbryggan
Kirjaluokta
Virihaure
Arasluoktastugorna
Alatjåkkå
1573
1626
Sarek
1977
Kuoktetjåkkå
1515
Saltoluokta
Saltoluokta fjällstation
Björkudden
Staloluokta
Alkavare kapell
1975
Akkatjåkkå
Ålkatj
Åpar
1915
Rinim
Akka-pakte
1251
Njallatjåkkå
1175
Sierkatjåkkå
1346
1134
Kåbrek
Tuottarstugorna
Skårki
Tjaraknjunnje
1219
Ultevist
Ålmåijekna
Blåmannsisen
1571
Staddajåkkstugorna
1569
Kierkevare
Ryggåsberget
1946
Skårkistugan
Pielloriepe
1919
Rapadalen
Sitojaure
Sitojaurestugorna
Vaggevaratj
Sorjushytta
Jeknaffo
1837
Tarraluoppalstugorna
Pårte
Njåtjosstugan
Passåive
1217
Njunjes
1545
Rävvejaure
2005
Pårektjåkkå
1806
Litnokstugan
1308
Vaikantjåkkå
Aktse
Sulitjelmabreen
1907
1607
Sulitelma
Sulitjelma
Tsäkkok
Tjuolta
1413
Säkok
Pårek
Pårtekietje
Tjaktjavare
786
Kuorpak
Daja
Jakobsbakken
Loamejavrre
1208
Labba
Varvekstugan
Såmmarlappastugan
1829
Tarrekaise
Vallespiken
1443
Påftestugan
Tjaktjajaure
Våimok
Pieskehaurestugan
Talput
891
Tarraälvshyddan
Tarrekaisestugan
Kabla
1143
1259
Tjorvihytta
598
Balvatnet
Akaris
1103
Bieskehavrre
1795
Staika
Tarradalen
Njunjes
Kvikkjokk
Skåtna
Heliga fallet
Tappisåive
Mavasjaure
Mavas
Radtja
974
Kattsatj
1407
Lattåive
1600
1249
Årrenjarka
Tjåmotis
Njavve
1716
Årjep Saulo
Ikesjaure
Kaskaure
Låddavrre
Måkak
Riepentjåkkå
1552
Saggat
1514
Tsielekjåkkstugan
Vattnjalis
Lastak
Harrevarto
949
Stuor-Jervas
1440
1428
Aivotjåkkå
Kuoddujaure
1457
Raska
Skaite
Peuraure
Farforita
951
Parka
925
Skieltavare
Lillselet
Rakka
1345
Arfotjårro
1186
Kaisetjåkkå
1628
Merkenis-vuopmekietje
Bäno
1051
1269
Skalbmo
Falehaure
Västerfjäll
Rissa
Kaisatj
1047
Kåratj
Jervas
926
Rautåive
Mierkenis
Kustar
1330
Aksekah
1386
Guikultjårro
Sandviken
Tjidtjakgaise
Njassa
Bartaure
Ramanj
Akkapakte
Arvesjaure
965
Arvestuottar
Puollemåive
Guijaurtjårro
Vuoggatjålmjaure
Bartaur-luspe
Örnvik
Alla
Tjeggelvas
451
66

Rokkamborre
1659
Altevatnet
Kårvejaure
Kiepanjaure
Tavvaskaite
739
Ylitala
Kelottijärvi
Jevtis
Kelottijärvi
Geavdnjajávri
Leinavasstua
Leinavatnet
Tsåktso
1118
Dåvvajärvi
Liinakero
769
Roopi
799
838
Jalkis
Vuoskåive
Pulsujärvi
1539
Tidnotjåkka
Jauruskielas
Vuoskojaure
Järämä
Ribasjärvi
E10
Laimoluokta
Kattuvuoma
Kaisepakte
Laimoluokta
Tjåura
744
Kenttäkoski
Ruoksujärvi
91
Stenbacken
Lattelluokta
Rakisvare
983
Kurrakalinka
Keukiskero
Torneträsk
Salmi
Raketskjutfält
Lainioälven
54
Luovare
1188
Tarrakuoika
Lulep Stalojaure
706
Kuormakka
1349
Nagerjavri
Jekejaure
Rautasjaure
Bergfors
Luletjåkka
1159
Övre Soppero
Tjiuru
675
199
Rensjön
Alajaure
Torneälven
Alep Vuolusjaure
Vittangijärvi
Al. Vittangivaara
Nedre Soppero
Vuoksujärvi
1171
Taavinunnanen
781
Vakokuoika
Sevojärvi
Rautas
Käyrävuopio
134
45
Paanikielinen
Kurravaara
Krokvik
Buollanorda
Esrange
Pirttivuopio
Årosjåkk
KIRUNA/
GIRON
Sautusjärvi
Paittasjärvi
Laxforsen
Jukkasjärvi
Vittangiälven
52
Nikkaluokta
61
Laukkuluspa
Holmajärvi
Kirunavaara
Tuolluvaara
Poikkijärvi
Rautasakara
1065
Larkimtjåkka
Holmajärvi
Puoltsa
Alttajärvi
Paksuniemi
Jukkasjärvi
Vahtanvaara
1014
Piedjasjtjåkka
Kaalasjärvi
Kaalasjärvi
E10
Fjällnäs
Kalixfors
Torneälven
Kalixforsbron
Lulep Sitnus
46
Pysäkurkkio
Tjåurek
Vittangi
Täunatjåkka
1055
Gäddmyr
Sautusvaara
28
45
Liettik
Sjisjka
Kalixälven
Svappavaara
Leveäniemi
Tjuonajåkk
Kaitumälven
Kamastjärro
900
659
Tunturijärvi
Lappberg
29
Stuor Njuorak
Kaitum
Killinge
Piilijärvi
Nupakte
854
Araåive
864
Fjällåsen
Parakka
Nuvjärvi
Tuolpuk
827
Kussåive
797
Kaitumälven
Lappeasuanto
Satihaure
Neitisuanto
Puoltikasvaara
Harrå
Sautujärvi
Skaulo
Hälka
866
Passetjåkka
Tjakel
771
Paukitunturi
757
Langas
Sårva
Saiva
Tjårrokieble
819
Moskojärvi
Neskämävaara
858
Juovvatjåkka
Tjautjas
Aluokta
Saivatuottar
900
Håmojåkk
Avvakko
Jaurekaska
Ruokto
S j a u n j a - a p e
uottar
E10
66
Tjengalluokta
Karmas
Allavaara
Latnivaara
37
Keino
Linaälv
45
372
94
Akkavaare
Lulep Suorki
987
Kaltesvare
854
Iso Svierkku
652
Malmberget
Koskullskulle
Muorjevaara
Kaltesluokta
Siktrask
Gällivare/
Váhtjer
Sjungberget
555
Kaska-Svalak
948
Stora Lulevatten
Ödemarksvägen
Kuossakåbbå
Purnuvaara
Ålloluokta
Nietsakjaure
45
14
Liikavaara
446
785
Appakis
Stainas
Nietsak
821
Dundret
Mettä-Dokkas
Stenudden
41
Aitik
17
Dokkas
Pariviera
Jutasjaure
Leipojärvi
394
Sauka
Luspebryggan
658
Sör-Stubbå
594
Keskijärvi
Ampiaislantto
Teune
804
Kronsågen
Björkberget
V.Strand
9
E10
Kartevare
Porjus
Ripats
Snirra
637
Låttakasse
Nautijaur
104
Råneträsket
Nuortikon
Tidnokentta
Harsprånget
Muddusjaure
Njarkavaara
Saimu
Purnu
Tjåmotisjaure
Skalka
Stuor Tapmuk
662
Ananasse
621
Kaartijärvi
Kilvo
Pikkujako
40
Granudden
Aspudden
Björkholmen
Björknäs
553
Jutsavare
Lompolovaara
Randijaur
Urtimjaur
Vårsjö
Nattavaara by
Ligga
Skaite
Harrejaur
Uppavare
751
Parkijaur
Parkijaure
Stora Luleälven
Sarkavare
Nattavaara
Randijaure
Klubbudden
Njetjavare
Siekavaara
Karats
559
Vuojat
Vajkijaur
Lullekietje
Messaure
Puornaluokta
Luvos
Latunjaure
Vajkijaure
Högträsk
Juggijaur
Fatjas
Strömnäs
Koskivaara
Palovaara
926
Jarre
Purkijaur
Purkijaure
Sierre
Piertinjaure
Alep Udtje
738
Puornak
Jokkmokk/
Dálvvadis
Slakka
Palkijaur
Brändön

83

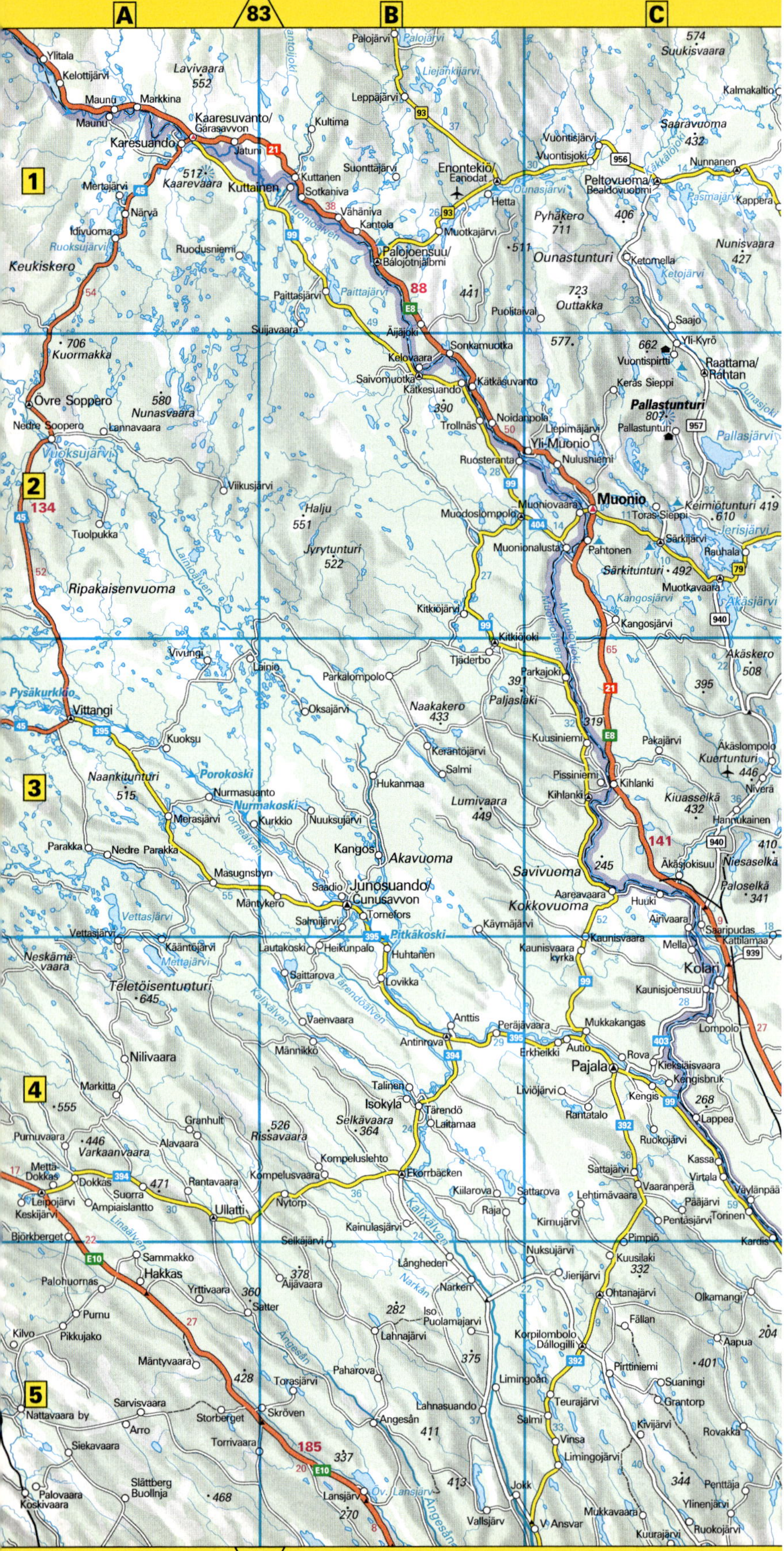
A
B
C
1
2
3
4
5
Ylitala
Kelottijärvi
Lavivaara
552
Maunu
Markkina
Karesuando
Kaaresuvanto/
Gárasavvon
Jatuni
21
Kultima
Palojärvi
Liejankijärvi
Leppäjärvi
93
Mertajärvi
45
517
Kaarevaara
Kuttainen
Kuttanen
Sotkaniva
Suonttajärvi
Enontekiö/
Eanodat
Ounasjärvi
Hetta
Närvä
Idivuoma
Ruoksujärvi
Keukiskero
Ruodusniemi
Vähäniva
Kantola
Muonioälven
Palojoensuu/
Bálojotnjálbmi
Muotkajärvi
Vuontisjärvi
Vuontisjoki
956
Peltovuoma/
Bealdovuopmi
Nunnanen
Saarivuoma
432
574
Suukisvaara
Kalmakaltio
Pasmajärvi
Kappera
Pyhäkero
711
406
Ounastunturi
Ketomella
Ketojärvi
Nunisvaara
427
511
441
723
Outtakka
Paittasjärvi
Paittajärvi
88
E8
Suijavaara
Äijäjoki
Puolitaival
Saajo
706
Kuormakka
Sonkamuotka
577
662
Yli-Kyrö
Vuontispirtti
Raattama/
Rahtan
Kelovaara
Saivomuotka
Kätkesuando
Kätkäsuvanto
Keräs Sieppi
Övre Soppero
580
Nunasvaara
390
Trollnäs
Noidanpola
Liepimäjärvi
Pallastunturi
807
Pallastunturi
957
Pallasjärvi
Ounasjoki
Nedre Soppero
Lannavaara
Yli-Muonio
Nulusniemi
Vuoksujärvi
Ruosteranta
99
Viikusjärvi
134
Halju
551
Muonio
Muoniovaara
Muodoslompolo
404
Keimiötunturi 419
Toras-Sieppi
610
Jerisjärvi
Tuolpukka
Jyrytunturi
522
Muonionalusta
Pahtonen
Särkijärvi
Rauhala
79
Särkitunturi
492
Muotkavaara
Kangosjärvi
Äkäsjärvi
Ripakaisenvuoma
Lainioälven
Kitkiöjärvi
Kangosjärvi
940
Muonionjoki
Kitkiöjoki
Vivungi
Lainio
Tjäderbo
Äkäskero
508
Parkajoki
Parkalompolo
391
Paljaslaki
65
395
Pysäkurkkio
Vittangi
Oksajärvi
Naakakero
433
Kuusiniemi
319
Kuoksu
Keräntöjärvi
Pakajärvi
Äkäslompolo
Kuertunturi
446
Nivera
Naankitunturi
515
Porokoski
Salmi
Pissiniemi
Kihlanki
Hukanmaa
Kiuasselkä
432
Nurmasuanto
Nurmakoski
Kurkkio
Nuuksujärvi
Torneälven
Lumivaara
449
Hannukainen
Merasjärvi
141
410
Niesaselkä
Parakka
Nedre Parakka
Kangos
Akavuoma
Äkäsjokisuu
Savivuoma
245
Paloselkä
341
Masugnsbyn
Saadio
Junosuando/
Čunusavvon
Aareavaara
Huuki
Mäntykero
Tornefors
Kokkovuoma
Airivaara
Vettasjärvi
Salmijärvi
Käymäjärvi
52
Saaripudas
Kattilamaa
Vettasjärvi
Kääntöjärvi
Pitkäkoski
Kaunisvaara
Mella
939
Neskämä-
vaara
Mettäjärvi
Lautakoski
Heikunpalo
Huhtanen
Kaunisvaara
kyrka
Kolari
Saittarova
Teletöisentunturi
645
Kalixälven
Tärendöälven
Lovikka
Kaunisjoensuu
Vaenvaara
Anttis
Peräjävaara
Mukkakangas
Lompolo
Antinrova
Autio
27
Männikkö
Erkheikki
403
Nilivaara
394
Pajala
Rova
Kieksiäisvaara
Kengisbruk
Markitta
Talinen
Liviöjärvi
555
Isokylä
Tärendö
Kengis
268
Granhult
526
Rissavaara
Selkävaara
364
Laitamaa
Rantatalo
Lappea
Purnuvaara
446
Varkaanvaara
Alavaara
392
Ruokojärvi
Kompeluslehto
Kassa
Mettä-
Dokkas
Dokkas
471
Rantavaara
Kompelusvaara
Ekorrbäcken
Sattajärvi
Vaaranperä
Virtala
Väylänpää
Leipojärvi
Suorra
Nytorp
Kiilarova
Sattarova
Lehtimävaara
Pääjärvi
Keskijärvi
Ampiaislantto
Ullatti
Kainulasjärvi
Raja
Kirnujärvi
Pentäsjärvi
Torinen
Björkberget
Linaälven
Selkäjärvi
Kardis
E10
Sammakko
Nuksujärvi
Pimpiö
Hakkas
Långheden
Jierijärvi
Kuusilaki
332
Palohuornas
Yrttivaara
378
Äijävaara
Narken
Ohtanajärvi
360
Olkamangi
Purnu
Sätter
Narkån
282
Iso
Puolamajärvi
Fällan
204
Kilvo
Pikkujako
Korpilombolo
Dállogilli
Aapua
401
375
Mäntyvaara
Paharova
Pirttiniemi
Suaningi
428
Torasjärvi
Limingoån
Grantorp
Nattavaara by
Sarvisvaara
Storberget
Skröven
Lahnasuando
Teurajärvi
Kivijärvi
Rovakka
Arro
Angesån
Salmi
411
Siekavaara
Torrivaara
185
Vinsa
337
Limingojärvi
Slättberg
Buollnja
468
Ov. Lansjärv
413
344
Penttäja
Palovaara
Koskivaara
Lansjärv
Jokk
Ylinenjärvi
270
Vallsjärv
V. Ansvar
Mukkavaara
Ruokojärvi
Kuurajärvi

68

84

D
E
F
Repovaara 426
476 Poljuskaidi
Hirvassalmi
491
Kultala
Ritakoski
Ivalojoki
Tomperi
Tolonen
Palkisoja
Hirvasjärvi
438
Alajärvi
Repokaira
Jolkkavaarat
Kieritunturi 448
Litmuorvaarat 455
419 Matinpäät
402 Patatunturi
Repojoki
Saariselkä/ Suoločielgi
Kaunispää 438
Laanila
Paukkula
Tunturikeskus
Kuttura
463 Korsatunturi
498 Kätkätunturi
389
Lisma
Ivalon Matti
359 Köysivaara
362 Hirvasvuopio
Kakslauttanen
Katramorosta 365
955
E75
471 Puljutunturi
Puljun
Uurrekarkia 390
Näätäselkä
Vassamaselkä
Tankapirtti
Mäkäräaapa
Purnumukka
Mänistö
Tankavaara
Taatsijärvi
Kaalimaa
Pokka
Törmäsvaara
Mäkärä
Salanki
Silasselkä 366
Kaunismaa
Särkijärvi
Lompolo
Kunnari
Nilipirtti
Urttila
Metsola
Porttipahdan tekojärvi
Vuotso/ Vuohčču
Roivainen
Metsola
Korpela
Suasselkä
Tepasto
Kellolaki 309
Tieva
424 Riestovaara
Pomoaapa
Pomokaira
Kokkovaara 365
Lohijoki
Hukkakero 391
Pomovaara 421
Yli-Kitinen
956
Hanhimaa
Mustakero
Lintula
Kiistala
164
Rookiaapa
955
Köngäs
Rautuskylä
Tarpomapää 379
Peurasuvanto
79
956
Sirkka
Levi 531
Kätkätunturi 505
Hanhilaki 347
Paistipuolet 428
Tenniöaapa
Rasti
Sotkajärvi
Kamputunturi 581
Jeesiöjärvi
Jeesiöjärvi
318
Aakenustunturi 530
Naakenevuoma
Kannusvaara
Ala-Postojoki
Petkula
Lainiotunturi 613
Kittilä
Kuusajoki
359
Keulakkopää 425
Rajala
Sattasvaara 368
939
79
80
E75
Moskuvaara
Ylläs 718
Tiukuvaara
Tollovuoma
Värttiövaara
Tepsa
407 Kaarestunturi
Kersilö
Moskujärvi
Viiankiaapa
Ylläsjärvi
Koskama
Kelontekemäjärvi
Kelontekemä
321
Sattanen
270
Kaukonen
318
Jeesiö
Jeesiöjoki
Mikkola
Pittiövaara
Siurunmaa
967
Kallo
332 Iso-Sarrio
Tupakkivuoma
Vaalajärvi
80
Vaalajärvi
Sodankylä
Kurtakko
Raasuvuoma
Kuusikonkumpu
Tinaselkä
Teurajärvi
Teuravuoma
Ylipää
Alakylä
Maunujärvi
Joukhaisselkä 343
Riipi
Orajärvi
Riipijärvi
Kokkovaara
Molkojärvi
Syväjärvi
Porttikoski
Iso-Kelhu 381
Venejärvi
Venejärvi
348 Venevaara
Tuuliharju
Molkojärvi
Kierinki
Syväjärvi
Jupurat 350
Aska
Ristonmännikkö
Sassali
Sassalinjärvi
Lisma-aapa
E75
Vaattojärvi
Helppi
Kinisjärvi
Murtomaa
Kattilakuusikko
Torvinen
Uimaniemi
Sieppijärvi
Ruokojärvi
Juustovaara 272
Lohiniva
Kukasjärvi
Seipäjärvi
263
Poikkijärvi
Hinttajärvi
Pasmajärvi
334 Kukasvaara
Unari
Unari
333
Taapajärvi
79
Pasmajärvi
Nuottavaara
Maijanen
Sammalvaara
Jääskö
Osma
Niesi
952
Aalistunturi 373
Koivula
Aalisjärvi
293
Ounasjoki
Raudanjoki
Aitamannikkö
Perttaus
21
Vittikkovuoma
279
Tolonen
124
Jarhoinen
Jarhois
Riipisenvaara
Kursu 319
330 Kutuselkä
Käyrästunturi 347
Naamijoki
Orajärvi
Saittajärvi
Korvala
99
353
Meltaus
327
Marrasjärvi
201
Alajärvi
Suopajärvi
Raudanjoki
Konttajärvi
Ruuhijärvi
935
Törmänki
Patokoski
Saukkoriipi
Rovanpää
Rattosjärvi
Fentasjoki
268
Korpilompolo
319
Kontojärvi
Ounasjoki
257
Yli-Nampajärvi
Pello
Pello
83
Neistenkangas
Matinlompolo 230
Nuasniemi
Nuasjärvi
Marraskoski
Yli-Nampa
Lehmivaara
143
Ala-Nampa
Valkeakoski
Ylipää
272
Typpyrä
79
Perunkajärvi
Rantajärvi
Lankojärvi
Mäntyjärvi
934
276
298
257
297
Romakkajärvi
Tapionkylä
Kuoksajärvi
Lampsijärvi
Raanujärvi
Pohtimolampi
E75
Turtola
Koutus
Sirkakoski
285
231
242
Svanstein
Kaaranes
83
Raanujärvi
Sonka
83
Sinettä
Poikajärvi
335
Jolanki
Palojärvi
Viiri
79
Vikajärvi
Ajankijärvi
Miekojärvi
Vietonen
Norvajärvi
161
Vikajärvi
99
Sinetänsalmi
Norvasalmi
82
Perävaara
Liinanki
Sinettäjärvi
Nivankylä
Olkkajärvi
187

69

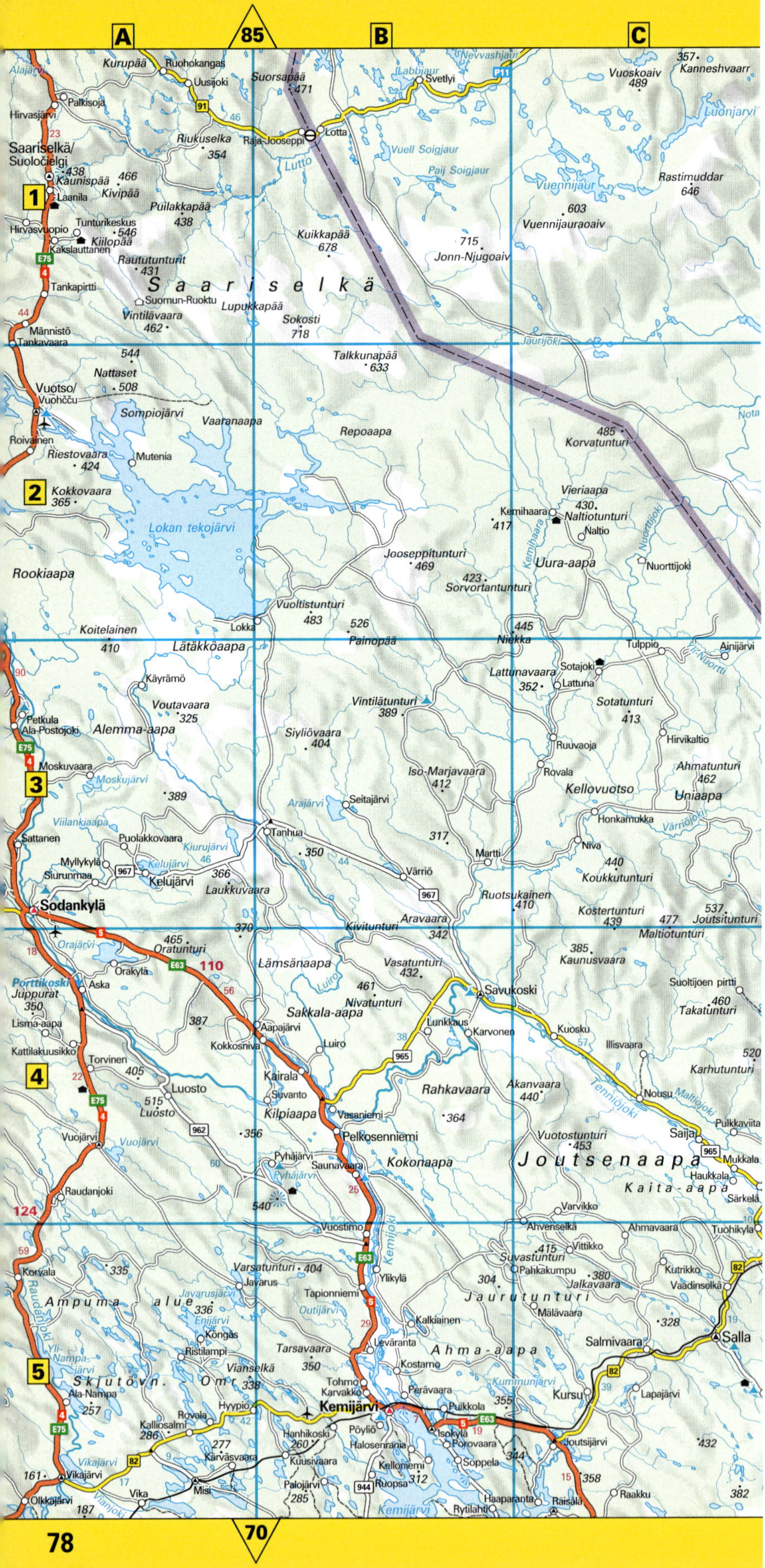
A
85
B
C
1
2
3
4
5
Alajärvi
Kurupää
Ruohokangas
Uusijoki
Suorsapää
471
Nevvashjaur
Labbiaur
Svetlyi
Vuoskoaiv
489
357
Kanneshvaarr
Luonjärvi
Palkisoja
Hirvasjärvi
Saariselkä/
Suoločielgi
438
Kaunispää
466
Kivipää
Laanila
Riukuselka
354
Raja-Jooseppi
Lotta
Lutto
Vuell Soigjaur
Paij Soigjaur
Vuennijäur
Rastimuddar
646
603
Vuennijauraoaiv
Puilakkapää
438
Tunturikeskus
Hirvasvuopio
546
Kiilopää
Kakslauttanen
Kuikkapää
678
715
Jonn-Njugoaiv
Raututunturit
431
Tankapirtti
Saariselkä
Suomun-Ruoktu
Lupukkapää
Sokosti
718
Vintilävaara
462
Männistö
Tankavaara
Jaurijoki
544
Talkkunapää
633
Nattaset
508
Vuotso/
Vuohčču
Sompiojärvi
Vaaranaapa
Repoaapa
Nota
485
Korvatunturi
Roivainen
Riestovaara
424
Mutenia
Kokkovaara
365
Vieriaapa
430
Naltiotunturi
Kemihaara
417
Naltio
Lokan tekojärvi
Jooseppitunturi
469
Uura-aapa
Nuorttijoki
Rookiaapa
423
Sorvortantunturi
Vuoltistunturi
483
526
Painopää
445
Niekka
Koitelainen
410
Lokka
Lätäkköaapa
Tulppio
Ainijärvi
Käyrämö
Vintilätunturi
389
Lattunavaara
352
Sotajoki
Lattuna
Sotatunturi
413
Voutavaara
325
Petkula
Ala-Postojoki
Alemma-aapa
Siyliövaara
404
Ruuvaoja
Hirvikaltio
Moskuvaara
Moskujärvi
Iso-Marjavaara
412
Rovala
Ahmatunturi
462
Kellovuotso
Uniaapa
389
Arajärvi
Seitajärvi
Honkamukka
Värriöjoki
Viilankiaapa
Sattanen
Puolakkovaara
Kiurujärvi
Tanhua
317
Niva
Myllykylä
Kelujärvi
Siurunmaa
967
Kelujärvi
350
44
366
Laukkuvaara
Martti
Värriö
440
Koukkutunturi
Sodankylä
Ruotsukainen
410
Kostertunturi
439
477
Maltiotunturi
537
Joutsitunturi
370
Kivitunturi
Aravaara
342
Orajärvi
465
Oratunturi
E63
110
Orakylä
Lämsänaapa
Vasatunturi
432
385
Kaunusvaara
Porttikoski
Aska
Juppurat
350
Lisma-aapa
Luiro
461
Nivatunturi
Savukoski
Suoltijoen pirtti
460
Takatunturi
387
Sakkala-aapa
Aapajärvi
Lunkkaus
Karvonen
Kuosku
Kattilakuusikko
Torvinen
Kokkosniva
Luiro
965
Illisvaara
520
Karhutunturi
405
Kairala
Rahkavaara
Akanvaara
440
Luosto
515
Luosto
Suvanto
Kilpiaapa
Vasaniemi
364
Nousu
Maltiojoki
Tenniöjoki
Pulkkaviita
Vuojärvi
Vuojärvi
962
356
Pelkosenniemi
Vuotostunturi
453
Saija
965
Mukkala
Haukkala
Pyhäjärvi
Saunavaara
Kokonaapa
Joutsenaapa
Kaita-aapa
Särkelä
Raudanjoki
540
Varvikko
124
Vuostimo
Ahvenselkä
Ahmavaara
Tuohikylä
415
Vittikko
Suvastunturi
Pahkakumpu
380
Jalkavaara
Kutrikko
Vaadinselkä
Korvala
335
Varsatunturi
404
Javarus
Kemijoki
Ylikylä
304
Jaurutunturi
Mälävaara
Ampuma
alue
336
Javarusjärvi
Enijärvi
Outijärvi
Tapionniemi
Kongäs
Kalkiainen
328
Salla
Salmivaara
Ristilampi
Tarsavaara
350
Leväranta
Ahma-aapa
Nampajärvi
Viänselkä
Skjutövn.
Omr.
338
Kostamo
Tohmo
Karvakko
Perävaara
Kummunjärvi
Kursu
Lapajärvi
Ala-Nampa
257
Hyypiö
Kemijärvi
Puikkola
355
Rovala
Kalliosalmi
286
Pöyliö
Hanhikoski
260
Isokylä
Porovaara
Joutsijärvi
432
277
Kärväsvaara
Kuusivaara
Halosenranta
Soppela
344
Vikajärvi
Vikajärvi
82
Kelloniemi
Ruopsa
312
358
161
Vika
Misi
Palojärvi
285
944
Haaparanta
Raisälä
Raakku
382
Olkkajärvi
187
Vianjoki
Kemijärvi
Rytilahti
70

D E F

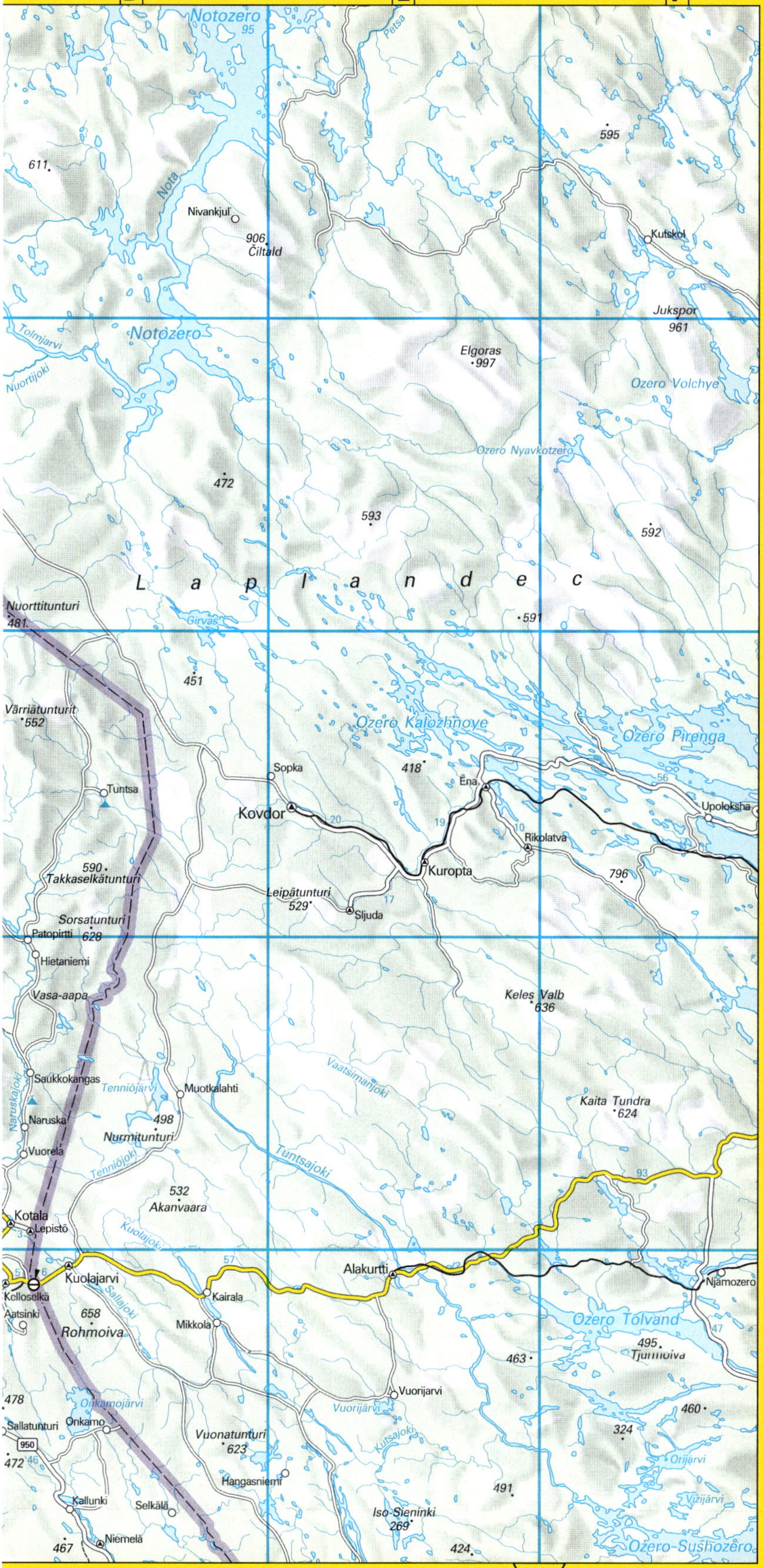

Notozero
95
Petsa
595
611
Nota
Nivankjul
906
Čiltald
Kutskol
Jukspor
961
Tolmjarvi
Notozero
Elgoras
997
Nuortijoki
Ozero Volchye
Ozero Nyavkotzero
472
593
592
L a p l a n d e c
Nuorttitunturi
481
Girvas
591
451
Värriätunturit
552
Ozero Kalozhnoye
Ozero Pirenga
418
Sopka
Ena
56
Tuntsa
Kovdor
20
19
Upoloksha
10
Rikolatva
590
Takkaselkätunturi
Kuropta
796
Leipätunturi
529
17
Sljuda
Sorsatunturi
Patopirtti
628
Hietaniemi
Vasa-aapa
Keles Valb
636
Vaatsimanjoki
Saukkokangas
Tenniöjärvi
Muotkalahti
Naruskajoki
Kaita Tundra
624
Naruska
498
Nurmitunturi
Vuorela
Tenniöjoki
Tuntsajoki
93
532
Akanvaara
Kotala
Lepistö
Kuolajoki
57
Alakurtti
Kuolajarvi
Njamozero
Kelloselkä
Kairala
Sallajoki
Aatsinki
658
Ozero Tolvand
Rohmoiva
Mikkola
47
495
Tjurmoiva
463
478
Onkamojärvi
Vuorijarvi
460
Sallatunturi
Onkamo
Vuorijärvi
950
Vuonatunturi
623
324
Kutsajoki
472
46
Orijärvi
Hangasniemi
Kallunki
Selkälä
491
Vizijärvi
Iso-Sieninki
269
467
Niemelä
424
Ozero-Sushozero

71

A B C

1

2

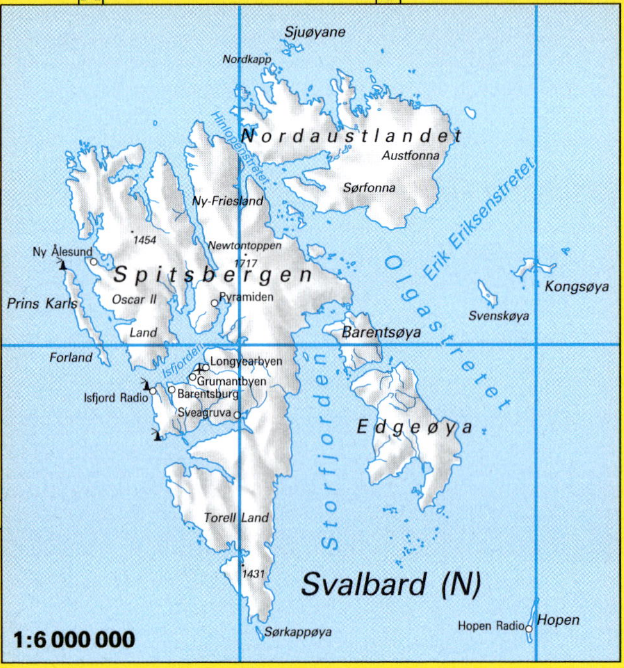

Sjuøyane
Nordkapp
Nordaustlandet
Austfonna
Sørfonna
Hinlopenstretet
Ny-Friesland
1454
Newtontoppen
1717
Ny Ålesund
Spitsbergen
Prins Karls
Forland
Oscar II
Land
Pyramiden
Erik Eriksenstretet
Olgastretet
Kongsøya
Svenskøya
Barentsøya
Isfjorden
Longyearbyen
Grumantbyen
Isfjord Radio
Barentsburg
Sveagruva
Edgeøya
Storfjorden
Torell Land
1431
Svalbard (N)
Hopen Radio
Hopen
Sørkappøya
1:6 000 000

3

4

5

NORSKEHAVET
Vesterålen
Andfjorden
Hvalsafari (Jun-Sept)
Andenes
Fiskenes
Bleik
Skardstein
Stave
509
Breidvika
Kvalnes
Skogvoll
Nordmela
82
Skavdal
Myre
Børvågen
Bø
Andøya
Åse
635
Langenes
Nyksund
Sørmela
Risøyhamn
Risøysundet
Tranes
671
Klo
Strengelvåg
Lovika
Kinn
Dragnes
Myre
Skogsøya
Alsvåg
Sandnes
Buksnes
Øksnes
Hjellsand
821
Toftenes
Gavlfjorden
Finnsæter
Fornes
Forfjord
Smines
760
Holm
Sunnan
Dyrøya
Hovden
Utskor
Haugen
Roksøy
890
Langøya
Elvenes
Vik
Reinstad
Nykvåg
Malnes
820
Frøskeland
Maurnes
Kjerringvik
691
Straumsjøen
Klakkjorda
Sortland
Strand
Eidbukta
Holand
Guvåg
502
Straumfjord
964
Sigerfjord
Fjærvoll
Ramberg
Eidsfjord
742
Bø
Bø
Fleinnes
Vik
Rise
Eidsfjorden
Sortlandsundet
Djupfjord
822
Holmsnes
Skagen
Fiskfjord
Våtvoll
Vesterålsfjorden
Stokmarknes
Hadsel
Hadseløya
Melbu
Kaljord
1266
Helgenes
Hadselfjorden
Myrland
Hanøyvika
2007
Strønstad
Kongselva
Fiskebøl
Raften
893
212
Straumnes
Laukvika
Morfjorden
Trollfjorden
Grunnførfjord
Øksfjorden
Godfjorden
Gullesfjorden
Bjørnerå
Røknes
Bremnes
Gapøya
Kasfjord
849
722
Utstrand
Borkenes
Harstad
Kvæøya
Straumen
Sandvik
919
Sørli
Kilbotn
Sandtorg
Revsnes
Storjorda
Finnvika
Storvatnet
Hinnøya
Gullholmen
Kongsvika
176
1098
Gullesfjordbotn
Fiskøy
1081
Kanstad
Tjeldøya
1000
Vargeneset
Kjerstad
Kjellstad
985
837
Eriksstad
Lødingen
Russhaugen
Dalheim
Rinøya
Nes
Skarstad
Selnes
Tjeldsund
Bjarkøya
Bjarkøy
Vestnes
Grøtavær
940
Elgsnes
Dale
Grytøya
1012
Vaskinn
867
Toppsundet
Aun
Stornes
E10
83
85

73

TROMSØ
Tromsdalen
Kvaløy
Kvaløysletta
Kaldfjord
Eidkjosen
Ringvassøy
Reinøy
Vanna
Nordkvaløy
Helgøy
Rebbenesøy
Sandøya
Vengsøya
Fugløya
Burøya
Store Skorøya
Grøtøy
Dåvøya
Senja
Finnsnes
Silsand
Gibostad
Torsken
Gryllefjord
Sørreisa
Andselv
Moen
Bardufoss
Setermoen
Storsteinnes
Nordkjosbotn
Skjold
Fagernes
Balsfjorden
Malangen
Tverrfjellet
Istindan
Salangen
Sjøvegan
Tennevoll
Gratangen
Bjerkvik
Narvik
Ankenes
Håkvika
Evenskjer
Bogen
Ramsund
Riksgränsen
Björnfjell
Katterjåkk
Kåppatjåkka
Rolla
Andørja
Dyrøya
Astafjorden
Ofotfjorden
Ullsfjorden
Lakselvdalen
Kirkesdalen
Dividalen
Målselva
Bardudalen
Rubben
Kjelelvtinden
Rokkamborre
Sanjavarre
Njunjes
Torneträsk
Hurtigruta
E8
E6
E10
72
147
15
45
862
863
864
858
859
861
86
856
854
855
860
852
84
848
851
847
825
829
824
819
857
87

A 86 B C

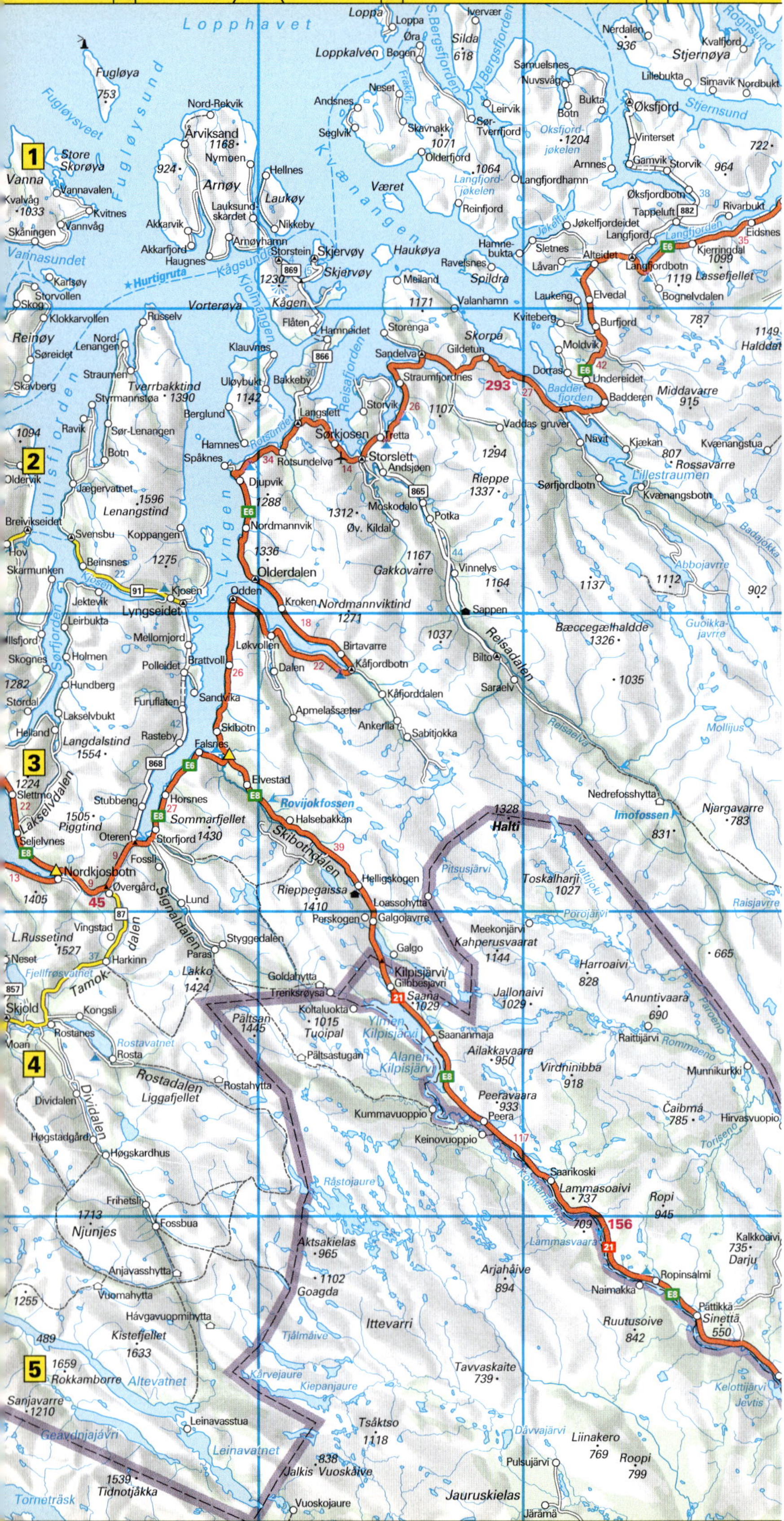
1
2
3
4
5
Loppa
Loppa
Øra
Loppkalven
Bøgen
Iververr
Silda
618
Lopphavet
Fugløya
753
Fugløysund
Fugløysveet
Nord-Rekvik
Årviksand
1168
Nymoen
924
Arnøy
Hellnes
Laukøy
Lauksund-skardet
Nikkeby
Akkarvik
Akkarfjord
Haugnes
Arnøyhamn
Storstein
Skjervøy
Skjervøy
Kågsundet
Hurtigruta
1230
869
Kågen
Vorterøya
Store Skorøya
Vanna
Vannavalen
Kvalvåg
1033
Kvitnes
Vannvåg
Skåningen
Vannasundet
Karlsøy
Storvollen
Skog
Klokkarvollen
Russelv
Reinøy
Nord-Lenangen
Søreidet
Straumen
Skavberg
Tverrbakktind
1390
Styrmannstøa
Ravik
Sør-Lenangen
1094
Botn
Oldervik
Jægervatnet
1596
Lenangstind
Breivikseidet
Svensbu
Koppangen
Hov
Beinsnes
1275
Skarmunken
91
Kjosen
Jektevik
Lyngseidet
Leirbukta
Mellomjord
Ullsfjord
Sørfjorden
Skognes
Holmen
Polleidet
Brattvoll
1282
Hundberg
Stordal
Furuflaten
Sandvika
Lakselvbukt
Helland
Langdalstind
1554
Rasteby
868
Skibotn
Falsnes
1224
Slettmo
Lakselvdalen
1505
Piggtind
Stubbeng
Horsnes
Sommarfjellet
1430
Seljelvnes
Oteren
Storfjord
Nordkjosbotn
Fossli
1405
Øvergård
45
87
Lund
Vingstad
L.Russetind
1527
Harkinn
Tamokdalen
Signaldalen
Styggedalen
Paras
Neset
Fjellfrøsvatnet
Lakko
1424
857
Skjold
Kongsli
Moan
Rostanes
Rostavatnet
Rosta
Rostadalen
Rostahytta
Liggafjellet
Dividalen
Dividalen
Høgstadgård
Høgskardhus
Frihetsli
1713
Njunjes
Fossbua
Anjavasshytta
1255
Vuomahytta
Hávgavuopmihytta
489
Kistefjellet
1633
1659
Rokkamborre
Altevatnet
Sanjavarre
1210
Geavdnjajávri
Leinavasstua
Leinavatnet
1539
Tidnotjåkka
Torneträsk
Neset
Andsnes
Seglvik
Frakfjorden
Skavnakk
1071
Olderfjord
Kvænangen
Været
Haukøya
Meiland
1171
Ravelsnes
Spildra
Valanhamn
Leirvik
Sør-Tverrfjord
S. Bergsfjorden
N. Bergsfjorden
1064
Langfjordjøkelen
Reinfjord
Langfjordhamn
Hamnebukta
Flåten
Hamneidet
Storenga
Klauvnes
866
Sandelva
Gildetun
Skorpa
Bakkeby
Reisafjorden
Straumfjordnes
293
Uløybukt
1142
Berglund
Langslett
Storvik
Tretta
1107
Hamnes
Rotsundet
Sørkjosen
Storslett
Andsjøen
Spåknes
Rotsundelva
34
14
Djupvik
1288
865
Lyngen
Nordmannvik
1312
Moskodalo
Øv. Kildal
Potka
1336
Olderdalen
1167
Gakkovarre
Vinnelys
Odden
Kroken
Nordmannviktind
1271
Sappen
1164
18
Løkvollen
Birtavarre
Kåfjordbotn
1037
Dalen
Kåfjorddalen
Apmelaššæter
Ankerlia
Sabitjokka
Reisadalen
Bilto
Saraelv
Elvestad
Rovijokfossen
Halsebakkan
Skibotndalen
Helligskogen
Rieppegaissa
1410
Loassohytta
Perskogen
Galgojavrre
Galgo
Kilpisjärvi/
Gilbbesjavri
Goldahytta
Treriksrøysa
21
Saana
1029
Koltaluokta
Pältsan
1445
1015
Tuoipal
Ylmen Kilpisjärvi
Saananmaja
Pältsastugan
Alanen Kilpisjärvi
Kummavuopio
Keinovuoppio
Råstojaure
Aktsakielas
965
1102
Goagda
Ittevarri
Tjålmåive
Kårvejaure
Kiepanjaure
Tsåktso
1118
838
Jalkis Vuoskåive
Vuoskojaure
Nerdalen
936
Stjernøya
Kvalfjord
Samuelsnes
Nuvsvåg
Lillebukta
Simavik
Nordbukt
Botn
Bukta
Øksfjord
Stjernsund
1204
Oksfjordjøkelen
Vinterset
722
Arnnes
Gamvik
Storvik
964
Øksfjordbotn
Tappeluft
882
Rivarbukt
Eidsnes
Jøkelfjordeidet
Langfjord
Langfjorden
Kjerringdal
1099
Sletnes
Låvan
Alteidet
Langfjordbotn
1119
Lassefjellet
Elvedal
Bognelvdalen
Laukeng
787
1149
Halddet
Kviteberg
Burfjord
Moldvik
Dorras
Undereidet
Badderfjorden
Badderen
Middavarre
915
Vaddas gruver
1294
Navit
Kjækan
807
Rossavarre
Kvænangstua
Rieppe
1337
Sørfjordbotn
Lillestraumen
Kvænangsbotn
Badajokka
Abbojavrre
1137
1112
902
Bæccegæhaldde
1326
Guoikkajavrre
1035
Reisaelva
Mollijus
Nedrefosshytta
Njargavarre
783
Imofossen
831
1328
Halti
Pitsusjärvi
Toskalharji
1027
Vaittijoki
Raisjavrre
Porojärvi
Meekonjärvi
Kahperusvaarat
1144
665
Harroaivi
828
Jallonaivi
1029
Anuntivaara
690
Raittijärvi
Rommaeno
Ailakkavaara
950
Virdninibba
918
Munnikurkki
Peeravaara
933
Peera
Čaibmá
785
Hirvasvuopio
Toriseno
Saarikoski
Lammasoaivi
737
Ropi
945
709
156
Lammasvaara
Kalkkoaivi
735
Darju
Ropinsalmi
Arjahåive
894
Naimakka
Pättikkä
Sinettä
550
Ruutusoive
842
Tavvaskaite
739
Kelottijärvi
Jevtis
Dávvajärvi
Liinakero
769
Roopi
799
Pulsujärvi
Jauruskielas
Järämä
E6
E8
26
22
42
27
9
13
37
39
117
44
35
38
24

75

Altnesdalen
Klakkegga
Lille Lerresfjord
Hakkstabben
Store Lerresfjord
Korsfjorden
Nyvoll
Storekursnes
Fjordbukta
Årøya
Kvitvik
Isnestoften
Leirbotn
Sennalandet
Stokkedalen
Oksberget
Duoddar
Storsandnes
Finnsjå
Laukvik
Sarves
Talvik
Russeluft
Vasskogen
Melsvik
Rafsbotn
Skaidde
Flintnes
Alta
Elvebakken
Kronstad
Kåfjord
Kvenvik
Hjemmeluft
Bjørnstad
Helleristninger
Øvre Alta
Tangen
Stilla
Nordhus
Tverrelvdalen
Skjæragenta
Øvre Stilla
Didnojokstua
Skogstue
Gargia fjellstue
Joatkajávri
Canyon
Savtso
Nuppevarre
Vackerifjellet
Našša
Suolovuobmi
Doggejavrre
Ytre Billefjord
Gukkesguravarre
Indre Billefjord
Sandvik
Børselvnes
Børselv
Kolvik
Reinøya
Skajdejavrre
Ikkaldas
Bibaktad
Calbmeraigvarre
Einereng
Stabbursnes
Lægtojavrre
Valdak
Vesterbotn
Roddinessjøen
Maddenjæidan
Hamnbukt
Duolbas
Skallenes
Časkilbekk
Lakselv/
Leavdnja
Brennelv
Soldatnes
Revfossnes
Halkkavarre
Suonjergaissa
Rokkojavrre
Obbardarašša
Suoppatjavrre
Porsangermoen
Russevatnet
Nedrevatnet
Gaggajavrre
Stabbursdalen
Lævnasjavrre
Øvrevatnet
Skoganvarri
Mo
Vuorje
Øystad
Joatka-
javrek
Gjerdevatnet
Jiesjavrre
Nattvatnstua
Fattevarre
Nattvatnet
Mollešjohka
Goccadan-
javrre
Salggan-
javrre
Ragesjavrre
Gætmejavrre
Ravnastua
Corokjavrre
Karasjok/
Kárášjohka
Finnmarksvidda
Soadno-
javrre
Badje
Maze
Assebakti
Svineng
Carajavrre
Mazivarre
Jergol
Suosjavrre
Biggeluobbal
Šuoššjávri
Buollannjárga
Caravarre
Biggajavrre
Vuottasjavrre
Goldden
Gargoluoppal
Suodnjo
Datkojavrre
Poststue
Lappojavrre
Raite
Iskuras
Bidjovagge
Dálabohki
Ruovvarre
Gæsjavrre
Spielgajourek
Raisjavrre
Láhpoluoppal
Beaivvašgieddi
Stuorajavrre
Vuoskovarre
Galbbajavrre
Karasjokka
Staddeoaive
Mierojávri
Saerradas
Aibmečærro
Čunovuohppi
Vuoddas-
javrre
Oaivos
Avžže
Kautokeino/Guovdageaidnu
Bastevarre
Heikkil
Vuorasjavrre
Gurbis
Agjet
Buolzza-
javrre
Lavvooaivve
Gálaniitu
Nieddavarre
Kautokeinoelva
Goahteluoppal
Siebe
Guolehis
Suolojavrre
Riette-
čærro
Oskal
Holggavarre
Suolojavrre
Šihččajavri
Bajasjavrre
Aidejávri
Pöyrisjärvi
Gavnejavrre
Valkamapää
Lappalaisten
kesätuvat
Jietakero
Kivilompolo
Kesätuvar
Njuolasoaive
Jierstivaara
Porrastunturi
Iso-Kurkkio
Syvajärvi
Tarvantovaara
Salvastunturi
Näkkälä
Suukisvaara
Tarvantojoki
Palojärvi
Ylitala
Liejankijärvi
Kelottijärvi
Lavivaara
Kalmakaltio
Maunu
Markkina
Leppäjärvi
Kaaresuvanto/
Gárasavvon
Kultima
Saaravuoma
Vuontisjärvi
Kieritunturi
Karesuando
Jatuni
Vuontisjoki
Kaarevaara
Suonttajärvi
Enontekiö/
Eanodat
Peltovuoma/
Bealdovuobmi
Nunnanen
Mertajärvi
Kuttanen
Kuttainen
Sotkaniva
Hetta
Ounasjärvi
Pasmajärvi
Kakkalojoki

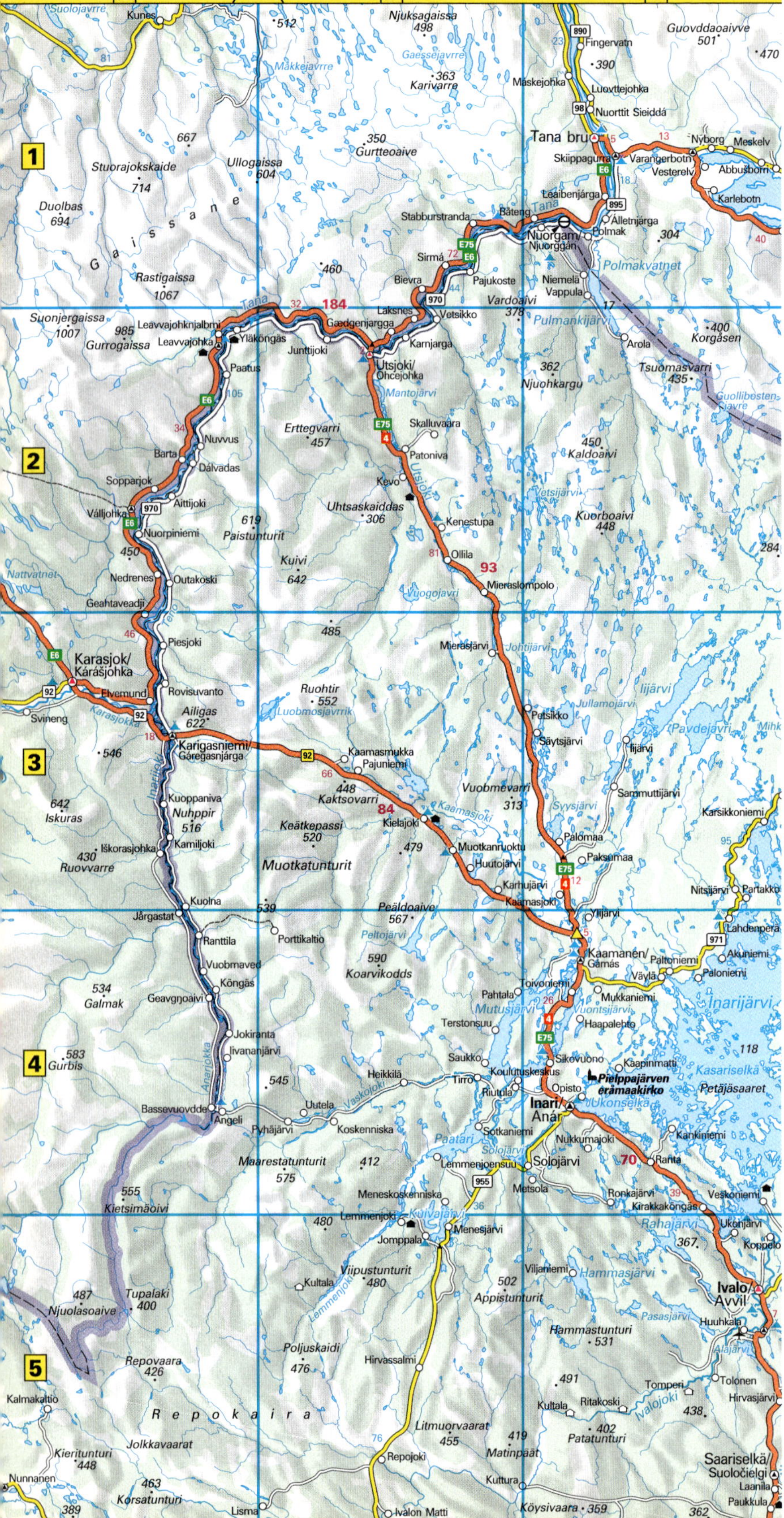
Tana bru
Nuorgam/ Njuorggán
Utsjoki/ Ohcejohka
Karasjok/ Kárášjohka
Karigasniemi/ Gáregasnjárga
Kaamanen/ Gámas
Inari/ Anár
Ivalo/ Avvil
Saariselkä/ Suoločielgi
Inarijärvi
Muotkatunturit
Pielppajärven erämaakirkko
Repokaira
Gaissane

D E 89 F

637
Skipskjølen
Kjøltindan
524
Urfjellet
460
Komagelva
Falkefjellet
545
Svartnes
Oksevassfjellet
Inre Kiberg
Kiberg
E75
Komagvær
Skallelv
Hurtigruta
Solvarden
295
Nesseby
Hammarnes
Klubbvik
Mortensnes
E75
Paddeby
Andersby
Vestre
Jakobselv
Vadsø
Solnes
Krampenes
Ekkerøy
Kiby
Grasbakken
384
Gandvik
E6
Varangerfjorden
Bugøynes
497
416
Garsjøen
20
138
Bugøyfjorden
Valen
416
Brasfjellet
445
Skogerøyvær
Kjelmsøya
Skogerøya
Gallokjavrre
Bugøyfjord
308
Sandhaugane
322
Isokivennokka
387
Jerestamvatna
Nattibukta
Valen
Nord-Leirvåg
406
Reinøysund
Grense-Jakobselv
Brekkan
Storbukt
21
Bjørknes
Sandtangen
Neiden
Skoltefossen
893
Buholmen
E6
Munknes
Hesseng
Kirkenes
Jakobsnes
Lanabukt
Bjørnstad
Vintervollen
Elvnes
886
Tårnet
504
Villavaara
344
Palovaara
233
Näätämö
Jääjärvi
Munkebakken
32
Bjørnevatn
885
Boris Gleb
225
Vuatsjärvi
Viksjøfjell
391
Liinakhamari
Trifona
Jutela
Jänisjärvi
Langfjordeid
E105
Fjellheim
Näsykkäjärvi
Kirakkajärvi
971
Ukonselkä
Jankkila
Midtfjellet
306
Langvatnet
Skrukke-bukta
Virtain
Midtfjellet
405
Pečenga
Печенга
Sevettijärvi
Čevetjävri
218
Vainosjärvi
Vätsäri
316
Store Sametti
Furuly
Svanvik
Ahmalahti
22
Kuverneringkoski
342
Njasjukka
Rautaperä
Äälisjärvi
Kuotsjärvi
Svanvatnet
Zapoljarnyj
Заполярный
Luostari
P10
Aameniemi
Järvenpää
Melkefoss
Salmijarvi
Suolisjärvi
282
Skogfoss
Langvatn
Nikel'
Никель
Kolttakylä
Supru
Surnujärvi
Kobbfoss
885
Kuorpukas
650
Suolistaipale
Potsamotunturit
Suojanperä
Suolisvuono
Skogum
Hauge
Vanhakylä
Pitkajarvi
P10
Nitsijärvi
Kyynelniemi
Skogly
Vaggatem
Šuort
495
Suonnjaur
528
Matert
Rajavaara
252
Jordanfoss
Kallajaur
Naamajärvi
Kaapenjoensuu
Surnuvuono
Vaggatem
351
Vaalestsielj
Paaluniemi
Hiirinlemi
Noatun
Tjørvatn
Stuorratsielj
419
Nyrud
Höyhenjärvi
Nammijärvi
Hestefoss
Terskeljaur
Vasikkaselkä
Piilola
204
Piedsjaur
Pechenga
Roiro
Kirakkaniemi
Tangefoss
Seigijärvi
Kuntsi
Kiestjaur
Prirečnyj
Kessijärvi
Pasvikelva
Nautsi
Grensefoss
Alksoaiv
335
Onnela
Ulkoniemi
Vuell Akkjaur
Hutojavri
Paatsjoki
Ladbshjaur
Roshjaur
Kaarmassaari
Tiainen
Keitovaara
282
Jlvvaar
142
Paksuniemi
Paij Akkjaur
Peskanlahti
969
Nellim/
Njellim
Ala-Nautsijärvi
Yli-Nautsijärvi
Vuell Njaannamjaur
Neaskimjaur
40
Nanguvuono
Mustola
Paloselkä
Algashvaarr
280
Kaaptoaiv
355
Kukkesjaur
Susipesä
Keväjärvi
Hoikkaniemi
411
Sarmitunturi
357
Vedshkorsh
Akujärvi
Niliniemi
384
Vuernisjaur
Nangujärvi
91
Naapää
351
Törmänen
Lutto
Kanneshvaarr
357
Kurupää
Ruohokangas
Madsashjaur
Nevvashjaur
Labbjaur
Svetlyi
P11
Vuoskoaiv
489
Suorsapää
471
Uusijoki
Palkisoja
Luonjarvi
23
46
Riukuselka
354
Raja-Jooseppi
Lotta
Kaunispää
438
Vuell Soigjaur
Paij Soigjaur
Kivipää
466
Lutto
Rastimuddar
646
Vuennijaur
Puilakkapää
438
Vuennijauraoaiv
603

78

A
B
C
1
2
3
4
5
NORSKEHAVET
Tarhalsen
320
Kamøya
Gamvik
Finnvik
Sandøya
582
Skarvfjord
Dønnesfjorden
Sandøyfj.
Hellefjord
Langstrand
Storelv
Båtsfjord
Åfjorden
Sørvær
Sandvika
Dønnesfjord
Børstrand
607
Breivik
Breivikbotn
Breivikbotn
Sørøya
Haraldseng
882
Seterneset
579
Øyfjorden
Vatnan
Hasfjord
Hasvåg
Hasvik
Sørøysundet
1079
Nordmanns
Loppa
Loppa
Iverær
Loppahavet
S. Bergsfjorden
N. Bergsfjorden
Nerdalen
Kvalfjord
Øra
Silda
618
936
Stjernøya
Rognsund
Loppkalven
Bogen
Samuelsnes
Nuvsvåg
Lillebukta
Simavik
Nordbukt
Fugløya
753
Neset
Frakkfj.
Bukta
Botn
Øksfjord
Stjernsund
Andsnes
Leirvik
Fugløysund
Fugløysveet
Nord-Rekvik
Seglvik
Skavnakk
Sør-Tverrfjord
Oksfjord-jøkelen
1204
Vinterset
722
Årviksand
1168
1071
Store Skorøya
Nymoen
Olderfjord
Gamvik
Storvik
964
Isnestoften
Arnøy
924
Hellnes
1064
Arnnes
Vannavalen
Kvænangen
Været
Langfjord-jøkelen
Langfjordhamn
Øksfjordbotn
Rivarbukt
Kvitnes
Laukøy
Lauksund-skardet
38
Vannvåg
Reinfjord
Tappeluft
882
Akkarvik
Nikkeby
Jøkelfj.
Jøkelfjordeidet
Langfjord
Langfjorden
35
Eidsnes
Akkarfjord
Arnøyhamn
Haukøya
Hamne-bukta
Sletnes
Haugnes
Storstein
Skjervøy
Ravelsnes
Låvan
Alteidet
E6
Kjerringdal
1099
Kågsundet
Skjervøy
Langfjordbotn
1119
Lassefjellet
Karlsøy
Hurtigruta
1230
869
Meiland
Spildra
Bognelvdalen
Kjølmangen
Kågen
1171
Valanhamn
Laukeng
Elvedal
Vorterøya
Russelv
Flåten
Kviteberg
Burfjord
787
Nord-Lenangen
Hamnneidet
Storenga
Skorpa
1149
Halddetoppen
Klauvnes
Gildetun
Moldvik
Reisafjorden
866
Sandelva
Straumen
Uløybukt
Bakkeby
Dorras
42
Tverrbakktind
1390
Straumfjordnes
293
E6
Undereidet
Middavarre
915
Styrmannstøa
1142
27
Badderfjorden
Badderen
Ullsfjorden
Ravik
Berglund
Langslett
Storvik
26
1107
Vaddas gruver
Sør-Lenangen
Rotsundet
Sørkjosen
Tretta
Nåvit
Kjækan
Kvænangstua
Hamnes
Storslett
807
Rossavarre
Spåknes
34
Rotsundelva
14
Andsjøen
1294
Botn
Lillestraumen
Djupvik
Rieppe
1337
Sørfjordbotn
Jægervatnet
1596
865
Lenangstind
1288
Moskodalo
Kvænangsbotn
E6
1312
Potka
Øv. Kildal
Badajokka
Svensbu
Koppangen
Nordmannvik
Lyngen
1336
1167
44
Abbojavrre
Skar-munken
Beinsnes
1275
Olderdalen
Gakkovarre
Vinnelys
1137
1112
902
Kjosen
22
91
Kjosen
Odden
1164
Jektevik
Lyngseidet
Kroken
Nordmannviktind
Sappen
Guoikka-javrre
Leirbukta
1271
Sørfjorden
Mellomjord
18
Bæccegælhaldde
1326
Løkvollen
1037
Holmen
Brattvoll
Birtavarre
Reisadalen
Polleidet
Dalen
22
Bilto
Kåfjordbotn
26
Hundberg
Saraelv
1035
Sandvika
Kåfjorddalen
Furuflaten
Lakselvbukt
Apmelaššæter
Helland
42
Ankerlia
Sabitjokka
Reisaelva
Mollijus
Langdalstind
1554
Rasteby
Skibotn
Falsnes
868
E6
Elvestad
Stubbeng
E8
Rovijokfossen
Nedrefosshytta
Horsnes
1505
Piggtind
E8
27
Sommarfjellet
1328
Halti
Imofossen
Njargavarre
783
Halsebakkan
Oteren
Storfjord
1430
831

82

Knivskjelodden
Nordkapp
307 (71° 10'21")
Stappan
Skarsvåg
392
Hjelmsøystauren
Sandvikvaeret
Gjesvær
Tufjorden
Tufjorden
Ingøy
Gåsnes
Mafjordhamn
Ingöya
Hjelmsøya
Måsøyfjorden
417
Gråkollfjellet
Måsøya
Måsøy
Kamøyvær
Kjelvik
Breisundet
Magerøya
E69
Havøya
Havøysund
Måsøysundet
Nordvågen
Honningsvåg
Hurtigruta
Tufjord
Valen
Sørkjosen
390
Finnvika
Sarnes
Sværholt-klubben
364
Rolvsøya
Rolvsøyhamn
Gåsvika
Kuffjordstua
Risvik
Magerøysundet
Rekvik
Hellarvik
Rolvsøysundet
Snøfjorden
Ryggefjorden
Kobbefjorden
Laholmen
386
Reinøya
Burstad
Straumen
Hamna
513
493
Fisketind
Kåfjord
Hjellnes
Sværholt-
Tømmervik
474
Burstadfjellet
399
446
Kjerringvik
Skuottanjargga
474
Russvikfjellet
Mefjorden
Akkarfjord
Revsbotn
Snefjord
889
Kobbfjord
Porsanger-halvøya
Mannskarvik
Sinkelvik
halvøya
Slåtten
Repvåg
131
Sørøysundet
Forsøl
385
Lillefjord
Skjånes
Storvik
Hammerfest
Kvaløya
Bekkarbukt
Appevatna
510
Ytre Svartvik
Store Tamsoya
Elvekrok
445
Rypefjord
Garddevarre
635
Porsangen
Straumsnes
Svartfjellet
630
678
Kokelv
442
Nordmannset
Ytre Kiæs
Kjæs-vatnet
525
Golpusfjellet
Kjerringholmen
94
Grøtnes
Storbukt
Brennsvik
Klubbukt
Erdalsfjellet
671
889
Seljenes
Ytre Brenna
Hønsebybotn
Eidvågeid
Straumen
Sammelsundet
Ikarnes
Langstrand
Bringnes
763
Kargenes
Erdal
658
Smørfjord
Russenes
Indre Brenna
Seiland
Russelva
Kvalsund
94
Repparfjorden
Oldernes
E6
23
Olderfjord
Kistrand
484
Neverfjord
Repparfjord
Skaidi
Ytre Leirpollen
Seilandsjøkelen
985
Kvitberget
Skinnfjellet
710
Veinesjorda
Vieksa
369
Vargsund
Saraby
Ytre Billefjord
Doggejavrre
Gukkesguravarre
525
Suolojavrre
Altnesdalen
832
Klakkegga
698
Lille Lerresfjord
27
Indre Billefjord
Sandvik
Børselvnes
Børselv
Hakkstabben
Store Lerresfjord
Skajdejavrre
Kolvik
Reinøya
Bibaktad
Calbmeraigvarre
650
Korsfj.
Korsfjorden
Nyvoll
Duoddar
Ikkaldas
64
Storekursnes
658
Fjordbukta
Sennalandet
Einereng
Stabbursnes
Roddinessjoen
Altafjorden
Kvitvik
Årøya
883
Leirbotn
578
Oksberget
529
Lævtojavrre
Vesterbotn
Valdak
98
Leirbotn
Stokkedalen
87
Maddenjæidan
632
Hamnbukt
Duolbas
694
Storsandnes
Laukvik
Sarves
Skallenes
Časkilbekk
Finnsjå
501
E6
Lakselv/Leavdnja
Brennelv
Talvik
Russeluft
Vasskogen
806
Melsvik
Rafsbotn
Rafsbotn
740
Soldatnes
Skaidde
Flintnes
Alta
Elvebakken
Kronstad
Revfossnes
Kåfjord
Hjemmeluft
Bjørnstad
1139
Halkkavarre
Suonjergaissa
1007
Kvenvik
Helleristninger
Øvre Alta
Rokkojavrre
1007
Obbardarašša
Porsangermoen
Russevatnet
1045
Nordhus
Tangen
Suoppatjavrre
Tverrelvdalen
Stilla
Nedrevatnet
833
Skjæragenta
Stabbursdalen
Lævnasjavrre
Øvrevatnet
Skoganvarri
Gaggajavrre
Mo
Didnojokstua
Skogstue
Øvre Stilla
1024
Vuorje
Øystad
Gargia fjellstue
Joatkajavrek
Joatkajávri
Eibyelva
Canyon
640
Gjerdevatnet
74
Nuppevarre
841
648
Vackerifjellet
Steinfj.
Savtso
627
Altaelva
Iešjavrre
48
Nattvatnstua
Našša
93
Virdnejavrre
528
Fattevarre
Nattvatnet
705
Goccadanjavrre
Suolovuobmi
Vestereiva
Mollešjohka
Salggan-javrre
658
Ragesjavrre
Gætmejavrre
Ravnastua
E6
Corokjavrre
492
802
Finnmarksvidda
Karasjok/Kárášjohka
Soadno-javrre
Assebákti
92
Carajavrre
Badje Maze
418
Svineng
Mazivarre
548
Jergot
Suossjavrre
Šuoššjávri
Buollannjárga
546
891
Caravarre
Biggeluobbal
Vuottasjavrre
97
Biggajavrre
Goldden
Gargoluoppal
642
Iskuras
Suodnjo
92
Datkojavrre
Lappojavrre
458
Raite
Bidjovagge
Poststue
772
Gæsjavrre
Ruovvarre
430
Dálabohki

83

A
B
C
1
2
3
4
5
Kinnarodden
Nordkinn
341
Varnesodden
Steinvåg
Gamvik
Oksfjorden
Skjøtningberg
Bjørnsvik
Mehamn
Kvitnakken
888
Hurtigruta
Omgang
Sværholt-klubben
314
Kjøllefjord
Oksevåg
Nordkinn-halvøya
894
456
Rekvik
Hellarvik
Kifjord
Dyfjord
Brenngam
Tyfjorden
Finnkongkeila
Sandfjellet
486
Losvik
Sværholt-halvøya
474
Russvikfjellet
Tømmervik
Ersvågnes
377
Hornnakken
Hopseidet
Langnes
Skjånes
Dego
Berlevåg
Kvitnes
385
Raggonjargga
Store Molvik
Mårøya
Marøyfjord
Hopsfjorden
424
Sauhaugen
547
Veigam
888
Langfjordnes
Dalhaugen
407
Reinoksvatna
Skremselfjellet
554
Tanafjorden
Kongsfjord
890
Raggocokka
480
Lille Porsangen
445
Elvekrok
Veidneset
Breidvik
Torskefjord
Laksefjorden
Nervei
Perletind
635
Vardnes
Trollfjorden
528
Buefjell
473
Langfjordbotn
Langfjorden
Kalak
Bekkarfjorden
Bekkarfjord
518
Kjæsvatnet
525
Golpusfjellet
Aronneset
Lebesby
Langfjorddalen
Duolbbadasgaissa
668
Lille Molvik
Davggejavrre
Stengenestinden
724
Skjånes
491
Blåfjellet
Ifjorden
630
Ifjordfjellet
Ståhpogieddi
Vestertana
Gávesluokta
Lávvonjárga
618
Hangalacaerro
Korsnes
888
Nordmannset
Ifjord
Torhop
Tanagård
Geresgohppi
Gaedn
484
Jernvik
Heimdal
Tårnvika
98
Holmen
Šuoššjohka
98
Bonjákas
Skuvgi
Leirpollen
890
Var
Adamsfjord
458
Leaibbosvuovdi
Roustefielbma
Tana
Petterlund
Bukta
Kunes
Suolojavrre
Stuora Sobmerjavrre
Borddejavrek
512
Njuksagaissa
498
890
Fingervatn
Guovddaoaivve
501
470
Gaessejavrre
Makkejavrre
390
363
Karivarre
Maskejohka
Luovttejohka
98
Nuorttit Sieiddá
667
350
Gurtteoaive
Tana bru
Nyborg
Meskelv
Skiippagurra
Varangerbotn
Abbusborri
Vesterelv
Nesseby
Stuorajokskaide
714
Ullogaissa
604
E6
Leaibenjárga
Karlebotn
Duolbas
694
Gaissane
Stabburstranda
Båteng
895
Állejnjárga
Polmak
Nuorgam
Njuorggan
304
40
Sirmá
E75
E6
Pajukoste
Polmakvatnet
460
Rastigaissa
1067
Bievra
Niemelä
Vappula
Vardoaivi
378
17
184
Laksnes
970
Suonjergaissa
1007
985
Gurrogaissa
Leavvajohknjalbmi
Leavvajohka
Yläköngäs
Gædgenjargga
Vetsikko
Pulmankijärvi
400
Korgåsen
Karnjarga
Arola
Junttijoki
Utsjoki/Ohcejohka
Paatus
362
Njuohkargu
Tsuomasvarri
435
Mantojärvi
Guollibestenjavre
E6
105
Skalluvaara
E75
4
Erttegvarri
457
Nuvvus
450
Kaldoaivi
Barta
Dálvadas
Patoniva
Sopparjok
Kevo
Vetsijärvi
Válljohka
970
Aittijoki
Uhtsaskaiddas
306
Kuorboaivi
448
E6
Nuorpiniemi
619
Paistunturit
Kenestupa
450
Vattvatnet
Kuivi
642
Ollila
93
284
Nedrenes
Outakoski
Mieraslompolo
Geahtaveadji
Vuogojavri
Teno
485
Piesjoki
Mierasjärvi
Johtijärvi
E6
Karasjok/Kárášjohka
Iijärvi
92
Elvemund
Rovisuvanto
Ruohtir
552
Jullamojärvi
Luobmosjavrrik
Pavdejavri
Mihk
Ailigas
622
92
Karasjokka
Petsikko
Karigasniemi/Garegasnjárga
Säytsjärvi
546
92
Kaamasmukka
Pajuniemi
Iijärvi
448
Kaktsovarri
Vuobmevarri
313
Sammuttijärvi
642
Iskuras
Nuhppir
516
84
Kaamasjoki
Syysjärvi
Karsikkoniemi
Ruovvarre
430
Iškorasjohka
Kamiljoki
Keätkepassi
520
Kielajoki
479
Muotkanruoktu
Palomaa
95

84

BARENTSHAVET
Austhavet
Kongsøyfjorden
Veidnes
Båtsfjorden
Båtsfjord
Straumen
Syltefjordfjellet
Læsi
Oardovarre
Nordfjord
Syltefjorden
Hamningberg
Båtsfjordfjellet
Vesterelv
Syltevikmyra
Krokfjellet
Varangerhalvøya
Persfj.
Krognes
Langryggen
Reinøya
Vardøhus
Vardø
Smelror
Svartnes
Skipskjølen
Oksevassfjellet
Kjøltindan
Inre Kiberg
Kiberg
Urfjellet
Komagelva
Komagvær
Falkefjellet
Skallelv
Solvarden
Hurtigruta
Hammarnes
Klubbvik
Mortensnes
Vestre Jakobselv
Paddeby
Andersby
Solnes
Krampenes
Vadsø
Kiby
Ekkerøy
Grasbakken
Varangerfjorden
Gandvik
Bugøynes
Garsjøen
Bugøyfjorden
Valen
Brasfjellet
Skogerøyvær
Kjelmsøya
Gallokjavrre
Bugøyfjord
Skogerøya
Jerestamvatna
Nattibukta
Nord-Leirvåg
Sandhaugane
Isokivennokka
Reinøysund
Grense-Jakobselv
Storbukt
Brekkan
Lanabukt
Bjørknes
Sandtangen
Buholmen
Jakobsnes
Kirkenes
Bjørnstad
Villavaara
Palovaara
Neiden
Skoltefossen
Munknes
Hesseng
Elvnes
Vintervollen
Tårnet
Liinakhamari
Näätämö
Jäjärvi
Munkebakken
Bjørnevatn
Boris Gleb
Viksjøfjell
Jutela
Jänisjärvi
Kirakkajärvi
Langfjordeld
Fjellheim
Trifona
Näsykkäjärvi
Jankkila
Midtfjellet
Skrukkebukta
Virtain
Midtfjellet
Pečenga
Печенга
Sevettijärvi
Cevetjävri
Vainosjärvi
Vätsäri
Store Sametti
Furuly
Kuverneringkoski
Njasjukka
Rautaperä
Äälisjärvi
Svanvik
Ahmalahti
Kuotsjärvi
Zapoljarnyj
Заполярный
Aameniemi
Järvenpää
Melkefoss
Svanvatnet
Salmijärvi
Luostari
Suolisjärvi
Surnujärvi
Skogfoss
Nikel
Никель
Kuorpukas
Kolttakylä
Suolistaipale
Kobbfoss
Potsamotunturit
Supru
Suolisvuono
Suojanperä
Skogum
Vanhakylä
Hauge
Pitkäjärvi
Kyynelniemi
Matert
Nitsijärvi
Skogly
Vaggatem
Suonnjaur
Petsamojoki
E75
E6
E105
P10
885
886
893
891
971
138

85

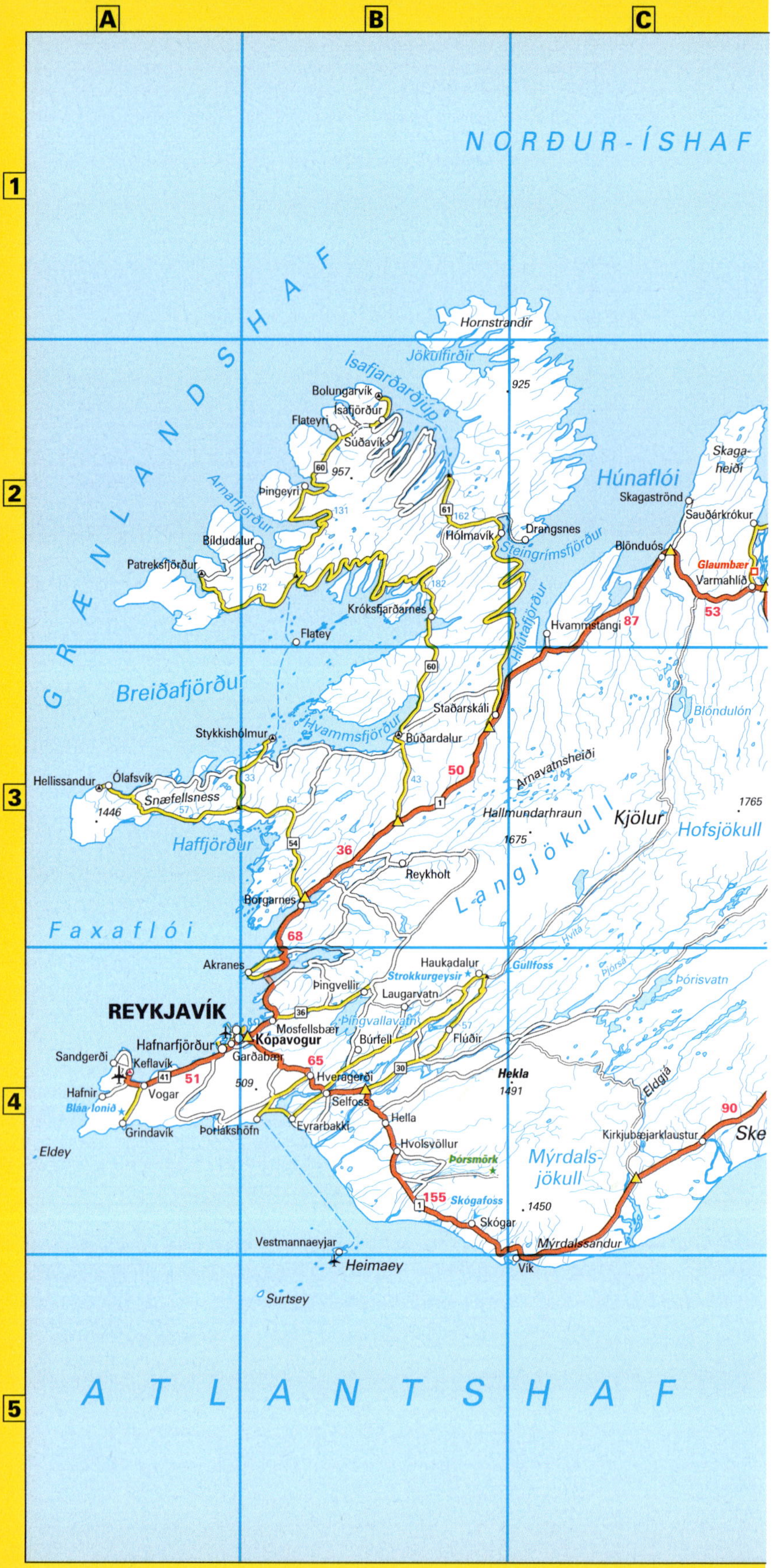
NORÐUR-ÍSHAF
GRÆNLANDSHAF
ATLANTSHAF
Hornstrandir
Jökulfirðir
Ísafjarðardjúp
Bolungarvík
Ísafjörður
Flateyri
Súðavík
Þingeyri
Arnarfjörður
Bíldudalur
Patreksfjörður
Hólmavík
Drangsnes
Steingrímsfjörður
Húnaflói
Skagaströnd
Skaga-heiði
Sauðárkrókur
Blönduós
Glaumbær
Varmahlíð
Króksfjarðarnes
Flatey
Hvammstangi
Hrútafjörður
Breiðafjörður
Staðarskáli
Hvammsfjörður
Búðardalur
Stykkishólmur
Blöndulón
Arnavatnsheiði
Hellissandur
Ólafsvík
Snæfellsness
Hallmundarhraun
Kjölur
Hofsjökull
Haffjörður
Reykholt
Langjökull
Borgarnes
Faxaflói
Akranes
Haukadalur
Strokkurgeysir
Gullfoss
Hvítá
Þjórsá
Þórisvatn
Þingvellir
Laugarvatn
REYKJAVÍK
Mosfellsbær
Þingvallavatn
Hafnarfjörður
Kópavogur
Búrfell
Flúðir
Sandgerði
Keflavík
Garðabær
Hekla
Hveragerði
Hafnir
Vogar
Selfoss
Eldgjá
Bláa lónið
Grindavík
Þorlákshöfn
Eyrarbakki
Hella
Kirkjubæjarklaustur
Eldey
Hvolsvöllur
Þórsmörk
Mýrdals-jökull
Skógafoss
Skógar
Mýrdalssandur
Vestmannaeyjar
Vík
Heimaey
Surtsey
Ske

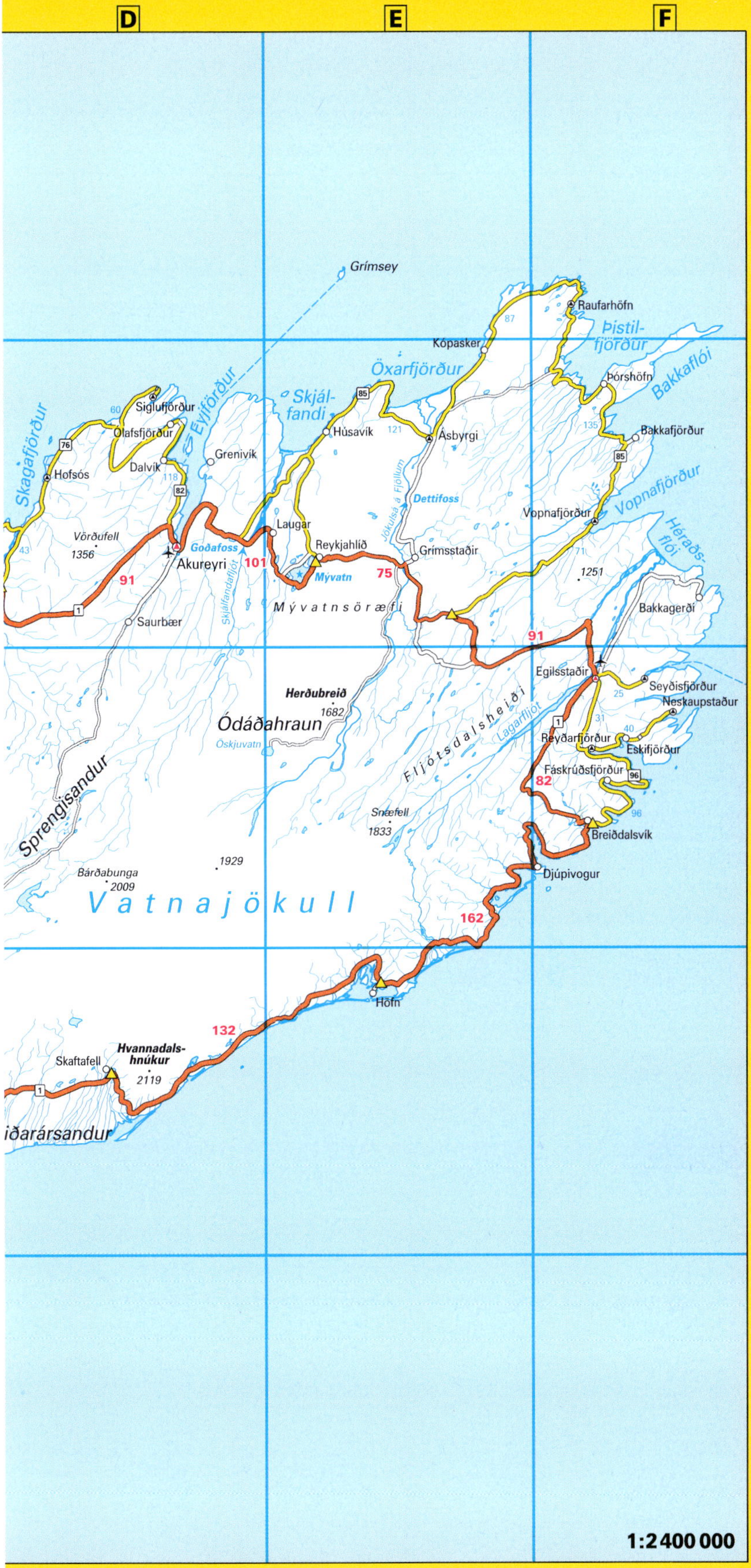
D
E
F
Grímsey
Raufarhöfn
Kópasker
Þistilfjörður
Öxarfjörður
Þórshöfn
Bakkaflói
Skjálfandi
Siglufjörður
Ólafsfjörður
Eyjafjörður
Skagafjörður
Húsavík
Ásbyrgi
Bakkafjörður
Grenivík
Hofsós
Dalvík
Dettifoss
Jökulsá á Fjöllum
Vopnafjörður
Vopnafjörður
Héraðsflói
Laugar
Reykjahlíð
Vörðufell
1356
Goðafoss
Akureyri
Mývatn
Grímsstaðir
1251
Bakkagerði
Mývatnsöræfi
Saurbær
Skjálfandafljót
Egilsstaðir
Seyðisfjörður
Neskaupstaður
Herðubreið
1682
Ódáðahraun
Öskjuvatn
Lagarfljót
Fljótsdalsheiði
Reyðarfjörður
Eskifjörður
Fáskrúðsfjörður
Sprengisandur
Snæfell
1833
Breiðdalsvík
Djúpivogur
1929
Bárðabunga
2009
Vatnajökull
Höfn
Skaftafell
Hvannadalshnúkur
2119
iðarársandur
91
101
75
91
82
162
132
1
1:2 400 000

Ortsverzeichnis • Ortsförteckning
Town index • Plaatsnamenregister
Index des lieux • Stedsfortegnelse
Stedsregister • Hakemisto

(DK) Dänemark/Denmark
(FIN) Finnland/Finland
(IS) Island/Iceland
(N) Norwegen/Norway
(S) Schweden/Sweden

A

B

A B C D E F G H I J K L M N O P Q R S T U V W X Y Z Þ Ä Æ Ö Ø Å

F

A B C D E F G H I J K L M N O P Q R S T U V W X Y Z Þ Ä Æ Ö Ø Å

G

H

I

J

K

L

M

N

O

P

R

S

T

Y

Z

Þ

Ä/Æ

Ö/Ø

Å

Reisekarte · Turistkarta
Tourist map · Reiskaart
Carte touristique · Rejsekort
Turistkart · Matkailukartta

0 50 100 150 200 km
NORGE
SVE
DANMARK
NORDSJØEN
Skagerrak
Kattegat
Trondheim
Kristiansund
Ålesund
Molde
Åndalsnes
Sunndalsøra
Oppdal
Røros
Snøhetta 2286
Glittertind 2470
2469 Galdhøpiggen
Lillehammer
Hamar
Gjøvik
Elverum
Eidsvoll
OSLO
Drammen
Lillestrøm
Kongsvinger
Skien
Porsgrunn
Larvik
Sandefjord
Horten
Moss
Sarpsborg
Fredrikstad
Halden
Hardangervidda
Bergen
Sotra
Haugesund
Stavanger
Sandnes
Egersund
Flekkefjord
Lindesnes
Mandal
Kristiansand
Lillesand
Grimstad
Arendal
Tvedestrand
Kragerø
Rjukan
Geilo
Voss
Odda
Florø
Førde
Måløy
Sognefjorden
Hardangerfjorden
Trondheimsfjorden
Steinkjer
Levanger
Stjørdal
Namsos
Grong
Östersund
Krokom
Mora
Falun
Borlänge
Karlstad
Örebro
Vänern
Vättern
Linköping
Jönköping
Göteborg
Borås
Trollhättan
Uddevalla
Kungälv
Kungsbacka
Varberg
Falkenberg
Halmstad
Helsingborg
Lund
Malmö
Trelleborg
Ystad
Kristianstad
Karlshamn
Karlskrona
Växjö
Bornholm
Rønne
Nexø
KØBENHAVN
Helsingør
Roskilde
Køge
Næstved
Slagelse
Nyborg
Odense
Svendborg
Faaborg
Kolding
Vejle
Fredericia
Esbjerg
Ribe
Horsens
Århus
Randers
Viborg
Silkeborg
Herning
Holstebro
Skive
Aalborg
Hjørring
Frederikshavn
Skagen
Læsø
Sylt
Tønder
Flensburg
Schleswig
Kiel
Rendsburg
Neumünster
Lübeck
Hamburg
Cuxhaven
Rostock
Stralsund
Rügen
Greifswald
Lolland
Nakskov
Nykøbing
Gedser
Puttgarden

Bottenviken
Perämeri
Norra
Kvarken
Merenkurkku
Bottniska
Viken
Pohjanlahti
Åland/
Ahvenanmaa
ÖSTERSJÖN
Gotska
Sandön
Gotland
Öland
Hiiumaa
Saaremaa
Rižskij
Zaliv
Zatoka
Gdańska
SVERIGE
SUOMI
EESTI
LATVIJA
LIETUVA
ROSSIJA
POLSKA
Oulu
Kemi
Kempele
Muhos
Utajärvi
Kiiminki
Hailuoto
Raahe
Pyhäjoki
Kalajoki
Oulainen
Ylivieska
Kokkola/
Karleby
Jakobstad/
Pietarsaari
Nykarleby/
Uusikaarlepyy
Oravais/
Oravainen
Vaasa/
Vasa
Korsnäs
Kaskinen/
Kaskö
Kristinestad/
Kristiinankaupunki
Seinäjoki
Lapua
Kauhajoki
Kurikka
Teuva
Alavus
Ähtäri
Keuruu
Jyväskylä
Kuopio
Iisalmi
Kajaani
Sotkamo
Suolahti
Pieksämäki
Mikkeli
Jämsä
Mänttä
Virrat
Parkano
Lappväärtti
Kankaanpää
Kyröskoski
Tampere
Nokia
Lempäälä
Valkeakoski
Hämeenlinna
Riihimäki
Lahti
Heinola
Kouvola
Hamina
Kotka
Loviisa
Porvoo/Borgå
Järvenpää
Kerava
Mäntsälä
Pori
Rauma
Uusikaupunki
Mynämäki
Turku/
Åbo
Raisio
Paimio
Salo
Lohja
Espoo
HELSINKI/
HELSINGFORS
Kirkkonummi
Karis
Tammisaari/
Ekenäs
Hanko/
Hangö
Perniö
Korpo/
Korppoo
Dalsbruk/
Taalintehdas
Mariehamn/
Maarianhamina
Geta
Godby
Storby
Sviño
Dikanäs
Storuman
Lomselenäs
Malå
Glommersträsk
Jörn
Arbyn
Kåge
Byske
Boliden
Skellefteå
Skelleftehamn
Bureå
Burträsk
Rusksele
Lycksele
Åmsele
Vilhelmina
Meselefors
Dorotea
Åsele
Örträsk
Vindeln
Lövånger
Robertsfors
Fredrika
Vännäs
Bjurholm
Umeå
Sävar
Hörnefors
Nordmaling
Björna
Junsele
Ramsele
Backe
Ulriksfors
Bredbyn
Husum
Örnsköldsvik
Sollefteå
Bjästa
Ragunda
Bispgården
Kramfors
Ramvik
Bräcke
Timrå
Härnösand
Ånge
Sundsvall
Svartvik
Hassela
Tallåsen
Lindsta
Ljusdal
Hudiksvall
Iggesund
Bollnäs
Söderhamn
Lingbo
Ockelbo
Sandviken
Gävle
Storvik
Hedemora
Skärplinge
Tierp
Östhammar
Tärnsjö
Avesta
Sala
Heby
Uppsala
Västerås
Sigtuna
Norrtälje
Upplands Väsby
Enköping
Köping
Bro
Täby
Åkersberga
Gustavsberg
Strängnäs
Eskilstuna
Södertälje
STOCKHOLM
Flen
Gnesta
Trosa
Nynäshamn
Katrineholm
Nyköping
Norrköping
Söderköping
Valdemarsvik
Åtvidaberg
Gamleby
Västervik
Visby
Fårösund
Slite
Klintehamn
Ljugarn
Hemse
Burgsvik
Oskarshamn
Byxelkrok
Mönsterås
Borgholm
Kalmar
Mörbylånga
Näsby
TALLINN
Loksa
Kunda
Kohtla-Järve
Keila
Kuusalu
Rakvere
Pürksi
Risti
Paide
Mustvee
Kärdla
Haapsalu
Märjamaa
Käina
Emmaste
Võhma
Virtsu
Pärnu-Jaagupi
Põltsamaa
Tartu
Kuivastu
Orissaare
Mustjala
Kuressaare
Pärnu
Viljandi
Elva
Võru
Valga
Ainaži
Ruiena
Salacgrīva
Kolka
Mazirbe
Roja
Valmiera
Smiltene
Cēsis
Gulbene
Saulkrasti
Mērsrags
Ventspils
Ugāle
Talsi
RĪGA
Sigulda
Madona
Kuldīga
Tukums
Jūrmala
Pāvilosta
Skrunda
Saldus
Jelgava
Jēkabpils
Dobele
Liepāja
Durbe
Bauska
Nīcgale
Mažeikiai
Skuodas
Joniškis
Pasvalys
Rokiškis
Daugavpils
Plungė
Šiauliai
Telšiai
Kretinga
Radviliškis
Panevėžys
Utena
Klaipėda
Raseiniai
Kėdainiai
Šilute
Tauragė
Ukmergė
Smalininkai
Jonava
Nemunas
Sovetsk
Neman
Kaunas
VILNIUS
Smorgon'
Kaliningrad
Baltijsk
Černachovsk
Gusev
Marijampolė
Alytus
Benjakoni
Łeba
Władysławowo
Ustka
Gdynia
Sopot
Gdańsk
Słupsk
Lebork
Darłowo
Sławno
Bytów
Kościerzyna
Koszalin
Tczew
Miastko
Malbork
Elbląg
Braniewo
Górowo Iławeckie
Wegorzewo
Giżycko
Olecko
Ełk
Suwałki
Augustów
Merkinė
Lida
E4
E12
E14
E18
E20
E22
E28
E63
E67
E75
E77
A1
A2
A6
A7
A8
A12
A216
A229
M7

0
50
100
150
200 km
NORSKEHAVET
ATLANTERHAVET
NORGE
SVERIGE
Tromsø
Gryllefjord
Finnsnes
Silsand
Andenes
Vesterålen
Risøyhamn
Øverbygd
Andselv
Sjøvegan
Setermoen
Sortland
Harstad
Steine
Stokmarknes
Melbu
Liland
Bjervik
Lødingen
Narvik
Abisko
Leknes
Svolvær
Lofoten
Ballstad
Å
Hamarøy
Bogøy
Kjøpsvik
Tømmernes
Nikkaluokta
Sørværøy
Vestfjorden
Nordfold
Kalvik
Vietas
Bodø
Fauske
Rognan
Storvik
Glomfjord
Kvikkjokk
Halsa
Lønsdal
Killboghamn
Mo i Rana
Hällnäs
Jäckvik
Dønnes
Nesna
Korgen
Arjeplog
Sandnessjøen
Mosjøen
Tärnaby
Uddjaure
Vega
Brønnøysund
Trofors
Hattfjelldal
Sorsele
Näset
Arvidsjaur
Vik
Svenningdal
Dikanäs
Holm
Terråk
Malå
Rørvik
Namsskogan
Stornäs
Storuman
Lomselenäs
Björksele
Abelvær
Limingen
Borgafjäll
Høylandet
Rusksele
Namsos
Lycksele
Grong
Gäddede
Vilhelmina
Meselefors
Bangsund
Snåsa
Nordli
Arnes
Malm
Dorotea
Örträsk
Åsele
Frøya
Trondheimsfjorden
Steinkjer
Brekstad
Hotagen
Fredrika
Hitra
Fillan
Rissa
Strömsund
Ulriksfors
Backe
Bjurholm
Smøla
Rørvik
Levanger
Kallsedet
Lillholmsjö
Junsele
Aure
Trondheim
Stjørdal
Ramsele
Björna
Kristiansund
Orkanger
Storlien
Järpen
Hammerdal
Bredbyn
Husum
Skei
Støren
Krokom
Östersund
Sollefteå
Örnsköldsvik
Molde
Sunndalsøra
Berkåk
Ulsberg
Stugudal
Ragunda
Bjästa
Åndalsnes
Ljungdalen
Gällö
Bispgården
Kramfors
Oppdal
Røros
Brekken
Berg
Bräcke
Ramvik
Linge
Bjorli
Snøhetta
2286
Funäsdalen
Timrå
Langevatnet
Hjerkinn
Tynset
Vemdalen
Rätan
Härnösand
Dombås
Hedeviken
Ånge
Sundsvall
Dønfoss
Vågåmo
Follidal
Alvdal
Sörvattnet
Linsell
Hassela
Svartvik
Lom
Buvika
Sveg
Glittertind
2470
Kårböle
Otta
Isterfossen
Idre
Tallåsen
Lindsta
2469
Galdhøpiggen
Kvam
Atna
Lillhärdal
Ringebu
Ljusdal
Sogndal
Ardalstangen
Skåbu
Koppang
Särna
Hudiksvall
Tretten
Revsnes
Grindaheim
Iggesund
Borlaug
Fagernes
Lillehammer
Innbygda
Bollnäs
Tuv
Rena
Älvdalen
Söderhamn
Sälen
Österdalälven
Dalfors
Lingbo
1862
Geilo
Gol
Gjøvik
Hamar
Elverum
Långflon
Mora
Johannisholm
Rättvik
Ockelbo
Hardangervidda
Brøstrud
Gulsvik
Brandbu
Flisa
Siljan
Insjön
Sandviken
Gävle
Malung
Vansbro
Falun
Rødberg
Hønefoss
Eidsvoll
Kirkenær
Värnäs
Borlänge
Storvik
Skärplinge
Noresund
Björbo
Hedemora
OSLO
Torsby
Tierp
Östhammar
Edland
Rjukan
Åmot
Kongsvinger
Ekshärad
Ludvika
Tärnsjö
Lillestrøm
Hagfors
Avesta
E8
E10
E6
E12
E14
E136
E16
E4
45
90
296

BARENTSHAVET
ROSSIJA
SUOMI
Nordkapp
Skarsvåg
Gamvik
Berlevåg
Havøysund
Honningsvåg
Båtsfjord
Sørøya
Stein-
bukt
Vardø
Hammerfest
Sorvær
Rypefjord
Russenes
Tana bru
Nesseby
Varanger-
fjorden
Olderdnes
Ifjord
Vadsø
Grense
Jakobselv
Arnøy
Øksfjord
Sirma
Kirkenes
Lakselv
Utsjoki
Petšenga
Talvik
Elvebakken
Alta
Storslett
Skoganvarre
Sevettijärvi
Nikel
Olderdalen
Finnmarksvidda
Karasjok
Murmansk
Lyng-
seidet
Bilto
Masi
Karigasniemi
Palomaa
Nyruddelet
Skibotn
Finnmark
Kaamanen
Gievdnjeguoika
Inari-
järvi
Inari
Nellimö
Siilastupa
Kautokeino
Taibola
Ivalo
Repojoki
Lapin Lääni
Pokka
Kaare-
suvanto
Enontekiö
Karesuando
Pulja
Lapplands
Län
Vuotso
Övre
Soppero
Kätkasuvanto
Hangasselkä
Lokka
Bergfors
Mäki
Muonio
Kiruna
Sirkka
Kandalakscha
Tanhua
Hietaniemi
Kittilä
Vittangi
Kihlanki
Kaukonen
Savukoski
Svappavaara
Junosuando
Sodankylä
Kolari
Kotola
Malmberget
Sieppijärvi
Unari
Pelkosenniemi
Kandalaks-
skaja
Pajala
Salla
Gällivare
Kemijärvi
Isokylä
Ullatti
Porjus
Pello
Hakkas
Teura-
järvi
Maaninkavaara
Louchi
Rovaniemi
Jokkmokk
Muurola
Pirttikoski
Jyrkänkoski
Övertorneå
Kestenga
Tärrajaur
Lakatråsk
Överkalix
Ylitornio
Narkaus
Posio
Kuusamo
Kåbdalis
Harads
Morjärv
Karunki
Tervola
Topozero
Töre
Sangis
Tornio
Kemi
Yli-
Kärppä
Ranua
Kulo-
harju
Inkee
Vidsel
Moskosel
Boden
Kalix
Haparanda
Taivalkoski
Hossa
Kalevala
Oijärvi
Peranka
Kuivaniemi
Olhava
Jurmu
Älvsbyn
Alvik
Luleå
Yli-Ii
Pudasjärvi
Näljänkä
Voknavolok
Haukipudas
Suomussalmi
Piteå
Glommersträsk
Kiiminki
Juorkuna
Ämmänsaari
Hailuoto
Oulu
Jörn
Älbyn
Bottenviken
Perämeri
Kempele
Utajärvi
Puolanka
Kondoko
Kåge
Byske
Muhos
Hyrynsalmi
Boliden
Skellefteå
Raahe
Vaala
Ruukki
Paltamo
Leettiira
Skelleftehamn
Rantsila
Oulujärvi
Iivantiira
Burträsk
Bureå
Pyhäjoki
Vihanti
Kestilä
Kajaani
Sotkamo
Kuhmo
Åmsele
Pulkkila
Kalajoki
Pyhäntä
Lövånger
Oulainen
Otanmäki
Rastinkylä
Reboly
Robertsfors
Himanka
Vindeln
Ylivieska
Kärsämäki
Sukeva
Valtimo
Kannus
Kokkola/
Karleby
Nivala
Vännäs
Kiuruvesi
Nurmes
Lendery
Sävar
Umeå
Jakobstad/
Pietarsaari
Kälviä
Haapajärvi
Iisalmi
Rauta-
vaara
Lieksa
Kaustinen
Pyhäsalmi
Lapinlahti
Hörnefors
Lesti-
järvi
Pielinen
Juuka
Nykarleby/
Uusikaarlepyy
Pihtipudas
Ahmovaara
Pihlajavaara
Nordmaling
Kållby
Pielavesi
Nilsiä
Kinnula
Siilinjärvi
Eno
Oravais/
Oravainen
Keitele
Norra
Kvarken
Ilomantsi
Merenkurkku
Alahärmä
Vimpeli
Kyyjärvi
Viitasaari
Trevo
Tuusniemi
Vaasa/
Vasa
Lapua
Kuopio
Joensuu
Karstula
Vesanto
Alajärvi
Outokumpu
Seinäjoki
Saarijärvi
Rautalampi
Korsnäs
Heinävesi
Ähtäri
Suolahti
Suonenjoki
Kurikka
Alavus
Laukaa
Hankasalmi
Kitee
Teuva
Varkaus
Kaskinen/
Kaskö
Jalasjärvi
Enonkoski
Loimola
Keuruu
Pieksämäki
Kauhajoki
Jyväskylä
Kesälahti
Kristinestad/
Kristiinankaupunki
Virrat
Juva
Mänttä
Lappväärtti
Savonlinna
Sortawala
Parkano
Vilppula
Jämsä
Joutsa
Särkisalmi
Mikkeli
Tuorila
Parikkala
Niinisalo
Puumala
Ladožskoe
Päijänne
Kankaan-
pää
Kyröskoski
Hartola
Orivesi
Bottniska
Viken
Pohjanlahti
Kurkijoki
Virmutjoki
Sysmä
Priosjorsk
Imatra
Pori
Tampere
Savitaipale
Nokia
Heinola
Lauritsala
Valkeakoski
Ozero
Lempäälä
Kokemäki
Huittinen
Vääksy
Lappeenranta
Lahti
Rauma
Eura
Khaitermaa
Lammi
Orimattila
Vyborg
Kouvola
Hämeenlinna
Nastola
Myllykoski
Laitila
Loimaa
Riihimäki
Uusikaupunki
Forssa
Mäntsälä
Vaalimaa
Primorsk
Mynämäki
Hyvin-
kää
Hamina
Somero
Järvenpää
Zelenogorsk
Kerava
Kotka
Åland/
Ahvenanmaa
Raisio
Karkkila
Loviisa
Sestroretsk
Paimio
Klaukkala
Porvoo/Borgå
S. Peterburg
Geta
Turku/
Åbo
Salo
Lohja
Espoo
Godby
Korpo/
Korppoo
Dalsbruk/
Taalintehdas
Perniö
HELSINKI/
HELSINGFORS
Kernovo
Pedrodvorec
Puskin
Storby
Sviņo
Karis
Kirkko-
nummi
Gatčina

S Schweden/Sverige/Sweden/Suède

ZOLL TULL

→ S

( ) = Einfuhr aus EU-Ländern.
Införsel från EU-länder.
Importation from EU-countries.
Importation des pays de l'UE.
(–) unbeschränkt / obegränsad / unrestricted / illimité

200 (400) | oder/eller/or 50 (100) | oder/eller/or 250 g (550 g)

500 g (–) Tea 100 g (–) Parfum 50 g (–) 2 (52) l 22° 1 (5) l SKR 1700.– (–)

ZOLL TULL

ID = Identitätskarte / Identitetskort / Identity card / Carte d'identité
P = Pass / Pass / Passport / Passeport
V = Visum / Visum / Visa / Visa

		☎→S	←S			☎→S	←S			☎→S	←S
A	ID	00 46	00 43	FIN	ID	00 46	00 358	NL	ID	00 46	00 31
B	ID	00 46	00 32	GB	ID	00 46	00 44	P	ID	00 46	00 351
BG	P	00 46	00 359	GR	ID	00 46	00 30	PL	P	00 46	00 48
CH	ID	00 46	00 41	H	P	00 46	00 36	RO	P	00 46	00 40
CZ	P	00 46	00 420	HR	P	00 46	00 385	S	–	–	–
D	ID	00 46	00 49	I	ID	00 46	00 39	SK	P	00 46	00 421
DK	ID	00 46	00 45	IRL	P	00 46	00 353	SLO	P	00 46	00 386
E	ID	00 46	00 34	L	ID	00 46	00 352	TR	PV	00 46	00 90
F	ID	00 46	00 33	N	ID	00 46	00 47	USA	P	011 46	00 1

1 Svensk Krona (SKR) = 100 Öre

SKR 1000 500 100 20 10 5 1

Öre 50

ec SKR 1400.–

30/50 km/h | 70/90 km/h | 90 km/h | 90/110 km/h

0,2 ‰

Spikes
Dubbdäck
Pneus à clous
1.10.–Ende Ostern/Efter påsk

Motormännens Riksförbund, Sveavägen 159, Box 23142, S-104 35 Stockholm, ☎ 8 / 690 38 00
Kungliga Automobil-Klubben (KAK), S. Blasieholmshamnen 6, S-111 48 Stockholm ☎ 8/678 00 55

Swedish Travel & Tourism Council, Box 3030, S-103 61 Stockholm, ☎ 8 / 725 55 00
Servicenummer / Numéro de service / Service number / Numero di servizio:
Visit Sweden, Box 90, S-881 22 Sollefteå

A CH D ☎ 00800 3080 3080
FIN N ☎ 00800 3080 3080
B NL ☎ 00800 3080 3080
GB IRL ☎ 00800 3080 3080
DK ☎ 80 88 30 80
I ☎ 800 233 255
E F ☎ 00800 3080 3080
USA **Scandinavian Tourism Inc.**
P.O.Box 4649, Grand Central Stadion, New York
NY-10163-4649, ☎ 212 / 885 97 00

Sveriges Camping- och Stugföretagares Riksorganisation (SCR)
S. Hamnen 2, S-451 42 Uddevalla
☎ 522 / 64 24 40

220V

11.–3. MEZ
4.–10. MEZ +1h

SOS

Polizei Polis				
112	112	112	112	020 / 91 29 12

N Norwegen/Norge/Norway /Norvège

ZOLL / TOLL

→ N

200	oder/eller/or 50	oder/eller/or 250 g

max. NKR 1200.–

Parfum			
50 g	2 l	1 l	10 l

22°

ZOLL / TOLL

ID = Identitätskarte / Identitetskort / Identity card / Carte d'identité
P = Pass / Pass / Passport / Passeport
V = Visum / Visum / Visa / Visa

05

		☎→N	←N			☎→N	←N			☎→N	←N
A	ID	00 47	00 43	FIN	ID	00 47	00 358	NL	ID	00 47	00 31
B	ID	00 47	00 32	GB	ID	00 47	00 44	P	ID	00 47	00 351
BG	P	00 47	00 359	GR	ID	00 47	00 30	PL	P	00 47	00 48
CH	ID	00 47	00 41	H	P	00 47	00 36	RO	P	00 47	00 40
CZ	P	00 47	00 420	HR	P	00 47	00 385	S	ID	00 47	00 46
D	ID	00 47	00 49	I	ID	00 47	00 39	SK	P	00 47	00 421
DK	ID	00 47	00 45	IRL	P	00 47	00 353	SLO	P	00 47	00 386
E	ID	00 47	00 34	L	ID	00 47	00 352	TR	PV	00 47	00 90
F	ID	00 47	00 33	N	–	–	–	USA	P	011 47	00 1

100 5 10 1

1 Norsk Krone (NKR) = 100 Øre

NKR 1000 500 200 100 50 (20) (10) (5) (1)

Øre (50)

ec NKR 1300.–

50 km/h	80 km/h	90 km/h	90 km/h

0,2 ‰

Spikes
Piggdekker
Pneus à clous
1.11.–14. 4.

Norges Automobilforbund (NAF), Storgaten 2, N-0155 Oslo, ☎ 22 34 14 00
Kongelig Norsk Automobilklubb (KNA), Drammensveien 20c, N-0201 Oslo, ☎ 22 56 19 00

Norges Turistråd (Norwegian Tourist Board), Drammensveien 40, N-0230 Oslo, ☎ 22 92 52 00

A CH D **Norwegisches Fremdenverkehrsamt**
Postfach 11 33 17, D-20433 Hamburg
☎ 0180 / 500 15 48

B L NL **Noors Nationaal Verkeersbureau**
Saxen Weimarlaan 58
NL-1075 CE Amsterdam, ☎ 20 / 671 62 11

DK **Norges Turistråd**
Amaliegade 39, DK-1256 København K
☎ 33 16 36 36

E **Real Embajada de Noruega** (Oficina Turismo)
Paseo Castellana 31–9, E-28046 Madrid
☎ 91 / 319 73 03

F **Office National du Tourisme de Norvège**
28, rue Bayard; F-75008 Paris
☎ 01 / 53 23 00 50

GB **Norwegian Tourist Board**
5–11 Lower Regent Street, GB-London
SW1Y 4LR, ☎ 20 / 78 39 62 55

I **Ufficio Nazionale Norvegese per il Turismo**
Corso XXII Marzo 4, I-20135 Milano
☎ 02 / 55 19 35 88

S **Norska Turistbyrån**
Birger Jarlsgatan 26, S-103 94 Stockholm
☎ 8 /611 22 22

USA **Norwegian Tourist Board**
655 Third Avenue, Suite 1810, New York
NY-10017, ☎ 212 / 885 97 00

NAF-Camp
Storgaten 2, N-0155 Oslo
☎ 22 34 14 00

220 V

11.–3. MEZ
4.–10. MEZ +1 h

SOS

Polizei Politi				
112	110	113	113	81 00 05 05

DK Dänemark/Danmark/Denmark/Danemark

ZOLL / TOLD

→ DK

( ) = Einfuhr aus EU-Ländern.
Indførsel fra EU-lande.
Importation from EU-countries.
Importation des pays de l'UE.
(–) unbeschränkt / ubegrænset / unrestricted / illimité

200 (300) | oder/eller/or 50 (75) | oder/eller/or 250 g (400 g)

500 g (–) | Tea 100 g (–) | Parfum 50 g (–) | 2 (90) l | 22° 1 (1,5) l | 1350 DKR (–) | 10 l

ZOLL / TOLD

ID = Identitätskarte / Identitetskort / Identity card / Carte d'identité
P = Pass / Pas / Passport / Passeport
V = Visum / Visum / Visa / Visa

		☎→DK	←DK			☎→DK	←DK			☎→DK	←DK
A	ID	00 45	00 43	FIN	ID	00 45	00 358	NL	ID	00 45	00 31
B	ID	00 45	00 32	GB	ID	00 45	00 44	P	ID	00 45	00 351
BG	P	00 45	00 359	GR	ID	00 45	00 30	PL	P	00 45	00 48
CH	ID	00 45	00 41	H	P	00 45	00 36	RO	P	00 45	00 40
CZ	P	00 45	00 420	HR	P	00 45	00 385	S	ID	00 45	00 46
D	ID	00 45	00 49	I	ID	00 45	00 39	SK	P	00 45	00 421
DK	–	–	–	IRL	P	00 45	00 353	SLO	P	00 45	00 386
E	ID	00 45	00 34	L	ID	00 45	00 352	TR	PV	00 45	00 90
F	ID	00 45	00 33	N	ID	00 45	00 47	USA	P	011 45	00 1

1 Dansk Krone (DKR) = 100 Øre

DKR 1000 500 200 100 50 (20) (10) (5) (2) (1)

ec DKR 1500.–

Øre (50) (25)

50 km/h | 80 km/h | 80 km/h | 130 km/h

0,5 ‰

Spikes
Pigdæk
Pneus à clous
1.10.–30. 4.

Forenede Danske Motorejere (FDM),
Firskovvej 32, DK-2800 Lyngby, ☎ 70 13 30 40 / 45 27 07 07

Danmarks Turistråd, Vesterbrogade 6 D, DK-1620 København V, ☎ 33 11 14 15

A, CH, D — **Dänisches Fremdenverkehrsamt**
Glockengiesserwall 2, D-20095 Hamburg
☎ 40 / 32 02 10

B, L, NL — **Deens Verkeersbureau Benelux**
Postbox 266, NL-2300 AG Leiden
☎ 71 / 521 15 44

E — **Oficina de Turismo de Dinamarca**
Plaza de España 18; E-28008 Madrid
☎ 91 / 540 18 04

F — **Conseil du Tourisme du Danemark**
66, av des Champs-Elysées; F-75008 Paris
☎ 01 / 42 56 18 72

FIN — **Danmarks Turistråd**
Skinnbyxvägen 5, FIN-00210 Helsinki
☎ 9 / 58 60 33 33

GB — **Danish Tourist Board**
Sloane Street 55
GB-London SW1 X9SY, ☎ 20 / 72 59 59 59

I — **Ente Danese per il Turismo**
Via Cappuccio 11, I-20123 Milano
☎ 02 / 87 48 03

N — **Danmarks Turistkontor**
Tollbugaten 27, N-0103 Oslo
☎ 22 00 76 46

S — **Danmarks Turistråd**
Box 5524, S-114 85 Stockholm
☎ 8 / 611 72 22

USA — **Danish Tourist Board**
655 Third Avenue, 18th Floor, New York
NY-10017, ☎ 212 / 885 97 00

Campingrådet
Mosedalvej 15, DK-2500 Valby
☎ 39 27 88 44

220 V

11.–3. MEZ
4.–10. MEZ +1 h

SOS

Polizei Politi 112 | 112 | 112 | 112 | 112

FIN

Finnland/Suomi/Finland/Finlande

ZOLL / TULLI

→ FIN

( ) = Einfuhr aus EU-Ländern.
Maahantuonti EU-maista saapuville.
Importation from EU-countries.
Importation des pays de l'UE.

Zigaretten	oder/tai/or Zigarren	oder/tai/or Tabak
200 (300)	50 (75)	250 g (400 g)

Kaffee	Tea	Parfum	Wein	22°	Geschenk
500 g	100 g	50 g	2 (5) l	1 (1) l	€ 175.– (€ 90.–)

ZOLL / TULLI 05

ID = Identitätskarte / Henkilöllisyyskortti / Identity card / Carte d'identité
P = Pass / Passi / Passport / Passeport
V = Visum / Viisumi / Visa / Visa

		☎→FIN	←FIN			☎→FIN	←FIN			☎→FIN	←FIN
A	ID	00 358	00 43	FIN	–	–	–	NL	ID	00 358	00 31
B	ID	00 358	00 32	GB	P	00 358	00 44	P	ID	00 358	00 351
BG	P	00 358	00 359	GR	P	00 358	00 30	PL	P	00 358	00 48
CH	ID	00 358	00 41	H	P	00 358	00 36	RO	P	00 358	00 40
CZ	P	00 358	00 420	HR	P	00 358	00 385	S	ID	00 358	00 46
D	ID	00 358	00 49	I	ID	00 358	00 39	SK	P	00 358	00 421
DK	ID	00 358	00 45	IRL	P	00 358	00 353	SLO	P	00 358	00 386
E	ID	00 358	00 34	L	ID	00 358	00 352	TR	PV	00 358	00 90
F	ID	00 358	00 33	N	ID	00 358	00 47	USA	P	011 358	00 1

100

1 € (Euro) = 100 Euro Cents

€ 500 200 100 50 20 10 5 (2) (1)

Cents (50) (20) (10) (5) (2) (1)

Auto

Ortschaft	Außerorts	Schnellstraße	Autobahn	
30/50 km/h	80/110 (80*) km/h	80/110 (80*) km/h	120 km/h	* mit/with spikes; nastarenkailla

0,5 ‰

VR - Helsinki
☎ 9 / 707 57 00

Spikes
Nastarenkaat
Pneus à clous
1.11.–24. 4.

Autoliitto, Hämeentie 105 A, FIN-00550 Helsinki, ☎ 9 / 72 58 44 00

i

Finnish Tourist Board, Eteläesplanadi 4, FIN-00130 Helsinki, ☎ 9 / 41 76 93 00

B L NL **Fins Nationaal Verkeersbureau**
c/o Nordica Travel, Brückenkopfstrasse 17
D-69120 Heidelberg, ☎ 6221 / 43 78 24

CH D **Finnische Zentrale für Tourismus**
Lessingstrasse 5
D-60325 Frankfurt/Main, ☎ 69 / 50 07 01 57

E **Oficina de Turismo de Finlandia**
Fernando el Santo 27-5A
E-28010 Madrid, ☎ 91 / 749 77 45

F **Office National du Tourisme de Finlande**
13, rue Auber; F-75009 Paris
☎ 01 / 55 17 42 70

GB **Finnish Tourist Board**
P.O. Box 33213
GB-London W6 8JX, ☎ 20 / 73 65 25 12

Suomen Matkailuliitto ry.
Atomitie 5c, FIN-00370 Helsinki
☎ 9 / 622 62 80

I **Ente Nazionale Finlandese per il Turismo**
Via Arco 4, I-20121 Milano
☎ 02 / 69 63 35 78

N **Finlands Turistkontor**
Lille Grensen 7, N-0159 Oslo
☎ 23 16 24 30

S **Finska Turistbyrån**
Mail Box 178, S-111 73 Stockholm
☎ 8 / 58 76 91 21

USA **Finnish Tourist Board**
655 Third Avenue, New York
NY-10017, ☎ 212 / 885 97 00

220 V

11.– 3. MEZ +1 h
4.–10. MEZ +1 h

SOS

Polizei Poliisi	Feuerwehr	Ambulanz	Rettungshubschrauber	Pannenhilfe
112	112	112	112	09 / 77 47 64 00

Transitpläne · Genomfartskartor
Transit maps · Transitkaarten
Plans de transit · Transitkort
Transittkart · Transitokartat

© Stockholm Information, R. Ryan

Helsinki / Helsingfors

Hämeenlinna, Tampere 1

Otalampi

5 Turku/Åbo

4 Hangö/Hanko

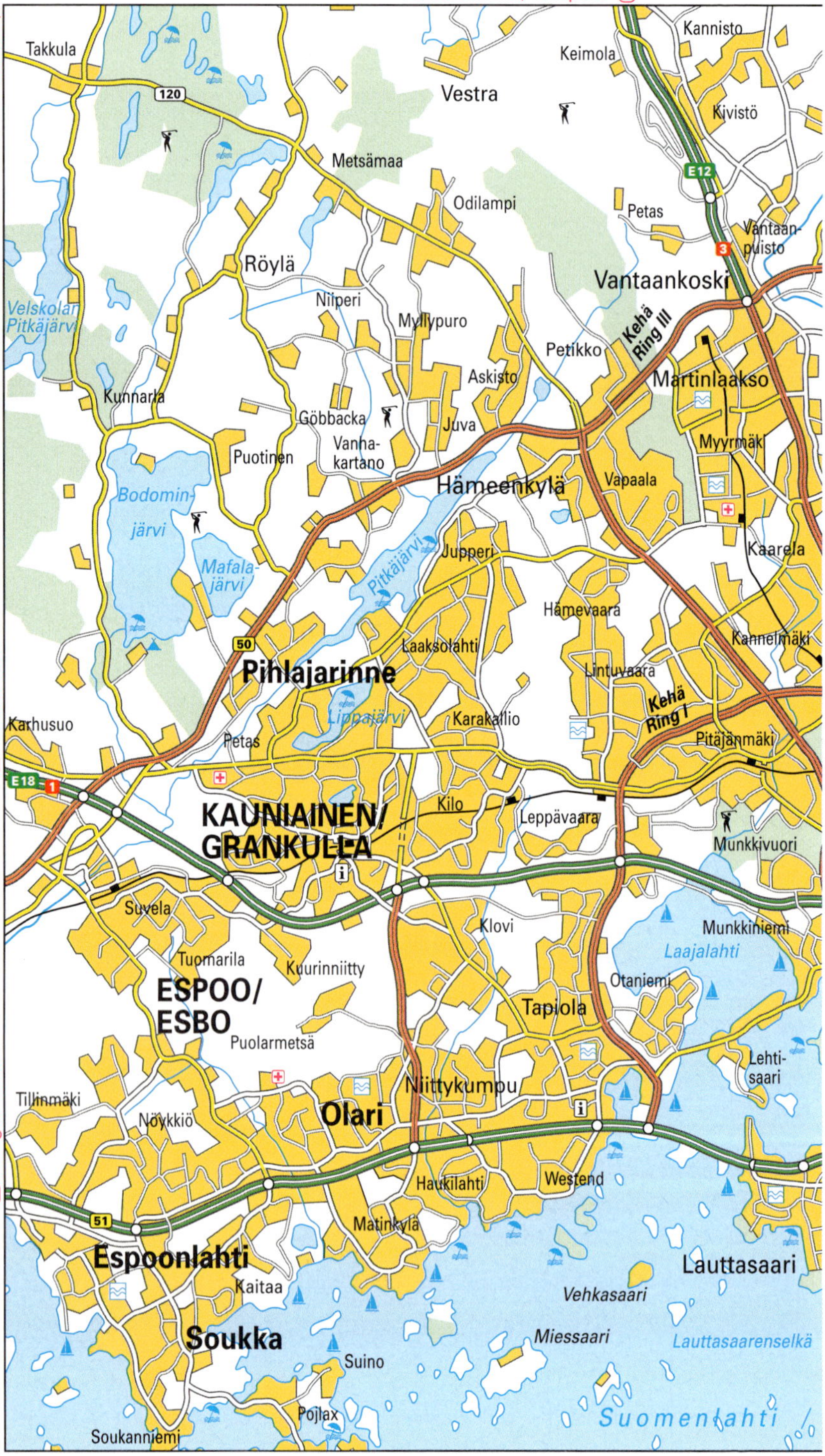

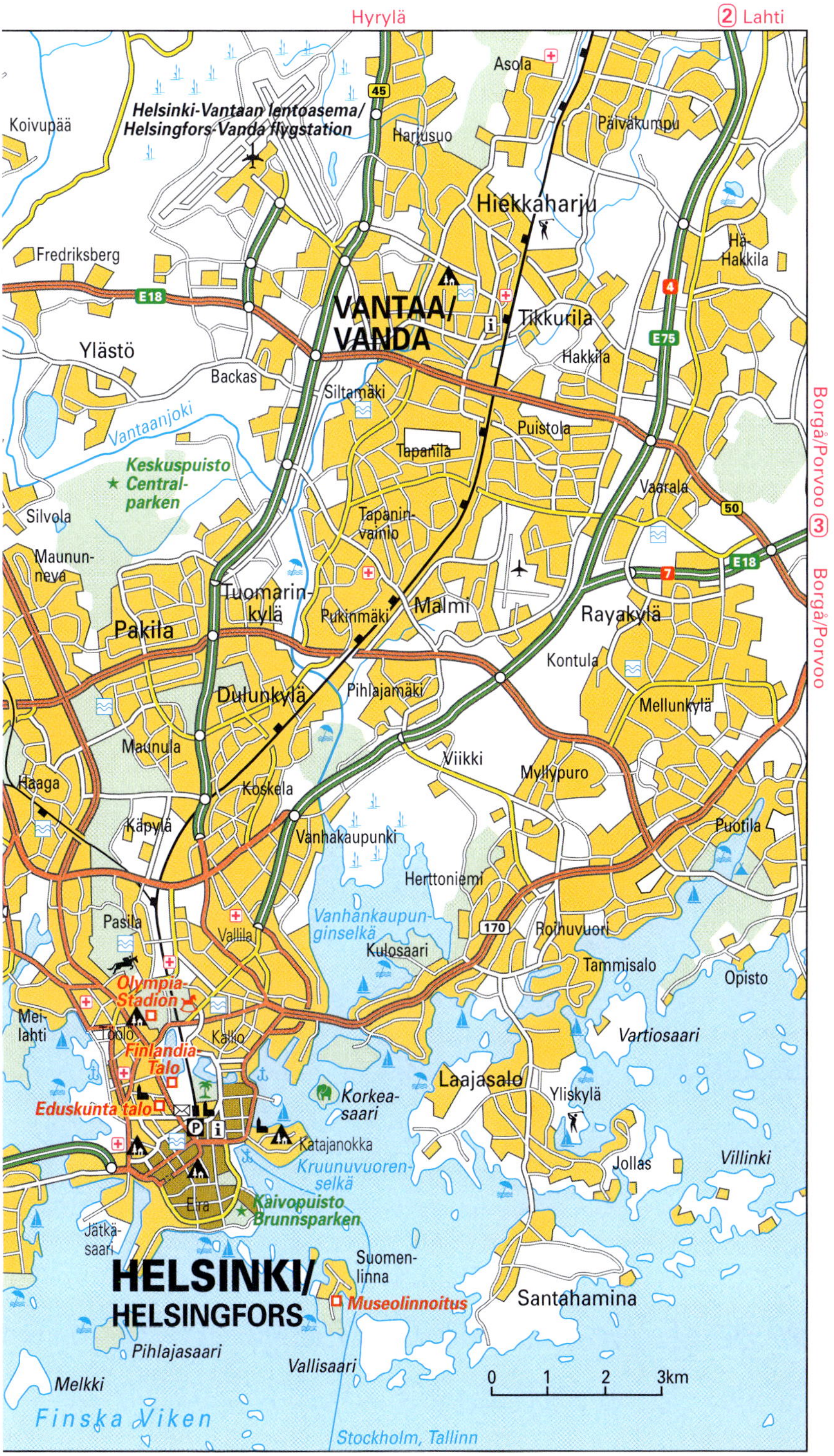

Hyrylä
2 Lahti
Koivupää
Helsinki-Vantaan lentoasema/
Helsingfors-Vanda flygstation
Asola
Harjusuo
Päiväkumpu
45
Hiekkaharju
Hä-
Hakkila
Fredriksberg
E18
VANTAA/
VANDA
Tikkurila
4
E75
Ylästö
Backas
Hakkila
Siltamäki
Vantaanjoki
Puistola
Tapanila
Keskuspuisto
Centralparken
Vaarala
Borgå/Porvoo 3 Borgå/Porvoo
50
Silvola
Tapaninvainio
Maunun-
neva
E18
7
Tuomarinkylä
Malmi
Rayakylä
Pakila
Pukinmäki
Kontula
Dulunkylä
Pihlajamäki
Mellunkylä
Maunula
Viikki
Myllypuro
Haaga
Koskela
Käpylä
Vanhakaupunki
Puotila
Herttoniemi
Pasila
Vanhankaupunginselkä
170
Roihuvuori
Vallila
Kulosaari
Tammisalo
Opisto
Olympia-
Stadion
Mei-
lahti
Töölö
Kallio
Vartiosaari
Finlandia-
Talo
Laajasalo
Korkea-
saari
Yliskylä
Eduskunta talo
Katajanokka
Kruunuvuorenselkä
Jollas
Villinki
Eira
Kaivopuisto
Brunnsparken
Jätkä-
saari
Suomen-
linna
HELSINKI/
HELSINGFORS
Museolinnoitus
Santahamina
Pihlajasaari
Vallisaari
0 1 2 3km
Melkki
Finska Viken
Stockholm, Tallinn

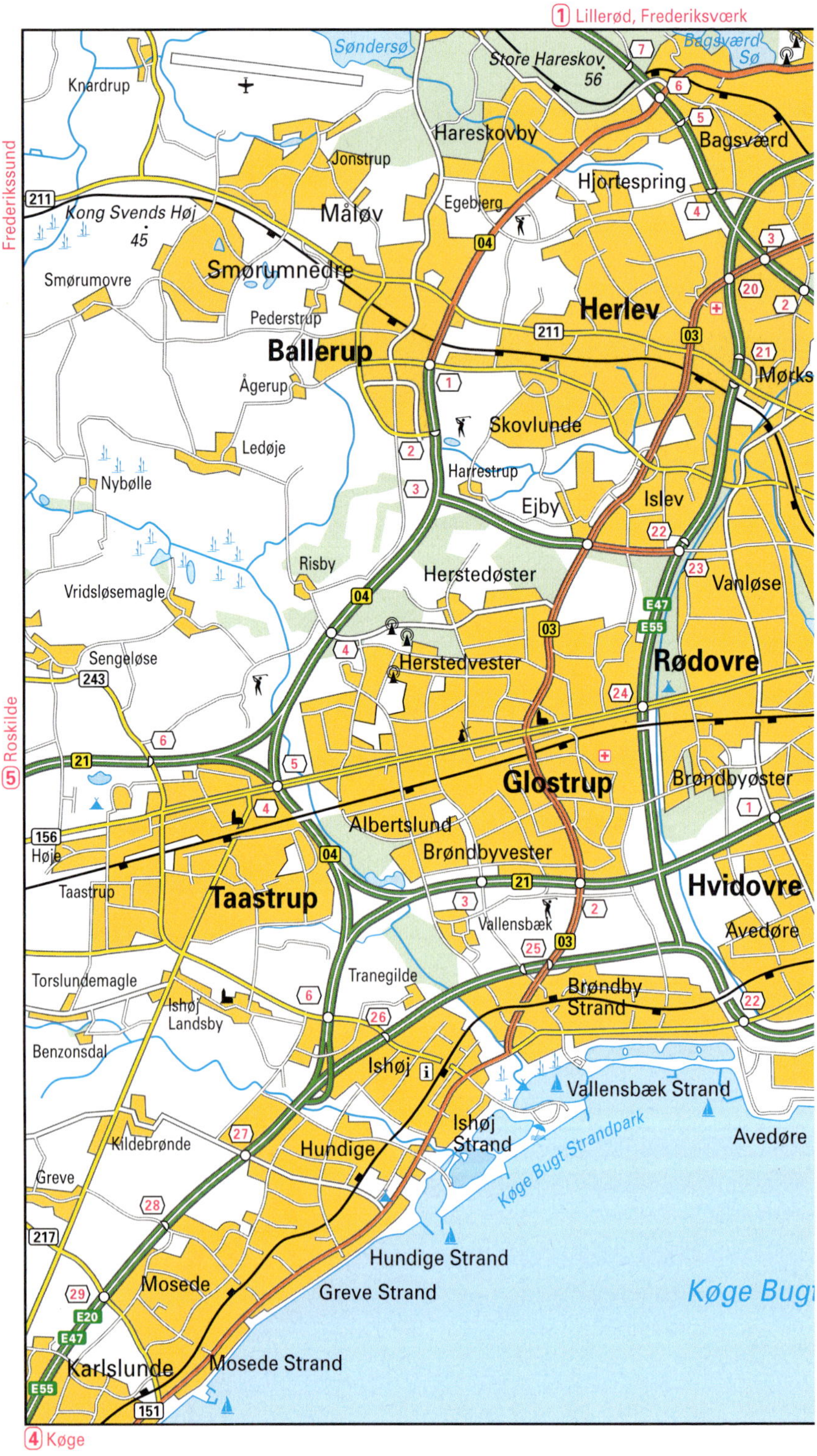

1 Lillerød, Frederiksværk
Frederikssund
5 Roskilde
4 Køge
Søndersø
Store Hareskov 56
Bagsværd Sø
Knardrup
Jonstrup
Hareskovby
Bagsværd
Hjortespring
Egebjerg
Kong Svends Høj 45
Måløv
Smørumnedre
Smørumovre
Pederstrup
Herlev
Ballerup
Ågerup
Mørks
Skovlunde
Ledøje
Harrestrup
Nybølle
Ejby
Islev
Risby
Herstedøster
Vanløse
Vridsløsemagle
Herstedvester
Rødovre
Sengeløse
Glostrup
Brøndbyøster
Albertslund
Høje Taastrup
Brøndbyvester
Taastrup
Hvidovre
Vallensbæk
Avedøre
Torslundemagle
Tranegilde
Brøndby Strand
Ishøj Landsby
Benzonsdal
Ishøj
Vallensbæk Strand
Ishøj Strand
Avedøre
Kildebrønde
Hundige
Køge Bugt Strandpark
Greve
Hundige Strand
Greve Strand
Mosede
Køge Bugt
Karlslunde
Mosede Strand
211
243
21
156
217
151
E20
E47
E55
04
03

Hillerød
2 Helsingør
Humlebæk, Helsingør
Jægersborg
Ordrup
Skovshoved
Bernstorff Park
Charlottenlund
Danmarks Akvarium
Gentofte
Buddinge
Vangede
Søborg
Gladsaxe
Øresund
Hellerup
Stubben
Middelgrunds Fort
Malmö
Utterslev
Bispebjerg
Brønshøj
KØBENHAVN
Østerbro
Den Lille Havfrue
Refshaleøen
Kastellet
Nørrebro
Prøvesten
Rosenborg Slot
Amalienborg Slot
Charlottenborg
Rønne
Damhussøen
Frederiksberg
Tivoli
Christianshavn
Christiansborg
Vesterbro
Frederiksberg Slot
Sundbyøster
Valby
Amagerbro
Sundbyvester
Kastrup
Świnoujście
Valbyparken
Bella Center
Kalveboderne
Tårnby
Københavns Lufthavn Kastrup
Malmö 3
Tømmerup
Vestamager
Holme
St Magleby
Amager
Dragør
Sydstranden
Ullerup
Kongelunden
Søvang
Aflandshage
0 1 2 3 4km

Oslo

Hønefoss 5 Bergen

4 Drammen, Haugesund, Stavanger

Sætre

Kragstøtten
Holmenkoll-bakken
Slemdal
Ris
Museum
Tåsen
Ullevål
Nydalen
Kjelsås
Ring 3
Alnsjøen
Romsås
4
Ammerud
Kaldbakken
Grorud
1 Gjøvik
Tonsenhagen
Veitvet
163
Loelva
E6
2 Gardermoen, Trondheim
Furuset
Smestad
Sagene
Majorstua
Ring 2
Økern
Sinsen
Skøyen
Frogner-parken
Bislett
160
Holtet
Fagerholt
Univ.
Ring 1
Munch-museet
Tveita
Hellerud
Lutvann
Vika
Domkirke
Rådhuset
Bygdøy
Kon-Tiki-museet
Vikingskip-museet
Akershus slott og festning
Skøyen
Oppsal
355
Høyenhall
Gamlebyen
Manglerud
Østmark-setra
Nord-Elvåga
Norsk Sjøfarts-museum
Hovedøya
Sara-bråten
Lindøya
Bleikøya
Nøkle-vann
Nakk-holmen
Rambergøya
Bekkelaget
OSLO
Ormøya
Holtet
Lambert-seter
Bøler
Sørli
Bogerud
Nesoddtangen
Langøyene
Munkelia
Sör-Elvåga
Ulvøya
Oksval
Malmøya
Nordstrand
Østmark-kapellet
Ljabru
Ursvik
Dal
Ljan
Grønmo
Hellvik
Bunne-fjorden
Hauketo
Berger
Godheim
Fjordvangen
Holm
Klemetsrud
Flateby
Rikeåsen
Maurtu
Torvvik
Kolbotn
Ingierstrand
155
Torget
Ingeråsen
Løs
Nesodden
Bjørnsrud
Kolbotn-vann
156
Solbråtan
Bråten
Jær
Bomannsvik
152
Siggerud
Naverud
Rødstein
Gjer-sjøen
Myrvoll
Grøstad
Stallerud
Svartskog
Byåsen
Hasle
Oppegård
E6
Bru
Blylaget
E18
0
1
2
3km
Garder
Greverud
Sjødal
Nebba
Oppegård
3 Göteborg, Stockholm

Stockholm

1 Uppsala, Arlanda Airport
5 Enköping
4 Södertälje
Nynäshamn 3
Stäket
Rotebro
Överby
Smedstorp
2007
Visinge
Löttinge-lund
Ullnasjön
264
Björkliden
Norrviken
Rotebro
265
Gribbylund
Arninge
Arninge
E18
E4
Norrviken
Ensta
Hägernäs
Kallhäll
Viby
Edsberg
Skarp-äng
Ella
Täby
Järva-fältet
Häggvik
Sollentuna
Viggbyholm
Viggbyholm
Näsbypark
Jakobsberg
Eds-viken
Sjöberg
Roslags-Näsby
Roslags-Näsby
Barkarby flygfält
Tureberg
Näsby
Stora Värtan
Jakobsberg
Akalla
Eds-viken
Danderyds k:a
Husby
Nora
Djursholm
Barkarby
Kista
Mörby
Stor-holmen
Barkarby
Kista
Sören-torp
Danderyd
Skälby
Lunda
Tensta
Mörby
Ulriksdal
Rinke-by
Stocksund
Sticklinge
Bromsten
Haga Norra
Kälvesta
E18
Tranholmen
Islinge
Nälsta
SUNDBYBERG
Brunns-viken
275
Råsunda
Ekhagen
Torsvik
Flysta
Nordiska mus.
277
Hässelby
SOLNA
Vällingby
E4
STOCKHOLM
Grimsta
Bromma
Blackeberg
Bromma flygpl.
Huvudsta
Kaknäs
N.malm
Ö.malm
Kaknästornet
Ängby
Trane-berg
Hist. Museet
Hogsta
Vasamuseet
Lovön
Dammtorp
Nockeby
Väster-led
Alvik
Kungs-holmen
Skansen
Drottningsholm
Fredhäll
Gamla Stan
Kungliga slottet
Djurgården
Ålsten
Drottningholms-slott
Lovö
Park
Kärsön
St. Essingen
Gröndal
Edeby
Södermalm
Lunda
Fågelön
Mälar-höjden
Gröndal
Årstav.
261
Kungs-hatt
Hägersten
Nyboda
Hammarbyhöjden
Väster-torp
Årsta
Sätra
Bredäng
Globen
Björkhagen
Tappström
Fiskarfj.
Västertorp
Bagarmossen
Gällstaö
Solberga
Enskede
Bredäng
Stockholms-mässan
Stureby
Skarpnäck
Skärholmen
Segeltorp
Vårby-fjärden
Kungens kurva
Älvsjö
Örby
Gubb-ängen
Sköndal
Eriksten
Vårby
Kolartorp
Hagsätra
Stuvsta
Sköndal
Slagsta
Snättringe
Fittja
Vårby
Gubbängen
Glömsta
Fagersjö
Farsta
Hallunda
Fittja
Alby
Albysjön
Larsboda
E20
E4
Huddinge
Trå
St. Mellansjö
Hallunda
Botkyrka
Fullersta
73
Tullinge-sjön
Hörningsnäs
Balingsnäs
Skogås
Vretarna
226
Flemingsberg
Tumba
Tullinge
Orlången
Vidja
Länna

2 Norrtälje

E18
Åkersberga
Täljö
Rydbo
Östra Ryd
Rydboholm
Kyrkfj.
Svinningeudd
Överby
Rydbo saltsjöbad
Resarö
Turku/Åbo
Flaxenvik
Betsö
Brevik
Lervik
Mjölkön
Fåglarö
Älgön
Västra Saxarfjärden
Helsinki/Helsingfors
Trälhavet
Bjurön
Vårholma
274
Röskär
Uteke
VAXHOLM
Kastellet
Skarpö
Vreta
Skärmaräng
Stenslätten
Frösvik
Rindö
Oskar Fredriksborg
Bogesund
Ådalen
Tenö
Ramsö
Bosön
Solöfj.
Askrikefjärden
Karlsudd
Tynningö
Skogsön
Bo
Ö.Granh.
Höggarnsfj.
LIDINGÖ
Tegelön
Älvvik
Koviksudde
N. Lagnö
Gåshaga
Torsby
Lidingön
Torsbyfjärden
Bodal
Käppala
Kummelnäs
Brevik
Hasseludden
Boo
Kil
Ormingelandet
Räknäs
Lilla Värtan
NACKA
Orminge
Aspvik
Gustavsberg
Insjön
Nacka C
Skuru
Björknäs
222
Gustavsvik
Boo
Mörtnäs
Farstalandet
Lännersta
Storängen
Björknäs
Baggensfjärden
Grisslingen
Skuru
Lännersta
Skogsö
Lillängen
S.Lagnö
Hästhagen
Fisksätra
Igelboda
Säteri park
Ingarö
Fisksätra
Saltsjöbaden
Forsvik
Brunn
Gröndal
Kolarängen
Älgö
Johannesdal
Solsidan
Ägnöfjärden
Bollmora
Tyresö-strand
Gåsö
Ingarölandet
Mörtviken
Älta
Öringe
Erstaviken
229
Älta
Tyresö
Skrubba
Skrubba
Bollmora
Ägnö
Stortorp
ngsund
rångsund
Krusboda
Persudden
Trollbäcken
Breviksalvön
Ingaröfjärden
Sólberga
Fornudden
Raksta
Kalvfjärden
Drevviken
Gudö
0 1 2 3 4 5km
Állmora
Vendelsö
Ängsön

Stadtpläne · Stadskartor
City maps · Stadsplattegronden

Plans de villes · Bykort · Bykart · Kaupunkien kartat

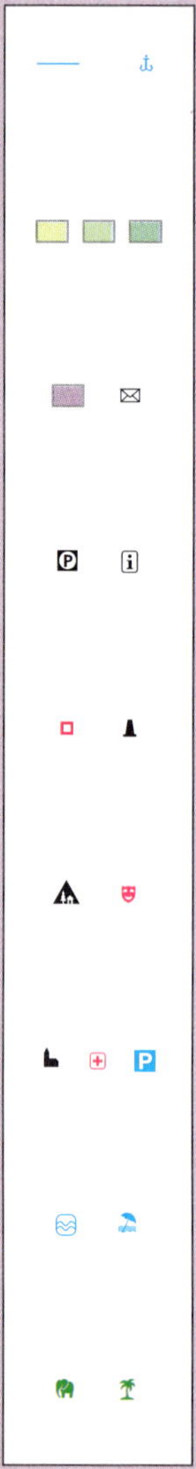

Autofähre • Schiffsanlegestelle Car ferry • Docking Bac pour voitures • Débarcadère Biltransport med ferje • Havn/brygge	Biltransport per färja • Båtbrygga Autoveer • Aanlegplaats Biltransport med færge • Anløbssted Autolautta • Venelaituri
Sportplatz • Park • Wald Sports field • Park • Woods Terrain de sport • Parc • Forêt Idrettsplass • Park • Skog	Sportplan • Park • Skog Sportterrein • Park • Bos Sportsplads • Park • Skov Urheilukenttä • Puisto • Metsä
Öffentliches Gebäude • Post Public building • Post office Bâtiment public • Poste Offentlig bygning • Postkontor	Offentlig byggnad • Post Openbaar gebouw • Post Offentlig bygning • Postkontor Julkinen rakennus • Posti
Polizei • Information Police station • Information office Police • Information Politi • Turistinformasjon	Polis • Turistinformation Politie • Informatie Politi • Turistbureau Poliisi • Matkailutoimisto
Sehenswürdigkeit • Denkmal Place of interest • Monument Curiosité • Monument Severdighet • Minnesmerke	Sevärdhet • Minnesmärke Bezienswaardigheid • Monument Seværdighed • Mindesmærke Nähtävyys • Muistomerkki
Jugendherberge • Theater Youth hostel • Theatre Auberge de jeunesse • Théâtre Ungdomsherberge • Teater	Vandrarhem • Teater Jeugdherberg • Theater Vandrerhjem • Teater Retkeilymaja • Teatteri
Kirche • Spital • Parking Church • Hospital • Parking Eglise • Hôpital • Parking Kirke • Sykehus • Parkeringsplass	Kyrka • Sjukhus • Parkeringplats Kerk • Ziekenhuis • Parkeerplaats Kirke • Sygehus • Parkeringsplads Kirkko • Sairaala • Pysäköintipaikka
Hallenbad • Bad Swimming-pool • Bathing Piscine couverte • Baignade Svømmehall • Badeplass	Simhall • Bad Overdekt zwembad • Buitenbad Svømmehal • Bad Uimahalli • Uimaranta
Zoo • Botanischer Garten Zoo • Botanical garden Zoo • Jardin botanique Zoologisk hage • Botanisk hage	Zoo • Botansk trädgård Zoo • Botanische tuin Zoologisk have • Botanisk have Eläintarha • Kasvitieteellinen puutarha

Hallwag INTERNATIONAL

5000, Bergen

230 800

Vågsalminning 1

55 55 20 00

Göteborg

✉ 400 00, Göteborg

👥 478 100

ℹ Kungsportsplatsen 2

☎ (031) 61 25 00

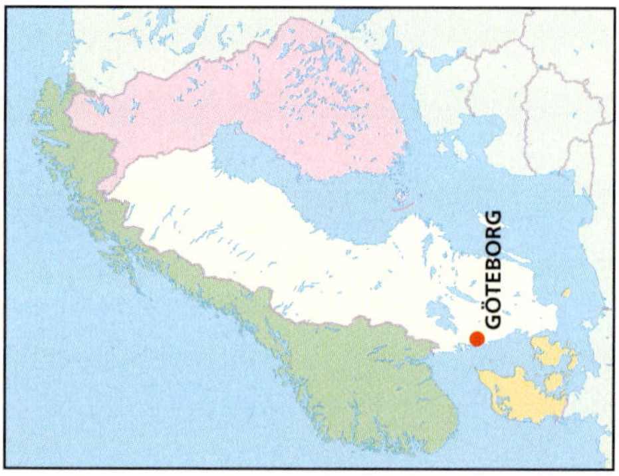

Helsinki / Helsingfors

✉ 00100, Helsinki / Helsingfors

👥 560 000

ℹ Pohjoisesplanadi 19

☎ (09) 169 37 57

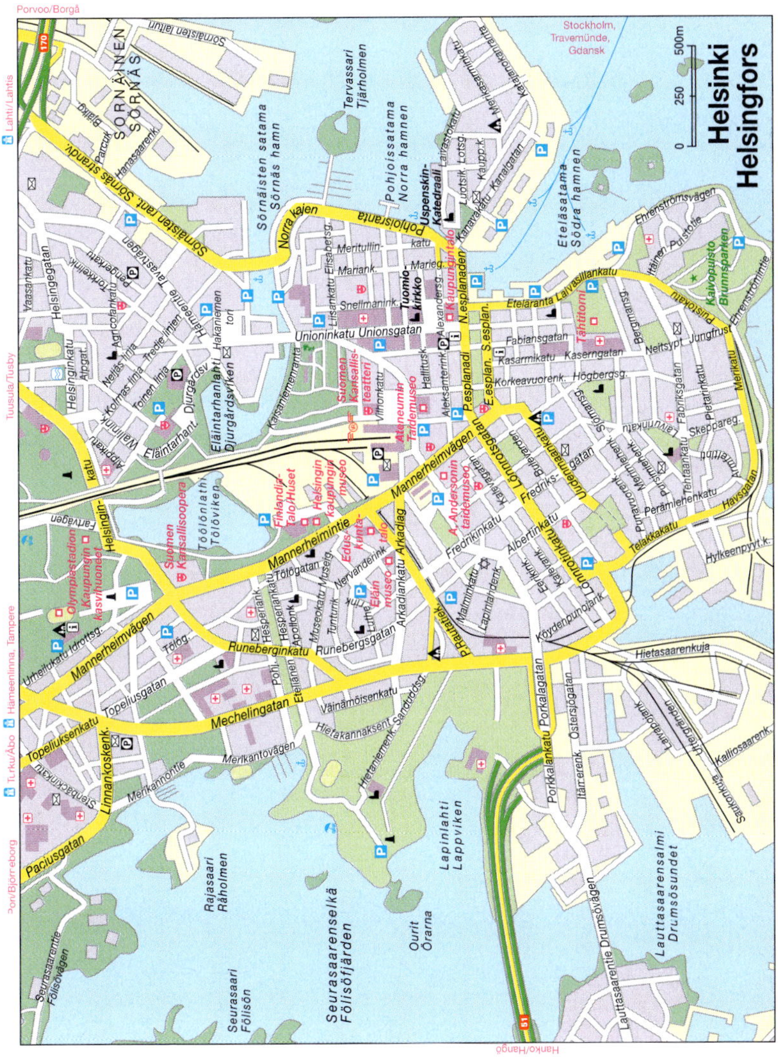

København

✉ 1500, København
1 342 200
i Gammel Kongevej 1
☎ 70 22 24 42

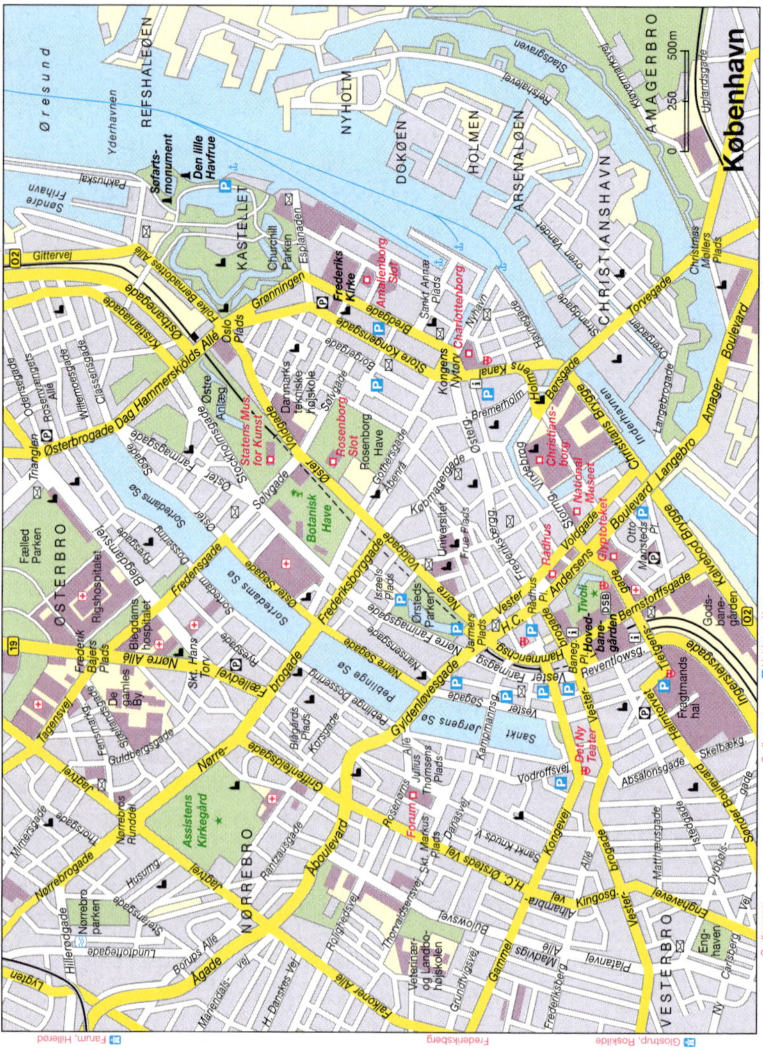

Oslo

0100, Oslo

521 900

Fridtjof Nansens Plass 5

24 14 77 00

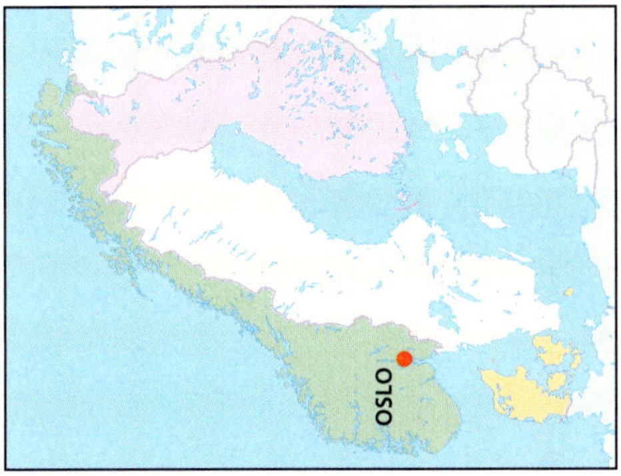

Stockholm

✉ 100 00, Stockholm

👥 761 700

ℹ Sverigehuset, Hamngatan 27

☎ (08) 50 82 85 00